MÁS ALLÁ
DE LA LLUVIA
DE ORO

TÍTULOS DE TEMAS
RELACIONADOS DE HAY HOUSE

Cambie sus pensamientos y cambie su vida, Dr. Wayne W. Dyer

El gran cambio, Dr. Wayne W. Dyer

Guía diaria de sus ángeles, Doreen Virtue

Inspiración, Dr. Wayne W. Dyer

La Ley de Atracción, Esther y Jerry Hicks

Meditaciones para sanar tu vida, Louise L. Hay

En mis propias palabras, Su Santidad el Dalai Lama

La matriz divina, Gregg Braden

¡El mundo te está esperando!, Louise L. Hay

Pedid que ya se os ha dado, Esther y Jerry Hicks

Pensamientos del corazón, Louise L. Hay

El poder contra la fuerza, David R. Hawkins, M.D., Ph.D.

El poder está dentro de ti, Louise L. Hay

El poder de la intención, Dr. Wayne W. Dyer

Respuestas, Louise L. Hay

Sana tu cuerpo, Louise L. Hay

Sana tu cuerpo A–Z, Louise L. Hay

10 Secretos para conseguir el éxito y la paz interior, Dr. Wayne W. Dyer

Usted puede sanar su vida, Louise L. Hay

Vivir en equilibrio, Dr. Wayne W. Dyer

¡Vivir! Reflexiones sobre nuestro viaje por la vida, Louise L. Hay

(760) 431-7695 o (800) 654-5126 • (760) 431-6948 (fax)
o (800) 650-5115 (fax)
Hay House USA: **www.hayhouse.com**®

MÁS ALLÁ
DE LA LLUVIA
DE ORO

VICTOR E.
VILLASEÑOR

HAY HOUSE, INC.
Carlsbad, California • New York City
London • Sydney • Johannesburg
Vancouver • Hong Kong • New Delhi

Derechos © 2011 por Víctor Villaseñor

Hay House, Inc., P.O. Box 5100, Carlsbad, CA 92018-5100 USA • (760) 431-7695 ó (800) 654-5126 • (760) 431-6948 (fax) ó (800) 650-5115 (fax) • www.hayhouse .com®

Supervisión de la editorial: Jill Kramer • *Diseño:* Julie Davison
Traducción al español: Adriana Miniño: **adriana@mincor.net**

Título del original en inglés: *Beyond Rain of Gold*

ISBN: 978-1-4019-3125-4
ISBN digital: 978-1-4019-3126-1

Impresión #1: Julio 2011

Impreso en los Estados Unidos

DEDICATORIA

Este libro está dedicado a los indígenas de todo
el mundo que todavía recuerdan la época en que nuestros
corazones eran indomables, nuestras almas estaban vivas,
y sabíamos darle la bienvenida a cada día como un
milagro y un regalo de parte de Nuestro Santo Creador.
¡Mañana es otro milagro de Dios!

Y una vez en el pasado, todos éramos indígenas en
el mundo, lo que significa que al contrario de una planta
civilizada, como una rosa que tienes que regar y fumigar o
morirá, una planta indígena vive aunque no le des nada.
La envenenas, pero regresa al siguiente año. La cubres de
cemento y atraviesa el concreto buscando la luz del sol.

¡Dedico este libro, entonces, al CORAZÓN INDOMABLE
Y FELIZ que reside en el interior de todos nosotros!
¡ALÉGRATE! Ha llegado el momento de la "historia de la
humanidad" en que todos estamos regresando colectiva-
mente al ayer, para dar un salto progresivo hacia nuestro
Futuro Pasado, tan fuertes y felices, con el corazón tan in-
domable y el alma tan viva COMO UNA PLANTA INDÍGENA
¡BUSCANDO LA LUZ DEL SOL DE LA CREACIÓN!

Por LEON SHENANDOAH,
Representante (en lenguaje indígena, *Tadodaho*)
de las Seis Naciones de la Confederación Iroqués:

Nuestra mayor fortaleza

*Por mí mismo, no tengo poder. Es el pueblo tras de mí que lo
posee. El verdadero poder proviene del Creador. Está en Sus
manos. Pero si tu pregunta se refiere a la fortaleza, y no al poder,
entonces puedo decir que la fuerza más grande es la suavidad.*

Salvajes y libres

*Si ustedes los blancos nunca hubieran venido, este país seguiría
siendo lo que era. Todo aquí sería puro. Ustedes lo llamaban
salvaje, pero en realidad no era salvaje, era libre. Los animales
no son salvajes, son libres. Y así éramos todos aquí. Ustedes
nos llamaron salvajes, nos llamaron bárbaros. Pero sólo
éramos libres. Si hubiéramos sido salvajes, Cristóbal Colón
no habría salido vivo de esta tierra.*

CONTENIDO

CONCEPTOS
CLAVES

Más Allá. De o al otro lado de; más allá de; pasado. Ulterior en el tiempo a; después de. Fuera del alcance, posibilidad o comprensión de. Más o mejor que; además de; que sobrepasa a.

Lluvia de Oro. Nombre de la mina de oro en Chihuahua, México, adquirida por una compañía minera estadounidense de San Luis, Missouri y San Francisco, California, unos 15 años antes de la Revolución Mexicana de 1910. Además, *Lluvia de Oro* es el título de mi primer libro de mayor venta en el país, que en parte es la historia de mi madre, Lupe Gómez Camargo, nacida en 1911 en esa localidad; y Lluvia de Oro también ha llegado a significar para mí, como autor, el Espíritu de Dios que llueve del cielo con milagros de oro en nuestra vida diaria.

2012. Una antigua predicción, principalmente asociada con los mayas, pero también con tribus indígenas de todo el mundo, que presagia un periodo en que la alineación de la tierra con el sol señala al centro de nuestro sistema estelar, transportándonos a través de un campo energético que hace que el planeta baile sobre su eje. Durante miles de años, algunas tribus indígenas predicen que la gran destrucción ocurrirá en esta época a lo largo del globo terrestre. Otras tribus vaticinan que es el final del mundo, tal como lo conocemos, y el comienzo de una era completamente nueva.

Sin embargo, otras tribus predicen que simplemente nos estamos moviendo de 26,000 años de energía masculina a 26,000 años de energía femenina. Otra forma de decirlo es que nos estamos moviendo de 26,000 años de anhelos y turbulencias a 26,000 años de paz y armonía global colectiva. Sólo hasta hace poco, la ciencia moderna, con la ayuda de las computadoras, ha sido capaz de reconocer que en realidad esta alineación de la tierra con el sol toma lugar cada 26,000 años, y este fenómeno ocurre el 21 de diciembre de 2012, el cual, en realidad, es el primer día del año 2013 según el calendario maya.

Indígena. Todo aquello que ha nacido, ha crecido o se ha producido de forma natural en una región o país; nativo, inherente, innato, natural.

Sabiduría. Cualidad de ser sabio, poder de juzgar correctamente y decidir el curso de acción más sensato, basados en el conocimiento, la experiencia y la comprensión; buen juicio; discreción; sagacidad.

Mayúsculas. Desde que comencé a escribir, he usado letras mayúsculas para enfatizar la emoción intensa y auténtica existente en mi familia y en mi cultura. Comprendo que en el idioma inglés, el juicio modesto es un estilo muy prominente. Esto no aplica a mis antecedentes culturales. De hecho, he llegado a creer que la pasión abierta y la intensidad emocional desenfrenada, es lo que ayuda a abrir nuestros corazones y almas para poder impregnar y expandir la realidad hacia otros dominios y posibilidades. "¡Tienes que SENTIRLO!". Solía gritar mi papá.

PREFACIO

Desde niño, siempre me gustaron los mapas. Es una forma rápida y fácil de viajar por un país o por el mundo. Después, cuando aprendía a manejar, me gustaba tener un mapa del lugar adonde íbamos a pasear con mi familia. Lo estudiaba, imaginaba el terreno, las ciudades, el camino mismo; y después de hacerlo, tenía una buena idea de donde quería detenerme para comer y llenar el tanque de gasolina. Mis padres, que ya habían realizado estos viajes muchas veces, a menudo quedaban sorprendidos ante mis conocimientos.

Los mapas, descubrí muy pronto, eran como guías, y, en realidad, podía prepararme tan bien para nuestros paseos por carretera, que a veces me sentía como si fuera un psíquico, porque mientras conducíamos por un pasaje y bajamos a un largo valle, sentía la extraña sensación de que ya había estado ahí.

Ésta es la razón por la cual le propongo ahora que observe este libro que tiene en sus manos como una guía, un mapa antiguo, un regalo de los indígenas, que siguen recordando la vida antes de que fuera controlada por la civilización, como una Memoria Celular Colectiva que está dentro de cada uno de nosotros mostrándonos de dónde venimos los seres humanos; adónde vamos; y cómo vivir felices y tranquilos: como personas compasivas en armonía con ¡NUESTRO HERMOSO PLANETA!

¡Arranquemos, entonces! Póngase su casco y asegure su cinturón de seguridad, porque, individual y colectivamente, nos vamos a embarcar ahora en un paseo por carretera, guiados por un mapa de historias verdaderas, hacia el ¡MUNDO INCREÍBLE DEL

AYER en donde todos éramos indígenas y VIVÍAMOS UNA VIDA LLENA DE MAGIA, FASCINACIÓN Y MILAGROS DIARIOS!

En verdad, no éramos salvajes ignorantes, como nos han hecho creer, sino personas llenas de fe y sabiduría que comprendíamos la vida mucho más allá de las palabras y de la razón. Agárrense de sus asientos, porque juntos estamos a punto de ARRANCAR EN UNA JORNADA COLECTIVA 78,000 años atrás hacia nuestro pasado y 26,000 años adelante hacia nuestro futuro. Y esto no es ciencia ficción, sino la REALIDAD con la que fui criado por mis padres, quienes, a la vez, fueron criados por sus madres indígenas, que eran cristianas, pero que también combinaban su cristianismo con la espiritualidad natural de los indígenas, emergiendo así con una comprensión completamente diferente de lo que significa: ACTIVAR VERDADERAMENTE el ¡Reino de Dios que reside en nuestro interior!

Así es que aquí vamos, VOLANDO JUNTOS MÁS ALLÁ DE LA LUNA y hacia las ESTRELLAS MÁS LEJANAS, ¡NUESTRA FAMILIA VIVIENDO Y RESOLLANDO!*

¡Gracias!
Víctor E. Villaseñor

*Nota de la traductora: A lo largo y ancho de este libro se rompen muchas de las reglas de gramática y ortografía del idioma español, se usan palabras que no están en el diccionario y se le da un nuevo contexto a otras. La intención del autor es romper paradigmas, ir más allá de los patrones mentales creados y como él mismo dice: "Chingarle la mente al lector". Esperamos haberlo logrado.

PRIMERA PARTE

DEL CIELO A LA TIERRA

CAPÍTULO UNO

¿Quién era este hombre, Juan Salvador Villaseñor?

¿Quién era este decimonoveno hijo de una madre que lo trajo al mundo a los cincuenta años de edad? Ella le había jurado a Dios que con su último hijo no cometería el mismo error que con sus otros hijos varones: dejarle su crianza a los hombres. No, ella lo criaría a la antigua manera india: como una mujer, durante los primeros siete años de vida, para que sintiera reverencia y respeto hacia las mujeres y tuviera la experiencia milagrosa de asistir a sus hermanas y primas mayores cuando dieran a luz a sus hijos.

¿Quién fue este hombre que nació en 1901 o 1903 y anunció su propia muerte la víspera de Año Nuevo, y pasó al Más Allá tres meses después, en el lecho de su hogar en California y rodeado por su familia?

Es decir, ¿quién fue este hombre, este ser humano, Juan Salvador Villaseñor, a quien llamé papá durante 48 años de mi vida?

Fui a la parte de atrás de la casa a buscar la escopeta.

Era la víspera de Año Nuevo de 1988 y nuestra casa grande en Oceanside, California, estaba llena de amigos y familia. Todos disfrutaban. Nuestros dos hijos, David y Joseph, de 12 y 10 años, entraban y salían de la casa con toda su tribu de primos, haciendo sonar sus bocinas y silbatos y gritando a los cuatro vientos.

3

Nuestro *pony*, Little Bit, estaba con nosotros en el patio trasero, adornado con cintas y con un sombrero rosa y azul muy grande. No lo asustaba toda esa conmoción. De hecho, le encantaba, y andaba bailando de forma tal que pensamos que había sido un caballo de desfile o algo parecido cuando joven. Le entregué a mi papá la escopeta calibre 12.

—¿Tiene perdigones? —preguntó.

—Sí, —dije—. Le quité las municiones.

—Bien —dijo—, no quiero tirar balas al aire y que luego caigan sobre la cabeza de la gente.

Todos dejaron de hacer lo que estaban haciendo cuando mi papá se levantó con la escopeta en sus manos y gritó: "¡VIVA LA VIDA!". Luego apuntó el arma hacia el cielo y descargó todo su calibre 12 ¡una, dos y tres veces!

Muy pronto, todos los niños comenzaron a dar gritos y lo siguieron con bocinas y silbatos; mientras dos de los padres encendieron los fuegos artificiales iluminando el cielo con una luz brillante y colorida.

—¡Lupe! —le gritó mi papá a mi mamá—. Ven acá a darme un beso, querida.

Tomados de la mano, mi esposa Bárbara y yo observamos a mis padres abrazarse y besarse. Era verdaderamente maravilloso ver a dos viejos felices estar juntos todavía y con toda su familia corriendo a su alrededor.

Eran aproximadamente las dos de la madrugada cuando mi papá dejó su enorme puro, levantó la última cerveza de la noche, y dijo que tenía un anuncio para todos. Los niños ya estaban en cama y la mayoría de nuestros invitados se habían ido. Solamente quedábamos Bárbara y yo, mis hermanas y sus esposos, recogiendo los restos de la fiesta.

—Este año —nos dijo—, ¡me voy! Mi trabajo ha terminado aquí en la tierra, ¡y es hora de irme!

—¿Ir adónde? —preguntó uno de mis cuñados.

Yo recogía las sillas plegables mientras otros guardaban las sobras de comida.

—Al Más Allá —dijo—. Extraño demasiado a mi mamá y quiero ir a verla para ponernos al día.

Alguien se rió. —¿Quieres decir ponerse al día sobre las cosas que ocurren en el cielo?

—Sí —dijo, con lágrimas saliendo de sus viejos y arrugados ojos—. He tenido una buena vida aquí en la Tierra y ahora me quiero ir.

—Pero papá —dije yo—, ¿cómo puedes decir eso? Estás en perfecta salud.

—Exactamente por eso lo digo —dijo, girándose hacia mí—, porque estoy en perfecta salud. No quiero quedarme aquí hasta que me enferme y no pueda limpiar mi propio culo. Quiero irme ahora mientras me siento sano y fuerte, al igual que hicieron mis padres.

—Me quieres decir, papá, ¿que ellos también murieron estando en buena salud? —pregunté.

—Por supuesto. Así lo hacía la gente antes de que saliera esta estúpida e ignorante medicina nueva. Incluso los perros saben y no se quedan más tiempo de la cuenta. Comen un poco de hierba, buscan un lugar agradable y tranquilo para descansar y quedarse dormidos. Y luego ¡bingo!, se van al Más Allá, en donde está toda la familia de sus ancestros esperándolos, así como también nos esperan a nosotros.

— Mamá, habla con él, —le supliqué, mientras recogía unas cuantas sillas más—. Papá está diciendo tonterías.

Mi madre negó con su cabeza. —No, no está diciendo tonterías—, dijo con voz calmada y tranquila—. No solamente nosotros los humanos y los animales sabemos cuándo ha llegado nuestra hora, mijito; las plantas también lo saben.

—¿Las plantas? —pregunté.

—Claro —respondió—. Después de todo, ¿no son ellas también parte de la Creación de Dios?

Pues bien, no podía contradecir esto, y no quería entrar en una discusión con mis padres, por lo que no dije nada y seguí trabajando. Pensé que se trataba de una conversación loca de las dos de la madrugada que pasaría al olvido a la mañana siguiente. Sin embargo, unos 70 días después, el 15 de marzo del mismo año, mi papá pasó verdaderamente al Más Allá, en el lecho de su hogar y rodeado por la familia.

¡Quedé atónito!

Es decir, ¿cómo pudo conocer su muerte inminente?

O quizá, más específicamente, ¿sería que ya tenía la intención de morir? O sencillamente era como mi madre había dicho, que no sólo las personas y los animales sabían cuando había llegado su hora de partir, que las plantas también sabían, porque ellas también forman parte de la Creación de Dios.

Y ella lo había dicho de una forma tan calmada, como si fuera algo común.

Así es que los dos últimos meses y medio de la vida de mi papá se convirtieron en los días más felices de la vida de mis padres. Pasaban horas platicando, y mi madre le preparaba a mi papá algunos de sus platillos mexicanos favoritos, como carne de puerco con nopalitos en salsa roja, con nopales frescos cortados de nuestras propias nopaleras. Yo lo observaba mientras él olía lo que mi madre le traía con mucho amor y gusto. Luego colocaba un bocado en sus labios para probar. Mi madre lo observaba tarareando tranquilamente. Cuando terminaba, después de comer muy poco, tomaba la mano de mi madre, le agradecía y besaba las puntas de sus dedos, todo el tiempo contemplando lleno de amor a quien había sido su esposa por más de 60 años.

¡Ah!, al ver esto, tenía que detenerme y respirar profundo varias veces. Es decir, ¿quiénes eran estas personas, mis padres, nacidos en las montañas de México y que no habían conocido más que pisos de tierra en sus casas y burros y cabras, y sus pueblos enteros no tenían electricidad ni alcantarillado ni agua corriente? Habían llegado a los Estados Unidos durante la Revolución Mexicana de 1910, sin nada más que hambre en sus estómagos y amor por sus familias en sus corazones y, no obstante, de alguna manera, tenían el poder de la mente para triunfar contra viento y marea.

En ocasiones, casi parecía como si mis padres hubieran venido de otro planeta, o, por lo menos, de una era completamente diferente, que obviamente estaban tan llenos de amor y confianza en la vida que (en mi mente moderna) me costaba trabajo comprender. Es decir, ¿quién era esta mujer, mi madre, Guadalupe Gómez Camargo, procedente de la Barranca del Cobre, al norte de México, (un lugar tan enorme y desolado donde incluso algunos nativos de hoy en día todavía no han visto un automóvil) que había mantenido la calma de espíritu para permanecer al lado de mi papá, mientras él se debilitaba y se acercaba cada vez más a la muerte?

Y, ¿quién era este hombre, mi padre, Juan Salvador Villaseñor Castro, procedente de Los Altos de Jalisco, (un lugar mucho más al sur que el pueblo natal de mi madre, donde la tierra era roja y se producía el mejor tequila), que había tenido la sabiduría y la confianza de anunciar su propia muerte?

No sabía qué decir ni qué pensar. Comencé a sospechar que quizá, sólo quizá, la vida era mucho más de lo que yo creía, porque no importaba cuántas veces mis padres intentaran explicármelo, siempre seguía sin entender lo más importante, a pesar de haberlos entrevistado durante los últimos 10 años para el libro que escribía sobre ellos.

¿Podría ser, entonces, que este decimonoveno hijo, nacido de una madre de 50 años y criado a la antigua manera india, como una mujer durante sus primeros siete años, poseía la habilidad de ver la vida de una forma tan diferente que conocía su muerte inminente a pesar de estar en perfecto estado de salud? ¿Y sería también esta antigua sabiduría indígena lo que había provisto a mis padres de una especie de comprensión especial que todos antaño solían tener, pero que ahora habíamos olvidado?

Y aún así, una parte de mí no quería en verdad colocar a mis padres sobre algún tipo de pedestal, convirtiéndolos, y convirtiendo esas épocas del pasado, en algo que en realidad no eran. Me refiero a que pasé los últimos años entrevistando intensamente a mis padres, tías y tíos, y llegué a comprender las cosas horribles que les sucedieron en el pasado, que, además, de muchas maneras, éste ser humano a quien yo había llamado papá durante los últimos 48 años de mi vida, no había sido un hombre muy bueno, de hecho, había sido una especie de monstruo. El absoluto terror que él había admitido haber hecho pasar a mi madre, a mi hermana mayor y a mi hermano, antes de que yo naciera, había sido, en efecto, ¡MONSTRUOSO!

¡Había sido contrabandista de bebidas alcohólicas!

¡Había sido traficante de chinos!

Siempre había llevado consigo un taco de billar recortado de

600 gramos, un revólver calibre 38, una escopeta de calibre 12; y había estado tres veces en prisión.

Por estas razones, yo no estaba preparado para ver los cientos y cientos de personas que vinieron a ver a papá después de su anuncio en la víspera del Año Nuevo.

Viajaron de todas partes de los Estados Unidos y México, y todos tenían algo maravilloso que decirle: que él había tocado sus corazones, los había cambiado de tantas maneras, que había sido el padre que ellos nunca tuvieron, que les había salvado sus vidas. Ricos y pobres, todos vinieron. Viejos y jóvenes, todos vinieron. Luego, en el funeral, había casi mil personas, y después la mayoría nos reunimos en la casa principal del rancho al sur de la ciudad de Oceanside y, al poco tiempo, la reunión se convirtió en una gran fiesta alegre.

Yo no podía parar de llorar, pero el resto de la gente parecía muy feliz. Más tarde, en el patio trasero, al lado de la chimenea del bar, vi a tres hombres muy bien vestidos y mayores, y a mi primo segundo, José León, brindar por mi papá, llamándolo el REY.

Caminé hacia ellos. Yo estaba medio borracho y ya no aguantaba más. Todo esto era demasiado para mí. —¿El rey? —les dije. Todos estaban en los setenta y pico entrando en los ochenta—. Deben estar bromeando, ¿verdad? ¿Si no, por qué llamarían a mi papá el rey? ¡No pertenecía a la realeza! Es más… su riqueza… ustedes saben que perdió la mayoría de su dinero durante sus últimos años.

—Obviamente —dije, tambaleándome—, mi papá no era nada más que… un pobre rancherito de Los Altos de Jalisco que, supongo que podemos decir, fue muy inteligente y muy afortunado por un tiempo de su vida y llegó a ganar mucha plata. Pero —añadí con voz fuerte—, llamarlo rey es verdaderamente exagerar, ¡incluso ante los propios estándares de mi papá!

Ni que hubiera pronunciado el insulto más horrible del mundo, pues uno de esos viejos —que venía de México a visitarnos y a quien yo en realidad conocía muy poco— se enojó tanto que pensé que me iba a romper la cabeza. Pero los otros dos tipos y mi primo José, que estaban más sobrios, no se enojaron, sólo se rieron. Entonces, George López, casi tan grande y alto como mi primo José, puso su enorme mano derecha sobre el hombro del que estaba enojado, le dio unas palmaditas con cariño y lo tranquilizó.

—Digamos —dijo George López, quien vivía en la ciudad y había sido amigo cercano de mi familia desde que podía recordar—, que tú nunca llegaste conocer a tu papá como nosotros.

—¡Sí! ¡ESO ES! —gritó Vicente, el tipo bajito que estaba enojado y medio borracho. Recordaba más o menos como en un sueño lejano haberlo visto en casa cuando era niño. —¡TÚ NACISTE MUY TARDE! Porque no importa qué tantos libros escribas y qué tanto piensas que sabes, ¡nunca vas a conocer a tu papá como nosotros lo conocimos! ¡ÉL ERA EL REY! Todos, absolutamente todos, trabajábamos para él, ¡LO SUPIÉRAMOS O NO!

—Ya basta —dijo George, con una enorme, hermosa y agradable sonrisa. George tenía una esposa muy bonita y cuatro hijos preciosos, y a mi entender, su familia había conocido a la de mi madre desde que vivían en México, mucho antes de venir a los Estados Unidos.

—Esperen, esperen un momento —exclamé—. ¿Qué quieren decir con eso de que todo el mundo trabajaba para él, lo supieran o no? No entiendo.

—¡Por supuesto que no entiendes! —dijo con brusquedad Vicente—. ¡Naciste después de que tu papá se retiró y compró la mitad de Oceanside, desde las lomas hasta el mar y él y tu madre construyeron esta mansión! Creciste rico y con todas las seguridades, por lo que no ¡SABES NI UN CARAJO! —A Vicente se le salieron las lágrimas de sus ojos arrugados como un cocodrilo—. ¡Conocimos a tu papá cuando el gallo picaba! ¡Cuando nadie se atrevía a pisar su sombra! Cuando la sangre de los hombres les corría al revés, desde sus corazones, ¡si apenas se les cruzaba la idea de TRAICIONARLO! Para ellos, ¡él era un MONSTRUO! Pero, para nosotros, sus amigos, —dijo, secándose las lágrimas— ¡ERA EL REY!

—Un santo —dijo Carlos Ballesteros, también con lágrimas rodando por sus mejillas. Yo sabía que Carlos había ganado mucho dinero en Estados Unidos junto con mi papá, y luego había regresado a México—. Pues hasta el cielo se abría a su paso, y los ángeles descendían a la tierra para ayudarnos cuando teníamos que terminar un trabajo. —Respiró profundo—. Tenía el mismo poder que su amada madre, tu abuela doña Margarita, a quien vi traer el cielo a la tierra para ayudar a nuestras familias a sobrevivir en nuestro esfuerzo por venir aquí al norte, a los Estados Unidos, durante la terrible Revolución. Te digo que no sólo era un rey, ¡TAMBIÉN ERA UN SANTO!

—¿Un santo? —repetí.

—¡SÍ, UN SANTO! —dos de ellos exclamaron rápidamente al unísono.

Pasé la lengua por mis labios. ¡Órale! Toda mi vida me había molestado este tipo de conversación exageradamente adornada. Obviamente, conocía todas las terribles penurias que mi padre y su madre y hermanas, y mi sobrinito y sobrinita, habían tenido que pasar cuando vinieron al norte a los Estados Unidos durante la Revolución Mexicana. Ese era el tema de mi libro *Lluvia de Oro*, el cual estaba en vías de ser publicado en Nueva York por Putnam Publishing Group. Pero, decir que los cielos se habían abierto y los ángeles habían descendido a la tierra para ayudarlos, era exageradamente adornado e irreal para que yo lo aceptara.

—Está bien —dije—, entonces todos ustedes creen que mi papá era un rey y también un santo. Bien. Bueno. Maravilloso. Pero para mí, así no funcionan las cosas. Quiero decir, que mis padres también me hablaron así, pero yo nunca entendí. El cielo separándose y ángeles bajando a la tierra; Dios mío, todo eso me suena demasiado bíblico. Ésa es la razón por la cual me tomó más de doce años escribir su historia, porque, pues bien, yo no podía entender mucho de lo que me decían, mucho menos aceptarlo y escribirlo. Y ahora llegan ustedes, añadiendo toda una nueva dimensión a la historia de mis padres que yo desconozco por completo. Jamás oí a nadie llamarlo rey, mucho menos santo. Así que, por favor, sólo díganme de qué están hablando. Díganme un ejemplo concreto de por qué cualquier persona, en su sano juicio, lo llamaría el rey. Y, además, explíquenme ¿qué chingados quiere decir que todos trabajaban para él, lo supieran o no?

George se rió. —No, Mundo, estás demasiado joven —me dijo. Mi segundo nombre era Edmundo, un nombre que mi papá llegó a admirar cuando fue a la cárcel por primera vez en Arizona, por eso mi familia y mis amigos cercanos me llamaban Mundo, apodo de Edmundo—. Nunca comprenderías —continuó George—, mejor sigue tu camino, publica tu libro como está escrito y olvídate de todo esto.

¡Ya me harté! ¡Maldita sea! Había entrevistado a mis padres, tíos y tías, primos mayores, durante más de diez años, había ido a México y había escalado las montañas donde mis padres y su familia cultivaban sus tierras y cabalgaban en burros. ¿Qué les pasaba a estos viejos? Hasta mis padres me habían dicho más de una vez: —Sigue adelante, mijito, publica el libro como está y no te preocupes. Nunca comprenderás realmente la vida como nosotros la comprendimos. Nosotros no tuvimos carros, ni teléfonos, ni televisores, ni baño dentro de la casa. Vivíamos bajo las estrellas, con el Aliento Sagrado Viviente de Dios y el Santo Latido de nuestra Madre Tierra.

Le grité a George: —¡NO digas pendejadas! ¡No estoy demasiado joven! ¡Chingados, tengo cuarenta y ocho años! ¡No soy un niño! ¡Maldita sea! Si ustedes saben algo sobre mi papá que lo eleva a la categoría de rey, ¡díganmelo! ¡HABLEN CONMIGO! ¡Tengo que saber! ¡Maldita sea, ustedes los viejos a veces me tratan como si yo fuera un tarado!

Todos explotaron de risa, excepto mi primo José, que me observaba realmente preocupado. José era el hijo mayor de la hermana mayor de mi papá, Luisa, y apenas unos años menor que él. José había estado en el ejército durante la Segunda Guerra Mundial y había regresado a casa condecorado como un héroe de guerra.

—No, no —dijo George, todavía riéndose—, no, tarado no, Mundo. Más bien, digamos, con mentalidad de gringo o, medio tapado —añadió. Se estaba refiriendo a mí como un estadounidense blanco y, encima de todo, tapado.

Ahora los tres hombres se reían a plena carcajada, provocando que sus grandes panzas estremecieran todo su cuerpo, lo cual, se decía, ayudaba a sanar el corazón y el alma de la humanidad. Supuestamente, la risa era la Voz Sagrada de las rocas, las Creaciones de Dios más antiguas y más estables. ¡Ah!, estos tres viejos cabrones canosos se estaban divirtiendo de lo lindo a mis expensas, pero no importaba. Esto también formaba parte de nuestra cultura, o como los gringos dirían, yo era un novato ante sus ojos y un escuincle ingenuo para realmente saber algo del verdadero juego de la vida.

—Está bien —dijo Carlos, el que había llamado a mi papá un santo—. Hablaremos. Te lo diremos, Mundo, pero tienes que escuchar muy bien y tener la mente muy abierta, porque la diferencia..., la verdadera diferencia entre un santo y un monstruo es tan pequeña, tan minúscula, que no es más grande que una pizca de arena comparada con toda la arena de las ¡PLAYAS DE LA CREACIÓN! —exclamó fuerte y con gusto.

No pude evitar hacer una mueca. Otra vez con esas pendejadas de exageraciones: "...tan pequeña, tan minúscula, que no es más grande que una pizca de arena comparada con toda la arena de las playas de la Creación". Eso no era más que un ¡MONTÓN DE MIERDA! ¿Por qué no podían hablar de forma directa y sencilla? ¿Por qué usaban estos viejos mexicanos un lenguaje tan exagerado y estrambótico?

George debió haber notado mi reacción porque dijo: —¡No, no le digas nada, Carlos! Sólo vas a confundirlo. He leído el manuscrito que le vendió a Nueva York. Es un buen libro. No está nada mal. Estoy seguro de que se venderá muy bien entre los gringos e incluso puede que se convierta en una miniserie de televisión, como hicieron con *Raíces*. Deja a los muertos descansar. Este es el funeral de Salvador, y si él nunca le contó nada a su hijo respecto a que él era un rey, significa que no quería que lo supiera.

Yo estaba perplejo y cansado, y ya no sabía qué decir ni hacer. Me di la vuelta y le pedí al cantinero (otro amigo de toda la vida de la familia) otro trago doble de tequila.

—¡Brindemos! —grité, volviéndome hacia estos cuatro viejos que habían conocido a mi papá y a mi familia desde antes de que yo naciera—. Por mi papá, ¡el rey! Pero, ¿por qué el rey?, supongo que nunca lo sabré. —Me encogí de hombros.

Todos rieron, levantaron sus copas conmigo y bebimos nuestros tequilas. Las cosas parecieron calmarse, y ciertamente comencé a sentirme mucho mejor.

—Mira —dijo Carlos—, hay muchas cosas que no le he dicho ni puedo decirle a mis propios hijos, pero, por otro lado, si uno de mis amigos se las dijera, yo no me sentiría mal. Vamos, digámoselo. Mundo debe saber quién era en verdad su padre; aún más ahora que está en el cielo —se persignó—. No hay accidentes —continuó Carlos—. Estoy seguro que así debían ser las cosas: nosotros aquí tomando tequila con el hijo de nuestro rey. Así es que yo digo, contémosle toda la verdad respecto a su papá.

—No sé —dijo George—. Quizá nos vamos a meter en un lío demasiado grande.

No pude evitar que las lágrimas brotaran de mis ojos. Quiero decir, estaba realmente confundido. Acababa de pasar los últimos diez años de mi vida tratando de comprender el mundo de mis padres y parecía que había fracasado.

Fue entonces Vicente, el que se había enojado tanto que creí que me iba a arrancar la cabeza, quien gritó: —¡Pues metámonos en el pinche lío! ¡No se dan cuenta que el pobre muchacho tiene tapado el cerebro! No sabe una mierda cuando dice que su papá era un pobre rancherito de Los Altos que tuvo la suerte de amasar una gran fortuna.

—Tu papá —continuó, volteándome a ver—, ¡PODÍA HABER MUERTO EN LA QUIEBRA TOTAL! Óyeme, ¡QUEBRADO! ¡SIN UN PESO! Y aún así, seguiría siendo ¡EL REY! Pues un rey, un verdadero rey, es una persona, como dice Carlos, un ser humano que puede atraer las fuerzas celestiales a la tierra y hacer que se realice el trabajo que debe hacerse! ¡Y todas las personas trabajan por un hombre así con todo su corazón y toda su alma! ¡Y eso no es suerte! Es saber cómo tomar la mano de Dios y sacar al Sagrado Creador de su sueño eterno, y entonces TODOS aquí en la tierra COBRAMOS VIDA, porque ahora todos nos ¡CONVERTIMOS EN INSTRUMENTOS DE LA CREACIÓN! ¿Lo entiendes ahora? —añadió.

Respiré hondo y negué con la cabeza. —No, no lo entiendo —dije, sujetando mi frente adolorida—. Y no es mi intención enojarlos, pero entiendan, mi papá y mi mamá a veces me hablaban así también; y yo quería entender, de veras quería, pero luego cuando traté de ponerlo por escrito, pues bien, todo se vino abajo, se derrumbó, porque sonaba demasiado bíblico y milagroso para que yo, o cualquier lector moderno, creyéramos en verdad todas estas cosas.

—¡COBARDE! —gritó Vicente, con su rostro enrojecido de ira nuevamente. Parecía que esta vez sí iba a abofetearme—. ¡¿Cómo puedes afirmar ser un escritor SI NO TIENES LOS HUEVOS PARA TENER FE?!

Fue de nuevo George López quien intervino para salvar la situación. Agarró a Vicente por los hombros y lo alejó de mí.

—Cálmate —dijo George—. Cálmate, Vicente.

—¡CHÍNGATE, GEORGE! ¡NO ME QUIERO CALMAR! ¡Por eso fue que regresé a México! Mis propios nietos se han agringado por completo. Apenas puedo hablar con ellos. Carros, radios, basura, basura, basura: ¡eso es lo único con lo que sueñan! ¡Te digo que han perdido sus almas!

—Vicente tiene razón —dijo Carlos con voz calmada—. Entonces, George, si tú dices que Mundo en verdad ha escrito un libro bastante bueno sobre Salvador y su madre Lupe, yo digo que es nuestra obligación contarle para que sepa. Quizá entonces nuestros hijos y nietos puedan leer su libro y saber quiénes somos en realidad nosotros, los mezclados.

—Mira —siguió, dirigiéndose a mí de nuevo—, dices que todo esto te suena demasiado milagroso. Pues yo te digo que así es exactamente el poder que tenía tu papá con nosotros aquí, en los Estados Unidos: de hacer milagros, justo como en la Biblia. Y esto es lo que su madre, Dios la tenga en su gloria, también hizo con nuestras madres cuando atravesamos el desierto muriéndonos de sed y hambre al cruzar la frontera, durante la Revolución, para llegar a esta tierra prometida de los Estados Unidos. Sí, tu padre era un monstruo para algunos, y para otros era un santo; y para nosotros un rey que fuimos al infierno con él para poder traer los frijoles a las mesa.

Vicente y Carlos no podían dejar de llorar. Las lágrimas caían a borbotones por sus mejillas. Respiré muy hondo y exclamé a pleno pulmón:

—Miren —dije—, yo sé que ustedes conocieron a mi papá desde hace mucho tiempo cuando era famoso como el Al Capone del oeste y era traficante de alcohol y todo eso, pero aún así, ¿no creen que es una exageración llamarlo santo y rey?

—No, Mundo —respondió George—, no es para nada una exageración. Quizá Carlos tiene razón, y no es un accidente que estemos todos aquí tomando tequila contigo. De hecho, tengo la sensación de que tu papá está aquí, ahorita mismo con nosotros, y nos está diciendo que te digamos quién era en realidad.

—Muy bien, díganme entonces.

—Está bien, te diremos —acordó George—, pero tienes que mantenerte muy callado y escuchar muy bien o no entenderás. Verás, el día que comenzamos a llamar a Salvador el rey, estábamos en Los Ángeles, por los lados de Hollywood, y acabábamos de terminar un trabajo, un trabajo muy grande, y conducíamos de regreso a casa cuando...

—¡Te dije que dejaras de chingar, George! —interrumpió Vicente—. Deja de decir pendejadas y apégate a la historia de lo que nos ocurrió en Hollywood.

—Está bien, no hubo ningún trabajo —dijo George—, íbamos de regreso a casa, y tuvimos que pasar por Hollywood. En esa época no había autopistas, y el trabajo que *no* habíamos hecho había ocurrido en el valle, en un rancho grande de caballos de pura raza. Nosotros y los Moreno de Corona logramos ayudar a tu papá a salir de ésa, aunque fue difícil —añadió George riendo—. Y se volvió algo famoso, tú sabes, entre los amigos.

—GEORGE, ¡CHINGADOS! ¡Que no hubo ningún trabajo! Deja de decir pendejadas y ¡apégate a la historia de lo que nos ocurrió en Hollywood!

—Está bien, no hubo ningún trabajo —dijo George—. Íbamos de regreso a casa en el gran Cadillac de tu papá buscando un lugar donde desayunar después de haber dejado nuestra ropa de trabajo toda ensangrentada en el camión viejo y gastado que habíamos dejado en el rancho.

—¿Ropa de trabajo ensangrentada? —pregunté.

—Sí, ayudamos a castrar a un semental. No lo decapitamos, como algunas personas comenzaron a decir. Nos sentíamos bastante bien, íbamos platicando, diciendo que nunca podríamos salir adelante legalmente en este país, debido al racismo. Que en el mundo legal siempre seríamos ciudadanos de segunda y tercera clase, aunque hubiéramos nacido aquí. Tu papá finalmente se cansó de nuestras quejas y nos dijo que estábamos hablando puras estupideces. Que había gente buena y decente en todas las razas del mundo, y que la única cosa que impedía que fuéramos legales era nuestra estúpida mentalidad y nuestros propios miedos. Discutimos con él.

—Sí —admitió Vicente sonriendo—, él era nuestro jefe, pero aún así discutíamos con él, contándole experiencia tras experiencia del racismo que habíamos tenido que pasar en los campos y que nunca conseguiríamos mejores empleos con los camiones ni en los establos, sin importar lo duro que trabajáramos para los blancos. Dijo que éramos unos pendejos, pero discutíamos con él, usábamos hechos y estadísticas, y finalmente nos dijo: —Miren, les demostraré que todos sus hechos y estadísticas son sólo un montón de ¡MIERDA! ¡En todas partes hay mucha gente buena que desea ser justa y decente!

—Sí, claro —continuó Vicente—, ¿qué crees que nos pasaría ahorita mismo si viene un gringo aquí a Hollywood, nos saca el dedo, nos insulta y nos dice que nos vayamos de esta parte de la ciudad? Los policías se pondrían de inmediato de parte del gringo, nos meterían en la cárcel, sin importar qué inocentes fuéramos y ¡tú lo sabes, Salvador!

—No, no lo sé —nos dijo tu papá—, así que averigüémoslo.

Los cuatro hombres explotaron en una gran carcajada.

—Así que ahí estábamos en plena gringolandia en Hollywood —dijo George—, cuando tu papá nos dijo: 'Está bien, vamos a verlo, y les garantizo que verán por ustedes mismos que hay mucha gente buena en todas partes esperando ser justa y decente, porque como solía decirme siempre mi madre: 'Dios no creó gente mala. ¿Cómo habría podido? Él es Dios. Así que lo único que creó fue gente buena en todo el mundo, y lo único que tenemos que hacer es abrir los ojos de nuestros corazones para verlo'. —Diciendo esto, llegamos a una señal de alto, y ¿qué crees que hizo tu papá? —dijo George, sin parar de reírse—. Chocó el carro que iba delante de nosotros con dos gringos grandulones.

Yo estaba pasmado —Quieres decir, ¿qué lo hizo a propósito? —pregunté.

—Sí, por supuesto, a propósito —dijo George, que seguía riéndose. Ahora los cuatro tipos se reían con tanta fuerza que creí que iban a explotar con sus carcajadas. Empezaron a llegar otras personas a ver de qué nos reíamos tanto—. Casi nos mata del susto —continuó George—. Creíamos que él se había vuelto loco. ¿Y qué crees que hizo entonces? Retrocedió y volvió a golpear el carro, pero esta vez con más fuerza. Luego se adelantó al lado de los dos asombrados gringos y les sacó el dedo, diciéndoles que eran unos hijos de puta, y arrancó.

Las demás personas que se habían reunido alrededor de nosotros también comenzaron a reírse; había una sensación agradable de bienestar y calidez al estar rodeados de tanta risa. Creo que era cierto el viejo dicho mexicano de que las carcajadas son contagiosas y ayudan a sanar el corazón y el alma de los seres humanos.

—Esos gringos grandulones SE ENFURECIERON COMO EL DE- MONIO y comenzaron a perseguirnos, dando alaridos, gritando y tocando la bocina —continuó George—. No sabíamos qué hacer. Tu papá nunca había provocado una pelea. Era un hombre de negocios y siempre era equilibrado y práctico.

No podía creer lo que escuchaba. —Quieren decirme —dije—, ¿que mi papá de verdad hizo esto?

—¡Sí! ¡Sí! —dijo Vicente—. Y luego empezó a manejar por todo Hollywood como un loco, esquivando el tráfico y tocando también la bocina. ¡Todo el mundo nos miraba!

—No entendíamos lo que estaba pasando —dijo George—. Más adelante vimos a un policía y casi nos morimos del susto, ¿pero qué hizo tu papá? Frenó en seco, salió de un salto fuera del carro corriendo al oficial: '¡Señor oficial!', le gritó. 'Acabamos de salir de un funeral en la iglesia, y estos hombres comenzaron a perseguirnos, a decirnos que éramos unos buenos para nada, mexicanos cochinos, esto y lo otro, porque tenemos un carro bueno que trabajamos muy duro para comprar. ¡Por favor ayúdenos, señor oficial!', añadió.

—Y justo entonces llegó deprisa el otro carro, y los dos hombres salieron a saltos, gritando e insultando, y el policía le dijo a tu papá que se calmara, que todo iba a estar bien. Los dos hombres corrieron adonde estaba el policía, gritando: '¡Estos cochinos, buenos para nada, hijos de puta, bastardos mexicanos, se estrellaron contra nuestro carro!'. Y el policía que vio el rostro atemorizado de tu papá y escuchó a los dos gringos gritando insultos racistas, le dijo a tu padre: 'Vete, amigo, yo me ocupo de esto. No te preocupes'. Tu papá corrió hacia nuestro carro y arrancamos, y los dos gringos comenzaron a insultar terriblemente al policía por dejar escapar a los mexicanos hijos de puta, buenos para nada. Antes de doblar la esquina, vimos al policía sacar su arma y encañonar a los dos hombres furiosos obligándolos a poner su rostro contra su carro. ¡No podíamos creerlo! ¡Iban a la cárcel! ¡LOS GRINGOS! Y no nosotros, ¡los mexicanos!

—¡Dios mío! —dije—. ¡Increíble! Tengo que sentarme. Nunca antes escuché esta historia. Esto cambia todo lo que siempre supe sobre mi papá. O sea, ¡Dios mío! ¿Cómo tuvo los huevos para hacer algo tan escandaloso y terrible y saber que se saldría con la suya?

— No, no fue terrible —dijo George—. ¡Brillante! ¡Fantástico! ¡Milagroso!

—¿Empiezas ahora a ver? ¿EMPIEZAS AHORA A COMPRENDER? —gritó Vicente—. TODOS, todo el mundo trabajaba para tu papá, ¡lo supieran o no! ¡Policías, alcaldes, banqueros, gobernadores! Con decirte que Barry Goldwater, el senador de Arizona, que luego fue candidato a la presidencia, vino a tu casa aquí mismo, a este patio en donde estamos parados; y él nunca, nunca se dio cuenta que tu papá estaba del lado de John Kennedy en vez de Nixon para presidente cuando tu papá le preguntó si había algo que le gustara de ese inútil de Kennedy. Después de tomar un par de tequilas, Goldwater no podía parar de hablar bien del hombre que era el candidato del partido opuesto al suyo. Tu padre, era EL REY, movía ¡A TODO EL MUNDO A SU ANTOJO COMO PIEZAS DE AJEDREZ!

Las rodillas me temblaron. Alguien me trajo una silla. Me senté, sacudiendo mi cabeza. —¿Hay más historias de este tipo sobre mi papá? —pregunté.

—Sí, claro, cientos de ellas —dijo George, todavía riéndose—, en la prisión y fuera de ella. Con decirte que cuando estuvo en la cárcel agregó a los guardias a su nómina y los puso a contrabandear todos los ingredientes que necesitaba para aprender a fabricar licor.

—Ésa sí me la sabía —dije—. Eso fue en Tulare, por los lados de Bakersfield.

—Exactamente —dijo George—, ¿empiezas ahora a entender por qué llamamos a Salvador el rey? ¡Todos trabajábamos para él! Es decir, en esa época, el racismo era tan denso que podías olerlo, y aún así, él se las arreglaba para cambiar las cosas, como en Hollywood cuando hizo que arrestaran a esos dos gringos en vez de a nosotros. ¡Fue hermoso! Les tocó el turno a esos dos gringos gritar que eran inocentes.

—Pero George, ellos eran de verdad inocentes.

—Sí, claro, pero dime, ¿cuántas veces nuestra gente y los negritos habían sido completamente inocentes, y de todas maneras fueron los que metieron a la cárcel debido a alguna mentira de un gringo?

—Sí, te entiendo —le dije a George—, pero de todas maneras, ¿lo que hizo mi papá lo convierte en algo justo?

—Sí, lo convierte —dijo Carlos—. Lo convierte en algo completamente justo, porque estoy seguro de que los ángeles bajaron del cielo ese día y dirigieron la mano de tu padre para que pudiera enseñarnos que en todas partes del mundo ¡REALMENTE EXISTE GENTE buena y decente!

—¿Pero, ángeles? —dije, riéndome a medias—. ¡De veras tenemos que ser realistas!

— Soy realista —respondió Carlos.

—Pero, ángeles —repetí, riéndome—, no creo que los ángeles bajen a la tierra a ayudar a que las personas hagan algo tan monstruoso. Chingados, esos dos pobres gringos eran inocentes.

—¡Oh! ¿Por qué estás tan seguro de que eran inocentes? —preguntó Carlos—. Yo pienso que los ángeles usaron a tu papá para equilibrar el marcador con esas dos almas perdidas y malvadas, que en verdad eran muy racistas, le habían hecho cosas terribles a nuestra gente, y ya era hora de que los atraparan y los llevaran ante la justicia.

—¡Debes estar bromeando! —dije—. No pienso que de verdad creas lo que estás diciendo, ¿o sí?

—Con todo mi corazón —dijo Carlos, con lágrimas cayendo de sus ojos—. Y entre más viejo me pongo, más y más creo que todos somos instrumentos de Dios una vez que aceptamos el trabajo para el que fuimos destinados aquí en la tierra. No solamente nosotros, sino toda la humanidad. Si no, dime, ¿cómo fue que tu papá tuvo el juicio y los tanates para hacer algo así, si no hubiera sido con la ayuda del cielo? ¿Y cómo fue que tu abuela, que Dios la tenga en su Santo Reino, fue capaz de hacer que lloviera para que nuestras familias pudieran salvarse de morir de sed en el desierto durante la Revolución?

—¿Quieres decirme que cuando mi papá me habló sobre esas cosas, como cuando su madre hizo que se formaran nubes y lloviera sobre ustedes al venir al norte, fue de veras la verdad, y no se trataba de una metáfora o un simbolismo?

Cualquiera diría que yo había hecho la pregunta más ridícula del mundo, porque ahora hasta José, mi viejo primo y héroe de guerra, explotó con una carcajada junto con los otros tres viejos.

—Mira —dijo Vicente—, los ojos de Mundo no son de color café porque ése es su color. No, son cafés porque está tan estreñido del cerebro que ¡toda la mierda está a punto de explotar por sus globos oculares!

Todos rompieron en carcajadas (no sólo los cuatro viejos), y su risa colectiva hizo eco en la parte posterior del patio y llegó hasta la pequeña cascada del despeñadero, al este de nuestra casa, y hasta el enorme árbol de chirimoya que produce cientos de kilos de fruta cada año. La chirimoya, después del mango, era la fruta favorita de mi madre por sobre todas las cosas. Había traído las semillas de estos dos árboles desde las zonas más remotas de México y les había cantado amorosamente hasta que finalmente enraizaron y comenzaron a crecer.

Los campesinos de la población me habían dicho que los árboles de mango y de chirimoya de mi madre habían sido los primeros en producir fruta tan al norte de México, y que todos los cultivos de mango y de chirimoya que había en el condado de San Diego provenían de los dos árboles originales de mi madre. Ahora podía recordar que mi madre me había dicho una y otra vez que hacía falta grandes cantidades de amor, o más de mil generaciones, para que una planta o un animal se convirtieran en nativos en una zona nueva.

Respiré profundo y exhalé con fuerza el aire de mis pulmones. Supongo que había muchas cosas que mis padres me habían dicho, pero yo había estado muy tapado del cerebro para realmente escucharlas. Entonces, ¿las plantas, no solamente estaban vivas, sino que tenían su propia conciencia, como los animales y las personas?

—Está bien, ya basta —escuché decir a mi primo José León, fuerte, grande y fornido. Hasta ahora no había dicho una sola palabra. Todo el mundo se quedó en silencio—. Yo no estaba con ustedes tres y con mi tío, don Salvador, ese día en Hollywood cuando hizo lo que hizo, pero... entiendo todo muy bien y estoy de acuerdo con ustedes en llamar a mi tío el rey porque pues bien, así fue como siempre lo consideré toda mi vida. —Empezaron a caer lágrimas de los ojos de este enorme hombre, que más parecía un oso—. Incluso desde que era niño, y veníamos al norte desde México, todos sabíamos que estaba escrito en las estrellas que un día Juan Salvador se elevaría de las cenizas de la destrucción de nuestra familia y asumiría las riendas de nuestro destino, así como había hecho su hermano mayor, José el Grande, de quien heredé mi nombre, después de que mi abuelo, el alto español, Juan Jesús Villaseñor, se desmoronó y murió dejándonos a todos a riesgo de morir de hambre en medio de esa terrible guerra.

Y entonces este hombre enorme de un metro con ochenta, con un cuello de más de medio metro de ancho, que pesaba ciento diez kilos, con manos tan gigantescas que nunca podía encontrar guantes lo suficientemente grandes para él, excepto por esos pesados y engorrosos guantes de cuero para soldadores..., ese hombre... comenzó a llorar. Sus manos me recordaban las de mi padre, pues su meñique era mucho más grande que mi pulgar.

—Mira, Edmundo —dijo José, mirándome. Él nunca me llamaba Mundo. Desde que recuerdo, siempre se dirigía a mí por mi nombre completo. Cuando niño me sentía raro, pero ahora a esta edad me gustaba—. Tu padre tenía solamente diez u once años cuando comenzó a enseñarme cómo convertirme en hombre, así como le habían enseñado a él José el Grande y don Pío, el indio puro de Oaxaca, el hombre más grandioso que ha existido jamás, junto con Benito Juárez. En esa época yo tenía tres o cuatro años, y tu padre me enseñó una y otra vez cómo mantenerme alerta como un gato para encontrar comida para nuestra familia. No teníamos armas, no teníamos nada, entonces él me enseñó a observar y a pensar, y a aprender de los coyotes, de las serpientes cascabel y de las lagartijas. Al poco tiempo, estábamos atrapando conejos y lagartijas; y eran tan deliciosos como los preparaban tu abuela y mi madre: con raíces, cactus y el resto de hierbas que ellas recogían.

—Jamás olvidaré una ocasión en que tu padre y yo estábamos mirando una bandada de pájaros que venían a los corrales al atardecer, me dijo que observara muy atentamente y viera lo que los pájaros estaban haciendo. Eso hice, y ahí fue cuando comprendí, de repente, que los pájaros estaban buscando semillas sin digerir en el estiércol de los caballos. ¡Ahh! Fue maravilloso; ese día tu papá y yo encontramos suficientes semillas sin digerir en el estiércol de los caballos para llevarlas a donde vivíamos, entre dos rocas para mantenernos protegidos del viento, y nuestras madres cocinaron esas semillas junto con las lagartijas y las raíces que habíamos encontrado antes. Fue un gran festín, digno ¡DE UN REY! Nada se le escapaba a los bien entrenados ojos y oídos de tu papá. Incluso puedo jurar que él era más astuto que los mismos coyotes, uno de los animales más inteligentes ¡DEL MUNDO ENTERO!

Mi primo José se detuvo y respiró profundo. —Luego una vez que pasamos la frontera —dijo—, creíamos que estaríamos seguros aquí en los Estados Unidos y que la comida no sería un problema, pero estábamos equivocados, y pronto descubrimos que aquí era todavía peor. Los gringos, no querían que nosotros, los mexicanos hambrientos, desesperados y perdidos, cruzáramos la frontera. Y en Douglas, Arizona, mi madre, Luisa, tu abuela y yo, nos estábamos muriendo de hambre. Emilia, la otra hermana de tu padre, había muerto, dejándonos con su bebita, producto de la violación de los soldados, y tu padre trabajaba en la mina de cobre Bisbee Queen en Douglas tan duro como podía para un chamaco de su tamaño y fuerza, pero no era suficiente para alimentarnos a todos, porque en esa época le pagaban a un hombre por libra de cantidad de mineral que sacara. En ese momento, él decidió robar seis dólares en valor de cobre para venderlo y así alimentarnos. Pero era una trampa, y... las autoridades lo atraparon y lo juzgaron como a un adulto para enseñarle a los mexicanos qué les pasaba si robaban. Fue sentenciado a cinco años en la penitenciaría.

—Tendría unos trece años y, sin embargo, este hombre chiquito —dijo mi primo José León, con lágrimas cayendo por su rostro—, jamás se preocupaba por él mismo, sino por ¡NOSOTROS, su FAMILIA! —añadió con un grito de pasión—. Y Edmundo, ¡ESO ES SER REY! ¡ESO ES SER SANTO! ¡Ése es UN HOMBRE DE LOS BUENOS! Es un hombre que pensaba sólo en su familia, aunque lo tuvieron aislado y encadenado, ni se rasuraba de ¡LO JOVEN QUE ERA!

¡Mi corazón LATÍA FUERTEMENTE! Yo ya conocía todo eso, lo había escrito en *Lluvia de Oro*, pero no había comprendido verdaderamente todo el impacto de esta historia. Dios mío, tenía que recuperar mi libro y escribirlo todo de nuevo. Pero, pues, mientras hablábamos ya lo había vendido y estaba listo para su publicación.

—Así que quizá Edmundo —siguió diciendo mi primo José León, como si estuviera leyendo mi mente—, vas a reconsiderar este libro que acabas de escribir sobre mi tío Salvador y mi tía Lupe, y a comprender que eso no es en verdad el final de la historia. Estos hombres tienen razón. Eres demasiado joven, demasiado inmaduro, demasiado gringo, para realmente comprender lo que tuvimos que pasar al venir al norte a través de la guerra y el hambre, para llegar a este país que estaba, y sigue estando, contra nosotros.

José dejó de hablar, me acerqué y tomé en mis brazos a mi primo grande y fuerte y lloramos juntos, nuestros cuerpos temblaban conmocionados mientras nos abrazamos durante mucho, mucho tiempo.

—Y comprende, Mundo —dijo George, después de que José y yo finalmente nos separamos—, que José no ha tratado de menospreciarte ni de insultarte de ninguna manera. No, todos nos sentimos muy orgullosos de que te hayas convertido en escritor. Lo que pasa es que tú nunca podrás en verdad comprender cómo fueron las cosas en esa época para nosotros, los mexicanos. Trataban mucho mejor a los perros que a nosotros.

—Mi mamá y la mamá de tu papá eran íntimas amigas, y ambas eran ancianas maravillosas. Chaparritas, morenas, indígenas de pura sangre india. Pero ellas sabían, cuando salimos de esas montañas de las profundidades de México, que no íbamos solos, que la mano de Dios dirigía cada aliento que tomábamos. Yo tenía cuatro años, seis años menos que tu papá y dos años más que José; y si no hubiera sido por el poder de nuestras madres para hacer que el cielo descendiera a la tierra todos los días, jamás habríamos sobrevivido.

—¿Entonces todos ustedes, de verdad, verdad, creen esas cosas que dicen respecto a que el cielo se abría y bajaban los ángeles a ayudarlos? Para ustedes, todo esto no es una exageración, ¿sino la pura verdad?

—¡Sí, POR SUPUESTO! ¡Un millón de veces, sí! —gritó Vicente—. Yo era niño ¡CUANDO VI A LOS ÁNGELES!

Tomé mi frente con mis manos. —¿Quieres decirme que de verdad, verdad, viste ángeles?

Mundo —dijo Carlos en una voz calmada y suave—, ¿qué te pasa? ¿Estás tratando de decirnos que tú no viste ángeles cuando niño?

Respiré profundo por un largo rato y me encogí de hombros. —No sé, quizá sí. A veces pienso que sí. Pero ya no puedo recordarlo. Creo que me sacaron todo eso de mi mente cuando comencé la escuela aquí en los Estados Unidos y yo no hablaba inglés, y literalmente nos dieron en la madre.

—¡PURA MIERDA! —dijo una voz potente y profunda—. ¡Sí que lo recuerdas, EDMUNDO! ¡Lo recuerdas! Eso de que no recuerdas, ¡ES PURA MIERDA! Todo lo que te ha ocurrido lo tienes guardado aquí, en la nuca, ¡como cualquier perro, gato o caballo!

Era Eddie Moreno, de Corona, cuyo padre, supongo, había ayudado a terminar el trabajo al norte de Hollywood al que se referían esos tres viejos. Eddie tenía un rifle en su mano, media metro y medio, llevaba un sombrero grande de vaquero, una hermosa camisa vaquera de color rojo y naranja, hecha a mano, y un cinto enorme con hebilla tipo vaquero. Lucía como un puro indio moreno y guapo.

En su juventud, había sido un famoso jinete profesional de caballos de cuarto de milla. De hecho, se decía que muchas veces mi papá había ido a esas carreras rurales de caballos de cuarto de milla en zonas despobladas con una bolsa de papel llena de miles de dólares en efectivo; y se llevaba todas las apuestas, ganando cientos de miles de dólares apostándole a Eddie, que montaba el caballo perdedor contra algunos caballos famosos, finos y de pura sangre provenientes de establos de ricos de Arizona o Tejas. Mi papá siempre le entregaba a Eddie el 20% de las ganancias; y se dice, que una vez mi papá y Eddie lograron meter a un multi-millonario tejano gordo, grande, arrogante y prepotente, en una carrera por un millón de dólares. Mi papá me dijo después que la suma había sido sólo diez mil dólares, pero que con el tiempo, la historia se había exagerado y exagerado.

—Un hombre GOLPEA A SU CABALLO en la cabeza cuando es un potro —siguió gritando Eddie con su vozarrón profundo—, y ese caballo jamás olvidará ¡EL OLOR DE ESE HOMBRE! Y cuando ese caballo llega luego a tener cinco, siete o diez años de edad y crece hasta convertirse en un semental de quinientos kilos de puro músculo y percibe el olor de ese hombre, resoplará para advertir al hombre, y si éste no es muy listo y no huye, el semental, te garantizo, derrumbará al hombre CON SUS DIENTES Y LUEGO LO PATEARÁ por tierra ¡como si nada!

—Ésa es la razón por la que nunca debes abusar de una vida joven, ya sea un caballo, un perro o un ser humano, porque ¡nuestro sentido del olfato nunca olvida! El olfato es el único de nuestros cinco sentidos al que jamás puedes engañar. Por eso, Edmundo, me importa un bledo lo que te hayan hecho en la escuela, porque lo único que tienes que hacer es recordar el olor de los frijoles de tu abuela y el aroma de su largo cabello canoso cuando te mecía en la vieja mecedora de su casita al lado del enorme árbol de aguacate que había detrás de la alberca de la casa de tu padre en Carlsbad, y recordarás a los ángeles y al CIELO EN LAS ALTURAS, ¡DE DONDE VENIMOS TODOS!

—¡¿ME ESCUCHAS?! Recordarás ¡quiénes somos los humanos, REALMENTE! Estrellas andando del cielo, ¡TODOS NOSOTROS! ¡Así que no te me hagas el débil, el perezoso o el estúpido! ¡Porque no fue para esto que vine hoy! Hoy, vine desde Corona con este rifle en mis manos, para demostrarles a todos ustedes el hombre que en verdad era don Salvador! ¡Él era un hombre a las todas! Un hombre completo en todos los sentidos. Y quedan muy pocos de este tipo de hombres aquí en la tierra, porque hemos perdido la fe en nuestros corazones, aquí dentro, ¡en donde todos vivimos verdaderamente!

—¡MIRA!— dijo, levantando su rifle—. Yo era un chamaco cuando fui al ejército a pelear en Alemania, y don Salvador vino a nuestra casa en Corona con un rifle en su mano y me llevó a la parte de atrás de nuestro establo. 'Observa', me dijo, golpeando el rifle contra la gran plancha en donde fabricábamos las herraduras. 'Estoy derribando la mira de este rifle para que sepas que no necesitamos la mira para poner las balas donde debemos ponerlas. Todo está aquí, desde los ojos de nuestro corazón al centro del corazón de tu blanco'.

—Y diciendo esto, don Salvador sacó un limón de su bolsa y lo lanzó al aire detrás de su cabeza, y luego dio un giro como un gato, dirigiendo su rifle sin apuntar, ¡y disparó! ¡Le dio al limón justo en el medio! ¡Y ni siquiera estaba usando una escopeta! ¡Fue con su rifle calibre 22 que me dio ese día, junto con un par de cajas de casquillos, y me dijo: 'Aprende a usarlo así, confiando siempre en los Ojos de tu Corazón más que en los ojos de tu cabeza ¡y regresarás vivo!'.

—Aprendí. Fui a Alemania. Fui al Pacífico Sur. Una vez me atraparon seis fortachones que iban a matarme, y cuando vieron mi tamaño, se burlaron pensando que seguro lograrían abatirme, pues ellos eran muy grandes y me superaban en número; y, de repente, en una fracción de segundo, pues bien, ¿qué puedo decir? Ninguno de ellos quedó vivo y yo ¡SIGO AQUÍ!

—¡RETROCEDAN! —le gritó entonces a todos—. Me he tomado unos cuantos tequilas, y ¡puede que mi puntería no sea muy buena!

Sacó un limón de su bolsa y lo tiró al aire detrás de sus hombros. Dio un giro, disparando su rifle sobre el limón que iba en caída como una lanza, en vez de descansarla sobre su hombro, y apretó el gatillo, pero nada pasó.

—¡MALDICIÓN! —gritó—. ¡Olvidé cargarlo! No pensé que sería buena idea traer un arma cargada a un funeral.

Trajo una caja de casquillos, pero no llenó el cargador de la calibre 22. Simplemente puso una bala en el cargador.

—Vamos, dame ese limón de nuevo —dijo.

Mis dos hijos y tres de sus primos corrieron a traer el limón que Eddie Moreno había lanzado. Brian, el primo de mis hijos, de ojos azules y con cara de gringo, que vivía en las afueras de Reno, Nevada, llegó primero a recoger el limón y se lo llevó al ex jinete de caballos de cuarto de milla. Una vez más, Eddie nos dio la espalda, lanzó al aire el limón, giró, se encogió como un gato, y disparó. Milagrosamente, el limón salió disparado más alto, y cuando uno de mis hijos lo recogió esta vez, gritó: ¡JUSTO EN EL CENTRO!

¡POR TODOS LOS DEMONIOS QUE ESTÁS EN LO CIERTO! —gritó Eddie Moreno—. Así fue como vivió tu papá: ¡JUSTO EN EL CENTRO! Siempre justo en el centro en lo más reñido de la batalla de la vida, y te garantizo que sigue viviendo así ahorita mismo, allá arriba en el cielo, EN DONDE EL MISMO DIOS abrió de par en par las puertas para recibir a ¡UN ALMA DE TAL CATEGORÍA!

—Te digo, sus enseñanzas me salvaron una y otra vez la vida en Alemania y en el Pacífico Sur. Y no sólo a mí, sino a todos los muchachos del barrio a quienes les enseñó a ser hombres, UN MEXICANO, AQUÍ EN NUESTRO CORAZÓN, con confianza y visión en ¡DIOS TODOPODEROSO! Y ya, ¡eso es todo lo que tengo que decir! ¡Terminé!

Yo estaba llorando. Medio mundo también lloraba. ¡Ahh, Dios mío! Realmente tenía que recuperar mi libro ¡para escribirlo todo de nuevo! Pero como dije, ya lo había vendido y estaba en vías de publicación, ¿qué podía hacer entonces? Haría falta un milagro para recuperarlo y volverlo a escribir.

Mi madre salió de la casa. Se había cambiado de ropa. Se había quitado el vestido largo negro elegante que había llevado a la iglesia católica Saint Mary, en el centro de Oceanside, y luego al gran cementerio nuevo, muy cerca de nosotros subiendo la loma al sur de Oceanside, donde también había sido enterrado mi hermano, Joseph, que había muerto a los dieciséis años cuando yo tenía ocho. Él también, como mi primo José León, había heredado el nombre del hermano mayor de mi padre, José el Grande, sobre quien espero escribir un día todo un libro. Siendo adolescente, José el Grande y un par de sus amigos, mantuvieron por sí solos durante años a la Revolución Mexicana lejos de sus montañas, salvando a sus familias del hambre y a sus hermanas y madres de ser violadas.

Mi madre lucía deslumbrante. Incluso, a sus casi ochenta años, se veía serena, elegante y hermosa. Jamás olvidaré cuando niño que en los restaurantes, la gente con frecuencia se nos acercaba para pedirle un autógrafo, creyendo que ella era una estrella de cine. Se había puesto un vestido largo mexicano colorido y hermoso, pero a la vez muy sencillo, con un diseño bordado con mucho detalle. Mis dos hermanas venían detrás de ella, preciosas y también hermosamente vestidas.

Eddie se quitó de inmediato su sombrero, mostrando la línea blanca a lo largo de su frente tal cual un verdadero vaquero. Saludó cortésmente a cada una de ellas y les dio un abrazo muy grande, puesto que lo cortés nunca quita lo valiente, y lo valiente nunca quita lo cortés.

Bárbara, mi esposa, se me acercó. Yo no podía dejar de llorar. En ese entonces, Bárbara y yo llevábamos casi quince años de casados. Ella era mi Sofía Loren, verdaderamente la estrella de cine más hermosa de la tierra. Me tomó en sus brazos, e inmediatamente hundí mi rostro lloroso en su maravilloso y delicioso cuerpo. ¡Ahh! Eddie Moreno realmente había cerrado con broche de oro el funeral de mi papá.

Comenzaron a tocar los mariachis recién llegados; el aire se llenó del maravilloso aroma de las delicias procedentes de las dos mesas repletas de comida mexicana casera, con todo lo que uno pudiera soñar, incluyendo el plato favorito de mi padre: nopalitos con carne de puerquito en salsa roja. El sol se estaba ocultando y nuestros dos hijos, David y Joseph, estaban con su grupo de primos procedentes de todas partes de California, México y Nevada, riendo, gritando y corriendo para todos lados. A Bárbara y a mí nos trajeron a cada uno una margarita. Mi madre iba a hacer un brindis.

—Gracias —dijo, con mis tres hermanas de pie a su lado—. Gracias a todos por venir; y con el favor de Dios, la vida continúa, aquí en la tierra como en el cielo, en donde, debo añadir, mi esposo Salvador, acaba de reunirse con su madre.

Se detuvo para tomar aliento, intentando mantener la compostura. Bárbara y yo nos acercamos a ella y a mis hermanas.

—Esta casa —continuó mi madre—, la construimos hace más de cuarenta años Salvador y yo, y la construimos grande no sólo para nuestra familia, sino para... nuestra gran familia de amigos, para que puedan venir y celebrar con nosotros las realidades, las alegrías y las penas pasajeras de la vida.

—Yo tenía diecisiete años cuando conocí a Salvador, y lo primero que hizo fue preguntarme cuáles eran mis sueños. Ningún pretendiente me había preguntado eso antes. Entonces abrí mi corazón y mi alma, y comencé a hablarle como nunca le había hablado a nadie en toda mi vida.

Las lágrimas caían por el rostro de mi madre. Rápidamente me acerqué a ella, y le entregué el pañuelo blanco y limpio que me había enseñado a llevar siempre desde niño en mi bolsillo, porque mi madre y mi abuela me habían dicho que un hombre inteligente debía estar siempre listo para ayudar a las damas de su vida con un pañuelo blanco y limpio cuando ellas derramaran lágrimas; lo que, por supuesto, todas las mujeres buenas y de corazón cariñoso hacen seguido.

—Gracias, mijito —dijo limpiándose los ojos con mi pañuelo blanco y limpio—. Veo que te enseñé bien.

—Sí, mamá —dije—, tú y *Mamagrande* de verdad lo hicieron. Está limpio. Jamás ha sido usado, como me dijiste siempre.

—Muy bien, ¡salud! —dijo ahora mi madre, levantando su copa hacia todos—. ¡Bebamos y celebremos! Pues una vez más mi esposo ha tomado las riendas de nuestro matrimonio, llevándose él mismo al cielo, ¡donde todos estamos destinados a seguirlo una vez llegue nuestra hora! —añadió con lágrimas de alegría y pena que caían por su rostro, las cuales ella secó de nuevo con mi pañuelo.

Bárbara y yo nos tomamos de la mano mientras llevamos las copas a nuestros labios, y de repente olí humo de puro. Miré alrededor. Mi papá solía fumar puros gruesos y grandes. Pero aunque miré hacia todos lados, no vi a nadie fumando un puro. Fue entonces cuando sentí un escalofrío a lo largo de mi espinazo. Sonreí. Supongo que George López tenía razón. Mi papá realmente estaba aquí con nosotros, cuidándonos. Alcé mi copa y brindé por él.

—Está bien, papá —dije, con lágrimas cayendo de mis ojos—, lograste llegar al Más Allá y te está yendo muy bien, ¿no es así?

Se levantó una brisa, y cuando miré hacia el cielo vi una enorme bandada de palomas blancas volando sobre mi cabeza. Sentí en todo mi cuerpo una sensación de calidez muy agradable; luego llegaron cinco gansos blancos volando en forma de V, y CHILLANDO hacia los cielos.

Reí. —¿Eres tú, papá? —pregunté.

—¿Qué pasa? —dijo Bárbara.

—Mi papá. Creo que está aquí con nosotros con esos gansos —dije.

—¡Ahh! ¿Y quiénes son los otros gansos que van con él? —preguntó ella.

Me encogí de hombros. —No sé. Supongo que su madre, mi hermano Joseph y algunos de los demás miembros de la familia que lo recibieron en el Más Allá.

—¡Oh, qué bien! —dijo Bárbara—. Yo también estaba sintiendo algo así. ¡Ahh!, por cierto —añadió—, olvidé decirte que cuando regresamos del funeral, me encontré con un camión de FedEx en la entrada y me entregaron un paquete que fue enviado de un día para otro—. Al terminar de decir esto, se rió con ganas, como solía hacerlo—. Es el último pago de la Editorial Putnam por *Lluvia de Oro*.

—¡No! ¿De veras?

—Sí, el camión de FedEx nos estaba esperando.

Grité mirando al cielo: —¡GRACIAS, PAPÁ!

Entonces apareció otra vez la bandada de palomas blancas circulando sobre nuestra cabeza, como un rayo de luz blanca en un cielo rosa, naranja y rojo. De nuevo, había sido un día fantástico, maravilloso, ¡otro milagro de Dios! ¡Ahh! ¡Estaba tan, pero tan feliz! ¡TAN TAN FELIZ!

Capítulo dos

Pocos meses después del funeral de mi papá, recibí un paquete muy grande. Era del Grupo Editorial Putnam en Nueva York. Durante semanas, Bárbara y yo habíamos estado esperando ansiosamente las primeras copias de autor de mi nuevo libro, *Lluvia de Oro*. Estas copias inéditas de pasta blanda eran solamente para revisión y no debían venderse ni mostrarse al público. Era el tercer libro que publicaba con una compañía importante de Nueva York, por lo que tenía una idea bastante clara de cómo funcionaba el mundo editorial pero, ¡híjole si estaba equivocado! Al abrir el paquete, ¡DI UN GRITO!

Bárbara vino corriendo a la sala. —¿Qué pasa? —preguntó.

—¡MIRA! —grité pasándole una de las seis copias previas que acababan de llegar. ¡FICCIÓN! ¡Están diciendo que el libro sobre mis padres es ficción!

¡Mi corazón casi EXPLOTABA! No tenía idea qué pensar ni qué hacer. Decidí cambiarme de ropa, ir a la playa y correr lo más rápido posible para aclarar mi mente. Tenía que calmarme antes de hacer ¡algo estúpido que arruinara todo!

Mi primera experiencia con el mundo editorial había sido con un libro que originalmente llamé *A La Brava*, que finalmente fue publicado con el nombre de *Macho!* Comencé a escribir este libro a finales de la década de los sesenta y lo terminé en 1970, pero no logré venderlo a ninguna editorial de Nueva York por mucho que lo intenté. Ronal Kayser, residente en La Jolla, un viejo alemán que escribía dramas de ficción y era mi maestro de escritura, me habló de una casa editorial en Nueva York que acababa de abrir una oficina en la costa occidental de Los Ángeles.

—Pero ellos sólo imprimen libros de pasta blanda y no de pasta dura —me explicó el señor Kayser.

—¿Cuál es la diferencia? —le pregunté.

—Los libros de pasta blanda —dijo mi viejo maestro, ya medio ciego—, son los equivalentes modernos de las novelas de ficción populares de antaño, en donde yo ganaba apenas doscientos o trescientos dólares por libro. Pero en esa época era muy buen dinero, en particular porque lograba sacar dos libros al mes, lo que hacía que mi esposa y yo ganáramos entre doscientos y seiscientos dólares al mes durante la Depresión. Era mucho dinero en ese entonces. Una casa en La Jolla costaba seis mil dólares. Mi esposa y yo vivíamos como millonarios.

—Pero tú eres un tipo de escritor diferente a mí. Tú no escribes novelas baratas. Tú, mi amigo, estás en la categoría de William Faulkner y Tolstoi: dos de nuestros mejores escritores de los tiempos modernos, y yo sé que te apenas siempre que te digo esto, pero como tu maestro, tengo que seguir diciéndotelo hasta que lo creas y lo comprendas por completo. En los veinte años que llevo enseñando, he tenido alumnos que han sido muy buenos escritores y que han sido excelentes en el plano lucrativo, pero jamás tuve a alguien como tú: con el coraje de hurgar en el interior del ser humano, para conducirnos cada vez más y más a las profundidades del corazón y del alma.

—En lo que a mí respecta, prefiero que no vayas a ver a este nuevo representante de la costa occidental, porque ellos no hacen libros de pasta dura. Pero, por otro lado, estoy al tanto de la situación económica de tus padres, por eso te digo que lo intentes. Comienza. Mira a ver si esta gente puede entender la clase de escritor que eres, y te ayudan. ¿Cuántas veces te han rechazado hasta ahora?

Respiré hondo. —No sé realmente, señor, pero diría que unas ciento cincuenta veces antes de conocerlo; y desde que estoy con usted, supongo que otras cien más o menos.

—Podría ser un récord mundial —dijo—. Intenta. No hay nada que perder.

Así lo hice. Estaba desesperado. Ya no solo se trataba de convertirme en un gran escritor. Ahora se trataba también de mis padres que lo habían perdido todo en un negocio muy grande de bienes raíces y estaban a punto de perder también su casa. Y yo, su único hijo, me sentía totalmente responsable porque había estado tan absorto en mi escritura que ellos no pudieron contar conmigo cuando me necesitaron.

Mi madre me había explicado que desde el principio, ella le dijo a mi papá que no quería que se metiera en ese negocio de bienes raíces. Porque si ya éramos ricos, para qué correr riesgos después de tantos años de sufrimientos y luchas.

Yo estaba enlistado en el ejército de los Estados Unidos cuando comenzó esta negociación. Mi madre me escribió cuando estaba en el extranjero. Me dijo que un grupo de los nuevos amigos republicanos de mi padre —mi madre era demócrata— lo habían convencido de que estaba pagando demasiados impuestos por los grandes terrenos de pantanos sin valor al pie de nuestra casa, que estaban infestados de mosquitos, que debían ser drenados y llenados con tierra proveniente de las lomas circundantes que él también poseía. Entonces toda la propiedad se convertiría en una mina de oro: un estacionamiento enorme para unas trescientas sesenta casas móviles, el más grande y más lujoso del estado, que le daría un beneficio anual ¡de más de medio millón de dólares!

Leyendo las cartas de mi madre, yo no había realmente comprendido la razón por la que ella parecía tan preocupada hasta que... en su última carta me explicó que esos hermosos pantanos al pie de nuestra casa... iban a ser destruidos. Fue entonces cuando la preocupación de mi madre me abrió los ojos. Antes de eso, yo sólo pensaba que mi papá estaba planificando construir un pequeño estacionamiento para casas móviles en los pastizales de caballos en las lomas, así como había construido unos cuantos cientos de casas antes en nuestros huertos de aguacates y limones. No me había cruzado por la mente que ahora quería arrasar con una excavadora las lomas para rellenar de tierra todos los pantanos.

Cuando regresé a casa del ejército, justo después de que el presidente Kennedy fuera asesinado, no debí sorprenderme tanto al ver docenas de enormes excavadoras y gigantescos tractores y camiones para trasladar la tierra rodeando nuestra casa.

¡Quedé devastado!

¡Estaba inmóvil!

Ni en mis sueños más atrevidos había esperado ver una ¡DESTRUCCIÓN TAN TOTAL E IRREVERSIBLE!

No olvidaré mientras viva el momento en que uno de los conductores de las excavadoras, Bill Magee, un amigo cercano de la familia, se quedó viendo que yo estaba tan sorprendido que tenía la boca abierta. Haciendo un ruido estremecedor con su gigantesca excavadora, salió de su enorme maquinaria de un salto y se acercó a mí con una gran sonrisa.

—¡Regresaste! —me gritó. Bill era un hombre muy grande. Había jugado fútbol americano profesional para los Rams en la época en que un hombre jugaba tanto de ofensiva como de defensiva. Siempre me había dicho que no fue poco lo que les pagaban por participar en algunos de los juegos más grandiosos que se hubieron jugado. —¡Qué bueno verte, mi amigo! —gritó.

—Me alegro de verte —dije, casi sin poder hablar. Bill y yo nos habíamos convertido en buenos compañeros de cacería desde que yo había matado a mi primer venado a los trece años. Por el lado materno, sabía que él provenía de la familia Flores, que habían obtenido subvenciones de antiguos terrenos españoles y se adueñaron de la mayoría de lo que es hoy Camp Pendleton, que significa más de treinta mil hectáreas, con más de quince kilómetros de tierra frente a la playa.

—¿Qué te parece, amigo? —siguió diciendo Bill feliz y emocionado—. Lo que tomó a Dios y a la naturaleza millones de años en crear, tu papá y yo lo hemos destruido y puesto de cabeza ¡en menos de un mes!

Era evidente que mi buen amigo Bill tenía razón. Las últimas veintitantas hectáreas, del enorme rancho de casi setenta y cinco hectáreas, de mis padres, que ellos habían comprado justo después de Pearl Harbor, por veinte mil dólares en efectivo, habían sido prácticamente destruidas y puestas de cabeza, convertidas en un enorme estacionamiento plano cubierto de tierra. ¡Ya no quedaba nada de las lomas donde solían estar los verdes pastizales y nuestros últimos huertos!

Y los pantanos, que abarcaban un bosque de árboles y viñedos, hectáreas y hectáreas de tules y toda una variedad de vida salvaje, estaban ahora cubiertos de pura tierra, blancuzca, de apariencia enfermiza. Las lágrimas corrían por mi rostro. Ni siquiera podía recordar dónde estaba el arroyo. Ni podía ver dónde acababan las lomas y dónde comenzaba la flora silvestre de árboles, viñedos y tules.

—Entonces, ¿qué te parece mi amigo? —me preguntó de nuevo—. Hermoso, ¿no crees?, ¡lo que el hombre moderno puede hacer en un instante!

Observé a mi amigo Bill, y recordé cuando me hablaba de las manadas de venados que solía divisar en la playa cuando era niño, antes de que el gobierno de los Estados Unidos comprara la tierra de sus ancestros. Me había hablado de los abulones y las langostas que uno podía recoger de las rocas del mar cuando la marea estaba baja. Me sentí tan perdido, tan perplejo, tan confundido que no fui capaz de pronunciar una sola palabra. Me di la vuelta, escondí mi rostro y comencé a vomitar.

¡No lograba entender!

¿Cómo podía Bill, cazador y pescador, con quien yo había ido a cazar y pescar más de cien veces en las zonas rurales del condado de San Diego y al sur en Baja California, e incluso en Utah y Colorado, no ver, más que cualquier otro ser humano, la monstruosidad que él y mi papá habían cometido? ¿O sería que Bill había visto TANTA DESTRUCCIÓN contra la Madre Naturaleza desde que era niño, que se había vuelto ciego y qué más daba destruir por completo veinticuatro hectáreas más?

Las dos semanas siguientes, las pasé en trance, sentado en el despeñadero detrás de nuestra casa, observando cómo las gigantescas excavadoras y los enormes tractores aplanaban la terrible pesadilla que ellos habían perpetrado en los hermosos pantanos donde yo había crecido.

Y mi papá; sólo me repetía que había hecho todo eso por mí y por mis hermanas, para que pudiéramos ser ricos por generaciones, para que no tuviéramos que preocuparnos por dinero nunca más por el resto de nuestras vidas. Hasta me dijo que ahora podía dedicarme a escribir todo lo que mi corazón quisiera y sin tener que preocuparme por trabajar para mantenerme.

¡Ay, me sentí tan TERRIBLE!

Era como si cada palabra que mi papá me dijera, ¡fuera como un clavo penetrándome la carne viva! Por eso, las primeras veces que me dijo eso, no dije nada, pero para cuando ya lo había dicho diez o quince veces, NO PUDE MÁS, ¡y se lo dije claro y directo!

—¡PURA MIERDA, PAPÁ! — le grité—. ¡NO LO HICISTE POR MÍ Y POR MIS HERMANAS! ¡Lo hiciste POR TI, porque te gusta ser el mandamás y porque extrañas la acción de tu época de contrabandista, y ahora quieres encajar en el grupo de esos amigos lambiscones republicanos que tienes ahora! El tal Blankenship, y todos esos tipos nuevos de los que nunca escuché antes de irme al servicio militar, te lavaron el cerebro como a un recién nacido ¡con sus pláticas de grandes sumas de dinero!

—Papá, por favor —dije colocando con fuerza mis manos sobre mi dolorida frente—, ¿que no puedes ver lo que está OCURRIENDO? Chingados, de lo único que ese tal Blankenship habla es de plata, plata esto y plata aquello y sus hijos hablan igual que él. Teníamos el paraíso, papá —añadí, con lágrimas cayendo por mi rostro—, y ahora, ¡ahh Dios mío!, papá, dime, ¿a dónde irán a posarse las bandadas de pájaros negros con sus alas rojas? ¿A dónde irán ahora los venados que vivían en el bosque de árboles y tules? Bill Magee me dijo que de los tules salieron dos venados tan perdidos y asustados, mientras él excavaba la espesura de la flora salvaje, que vio cuando salieron corriendo hacia la autopista y los mataron.

—Tratamos de enlazarlos, mijito —dijo mi papá—. Tratamos.

—¡PENDEJADAS, PAPÁ! ¡No me hables así! ¡Trataste de atraparlos después de destruir su hogar! ¡Eso no es más que PURA MIERDA! Me voy, y no pienso regresar a casa ¡NUNCA! ¡Quédate con tu estacionamiento para casas móviles y todos esos nuevos amigos que has conseguido! ¡No quiero ser parte de eso! Di la vuelta y me fui.

—¡TÚ NO TE ESTÁS YENDO AHORA! —me gritó—. TE FUISTE HACE AÑOS cuando abandonaste nuestra familia para dedicarte a tus grandiosos libros de mierda ¡que no puedes vender y nadie quiere leer! SIGUE ESCAPÁNDOTE, ¡COBARDE! ¡Y Blankenship no es republicano! ¡Es demócrata, al igual que tu propia madre! ¡YO SOY EL REPUBLICANO, PENDEJO!

Me fui, me mudé a Ocean Beach, en donde comencé a vivir en una vieja cochera por veinte dólares al mes. Mi madre venía a verme, a decirme que yo había herido a mi papá peor que si le hubiera disparado en el estómago con una escopeta.

—Yo lo sé, mamá —dije—. Lo sé, y aún así quise decir cada palabra que pronuncié, y se lo diría de nuevo. Lo que él hizo fue una estupidez, y ahora pretende haberlo hecho por mí y por mis hermanas.

—Mijito, tú estabas en el extranjero —dijo mi madre—, y finalmente dejaron a tu padre ser miembro del club de los Elks.

—¡Oh Dios mío! —dije. Durante muchos años, un buen amigo de nuestra familia, Jack Thill, había tratado de que mi papá se convirtiera en miembro de nuestro club local de los Elks. Esto había sido imposible debido a la política del club en contra de aceptar mexicanos y negros, incluso asiáticos.

—Tú te fuiste, y él se sentía solo —dijo mi madre—, no tenía nada que hacer porque ahora teníamos dinero y podía comprar todo lo que deseaba. El dinero, mijito, he descubierto, es el camino más rápido al infierno si..., si una persona no permanece centrada en un Dios bueno y amoroso.

—¡Ay, mamá! —dije, mientras caían mis lágrimas—, ¿qué estás diciendo? No entiendo qué me quieres decir.

—Yo tampoco entendí al principio —dijo ella—, pero ahora que hemos sido ricos por años, mijito, también estoy comenzando a entender que la soledad de los ricos es mucho peor que la soledad de los pobres.

Respiré hondo. —Mamá —dije—, me estás confundiendo con esta plática tan extraña sobre el dinero.

—Mijito, ¿no recuerdas que cuando me estabas entrevistando para tu libro, te dije que todas las mañanas allá en las montañas en México, nos despertábamos con el canto de los gallos y el milagro del nuevo día...: un regalo que nos daba Dios, lleno de maravilla y magia, mientras que el Padre Sol venía a darnos su calor y su luz a nosotros y a la Madre Tierra?

—Sí, recuerdo, mamá —dije.

—Pues bien, en esa época en esas montañas, éramos pobres. No teníamos dinero, pero éramos infinitamente ricos con el Aliento Sagrado Viviente que Dios nos regalaba en cada nuevo día. Nuestros estómagos tenían hambre. Pero no nuestras mentes y nuestros corazones, los cuales estaban en paz porque estábamos conectados alma con alma con Papito Dios, en cada aliento.

—Ahh, lo contenta que me sentía cuando alimentaba y ordeñaba las cabras, cuando les preguntaba cómo habían dormido y qué habían soñado. Éste era el primer milagro de cada día: saber que estaba viva y que podía trabajar con mis dos manos, percibiendo el aroma dulce de la leche de la vida a mi alrededor cuando agarraba las tetas de la madre cabra y le hablaba a ella y a sus cabritos.

—Nuestras mentes no luchaban con posesiones ni con carencias. Éramos felices con lo que teníamos, sentíamos la bendición del ojo derecho de Dios, el Padre Sol, guiñándonos el ojo cuando se levantaba en el horizonte de nuestra Madre Tierra. Todo tenía sentido. En nuestro interior sólo había paz, sin importar lo difícil que fueran esas épocas. ¿Entiendes ahora, mijito? ¿Sí; puedes entender?

Me levanté y caminé de un lado a otro por la habitación. —Mamá, ¿qué quieres de mí? Ya está todo hecho. Papá tiene lo que quería: es más rico de lo que jamás soñó ser.

—No está todo hecho —dijo—, y las cosas están cada vez peor. Ahora que tenemos dinero y él tiene todos esos nuevos amigos, veo que tu padre no sabe qué hacer con él mismo. No está en paz, y se va a pasear con ellos a Las Vegas, a las carreras, va a restaurantes elegantes hasta para el almuerzo; y veo que estas nuevas maneras presuntuosas de risas y placeres, pensando que finalmente llegó a su meta, es sólo para cubrir el vacío que siente en su corazón y en su alma.

—¡Ay, me dan ganas de llorar! —continuó—. Los hombres, pobres tontos, no están anclados a las realidades de la vida como las mujeres, que sangran todos los meses de su vida fértil, por eso para los hombres es tan fácil perderse en sus deseos y no son capaces de ver lo que está frente a sus propios ojos. Regresa a casa, mijito —añadió—. Él te necesita.

Respiré profundo y solté el aire de mis pulmones. Parte de mí quería hacer lo que mi madre me pedía, pero otra parte de mí no podía visualizar cómo hacerlo. —Mira, mamá —dije—, soy escritor, y para escribir, necesito tener claridad en mi mente y mi corazón. No puedo volver a casa y ver todo ese pinche desastre; lo siento, mamá, no quise hablar así. Pero no puedo ir a casa y escribir, viendo ese desastre al pie de nuestra casa que solía ser tan hermosa. —Las lágrimas salían a borbotones de mis ojos—. Los conejos de cola blanca, las gallinas de las praderas, los patos azulones y los gansos, los mapaches, las zarigüeyas y..., y los venados. ¿Supiste que dos venados corrieron a la autopista cuando Bill pasó con su excavadora por los tules? Destruyó su hogar, ¡y los mataron!

—DIOS MÍO, —grité mientras las lágrimas corrían a borbotones por mi rostro—, y me contaron que otros cuatro venados corrieron y corrieron entre tractores y excavadoras hasta que sus lenguas quedaron colgando ¡y finalmente cayeron muertos petrificados!

No podía dejar de llorar.

—Muy interesante —dijo mi madre calmadamente—. Lloras por los venados y por los conejos, pero no por tu propio padre: tienes tu corazón congelado. Quizá algo mucho más profundo te está molestando, mijito, a ti que crees que tienes el corazón y el alma tan limpios y puros.

—Mamá —dije a la defensiva—, ¡pero fue él quien hizo todo!

—Sí, es cierto —aceptó ella, mientras las lágrimas corrían por su rostro—. Yo estaba ahí y vi todo, pero aún así no me voy del lado de tu padre. Cometió un gran error ahora que es viejo, pero quiero que sepas que él también hizo muchas, muchas cosas maravillosas en las primeras épocas de nuestro matrimonio, y no sólo por él y por mí, sino por muchas personas.

Respiré profundo. Finalmente dije: —Mamá, lo siento, pero no quiero escuchar más al respecto. De verdad necesito mantenerme claro internamente para escribir, no es broma.

—¿Y tú crees que darle la espalda a tu padre te mantendrá claro? —preguntó—. ¡Ahh no!, todavía tienes mucho que aprender mijito, y le pido a Dios que aprendas rápidamente, o los sentimientos que sientes hacia tu padre se volverán contra ti, con tus propios hijos.

—No podemos escapar cuando las cosas se ponen difíciles, mijito. No, ahí es precisamente cuando debemos buscar en las profundidades de nuestros corazones y nuestras almas, y extraer el oro más puro y profundo, esa Lluvia de Oro que cada uno carga dentro de su corazón, según solía decirme mi querida madre que hiciéramos allá en México, cuando no había nada más que pisos de tierra y hambre la mitad del tiempo. —Pero tienes razón —añadió, mientras las lágrimas caían por su rostro—. En esa época, nuestros corazones y nuestras almas estaban llenos de inocencia y amor ante el milagro de cada nuevo día. Y yo te pregunto, ¿será posible que exista todavía ese amor y esa inocencia en estos tiempos modernos? ¿Quién sabe? —se encogió de hombros.

—Está bien, mamá, te escucho. De verdad. Pero dime, regreso a casa y ¿luego qué? No puedo vivir ahí nunca más. Todo el lugar está destruido.

—Dime, ¿qué ha hecho la gente siempre después de un terremoto o una guerra? Reconstruir sus hogares después que han sido destruidos. Vuelven a plantar y siguen adelante, pues como mi madre siempre me dijo: Dios depende de nosotros para ayudarlo a construir su Paraíso Sagrado en la Tierra.

—Está bien, mamá, iré a casa durante los fines de semana, pero sólo de visita.

—Está bien, es un comienzo —dijo, poniéndose de pie para marcharse.

Acompañé a mi madre hasta su Cadillac, satisfecho de que ella no hubiera dicho nada respecto a que su hijo viviera en una vieja y arruinada cochera. Después de que ella se fue, intenté seguir escribiendo, pero no pude. Mi madre había plantado unas semillas en lo más profundo de mi ser. Quizá ella tenía razón: yo no estaba siendo completamente honesto conmigo mismo, y había algo más entre mi papá y yo aparte de este asunto del estacionamiento de casas móviles.

Me puse mis viejas botas de combate que usaba en el ejército y salí a correr por la playa y el malecón. Yo no era un corredor que se diga muy veloz. Nunca fui capaz de correr una milla en menos de cinco minutos, pero si desaceleraba un poco, manteniendo mi ritmo y llegaba a correr una milla en seis, siete u ocho minutos, podía correr eternamente.

Cuando estuve en el ejército, aposté con tres blancos y un negro, cuando terminamos nuestro entrenamiento básico, a que ellos podían tomar turnos corriendo y que yo lograría vencerlos a todos. Creyeron que mi apuesta era ridícula y apostamos una caja de cerveza. El negro dio rápidamente la vuelta a la pista, pasándome en la segunda vuelta, y luego los blancos continuaron. Siguieron tomando turnos y riéndose de mí durante la primera hora, pero después, en la segunda y la tercera hora, empezó a costarles más trabajo alcanzarme.

En la cuarta hora, estaban en el suelo jadeando como perros, y fue entonces cuando aceleré el ritmo, diciendo que ya estaba listo para atraer mi espíritu de águila y volar, igual que mi papá a los once años había corrido allá en México detrás de un tren. Les expliqué que la madre y las hermanas de mi papá estaban en ese tren, por eso él había corrido todo el día y toda la noche, y casi todo el día siguiente, sin comida ni agua, en el ardiente desierto, sin parar, hasta que logró alcanzar al tren, en un momento en que sufrió una avería. Él era sólo un niño, pero podía correr más de cien millas, porque no había nada que un ser humano no pudiera hacer cuando el miedo lo impulsaba y el amor lo atraía.

Corrí entonces a la playa y alrededor de la bahía de San Diego, y comencé a calmarme. Pero me tomó días volver a escribir, por eso no regresé a casa, ni siquiera de visita, hasta que recibí una llamada de mi madre diciéndome que fuera de inmediato.

—Mañana por la mañana —dijo muy molesta—, vamos a

41

tener una reunión con nuestros abogados y contadores y... mijito, ¡parece que vamos a perderlo todo!

—¿Qué? —dije.

—Me escuchaste —respondió—. Nos dijeron que vamos a perderlo todo. Ven rápido, mijito. Tu padre te necesita. Esto podría matarlo.

Estuve a punto de decir "bien hecho", pero no lo hice, y a la mañana siguiente conduje hasta la costa de Oceanside. Mis padres y yo nos subimos de inmediato en su gran Cadillac y fuimos a las oficinas de nuestros abogados en el centro de Oceanside, al frente del departamento de bomberos.

Nunca había estado antes en las oficinas de los abogados de mis padres, a pesar de que me habían pedido muchas veces que fuera. Nos llevaron a través de un salón elegantemente decorado, hasta una sala de conferencias muy amplia con paredes revestidas de madera, en donde había una mesa grande y una docena de sillas. Casi parecía el escenario de una película, tan artificial y vanidoso. Todos llevaban trajes y corbatas, incluyendo mi papá. Yo tenía unos pantalones de mezclilla, una camiseta y sandalias. Demonios, ni siquiera quería estar ahí. Sólo había ido por mi madre.

Earl Thompson, un antiguo infante de marina que se había convertido en abogado, habló por casi una hora, explicando la situación desde el punto de vista legal. Poco a poco entendí el fondo del asunto. El contratista general de mi papá, Mike Sullivan, a quien había visto brevemente un par de veces, no le había pagado a los subcontratistas que habían realizado el trabajo, porque se había embolsado el dinero y escapado a Arizona. Se trataba de más de medio millón de dólares, que era la suma que mi papá había pedido prestada a la compañía de ahorros y préstamos de San Diego para construir el proyecto.

Nuestro abogado también nos explicó, como un asunto al

margen, que había recibido información confiable de que la esposa de Mike Sullivan —quien originalmente era de Arizona y había crecido en un rancho muy grande de ganado, que su padre había perdido en una apuesta de juegos— había convencido a Mike de que realizara todo este engaño porque antes de casarse con ella, él tenía la reputación de ser un contratista trabajador, bueno y honesto. Entonces, ahora todos los subcontratistas, que estaban esperando pacientemente su pago, porque todos conocían y confiaban en mi padre, se habían enterado de la traición de Sullivan y habían puesto un gravamen por más de medio millón de dólares sobre la propiedad de mi papá, en un estacionamiento de casas móviles que estaba, en el mejor de los casos, a medio camino de ser terminado.

—Contactamos entonces a la compañía de seguros establecida en Los Ángeles que había otorgado la garantía del trabajo—continuó Earl Thompson—, y nos dijeron que no pueden ayudarnos hasta terminar la construcción del estacionamiento de casas móviles, porque de otra manera no hay posibilidad de saber cuánto dinero vamos a necesitar.

—¿Está eso señalado en nuestro contrato con la compañía de seguros? —pregunté.

—¿Qué dice usted? —preguntó Thompson.

—Estoy diciendo que quizá sea mejor no terminar todo el estacionamiento. Quizá sea mejor hacerlo poco a poco ya que estamos bajos de fondos. Y, además, ¿por qué justo ahora que Sullivan se ha escapado con el dinero, es que nos enteramos de que había sido un contratista honesto y trabajador antes de casarse con esa mujer de Arizona?

Nuestro abogado Earl Thompson enrojeció de ira, pero se detectó rápidamente, sonrió y luego se rió —Estaré encantado de responderle a todas sus preguntas después de que nos tomemos un descanso para ir al baño —dijo, todavía sonriendo—. Pero los hechos han sido expuestos. Lo que tenemos que hacer ahora es resolver el siguiente paso —añadió en un tono encantador.

Todos nos levantamos. Thompson y nuestro contador Cliff Asay, de El Cajón, justo al este del centro de San Diego, habían dominado la conversación, pero el abogado que realmente me interesaba era el más joven, Rusty Grosse, a quien también me habían presentado cuando llegamos. Había algo enigmático en la manera en que permanecía en silencio, pero a la vez muy alerta. Podía verlo en sus ojos; pensé entonces que él veía algo o sabía algo que los otros hombres no habían entendido bien o no le estaban diciendo a mis padres.

El baño de los hombres era grande y elegante, con toallas de tela en los dos lavamanos. Tuve que ir a defecar, y cuando salí, Thompson se estaba lavando las manos. De inmediato se activó mi antena. Estábamos solos, y mi instinto me decía que no era por accidente. Se rió al verme en el espejo.

—¿Has escuchado el cuento del campesino que regresó a casa de la universidad? —preguntó.

—No, no lo he escuchado —respondí cautelosamente.

—Pues es un chico que regresa a casa de la universidad —comenzó Earl, secándose las manos con una de las toallas de tela y sonriendo felizmente—, y comienza a decirle a su papá cómo hacer esto y lo otro, y cómo cambiar las cosas en el rancho. Su padre lo escucha con paciencia, y luego le dice: 'Dime hijo, ya que parece que has aprendido tanto en la universidad, ¿sabes por qué el estiércol que sale del trasero de un caballo luce de una manera, y el estiércol que sale del trasero de una vaca luce de forma diferente?'

—El chico negó con su cabeza. —'No, papá, no lo sé —dijo el chico.

—'Pues si no sabes nada de traseros' —dijo el padre—, 'no vengas aquí a decirme ¡cómo hacer las cosas!' —dijo nuestro fornido, grande y más bien bajito abogado ex marino, tan fuerte como pudo.

Al percibir su burlona intención, casi salto en su cara. No me había sorprendido. Era un cuento viejo que había escuchado muchas veces, más como un chiste, no como una herramienta para intimidar. Pero no salté. Más bien, me quedé atrás y observé a este hombre apuesto, rubio, con calvicie incipiente, y comprendí que no era muy inteligente ni tampoco tenía buen ojo para juzgar a la gente. Demonios, yo estaba en perfecto estado físico, hacía ejercicio dos horas diarias, y podía llevarme por delante a este viejo marino en un segundo.

Al final de nuestro encuentro, quedé muy complacido al

escuchar a Thompson concluir que si no lográbamos resolver los asuntos con la compañía de fianzas de Los Ángeles, podríamos terminar yendo a la Corte, y que él haría que su bufete se asociara con Luce & fulano y zutano, el bufete de abogados más poderoso y prestigioso del condado de San Diego; porque yo no creía que nuestro abogado ex marino era lo suficientemente inteligente como para ir solo a juicio.

Las dos semanas siguientes, los subcontratistas fueron determinados a acabar con mis padres, ¿y quién podía culparlos? Necesitaban su paga, y algunos de ellos también estaban realmente molestos con mi papá porque él había traído un contratista general, arrogante, de fuera de la ciudad, en vez de trabajar solamente con los locales. Al final, mis padres tuvieron que vender por una cuarta parte de su valor nuestro rancho (mucho más grande que el otro) del valle de San Luís Rey, justo al oeste de la vieja misión, para pagarle el dinero que le debían a los subcontratistas. El mundo entero sabía que mi papá andaba en problemas, por lo que acudieron de todas partes como tiburones ante una presa fácil.

Dejé de escribir y regresé a casa y poco a poco, mientras trabajaba con mi papá para terminar el desastre que él había comenzado, descubrimos algunos hechos sorprendentes. Por ejemplo, cuando Don Hubbard, nuestro nuevo contratista de subsuelos de Encinitas, acudió a terminar el trabajo, descubrió que las grandes tuberías del alcantarillado principal, que Sullivan había instalado para mover los desperdicios de dos mil o tres mil personas, que eventualmente vivirían en el estacionamiento de las casas móviles, no estaban ahí. Las zanjas enormes y profundas estaban vacías; y encontramos entonces testigos que se presentaron para decir que habían visto a los hombres de Mike colocar las enormes tuberías durante el día, y luego quitarlas durante la noche después de que los oficiales de la ciudad hubieran inspeccionado el trabajo. Mike había usado luego las mismas tuberías en otros dos estacionamientos que estaba construyendo al mismo tiempo en el condado de Orange.

Todos los días, mientras intentábamos terminar el estacionamiento, que creíamos estaba avanzado a más de la mitad, descubríamos más y más cosas que no se habían hecho, o que en el mejor de los casos, se habían hecho de mala manera. Me convertí en buen amigo de Don Hubbard, cristiano devoto con una esposa hermosa y un montón de hijos. (Y de su hija mayor, que tenía casi mi edad, y era toda una belleza). También hice buena amistad con Burt Lawrence —a quien conocía desde niño— pues él iba a instalar las casi cinco millas de pavimento para las calles, una vez se terminara el trabajo. Y Jorge, el viejo capataz de mi papá, que ahora ayudaba a mi madre a trasplantar casi doscientas palmeras y plantas de nuestros terrenos alrededor de la casa principal para ayudar a decorar las calles, oficina, y la casa club del estacionamiento de casas móviles.

Y ahora que mis padres habían vendido todo lo que poseían para terminar el estacionamiento y así poder ir tras la compañía de fianzas que había asegurado el trabajo, Burt Lawrence me llamó aparte.

—Víctor —dijo. Él era el único amigo cercano de la familia que me llamaba Víctor, lo cual prefería. Los demás miembros antiguos de la familia no podían llamarme por mi primer nombre, sin importar lo mucho que yo se los pidiera—. Yo sé que tu papá depende de esta demanda judicial para recuperarse económicamente, pero debes comprender... estas grandes compañías de fianzas no están en el negocio para liquidar deudas si lo pueden evitar. Son incluso peores que las compañías de seguros. Yo lo sé. Yo tengo una compañía con una planta de concreto y de nivelación de asfalto y me cuesta más de cincuenta mil dólares diarios mantenerla abierta, y sé que las grandes políticas de los seguros a las que debo someterme para mantener mi negocio, son más mañosas que cualquier mercader de caballos de antaño.

Tu papá se metió en una liga demasiado grande para él. En otros tiempos, un tipo astuto como el tal Mike Sullivan nunca hubiera podido engañar a tu papá. Pero hace diez años que tu papá se retiró, y ningún boxeador de clase mundial que sale de su retiro después de tanto tiempo, tiene la más mínima probabilidad de tener éxito.

—Nunca olvidaré que tu papá me ayudó cuando regresé a casa después de pelear en el Pacífico Sur durante la Segunda Guerra Mundial. Yo estaba casado con Jackie, mi novia de la secundaria. Estábamos atrasados en la renta, yo usaba unas botas tan viejas que estaban llenas de agujeros a las que se les metían las piedras todo el tiempo.

—Un día, yo estaba trabajando para tu papá herrando unos caballos cuando vi su viejo camión azul de cinco toneladas estacionado tras una enramada de eucaliptos. 'Sal', le dije, '¿me puedes rentar tu viejo camión para ir al Imperial Valley y comprar un poco de alfalfa, para regresar aquí a la costa y venderlo? Tengo que comprar unas botas nuevas. Demonios, éstas tienen tantos agujeros, qué más me valdría caminar descalzo'.

—Nunca olvidaré que tu papá me miró y me dijo: '¡Llévatelo, Burt! No tienes que pagar nada!'. Y luego dijo algo en español mexicano como de que era mejor dar que recibir. La cultura mexicana está llena de cosas así. Son gente muy cariñosa.

—Me llevé el viejo camión, le saqué bastante provecho, trabajé duro unas dos semanas. Compré botas nuevas, pagué mi renta, y di el enganche para un camión casi nuevo, y así fue que comenzó mi negocio de transporte con camiones; y eventualmente compré la vieja planta de concreto medio arruinada que había en el pueblo. Si no hubiera sido por tu papá, quizá yo nunca habría salido adelante. Ésa es la única razón por la que me metí en un trabajo que iba por la mitad, porque cuando te metes en un trabajo que está a medias, nunca sabes lo que tienes ni lo que no tienes, y sólo te complicas la vida.

—Entonces, Víctor —añadió—, ¡tienes que tener mucho cuidado! Sí, el estacionamiento está terminado, pero se va tomar de dos a tres años llenarlo lo suficiente para que tu papá cubra los gastos mensuales, y esta demanda no es segura.

Le agradecí a Burt, y cuando traté de explicárselo a mi papá, se salió de sus casillas y no quiso escuchar nada al respecto.

—¿NO SABES —gritó—, que la compañía de fianzas le dijo a

nuestros abogados que ellos saben que tendrán que pagar, pero que sólo tienen que saber cuánto es, por eso es bueno que hayamos terminado el estacionamiento?

—Sí, yo también escuché eso, papá —dije—, ¿pero no te huele a gato encerrado?

—No, no me huele a nada, mijito —dijo —. No voy a comenzar a pensar que el mundo entero está corrupto, ¡sólo porque éste tal Sullivan resultó ser un hijo de puta de tremenda calaña!

—Está bien —le dije, pero yo estaba de acuerdo con Burt Lawrence. Sospechaba que nos íbamos a encontrar pronto con un gato muy encerrado.

El juicio comenzó, y mis padres me habían comprado todo un guardarropa de trajes, sacos, pantalones casuales, camisas de vestir y corbatas. Teníamos tres abogados: dos de ellos del imponente e importante bufete de San Diego; y nuestro abogado de Oceanside, Earl Thompson, que seguía diciendo que íbamos a ganar este caso en un solo asalto, que nuestro equipo legal era el equivalente a poner a Joe Louis, el boxeador más grandioso de los tiempos, a pelear contra un peso mediano.

Pero a fuerza de ir al juicio a Los Ángeles con mi traje todos los días, durante seis semanas, empecé a darme cuenta, casi a diario, que el abogado solitario de la compañía de fianzas superaba en astucia a nuestros tres abogados. Este tipo tenía mucha clase. Era extremadamente apuesto, se vestía muy elegante y tenía un aire de confianza suprema. Comencé a sospechar que realmente no sabíamos lo que estaba pasando, porque, por ejemplo, queríamos originalmente que el juicio fuera en el condado de San Diego, pero él había asegurado a nuestros abogados que no habría necesidad de un juicio, que su compañía, localizada en Los Ángeles, sabía que ellos tendrían que pagar, y que estaban listos para llegar a un acuerdo extrajudicial.

—Sólo díganme cuánto quieren —le había dicho a nuestros abogados.

Tuvimos una reunión y luego hablamos con él, le dijimos que si fuéramos a juicio, pediríamos millón y medio de dólares, pero si podíamos llegar a un acuerdo extrajudicial de forma que mi padre pudiera terminar de pagar a los subcontratistas y tuviera suficiente dinero para mantenerse hasta que se llenara el estacionamiento, estaríamos dispuestos a aceptar ochocientos mil dólares en ese momento.

Nunca olvidaré cómo sonrió el abogado alto, moreno y guapo de Los Ángeles, quien dijo: "Sólo denme treinta días para resolverlo". Luego se acercó y nos estrechó las manos a mi papá, a mi mamá y a mí, diciéndonos cuánto sentía que estuviéramos pasando por todos esos problemas ocasionados por el tal Mike Sullivan.

Me cayó bien. Y a mis padres también. Parecía tan sincero y cortés…, pero tres semanas más tarde descubrimos que la compañía de fianzas de Los Ángeles NOS HABÍA PUESTO UNA DEMANDA. Afirmaban que mi papá había interferido en el desarrollo del estacionamiento de casas móviles y había entorpecido el trabajo del contratista competente que él había contratado para la construcción.

¡Quedamos PERPLEJOS!

Yo no podía creer que legalmente podía hacerse algo tan retorcido.

Pero Earl Thompson, así como nuestros dos abogados afamados de San Diego, nos aseguraron que no había razón para preocuparnos, que si alguna vez habían visto un caso tan claro y obvio ¡era éste! En realidad no importaba si el juicio era en Los Ángeles o en San Diego. La ley era la ley, y ningún truco de parte de un abogado superestrella de Los Ángeles podía significar algo, una vez que lo lleváramos a Corte.

Pero día tras día, yo veía a nuestros tres abogados hablar sin cesar y parecían ganar muchos de los puntos, pero el abogado solitario de la compañía de fianzas se mantenía tranquilo y confiado, y comencé a darme cuenta de que había algo peor que un gato encerrado, algo que desconocíamos por completo. Una mañana, la compañía de fianzas trajo a Mike Sullivan a testificar contra nosotros. Nuestros abogados intentaron objetarlo aludiendo que

Mike no estaba en la lista de testigos, pero debido a éstas y a otras circunstancias que señaló el abogado de la compañía de fianzas, el juez negó la petición y le permitió a Sullivan testificar.

No olvidaré que Mike era todo sonrisas, tenía una postura relajada; y actuaba como si todo estuviera de perlas. Colocó su mano izquierda sobre la Biblia y levantó su palma derecha, jurando ante Dios decir la verdad y nada más que la verdad.

Durante más de dos horas, mis padres y yo observamos mientras Mike explicaba cómo había tratado lo mejor que pudo de construir un buen estacionamiento para mi papá, pero que él no hablaba español, y que cuando mi papá cabalgaba sobre su hermoso caballo palomino, Cherokee, para ver el lugar de la obra y averiguar qué estaba pasando, y hablaba con algunos de los trabajadores mexicanos que había ahí, él, Mike, no tenía idea de lo que hablaban, y que si las tuberías del alcantarillado faltaban, debía ser que mi papá se las había tomado para usarlas en sus ranchos.

¡Estábamos completamente atónitos!

¡Quedamos pasmados!

Pensé que el juez percibiría de inmediato las mentiras de Mike, pero poco a poco me di cuenta, mientras éste contratista deshonesto siguió atestiguando por tres días, comencé a ver que a pesar de que sus mentiras eran tan gigantescas y absurdas el juez mismo las estaba creyendo. De hecho, en más de una ocasión escuché al juez pedirle a Mike que entrara en más detalles respecto a lo que estaba diciendo.

Durante la interrogación, Mike no hacía más que interrumpir a nuestros abogados y explicarles que él era un contratista bueno y trabajador, que había sido contratado para construir un estacionamiento "Chevrolet" para mi papá, pero mi padre, siendo el gran "don" que era, había decidido a mitad del trabajo, que lo que quería era un estacionamiento "Cadillac"; y que ahí había sido cuando el problema había comenzado, y la razón por la que él, Mike, finalmente había renunciado y se había ido a Arizona.

Al escuchar esto, mi papá dio un salto. —¿Y qué dices de no pagar los subcontratistas, hijo de puta, y de haberte ESCAPADO CON TODO EL DINERO?

—¿Qué dinero? —dijo Mike calmado—. No me llevé ningún

dinero. Sé honesto, Sal. Te quiero como un padre, pero estamos en la Corte, y tengo que ser completamente honesto. Tú te llevaste el dinero, Sal. Me pediste que te lo llevara y te lo entregara por debajo de la mesa para que así pudieras ir a Las Vegas con Lupe.

—¡OH DIOS MÍO, HIJO DE PUTA MENTIROSO! —gritó mi padre, agarrándose el pecho. El juez golpeó su mazo—. ¿Por qué mientes así, Mike? Yo te traté como a un hijo ¡DE HOMBRE A HOMBRE! —añadió mi papá, mientras las lágrimas brotaban de sus ojos.

El juez seguía golpeando su mazo y dijo que la Corte sería desalojada si ocurría otro arrebato así. Mi madre tomó en sus brazos rápidamente a mi papá, y en ese momento comprendí lo que quería decir Burt Lawrence. Este nivel de mentiras y de manipulación estaba completamente alejado de la comprensión de mi papá; y las cosas no terminaban ahí.

Nunca tuvimos la más mínima oportunidad. Las cartas ya estaban echadas desde el comienzo. Había sido una artimaña del club de los viejos amigos. ¡Maldición!, habíamos descartado la posibilidad de ir a juicio, porque nuestros abogados de San Diego habían acordado con el abogado de la compañía de fianzas, que este caso judicial era demasiado complicado para que las mentes no legales lo comprendieran. Pero los tontos nunca consideraron investigar ni averiguar quién era este juez con el que terminamos en Corte, hasta que perdimos. Luego descubrimos —y no miento— que en una época, este juez había sido ¡socio mayoritario del bufete de abogados que representaba la compañía de fianzas de Los Ángeles!

Dios mío, no éramos nada más que un montón de pobres pueblerinos que habíamos llegado como ganado al matadero, para ser sacrificados por esta enorme compañía de fianzas que valía miles de millones de dólares, y que habían decidido desde hacía mucho tiempo que le salía mucho más barato, ¡estar del lado de los malos que de los buenos!

Demonios, si hasta habían contratado a Mike Sullivan para que regresara de Arizona y mintiera en Corte. No había duda alguna de que este astuto, importante y apuesto abogado de Los Ángeles, había sido el entrenador de Mike y le había enseñado todas las sutilezas para mentir en la Corte. Y Mike podía haberse ganado un

Oscar por su actuación, ¡al igual que el juez!

¡Mi papá murió!

¡Lo vi en sus ojos!

¡Él en verdad apreciaba a Mike y confiaba en él!

De hecho, mi madre me dijo que había llegado a comenzar a tratarlo como a su hijo, diciéndole que podía quedarse a dormir en la casa en vez de tener que manejar cada noche hasta el condado de Orange para luego regresar en la mañana.

Yo no podía creer lo que ocurrió después de que perdimos el caso y salimos del tribunal: Mike Sullivan tuvo la audacia de acercarse a mi papá, actuando como si todo estuviera perfectamente bien, e intentó tomar su brazo, felicitándolo por haber terminado el estacionamiento.

Mi papá sacudió su brazo con tal ira que no podía dejar de temblar mientras mi madre y yo lo alejamos del enorme edificio de mármol. A partir de ese día, vi a mi padre envejecer ante mis propios ojos.

¡Ahh Dios mío! ¡Dios mío! ¡Dios mío!

Cuando abrí el paquete y vi la copia empastada inédita de Putnam Publishing Group, GRITÉ a los cuatro vientos. Me cambié de ropa y corrí por la larga entrada de coches de nuestra casa, calle abajo en Stewart, doblé a la derecha en Morris, y me dirigí a Buccaneer Beach. Una vez que llegué a la playa, doblé hacia el sur y seguí directo al malecón al lado de la planta eléctrica de Carlsbad; entonces, di la vuelta y me devolví hacia el norte, pasé por Buccaneer hasta llegar al muelle de Oceanside. Para ese momento, estaba cubierto de sudor. Había corrido unas seis millas a un buen ritmo, y me sentía lo suficientemente calmado como para comenzar a concebir lo que iba a hacer ahora ante la jugada sorpresiva de parte de la editorial de Nueva York.

Dios mío, la copia tenía la palabra FICCIÓN impresa en la

cubierta con letras grandes. ¿Qué está ocurriendo? ¿Sería sencillamente un error, o... como había sucedido con mi papá y su estacionamiento de casas móviles, estaba ocurriendo algo que yo desconocía? Es decir, Ed Victor, mi agente de Londres, considerado por muchas personas en la industria de los libros como el agente más poderoso del mundo editorial, había comprendido que *Lluvia de Oro* no era un libro de ficción, que era la verdadera historia de las vidas de mis padres y mis abuelos.

Ah, tenía que calmarme, componerme y planificar lo que iba a hacer. Después de todo, ésta era, una vez más, una situación como la que mi papá había tenido que vivir con la compañía de fianzas. Yo no era más que un pequeño e insignificante escritor, que hasta ahora había publicado un par de libros, que había recibido buenas críticas, pero que se habían vendido modestamente, así que no era ningún rey que pudiera andar moviendo peones.

PUTNAM ERA ENORME, y a Ed Victor, agente de algunos de los autores más lucrativos del mundo, le había gustado tanto mi libro que nos había llamado a Bárbara y a mí dos semanas después de enviárselo para decirnos que hacía años no tenía sobre su escritorio un libro tan maravilloso. Que *Lluvia de Oro* no era solamente de lectura amena, sino que era una obra de literatura de clase mundial. Ahh, después de tantos años de sufrimiento y de escasez de dinero, Bárbara y yo pensamos que finalmente estábamos encaminados.

Me refiero a que la gente asumía que éramos ricos porque yo era escritor y Bárbara y yo vivíamos en la casa grande que mis padres habían construido. Pero Dios mío, sólo había recibido cuatro mil dólares por mi primer libro, y me había tomado casi cinco años escribirlo y publicarlo. Y me tomó tres años escribir *Jury*, mi segundo libro, que era tan bueno que incluso recibió una crítica literaria en la página frontal del *New York Times,* en la sección de crítica literaria, y gané siete mil quinientos dólares. Ahh, Bárbara y yo llevábamos años tratando de cubrir nuestros gastos mensuales para que yo pudiera seguir escribiendo. Todo el trabajo del rancho lo hacíamos nuestros dos hijos y yo, la alimentación, el cultivo y el mantenimiento necesario para evitar que nuestro ranchito se deteriorara por completo.

Dejé de correr y caminé de regreso al muelle de Oceanside.

Ahh, nuestras esperanzas estaban todas puestas en este libro. Ed Victor no había logrado venderlo por un millón de dólares, como había pensado al principio, pues él estaba acostumbrado a vender libros en ese rango de precios, pero nos había entregado a Bárbara y a mí setenta y cinco mil dólares, más dinero del que jamás habíamos visto en nuestras vidas; y con ese dinero, logramos ayudar a nuestros padres con sus gastos médicos y terminar de arreglar todas las goteras del techo y la plomería de nuestra vieja y medio arruinada mansión.

Respiré hondo mientras caminaba de regreso por la playa hacia mi casa. Tenía que mantener la calma y no dejarme cegar por esta editorial en Nueva York, como les había ocurrido a mi papá y a sus abogados de poca monta de Oceanside y San Diego. Primero, llamaría a Ed Victor y le preguntaría si se trataba de un error. Era obvio que él y Phyllis Grann, director ejecutivo y presidente de Putnam, sabían que *Lluvia de Oro* no era un libro de ficción. Así es que pensé que quizá todo esto podía corregirse con bastante facilidad. Pero tenía que recordar que eso también fue lo que mi papá había pensado respecto al estacionamiento, y que el gato no había comenzado a salir de su encierro sino hasta que Burt Lawrence me dijo, muy sabiamente, que a las compañías de seguros no les gustaba pagar a menos que realmente tuvieran que hacerlo.

Al llegar a Buccaneer Beach, comencé de nuevo a correr. Mi camiseta, completamente empapada de sudor, se había enfriado, y comencé a sentir frío. Iba a un ritmo bastante bueno cuando comencé a subir la loma desde la playa, crucé las vías del tren y me puse en marcha hacia mi casa. No, no permitiría que el pánico se adueñara de mí. Permanecería en calma. Después de todo, ya había visto lo que le había ocurrido a mi papá después de haber perdido el caso en Los Ángeles.

En el camino de regreso del tribunal, mi papá se sentó en la parte de atrás de nuestro gran Cadillac, y a través del espejo retrovisor vi cómo miraba por la ventana como un ser humano perdido.

Tan pronto cuando llegamos a casa, las cosas empeoraron en un instante.

Nuestro contador, que había conducido desde San Diego para vernos, nos dijo que los pagos para mantener el estacionamiento funcionando venían siendo de unos veinte mil dólares al mes, porque no estábamos llenando los espacios con la rapidez suficiente para cubrir los gastos. —Necesitaremos por lo menos cien mil dólares —concluyó—, para mantenernos abiertos hasta que podamos llenarlo.

Al escuchar esto, mi papá comenzó a hablar en tiempo pasado, diciendo cosas como: —Sí claro, me acuerdo cuando estaba vivo. En esos tiempos, yo podía hacer cosas. Pero ahora que estoy muerto, ya no sé qué hacer. Ocúpate tú de eso, Lupe. Voy a recostarme y a descansar.

Mi madre y yo tampoco sabíamos qué hacer. También estábamos a punto de perder nuestra casa. Fue entonces cuando Rusty Grosse, nuestro joven abogado del bufete de abogados de Oceanside, demostró verdaderamente su valor. De forma rápida y sin problemas, hizo un trato con el dueño de varios estacionamientos pequeños de casas móviles del área, y Rusty logró que éste se encargara de nuestro estacionamiento para que, por lo menos mis padres, pudieran quedarse en su hogar. Era un último recurso, y Rusty me dijo después, que sólo se había atrevido a hacer eso porque mi papá lo había ayudado con su propio padre en una ocasión, años atrás, cuando vivían en una tienda de campaña durante el verano en la playa al norte del muelle de Oceanside.

—La Segunda Guerra Mundial no había comenzado —explicó—, y estábamos en la última fase de la Depresión. Nunca comprendí que vivíamos en la playa porque éramos pobres, hasta que mi papá me explicó cómo nos había ayudado tu papá con un poco de dinero para que pudiéramos comprar una casa. En sus días, tu papá era una leyenda viviente de generosidad por estos lados. Qué pena que haya salido de su retiro. Ése fue su único error.

—Yo estaba muy preocupado por ti, por tu papá y por tu mamá, desde el primer día que llegaron a nuestra oficina. Solía jugar fútbol americano cuando estaba en la universidad. Era el mariscal de campo y era bastante bueno, pero sabía que mis ochenta kilos no me permitirían convertirme en profesional, en donde un mariscal de campo de noventa kilos era considerado pequeño. Yo sabía que el patrimonio de cinco a seis millones de dólares de tus padres, no tenía ninguna oportunidad de vencer a una compañía de fianzas que valía mil millones de dólares, especialmente cuando Earl Thompson pensaba que todo era una cuestión de justicia, de lo que estaba bien y de lo que estaba mal.

Escuché cuidadosamente a Rusty. Él era la segunda persona que me decía que mi papá nunca debió haber salido de su retiro. Nunca compartí con mis padres esta conversación que tuve con Rusty. Ya mis padres habían recibido más golpes de lo que cualquier ser humano podía llegar a recibir.

Mi papá se quedaba dormido frente a la televisión, y de repente se despertaba sobresaltado y gritaba: "¡NO, SULLIVAN! ¡NO!". Y luego comenzaba a hablar consigo mismo, preguntándose por qué, por qué y por qué. Mi madre y yo actuábamos como si no hubiéramos escuchado sus gritos para que él no se sintiera avergonzado, se calmara y pudiera volverse a dormir.

A menudo, a las dos de la madrugada yo bajaba de mi habitación donde escribía en el segundo piso, y lo encontraba dormido ante la pantalla en gris del televisor al final de la programación. Apagaba el televisor, cubría a mi padre con una manta, y me quedaba de pie frente a él observándolo dormir, preguntándome en qué se había convertido este hombre, Juan Salvador, este gigante a quien yo había conocido desde niño.

Siempre había parecido más grande que la vida misma —brillante, fuerte, omnisciente— y ahora lucía más como un pobre mexicanito viejo de Los Altos de Jalisco. Sí, claro, podía entender que se hubiera metido en camisa de once varas, pero antes de eso, ¿por qué se había vuelto tan voraz, intentando entrar en el mundo de los gringos?

Antes de que yo me enlistara en el ejército, Jack Thill y el papá de Rusty Grosse, que administraba el club de los Elks, habían intentado sin éxito que nos aceptaran como miembros a mi papá y a mí, y yo estaba encantado de que no lo hubieran logrado. Todo lo relacionado con nuestro club local de los Elks me daba asco. Un hombre de raza negra, que era general o de un rango similar, acababa de asumir el rango de comandante de Camp Pendleton, y cuando le preguntaron a un sargento blanco, infante de marina que pertenecía al club de los Elks qué pensaba al respecto, respondió: "¡Sigue siendo un negro bueno para nada!". Y la mayoría de los miembros blancos del club se rieron y aplaudieron el comentario.

Entonces, ¿por qué, qué razón podía tener mi papá para querer ser parte de este mundo racista y asqueroso de los gringos? No lograba entenderlo.

En esta misma época, mi primo José León comenzó a venir a ver a mi papá en cada oportunidad que tenía. Yo vivía entonces todo el día en casa, escribiendo día y noche, tratando desesperadamente de vender algo para poder ayudar a mis padres. Mi padre llegó incluso a vaciar la alberca y ahora criaba cerdos en ella, y cada día hablaba más consigo mismo. Especialmente cuando miraba loma abajo y veía el estacionamiento de casas móviles.

—Cerdos, cerdos —les decía—, crezcan grandes y fuertes y tengan muchas crías, y cuando sean más de cien, ¡atravesaremos el estacionamiento para que se caguen en todos!

Mi madre decidió que debíamos plantar pinos y palmeras de rápido crecimiento alrededor de la casa, para que así no tuviéramos que ver el estacionamiento de casas móviles frente a nosotros, cada vez que miráramos por una ventana o saliéramos de la casa.

Mis padres ya no podían pagar empleados, por lo que nosotros tres estábamos trabajando juntos plantando árboles detrás de la casa, cuando una tarde apareció mi primo José León con un camión enorme lleno de sandías que iba a vender al pie de la carretera por cincuenta centavos cada una. Nos dijo que iba camino a Imperial Valley, al este del condado de San Diego, donde iba a comenzar a acarrear melones. Hacía mucho calor, y José cortó de un tajo con su machete una de los enormes sandías.

—Ponla en la sombra —dijo mi papá—. Recuerda, José, como en los viejos tiempos cuando yo estaba vivo y solíamos arar juntos en esos campos ardientes, cortábamos una sandía por la mitad y la poníamos a la sombra de un árbol o de un camión, y se enfriaba tanto como si la hubiéramos mantenido en un refrigerador —dijo con una mueca.

—Sí, por supuesto que lo recuerdo, tío —dijo José, sonriendo—. Esos eran los buenos tiempos.

—Yo no sabía que ustedes dos solían trabajar juntos en los campos —comenté.

—Edmundo, hay muchas cosas que tú no sabes de la vida de tu padre —dijo mi primo José, riendo con gusto—. Mi papá también se rió, y siguieron hablando, recordando los viejos tiempos.

Se me hizo agua la boca al ver la enorme sandía cortada en dos. Me había pasado todo el día subiendo y bajando por el despeñadero detrás de nuestra casa buscando una y otra herramienta y luego cargando uno que otro arbolito.

—¿Podemos tomar un pedazo ahora? —pregunté.

—Claro, adelante —me dijo mi papá—. Pero te va a saber horrible —añadió—, riéndose aún más.

José me guiñó el ojo. —Edmundo, ten paciencia y verás que tu papá tiene razón —dijo—. Estas enormes sandías se han pasado todo el día en la parte de atrás de mi camión, están calientes y te van a saber horrible. Pero si esperamos unos cuantos minutos, mientras se enfrían debido a la evaporación, será un verdadero placer comerlas. Tu padre y yo comimos montones de sandías en aquellos campos, cuando la temperatura era de más de 37° C. Oye, Lupe, dile a tu hijo que un hombre y una mujer aprenden mucho trabajando en los campos, agachados como mulas.

—Sí —asintió mi madre. Tenía puestos unos pantalones de mezclilla y una camisa de hombre grande y holgada de mangas largas, con un pañuelo amarrado en su cabeza que le sostenía su cabello. Dios mío, lucía exactamente igual a cualquier otra campesina que hubiera visto, y estábamos ahí trabajando al pie de una mansión.

—Sí, creo que puedes tener razón —dijo mi papá, sentándose sobre la tierra a la sombra, justo al lado de la sandía cortada en dos—. No teníamos nada, nada, y sin embargo éramos felices porque no estábamos confundidos.

—Oh no, tío, teníamos algo. ¡Teníamos sudor y hambre de sobra! —dijo José, riéndose a carcajadas.

—Ah sí, de eso teníamos montones —dijo mi papá, riéndose también a carcajadas—. Ahh, esto me recuerda la mejor comida que jamás tuvimos. Yo iba corriendo por las vías del tren en Montana como un perro perdido, después de que dos indios Yaqui y yo nos escapáramos de la cárcel en Arizona.

—Papá, ¿fue ahí cuando fuiste a la cárcel por robar seis dólares de comida? —pregunté.

—No —dijo—. Yo había robado seis dólares de mineral de cobre de la Copper Queen Mining Company en Douglas, Arizona, para... venderlos y poder comprar comida. —Las lágrimas brotaban de sus ojos. Desde que había perdido el juicio, los ojos de mi papá estaban siempre inflamados e irritados de tanto llorar—. Oh, en ese entonces, yo era sólo un niño, ¡PERO ESTABA VIVO Y LLENO DE PODER! —añadió.

Miré de reojo a José y a mi madre.

—Edmundo —dijo José—, lo que tu papá está diciendo es que en esa época, aunque él era sólo un chamaco, ya tenía la fuerza de Dios latiendo en sus venas. Nos moríamos de hambre: tu abuela, mi madre, yo y la pequeña Emilia, ¡y tu papá asumió la responsabilidad de salvar la situación! Pero era una trampa, y lo metieron en la penitenciaría por robar ese par de piedras de cobre.

—Sí, yo era sólo un chamaco, y esos monstruos en la prisión intentaron violarme, pero me defendí con tal fuerza que finalmente me cortaron el estómago de costilla a costilla —dijo, desgarrando su camisa y enseñándonos la enorme y larga cicatriz—, y me dieron por muerto. Pero los guardias me encontraron y me llevaron al hospital que estaba en una tienda de campaña, y mi madre vino a ayudar a sanarme durante mi sueño.

—Yo podía sentir las cálidas manos de mi madre dándome un masaje como solía hacerlo cuando era niño. —De nuevo acudieron las lágrimas a sus ojos —. Fue un milagro que me sanara tan rápidamente, y ahí fue cuando me escapé con los dos indios Yaqui que habían encarcelado por darle de comer una mula del ejército a sus familias también hambrientas. Sus familias se estaban muriendo de hambre porque habían sido desalojadas de sus tierras por los soldados americanos para que los colonos gringos pudieran tomar sus tierras. Pero, en ese entonces, ninguna injusticia podría derrumbarnos, porque nosotros, los de abajo, ¡estábamos llenos de vida y fuerza como la mala hierba! —dijo.

—Luego los Yaquis y yo nos fuimos. Ellos se fueron a México, pero yo me dirigí hacia el norte porque sabía que me buscarían en el sur. Corrí día y noche sin saber adónde iba, cazando conejos aquí y allá, comiéndomelos crudos la mayoría del tiempo. Una tarde, iba corriendo por los rieles del tren, que más tarde supe que estaban en Montana, y fue cuando vi una pequeña bolsa de papel café en medio de las vías frente a mí. Me detuve y caminé despacio hacia la bolsa, creyendo que estaba viendo cosas y era sólo un espejismo debido a mi enorme cansancio y hambre, y listo para morir.

—Cuando llegué al lado de la bolsa, miré hacia todas partes, no vi a nadie, me incliné, la recogí y me di cuenta que era real. Rápidamente la desgarré y encontré dentro el sándwich de jamón y queso más viejo, maloliente, podrido y seco que hubiera visto. ¡Le di un mordisco que me supo a gloria! Entonces me senté y lo disfruté bocado a bocado, masticando muy despacio y agradeciéndole a Dios por una cena tan exquisita. Cuando terminé, me sentí fuerte una vez más y seguí corriendo como lo había hecho desde Arizona.

—Ahh, ¡ese sándwich de jamón y queso maloliente! ¡Todavía puedo sentir su aroma hoy! ¡Es, por mucho, la mejor comida que jamás he tenido! Todas esas cenas exquisitas en esos restaurantes elegantes a los que he ido desde entonces, no se comparan NI UN ÁPICE con esa gran comida que tuve ese día que iba corriendo por las vías. Esa noche, a la distancia, pude ver las luces de Butte, Montana, y comencé a correr más y más rápido. ¡Oh, EN ESOS TIEMPOS

ESTABA VIVO, INHALANDO el aliento de Dios con cada una de mis respiraciones!

Yo estaba perplejo. —¿Quieres decir, papá —dije—, que corriste todo el camino desde Douglas, Arizona, hasta Butte, Montana? Dios mío, deben ser más de mil seiscientos kilómetros.

—Me trepé al tren una vez —dijo—, pero, sí, corrí la mayoría del camino. Como siempre te he dicho, mijito, cuando el miedo te empuja y el amor te atrae, un hombre o una mujer pueden hacer cosas increíbles. Y, ¿por qué? Porque todo es posible cuando la mano de Dios te está guiando —concluyó con poder—. ¡Ahh, yo estaba VIVO EN ESE ENTONCES! —dijo riéndose con gusto.

Mi madre se levantó. —Discúlpenme —dijo—, pero tengo que ir a la casa a revisar algo que dejé en la estufa.

—Yo lo haré por ti, mamá —dije, pues quería evitar que tuviera que escalar el despeñadero y luego regresar.

— No, ¡voy yo! —insistió.

—Está bien —dije—, déjame entonces ayudarte con la parte más empinada de la loma.

No más quedamos fuera de la vista de mi papá y mi primo cuando mi mamá rompió en llanto.

—¿Qué pasó? —pregunté.

—¿Viste el milagro?

—¿Qué milagro?

—José acaba de resucitar a tu padre de entre los muertos —dijo, con lágrimas cayendo por su rostro.

Contuve la respiración y luego solté el aire.

Me di cuenta entonces que mi madre tenía toda la razón.

En verdad, algo milagroso acababa de ocurrir. Esta era la primera vez en más de un año que mi papá se había reído, y sus ojos también habían asumido una nueva vida. Además, había dejado de hablar en tiempo pasado.

—Tienes razón, mamá —dije—. No me había dado cuenta, pero sí, José trajo de nuevo a la vida a papá con esos viejos recuerdos.

—Recuerda siempre, mijito —me dijo mi madre—, que para nosotros los seres humanos, los recuerdos son como el bolo alimenticio en la panza de las vacas. Cuando recordamos con alegría podemos lograr que los jugos amargos no nos envenenen y así podemos vivir.

Respiré hondo. ¡Órale! Esto era verdaderamente cierto. Incluso en mi corta y joven vida, ya me había dado cuenta que a veces me envenenaba con mis recuerdos, y otras veces me fortalecía. Era una opción. Sentí un escalofrío correr por mi espinazo. —Dios mío, mamá —dije—. Tienes razón. Tienes toda la razón del mundo.

—No tengo nada en la estufa —continuó—. Sólo que no quería que ellos me vieran llorar.

Tomé a mi madre en mis brazos y comencé a llorar yo también. Ahh, esta mujer, mi madre, era tan sabia y maravillosa. Ahora comprendía por qué, desde que tengo memoria, mi papá siempre me había dicho que elegir la mujer correcta para casarse, era la decisión más importante que un hombre podía tomar. Más importante que el trabajo, el dinero, y hasta la salud, porque... la mujer incorrecta podía destruir un hombre y la mujer correcta podía convertirse en el ancla, el centro del hogar. Ahora era evidente para mí, que mi papá efectivamente, había elegido la mujer perfecta para su vida. Híjole si yo estaba aprendiendo. Luego mi madre y yo escuchamos a mi papá y a José que venían de la loma, y ella se secó las lágrimas de sus ojos.

—Vamos deprisa, tengo que llegar a la casa y cocinar algo —dijo—. Con frijoles en nuestros estómagos, los milagros siempre duran un poco más.

Mi madre se apresuró, y vi a mi papá y a José aparecer del despeñadero con la gran sandía en sus manos. Detrás de ellos se divisaba el enorme, plano y monstruoso estacionamiento de casas móviles, que finalmente estaba comenzando a llenarse de casas: pequeñas, grandes, y otras enormes de doble anchura, de seis metros de ancho por quince de largo. Podía escuchar las risas y las conversaciones de la gente loma abajo. Para ellos, supongo, éste era un buen lugar. De hecho, probablemente un paraíso, vivir tan cerca del océano por tan poco dinero.

Esa noche tuvimos una cena maravillosa, como en la época antigua antes de que mi papá se metiera en ese negocio del estacionamiento. Mi primo José y mi papá seguían hablando y riéndose cuando me disculpé para retirarme temprano a mi habitación y así poder escribir de cinco a seis horas antes de ir de nuevo a trabajar con mis padres plantando árboles detrás de la casa.

A la mañana siguiente, José ya se había levantado y ni siquiera había despuntado el alba.

—¿Qué haces levantado? —me preguntó.

—Voy a escribir —dije.

—¿Tan temprano?

—Sí.

—¿Ya has vendido algo?

—No.

—¿Entonces sigues yendo cada año a San José a trabajar en la construcción con tus dos cuñados?

—Sí, la paga es buena, y puedo ganar suficiente en construcción en tres o cuatro meses para vivir modestamente el resto del año y así poder escribir —dije.

—¿Cómo está Tencha? —preguntó con una gran sonrisa. El nombre de mi hermana mayor era en realidad Hortensia, pero la apodábamos Tencha. Era diez años mayor que yo, así como mi hermanita Teresita era diez años menor que yo—. Siempre me gustó —continuó José—. Linda es menor, como tú, así que nunca tuve la oportunidad de conocerla mejor. Y la pequeña Teresita, a ella no la conozco para nada.

—Tencha está muy bien —dije. Ella y su esposo, Jack, se acaban de mudar a un pueblito al sur de Reno, Nevada.

—Nunca me gustó el tal Jack. Detesto decirlo, pero ambos tipos: Jack el de Tencha y Roger el de Linda, creo que llegaron a tu familia detrás del dinero de tu papá —dijo, moviendo la cabeza—. Pero no fue sobre eso que me detuve en mi viaje para hablar contigo, Edmundo. ¿Puedo ser franco contigo?

—Sí, claro —dije.

—Pues he estado pensando que tú sigues escribiendo y

escribiendo y no vendes nada, y los últimos pocos libros que me has dado para leer, pienso que son tan buenos como los del tipo ése, Louis L'Amour. Todos nosotros, los camioneros, los leemos y los intercambiamos. ¿Por qué no vienes conmigo y escribes algo corto y atractivo? Algo así como lo que aparece en las noticias a diario, en vez de esas historias tuyas de cuando comenzaste la escuela y de todas las cosas que salieron mal. La gente no quiere saber de eso, especialmente si viene de un mexicano.

—¿Como qué? —pregunté.

—Como escribir algo respecto a la situación con César Chávez y los campesinos allá en Imperial Valley, donde transportaremos melones durante la temporada, mis hermanos Pete, Benjamín y yo.

Asentí. No era una mala idea. Llevaba meses leyendo mucho respecto a Chávez en los periódicos. —No sé —le dije a mi primo—. Me gusta escribir sobre cosas que conozco bien.

—Entonces aprende sobre Chávez —dijo—. Ven conmigo ahorita mismo en mi camión, esta mañana, y aprende por ti mismo lo que este hombre hace en los campos. El tipo es realmente bueno. Hombre, si vieras cuando habla cómo hace que la gente se entusiasme, pero a veces exagera, y creo que va a quebrar a algunos de los granjeros. No todos son ricos, ni bastardos buenos para nada como él dice. Quizá sólo el 60% de ellos —añadió riéndose.

—Vamos, Edmundo, empaca y ven conmigo. Recuerda, ¡no hay mejor tiempo que el presente! Además, tenemos que hablar —susurró. Mi papá venía por el corredor—. Tengo mucho que decirte.

—Está bien —dije, ahora que sabía que José me necesitaba por otras razones diferentes a sólo ver a César Chávez en acción.

—Edmundo —dijo mi primo José una vez estuvimos encaminados—, cuando vi a tu papá la primera vez que vine, me asusté mucho. Se está muriendo. Tú lo sabes, ¿no es así?

Asentí. —Sí, lo sé, pero, ¿qué puedo hacer?

—Lo primero que tienes que hacer es comprender que no es el dinero que perdió lo que lo está matando. El dinero siempre puede volverse a hacer. No, lo que lo está matando, es que él piensa que perdió su sentido del juicio y del honor, porque tú, el único hijo que le queda, no siente respeto hacia él.

Mi hermano mayor había muerto cuando éramos niños, por lo que yo era el único varón que quedaba. —Pues bien, José —dije—, tienes que admitir que fue un idiota al haberse metido en ese asunto del estacionamiento de casas móviles.

Mi primo no me respondió. Se quedó callado por un largo tiempo. Luego habló. —Te permitiré hablarme así de tu papá, pero sólo esta vez. Sólo una vez —dijo el hombre grande y poderoso—, porque tú en verdad no sabes de lo que estás hablando. Pero te juro, si no aprendes a mostrarle respeto y a concebir cómo DE-VOLVERLE EL HONOR a tu familia, ¡ENTONCES ERES TÚ EL IDIOTA!

Quedé petrificado de miedo. Jamás me había gritado así mi primo José, siempre tan calmado y tan suave. Manejamos en silencio el resto del camino hasta Imperial Valley, en donde nos encontramos con sus hermanos Pete y Benjamín y los otros dos hombres que conducían camiones para ellos.

El motelito barato, que podría haberse llamado Cucaracha Inn, en donde nos quedamos con mis primos y los otros hombres, costaba diez dólares la noche, dos hombres por habitación. Éstas tenían que ser las habitaciones más pequeñas y baratas que yo había visto en mi vida. Los colchones eran tan viejos, delgados y llenos de bultos, que casi hubiera sido mejor dormir en el piso. Los baños no tenían puertas, los inodoros no tenían tapas, el aire acondicionado no funcionaba; y la noche estaba tan caliente que estábamos empapados de sudor...; y no podíamos abrir las ventanas porque tras ellas estaban los mosquitos esperando comernos vivos.

Yo había crecido como un niño rico que siempre se quedaba en los mejores hoteles y solamente había estado en condiciones como ésta cuando iba de cacería o acampábamos. Jamás, ni en mis sueños más remotos, hubiera imaginado que llegaría el día en que viviría así, pero porque era lo único que podía pagar.

Durante más de un mes, viví y trabajé con mis primos y con sus hombres en los campos, cargando camiones de melones. Hacíamos caso omiso a las huelgas. Trabajábamos en contra de César Chávez. La gente nos odiaba.

—Sabes —dijo José una tarde mientras estábamos sentados

afuera, espantando los mosquitos y tratando de mantenernos frescos—, he estado pensando que quizá tú ya has aprendido todo lo que tenías que aprender respecto a este lado de la historia para escribir un libro, y ahora deberías ir del otro lado.

—¿Quieres decir que quieres que me una a la gente de Chávez? —pregunté.

—Sí, únete a él y a su huelga en los campos en los que trabajamos. Solamente si ves las dos caras de la moneda, puedes realmente entender lo que está ocurriendo y contar una buena historia.

—¿Cómo es que sabes tanto sobre libros? —pregunté.

—Leyendo a Louis L'Amour —dijo—. Y sus mejores libros siempre ofrecen una perspectiva de ambas versiones.

Al día siguiente, no fui al campo con mis primos, sino que atravesé el diminuto pueblo de una calle, para unirme a Chávez y a su gente, donde eran conducidos a los campos en la parte de atrás de las camionetas para unirse a las filas de huelguistas. ¡MI CORAZÓN PALPITABA A TODA VELOCIDAD! ¿Qué tal que alguien me reconociera y recordara haberme visto del otro lado? Y, lo juro, tan pronto esa horrible idea cruzó por mi mente, alguien me reconoció.

—¿No estuviste con todos esos camioneros toda la semana? —preguntó un viejo.

—No —le dije al hombre, quien era el organizador del sindicato repartiéndonos banderillas que debíamos ondear para intentar detener a los rompehuelgas para que no cruzaran las filas de huelguistas—. Es decir, sí, algo así, es que soy un escritor, y...

—¿Para cuál periódico?

—No, no es para un periódico, escribo libros.

—Oh, ¿cuáles son tus libros entonces?

—Pues, todavía no he publicado ninguno, pero estoy...

—Sabes, creo que SOLO ERES UN BUEN MENTIROSO, —gritó el organizador del sindicato, justo en mi rostro—. Te lo juro, si nos vuelves a traicionar y atraviesas una de nuestras filas, ¡ERES HOMBRE MUERTO! Y ¡NO BROMEO! ¡Hay miles de lugares para deshacerse de cadáveres inútiles como el tuyo, por ahí en el desierto!

De nuevo quedé paralizado de terror. Otra vez, estaba

equivocado, especialmente desde el punto de vista de este hombre, quien tenía todo el derecho de estar enojado conmigo, así como mi primo José había tenido el derecho de enojarse conmigo cuando hablé de mi papá de forma irrespetuosa.

Ahh, definitivamente, estaba aprendiendo mucho desde que había dejado mi hogar y me había ido a los campos con mi primo. Ahora comenzaba a ver que todos los libros que había intentado escribir en el pasado parecían, en el mejor de los casos, superficiales, o superaban demasiado mis habilidades como escritor. Comprendí que había sido un tonto arrogante al tratar de impresionar con temas tan nobles y altisonantes. Yo no era Albert Camus. Yo no era André Gide.

Comencé a leer en las tardes a Louis L'Amour junto con mis primos y los otros dos conductores, y comencé a entender por qué L'Amour era uno de los autores de mayor venta en el planeta, con casi quinientos millones de libros impresos. Y era popular, no entre los universitarios, sino entre las personas trabajadoras ordinarias. Sus libros se leían rápida y fácilmente. No había que pensar mucho ni complicarse la mente. No, uno de sus libros era la solución ideal para pasar una tarde tratando de alejarse del terrible calor y de las picaduras de los mosquitos. Poco a poco, empezó a cambiar toda mi perspectiva respecto a la escritura. Estos tipos no podían soltar un libro de L'Amour una vez que lo comenzaban.

Hondo, uno de sus libros que se había convertido en una película con John Wayne, pronto se convirtió en mi favorito. Tenía uno de los primeros párrafos más maravillosos que jamás he leído. Comencé a comprender que mi primo José me había, efectivamente, presentado una oportunidad milagrosa, porque con todo esto que yo estaba aprendiendo, quizá ahora podía escribir un libro que la gente disfrutara leer.

Me entusiasmé tanto que compré un portapapeles usado en una venta de cochera, papel y lápices, y comencé a entrevistar a la gente de Chávez. Si, obviamente, yo era realmente un escritor, entonces tenía que actuar como uno en vez de como un niño rico, obstinado y prepotente. Después de entrevistar a docenas de seguidores de Chávez, di la vuelta y de nuevo obtuve un empleo trabajando en los campos a casi 50° C para poder entrevistar a los rompehuelgas que acababan de cruzar la frontera y no sabían nada ni de Chávez ni de su gente.

Pero luego, la suerte estaba echada, y una mañana llegaron los camiones llenos de la gente de Chávez tocando bocinas, gritando y ondeando banderas. Me agaché tratando de esconder mi rostro mientras trabajaba al lado de estos mexicanos recién llegados, pero la gente de Chávez no había hecho más que ponerse en fila cuando me detectó el tipo que me había amenazado.

—¡OYE TÚ, DESERTOR HIJO DE PUTA! Te dije que te atraparía y te ENTERRARÍA EN EL DESIERTO ¡si volvías a cruzar NUESTRAS FILAS!

Mantuve mi cabeza baja y seguí trabajando lo más rápido que pude. El calor era tan agobiante que goteaba de sudor. De repente sentí un mareo y comencé a desmayarme. Uno de los trabajadores más viejos debió haber presentido lo que iba a ocurrir, porque me agarró y me ayudó llevándome a la sombra de un camión que estaban llenando con melones. Puso cuatro tabletas de sal en mi boca y me dio un poco de agua. En segundos me sentí bien, y ahora entendí qué era esa sustancia blanca en mi espalda al final de cada día. Era la sal que mi cuerpo exudaba. Dios mío, en todos mis años de entrenamiento de lucha libre y en el ejército, jamás me había encontrado en condiciones tan severas como aquellas del trabajo en los campos.

Esa noche, en la tienda donde comprábamos nuestros refrescos, llegaron a enfrentarme tres de los seguidores de Chávez que me habían visto trabajar como rompehuelgas. Estoy seguro de que me hubieran dado una buena paliza si yo no hubiera salido corriendo. Dios mío, no había forma de que pudiera explicarles que en verdad era escritor y que mi libro, una vez que saliera publicado, ayudaría a Chávez.

Cuando terminamos con los campos de melones en el Imperial Valley, al lado opuesto de Mexicali, la ciudad mexicana fronteriza, José me llevó a casa y les entregué a mis padres todo el dinero que había ganado: casi cuatrocientos dólares. Mi papá lloraba y lloraba cuando supo cómo había ganado ese dinero.

—Mijito, mijito, siempre fue mi sueño que ninguno de mis hijos tuviera que trabajar en esos campos ardientes como tu madre y yo lo hicimos. Lo siento mucho. Lo siento mucho.

—Papá, por favor no lo sientas —dije—. Trabajar en los campos es lo mejor que me ha ocurrido en mi vida.

—Pero tu madre y yo trabajamos y ahorramos para que nuestros hijos no tuvieran que hacer eso y pudieran salir adelante.

—Papá, por favor, comprende que jamás volveré a mirar igual los melones del supermercado. Dios mío, la gente no tiene la menor idea de todo el trabajo que implica recolectarlos bajo el sol agobiante. Una vez casi me desmayo.

— Fue por la falta de sal, ¿no es cierto? —dijo con una sonrisa. Asentí. —Sí.

—¿Sabías que nosotros los seres humanos no podemos vivir sin sal? Ésa es la razón por la que ponemos bloques de sal hasta para los caballos y el ganado. La sal es la base de la vida, después del agua.

—No, no había caído en cuenta de eso, papá —dije—. Entonces, ¿por qué los médicos nos dicen siempre que no usemos sal en nuestras comidas?

—Porque ya no caminamos quince kilómetros de ida y vuelta a nuestros pueblos todos los días. Porque ya no llevamos a pastar el ganado, caminando a veces aún más. Esto ocurre, como acabas de aprender, porque ya no trabajamos arduamente bajo el ardiente sol, no nos inclinamos todo el día ni corremos como perros para dar abasto con los camiones que estamos cargando.

—Exactamente, papá —dije—. Todos los días teníamos que correr bajo el sol agobiante. No sólo durante una hora, como los corredores, sino todo el día, día tras día. Nada en mi entrenamiento del ejército, ni cuando practiqué la lucha libre en la secundaria y en la universidad, fue tan duro como esto. Ya ves, papá, ahora puedo ver que algo había faltado siempre en mi escritura, y también en mi vida. Es cierto, he trabajado muy duro con nuestros trabajadores aquí en el rancho, pero yo no tenía que hacerlo, y ahora puedo entender que ésta es la clave de la diferencia. Es un asunto muy distinto cuando tienes que hacer lo que haces para comprar la comida que consumes. Ahora puedo comenzar honestamente a comprender lo que pudo haber sido para ti encontrar ese sándwich viejo y maloliente de jamón y queso, ese día en las vías del tren.

—Y ¡qué clase de festín fue! —exclamó mi papá, con una sonrisa grande y feliz.

—Sí, qué festín —dije—, y ahora también comienzo a comprender tu sonrisa y tu gusto cuando dices estas palabras. Una vida rica y plena, papá, ahora comienzo verdaderamente a ver, nunca puede ser vivida sólo con riquezas y seguridad. También necesitamos pasar por tiempos difíciles.

—Sí —acordó—, es solamente durante nuestros tiempos difíciles, con miedo en las entrañas y sudor en la espalda, que aprendemos a apreciar hasta las cosas más pequeñas de la vida.

—Sí, exactamente, papá. Al final de cada día, era todo un placer para mí, tan sólo comprar una Coca-Cola como recompensa por haber estado trabajando bajo el sol. Sólo una pequeña Coca-Cola, ¡y me sabía a gloria! Era todo el dinero que yo gastaba, porque estaba ahorrando mi dinero para traerlo a casa, y además porque también teníamos que levantarnos antes del amanecer.

—Demonios, estoy comenzando a pensar, papá —dije soltando una carcajada—, que quizá haber perdido todo tu dinero fue lo mejor para todos nosotros, especialmente para tus yernos, Jack y Roger, que se la pasan peleando como gatos y perros para ver cuál de los dos puede sacarte más.

Mi papá se rió. —Quizá tienes razón, mijito —dijo—. Mi madre, Dios la tenga en su Santo Reino, no tuvo nada, nada, nada, y nunca quiso nada..., sin embargo, a pesar de todo, ella estaba siempre feliz, incluso en medio de la guerra y la hambruna, porque siempre encontraba algo de qué reírse.

—Mi mamá también —dijo mi madre mientras traía la comida que había preparado en la cocina—. Ése era el poder de nuestras madres. Tenían fe, a pesar de todo, en la bondad fundamental de la vida.

José, que estaba tomando una siesta porque había manejado todo el camino desde Imperial Valley, se levantó; nos sentamos en la mesa, dimos las gracias, y comenzamos a comer.

Puedo decir en verdad que esa fue una de las mejores comidas que tuve con mis padres en años. Estábamos tranquilos y felices, totalmente libres y teníamos el corazón abierto.

—¿Sabes? —dijo mi papá apasionadamente, estirando su brazo para tomar otra tortilla para acompañar sus frijoles y su guisado—, he estado pensando mucho desde que te fuiste, mijito, y ahora puedo ver que tenías razón el día que me enojé tanto contigo. En realidad, sí construí este estacionamiento de casas móviles, que terminó siendo mi peor error, no para ustedes mis hijos, ¡sino para mí mismo! Pero no como tú dijiste, porque extrañaba la acción de cuando era contrabandista de licor, sino porque..., pues bien..., me enredé y me perdí en este mundo gringo impío donde sólo cuenta el dinero. Perdóname, mijito —añadió, con lágrimas en sus ojos—. Me fui en contra de todos los consejos que le he dado a la gente toda mi vida.

—Oh, papá, —dije, levantándome de la mesa para abrazarlo—. Yo soy quien tiene que pedirte perdón por haberte tratado tan mal durante tanto tiempo.

—No, mijito, no me pidas perdón. Solamente dijiste la verdad ese día, sin importar lo mucho que me doliera; y a la larga, la verdad siempre es mejor —añadió, apretándome fuerte entre sus brazos.

Nos abrazamos durante mucho, mucho tiempo, y fue maravilloso. Supongo que ambos, mi papá y yo, ya no éramos en verdad las mismas personas de antes de que me fuera a trabajar en los campos. Besé a mi padre y regresé a mi asiento, y de reojo, pude ver que mi madre y José nos habían estado observando muy atentamente.

—Papá —dije, sentándome de nuevo—, quiero que sepas que José tuvo toda la razón en sacarme de aquí. He actuado como un malcriado, evitando riesgos, más allá de lo imaginado, escribiendo y escribiendo acerca de todas los momentos duros que tuve que pasar en la escuela, pero yo no había entendido en verdad lo que significaba el sufrimiento. Demonios, todos los niños a lo largo y ancho del país, deberían pasar por lo menos un verano trabajando en los campos para que puedan apreciar de dónde viene la comida. Chingados, sólo ahora que mis ojos han comenzado a abrirse, puedo ver que tengo una buena posibilidad de que se publique este libro que estoy investigando ahora y de que se compare con *Las uvas de la ira*.

—¿No hicieron una película con ese mismo nombre con Henry Fonda? —preguntó mi papá.

—Sí, papá, la película fue basada en un libro de John Steinbeck.

—Pues bien, quizá hagan una película de tu libro nuevo.

—Podría ser, papá —dije.

Después de la cena, José y yo nos despedimos, porque teníamos que seguir nuestro camino para terminar la temporada de melones, que cada ciertos meses se movía hacia el norte, siguiendo el ritmo del clima.

—Vayan con todo mi corazón y mi alma —dijo mi papá, abrazándome con tanta fuerza que creí que iba a romper mis costillas—. Eres mi vida, mijito, mi sangre, ¡mi TODO!

Mi madre me acompañó hasta el camión de José. —Estoy orgullosa de ti, mijito. Estás aprendiendo muy rápido lo que significan las verdaderas riquezas de la vida. Vaya con Dios.

—Gracias, mamá.

Gracias a ti, mijito ¿tienes tu pañuelo blanco y limpio?

—Siempre —dije, riendo y sacándolo de la bolsa trasera derecha de mis pantalones de mezclilla.

—Recuerda —dijo—, los buenos modales no tienen nada que ver con ser rico o pobre. Respeta a esas personas con las que trabajas en los campos, al igual que respetarías a la gente rica y educada. Es el trabajo más elevado y sagrado de Dios: arar la Madre Tierra y producir la comida que alimenta a la humanidad —añadió.

—Gracias, mamá —dije.

—Edmundo —dijo mi primo José, una vez que estuvimos en la carretera y que estábamos pasando por Camp Pendleton, justo al norte de Oceanside—, yo también, como tu madre, estoy orgulloso de ti. Ahora estás en camino de llevarle de regreso el honor y el respeto a tu familia. Nunca es cuestión de dinero ni de riquezas, ni de lo que posees ni de lo que puedes alardear ante tus amigos y vecinos, lo que alimenta el corazón y el alma. No, es el honor que sientes aquí en tu pecho el que alimenta los verdaderos valores de la vida.

—¿Viste el rayo de luz que regresó a los viejos ojos de tu padre y la alegría que llevaste al rostro de tu madre? Sigue así, Edmundo, y no sólo escribirás buenos libros que se venderán, sino que además regresarás a tus padres de la muerte. La vergüenza estaba matando a tu papá. No el amor por sus millones. Siempre es la vergüenza la que agota el corazón y mata el alma ¿y quién me enseñó esto? Fue tu papá —dijo José, con lágrimas en sus ojos.

—Gracias, José —respondí, secándome también las lágrimas de mi propio rostro.

—Gracias a ti. Me alegra mucho saber que finalmente estás comenzando a entender, no es que antes fueras estúpido ni malo, Edmundo. Era sólo que, pues, cuando un niño crece con toda la riqueza con la que tú creciste, es difícil no volverse prepotente y tapado. La pobreza, los tiempos duros, es lo que abre nuestros ojos.

—Ahh, híjole si aprendí sobre sufrimiento y miedo en el extranjero. Pero ésa es una historia completamente distinta. ¿Te dije que ni una sola vez disparé mi rifle, y de todas maneras me gané todas esas medallas?

—No, en realidad nunca me lo dijiste —respondí—. ¿Por qué entonces no me cuentas toda la historia ahorita mismo?

—Pues bien —comenzó—, yo estaba enlistado en el cuerpo de ingenieros del ejército en el Pacífico Sur porque me había ido muy bien en los exámenes de matemáticas del ejército, por lo que me asignaron, así como a un chico de Oklahoma, a las islas controladas por el enemigo para realizar inspecciones para la construcción de pistas de aterrizaje futuras.

—Muy pocos se ofrecían de voluntarios para eso, y nadie lo hacía durante mucho tiempo —continuó mientras seguíamos hacia el norte por Los Ángeles—. En una ocasión, el chico de

Oklahoma y yo estuvimos escondidos en una trinchera durante dos días y dos noches, con cientos de japoneses a nuestro alrededor —dijo riéndose—. Y les dio por elegir su lugar para orinar, justo en donde yo estaba escondido en mi trinchera con una pila de hojas de palmera cubriéndome.

—Te digo que yo olía como una cabra cuando finalmente los japoneses se fueron y el chico de Oklahoma y yo pudimos salir de nuestro escondite. Pero nuestro teniente no salía, fuimos a buscarlo y estaba muerto. Se había tragado la lengua y había muerto de miedo, y el cabello que le había crecido de su cabeza rapada salía blanco. Después de eso, le dijimos al comando general que solamente nos ofreceríamos como voluntarios tras las filas enemigas si podíamos ir solos los dos. El chico de Oklahoma y yo, terminamos siendo reconocidos por inspeccionar más pistas de aterrizaje que ningún otro equipo en todo el Pacífico Sur. El general nos dijo eso en persona. Así es como llegué a ser un héroe de guerra sin tener que disparar mi rifle ni una vez.

—Eso podría ser un libro.

—Sí, yo sé —dijo—. ¡Hay historias que podrían ser libros en todas partes!

—Ajá, estoy comenzando a verlo —respondí, y diciendo esto me quedé dormido. Estaba muy cansado. Y podía ver que la historia de mi primo también podría convertirse en una película maravillosa. Dios mío, cuanto más aprendía, más comenzaba a darme cuenta de que cada ser humano tenía en su interior una historia grandiosa y heroica.

CAPÍTULO TRES

Bárbara y yo llamamos a Ed Victor a Londres para preguntarle si había recibido sus copias de las pruebas de Putnam. Confirmó haberlas recibido.

—Phyllis envió por correo más de cien libros a todo el país ¡para críticas literarias y artículos! —exclamó con emoción—. Ella ha decidido que *Lluvia de Oro* sea ¡su libro insignia! ¡Vas a ser otro de mis autores millonarios! —añadió con gran alegría.

Tuve que respirar profundo. —Está bien —dije—. Maravilloso. ¿Pero qué piensas de que sea catalogado como libro de ficción? ¿Y de querer cambiar el título de *Lluvia de Oro* a *Río Grande,* que suena más como una vieja película de John Wayne?

—Creo que fue una jugada brillante de parte de Phyllis —dijo. Se expresaba lleno de encanto y felicidad—. Tuvo un poco de dificultad para establecer los derechos de autor de la edición de pasta blanda, especialmente con el título Lluvia de Oro, pero no perdió la fe en tu libro. Le fascina, por eso hizo un movimiento estratégico y cambió el título por algo que la gente reconozca fácilmente, y también lo cambió de la categoría de no ficción a ficción, ¡para conseguir mejor posicionamiento en las librerías!

—Pero Ed —dije, sintiendo que el piso se movía bajo mis pies—, mi libro no es ficción. Es la historia verdadera de las vidas de mis padres.

—Sí, por supuesto, ¡lo sabemos! —dijo—. Y ese hecho le será revelado a los críticos literarios y al público general, cuando vean el excelente trabajo de redacción que hiciste acerca de la historia de tus padres. ¡Vas por buen camino! —añadió alegremente—. ¡Estoy seguro de que pronto llegará también un contrato para una película!

No supe qué decir. En mi interior, de momento me sentía confundido y en conflicto. Quizá Ed Victor tenía razón. Quizá estaba tomando este asunto de que no era ficción demasiado en serio. Aún así, tenía que seguir intentando explicarle mis razones.

—Mira, Ed, —dije—, por favor, entiende..., llevo más de diez años investigando para este libro. Lo que quiero decir es que la historia de mi papá enlazando esa enorme serpiente, que tenía en estado de terror al pueblo entero, es verdadera. Fui al zoológico de San Diego y me reuní con el director del departamento de serpientes, le pregunté si existía una serpiente semejante, que pudiera pararse 2 metros y medio de largo y pudiera tumbar a un hombre de su caballo. No se burló de mí, Ed. No; me preguntó dónde había ocurrido y me pidió que le describiera el terreno, le dije que había sido en el centro de México en una zona que era seca y montañosa, hasta que llegaba la temporada de lluvias, época en la que se convertía en una selva, entonces, me dijo: 'Claro que sí, se trata de una serpiente cascabel'. Ed, por favor, créeme, verifiqué historia tras historia, sin importar lo increíble que pareciera, haciéndole preguntas a la gente y recorriendo las zonas más salvajes de México, y reuniéndome con...

—Mira —me interrumpió Ed—, no tienes que convencerme de nada. Yo creo en tu libro. Déjame llamar a Phyllis y hablar con ella. Quizá todavía hay tiempo de hacer algo pero, de cualquier manera, cálmate. Tú y Bárbara finalmente van por buen camino. Me tengo que ir ahora. Te llamaré luego después de hablar con Phyllis.

Colgué el teléfono, sintiéndome un poco mejor, pero no mucho.

Pensaba que si ya se habían enviado cien copias, no había nada que hacer. Todos los críticos literarios leerían el libro como ficción, y lo criticarían como ficción. Respiré hondo. Tuve la extraña sensación de que me habían engañado, que mi agente hacía tiempo que lo sabía, pero que había decidido no informarme de sus ya tomadas decisiones, para que yo no creara problemas.

¡Ahh!, esto comenzaba a parecerse demasiado a lo que le había ocurrido a mi papá con aquel abogado alto, apuesto, elegante y cotizado de la compañía de fianzas. Con sus encantos, había engañado a mis padres, a mí y a nuestros abogados; consiguió que le diéramos treinta días para recolectar el dinero y no tuviéramos que ir a juicio. ¿Y qué fue lo que hizo? Usó esos treinta días para modificar las cosas: ponernos una demanda judicial y cambiar el juicio del condado de San Diego al condado de Los Ángeles.

No, no me iba a quedar cruzado de brazos esperando la llamada de Ed. Iba a hablar con alguien, con..., con alguien que quizá hubiera pasado por algo así. En un instante, vino a mi mente como un relámpago el nombre de Alex Haley, autor de *Raíces,* el libro de éxito enorme que fue convertido en una miniserie para la televisión. Pero, ¿cómo lograría ponerme en contacto con un hombre tan mundialmente famoso? Respiré hondo varias veces, pidiendo..., pidiendo ayuda a Dios.

Durante toda la temporada trabajé en el campo, en vez de hacerlo en mi trabajo de construcción, y luego, ese invierno comencé a escribir sobre el tema que había estado investigando los últimos meses. Percibí de inmediato que mi redacción era muy diferente a la de antes. Ahora parecía tener una cadencia nueva. Antes, sentía ira, lo que me había otorgado un poder de franqueza total, pero carecía de los sentimientos de comprensión y compasión. Y en parte, sabía que había logrado esta nueva perspectiva, porque casi al final de la temporada, llegué a encontrarme con el mismo César Chávez y su enorme perro policía, y llegué a conocerlos bastante bien. Éste hombre era extremadamente sorprendente. Podía encender el corazón de una multitud, sacándolos de la desesperanza, y haciéndolos sentir como si ellos fueran parte de la gloriosa y grandiosa historia de la humanidad. Lo hizo enfatizando la labor de Gandhi y de Martin Luther King, y la importancia de la no violencia.

Al inicio, no confió en mí y se enfureció cuando supo que yo había trabajado en ambos lados de las filas. Pero, luego, hacia el final de la temporada, debido a que conocía a muchos de los agricultores, logré establecer un par de reuniones entre Chávez y algunos de esos agricultores, quienes, de otra forma, jamás habrían hablado con él. Sin embargo, el tipo que amenazó matarme, incluso después de ver a Chávez y agradecerme personalmente por mi ayuda, nunca llegó a confiar en mí. Sencillamente, él no era el genio flexible y visionario que era César Chávez.

Llevaba una semana en casa escribiendo, cuando me encontré con Jorge, el vaquero que había sido capataz de mi papá en el rancho, antes de que decidiera construir el estacionamiento para casas móviles. Jorge y yo teníamos aproximadamente la misma edad. Habíamos sido muy buenos amigos desde antes que me enlistara en el ejército. Nos tomamos unas cervezas en el Red Rooster de Oceanside Boulevard y le conté sobre mi trabajo en el campo. Al comienzo, no me creyó, pensaba que estaba en la universidad, pero terminó aceptándolo cuando le expliqué que se trataba de recolectar melones bajo el sol ardiente en una jornada incesante, y que iba a escribir un libro sobre mis experiencias.

—Pero todavía me faltan datos —le dije—. No tengo suficiente información respecto a cómo el personaje principal llegó a los Estados Unidos desde México. Verás, al comienzo, el personaje estará en contra de Chávez pero, luego, cuando entiende cómo son las cosas, cambia de lado. Así mi lector puede experimentar lo que ocurre en nuestra frontera.

—Entonces, deberías escribir *mi* historia —dijo—. Crucé la frontera a la brava, y sólo pude trabajar en el campo durante mis primeros años.

Jorge era dueño ahora de su propio hogar, estaba casado con una hermosa chicana, o sea una chica mexicana nacida del otro lado de la frontera, y trabajaba todo el año en distintos tipos de reparaciones domésticas. Mi papá lo había ayudado a comprar su casa antes de perderlo todo.

—Cuéntame tu historia —dije.

Y eso hizo. Jorge era un fantástico narrador de historias que había nacido en el estado de Michoacán, no muy lejos de un volcán que había hecho erupción en una milpa en 1943, según *National Geographic*. De repente, vi cómo podía combinar sus experiencias de vida con lo que yo había aprendido personalmente en el campo, añadir después los detalles de otro personaje, Chato, a quien había llegado a conocer bien y que pertenecía a la gente de Chávez, y ¡BOOM!, tendría una versión moderna y actualizada ¡de *Las uvas de la ira!*

Me tomó dos años escribir el libro. Lo titulé *A La Brava*. Intenté venderlo, pero no tenía agente, por lo tanto no logré colocarlo, a pesar de mis intentos, en ninguna casa editorial de edición de pasta dura en Nueva York. Una vez más mis padres estuvieron a punto de perder su hogar, y en esta ocasión fue a raíz de un retraso en el pago de los impuestos. De hecho, mis padres y yo estuvimos dos veces en tal estado de bancarrota en el último año, que nos cortaron el agua y la luz. Los cerdos en la piscina, tenían ya toda una camada de crías, y él puso un aviso en la entrada principal que decía: SE VENDEN CERDOS.

No me quedaba más remedio que reírme de toda la situación. Era como si nos hubiéramos convertido en la versión mexicana de *Los Beverly ricos*. Pues la enorme y magnífica mansión de veinte habitaciones de mis padres, ahora lucía más como la escena de *Lo que el viento se llevó*, en donde la hacienda de la plantación de Scarlett O'Hara había quedado en ruinas. Nuestro techo tenía goteras. Nuestros bañoss no funcionaban. Nuestras ventanas estaban rotas. Y mis padres parecían dos viejos de un pueblo pobre de México. ¡Era para morirse de risa! Yo esperaba que la Patrulla Fronteriza pasara cualquier día y nos preguntara si teníamos papeles, entonces mi papá respondería: —Claro. Pasen. Tenemos papel y hasta inodoros. Sírvanse ustedes mismos.

En esos días, cuando Ronal Kayser, mi antiguo maestro alemán de redacción de La Jolla, me habló sobre un nuevo representante de la costa oeste de una casa editorial importante en Nueva York, que ahora estaba en Los Ángeles, fui de inmediato a verlo y le entregué mi manuscrito de *A La Brava*. Yo iba camino al norte a trabajar durante un par de meses en la construcción, a ganar un poco de dinero para ayudar a mis padres y así evitar que nos cortaran el agua y la luz.

Dos semanas después, mi madre me llamó para decirme que había recibido una llamada de una editorial. Le regresé la llamada a Charles Bloch and Associates, el representante en la costa oeste de Bantam Books; su gerente administrativo, Walter, me dijo que quería comprar mi libro.

—¡¿QUÉ?! —grité.

—Nos gustaría publicar su libro —repitió.

—¡¿De veras?! ¿En serio? Ustedes, una editorial, ¿de veras desean comprar mi libro?

—Sí —dijo—. Queremos ofrecerle dinero por su libro.

Cuando colgué el teléfono, ¡GRITÉ! "¡OH, SANTO DIOS TODOPODEROSO Y TODOS LOS SANTOS! ¡Gracias! ¡Gracias! ¡GRACIAS!".

De un salto me metí en mi vieja y gastada camioneta Ford, en donde vivía la mitad del tiempo, y me dirigí a Los Ángeles, escuchando música *country* y cantando a la par con el nuevo éxito de Johnny Cash llamado "A Boy Named Sue", que ya había escuchado más de cien veces. En Hollywood, me detuve en un baño de una gasolinera para quitarme la ropa, afeitarme y asearme, antes de ir a encontrarme con la gente de Charles Bloch and Associates.

La oficina era pequeña. No quedé muy impresionado hasta que me llevaron a una habitación privada, en la parte trasera, para presentarme al propio Charles Bloch. Era un hombre alto y elegante, con cabello canoso y ondulado; poseía un aire de autoridad y poder.

—Has escrito un libro muy bueno —dijo Charles después de las presentaciones formales—. Nos gustaría publicarlo. ¿Tienes un agente?

—No. Es decir, sí..., mejor dicho, casi, algo así —dije tan nervioso, que estaba a punto de explotar—. Lo que quiero decir es que hay un tipo en Nueva York que casi se convierte en mi agente, hasta que cometí el error de enviarle una carta escrita a mano, la cual llevó a un experto en caligrafía que le dijo que yo era un egoísta, y que esto y lo otro, además con complejo de grandeza, entonces decidió abandonarme antes de siquiera aceptarme, afirmando que había conocido gente de mi calaña, y que sería muy difícil trabajar conmigo, especialmente si yo llegaba a tener éxito.

Con una gran sonrisa magnífica y feliz, Charles Bloch se levantó, dio la vuelta alrededor de su enorme escritorio, atravesó la habitación y cerró la puerta de su oficina. Regresó a su enorme escritorio y de nuevo se sentó. —Yo no sería tan franco con cualquiera respecto a su vida, si fuera usted —me aconsejó—. No es buena idea que esa historia se riegue por ahí. Puede llegar a perjudicar su carrera.

—¿Por qué? Demonios, como veo las cosas —dije—, cualquier autor que valga la pena debe estar medio loco y tener complejo de grandeza, si quiere llegar un día a tener éxito. ¿Cómo cree usted que logré superar doscientos sesenta y cinco rechazos?

—¿Lo han rechazado doscientas sesenta y cinco veces? —preguntó.

—Ah sí, por lo menos. Llevo escribiendo casi de tiempo completo, desde el 16 septiembre de 1960 a las seis de la mañana, y enviando libros y cuentos cortos a todas partes.

No dijo ni una sola palabra más. Se quedó observándome cuidadosamente durante largo tiempo, mientras yo me retorcía nerviosamente en mi silla. Dios mío, estaba cara a cara con un editor real y en vivo, que quería comprar mi libro. ¡Qué emoción!

—No creo que usted tenga más de cien años —finalmente dijo—, ¿entonces cómo se las ingenió para obtener tantos rechazos en su corta vida? Sin un agente, la mayoría de los escritores son rechazados dos o tres veces al año, y eso es en el caso de un escritor de tiempo completo.

—Fácil —respondí—. Se supone que nosotros, los escritores, enviemos una copia de nuestro manuscrito a una editorial a la vez, pero, maldición, después de unos cuantos años y unas cuantas docenas de rechazos, mandé todo al diablo y comencé a enviar diez copias de cada libro a la vez. Entonces, cuando me regresaban una, la empacaba y la enviaba de nuevo, pero a una editorial diferente…, excepto que en una ocasión me equivoqué y la envié de regreso a la misma editorial, el editor me lo devolvió con una nota diciéndome que ya habían rechazado este libro una vez y que no pensaban cambiar de opinión, sin embargo, firmó diciendo: 'Buen intento'.

Charles se rió. —Ya veo —dijo—. Debió haberle costado mucho dinero enviar por correo todas esas copias.

—Así fue —dije—. Eso es parte de la razón por la que trabajo en construcción como albañil de tres a cuatro meses al año y por la que nunca me he casado, lo cual no haré hasta que pueda costear un matrimonio, porque escribir es muy, muy importante para mí.

—Eso fue lo que hizo Louis L'Amour, nuestro más exitoso escritor de novelas del oeste. No se casó hasta que tuvo el dinero para mantener un matrimonio y, para entonces, tenía casi cincuenta años —explicó Charles.

—¿USTED CONOCE A LOUIS L'AMOUR? —exclamé emocionado—. ¡Hombre, ese tipo es MARAVILLOSO! ¡Verdaderamente, sabe lo que hace! Escribió una escena en que iba cabalgando muy tarde de regreso por las montañas cuando allí se encontró de golpe con una capa de hielo invisible peligrosamente resbalosa. Yo he estado ahí. Maldición, solía cabalgar tanto que ni siquiera sabía que tenía vellos en mis piernas, porque ya se habían borrado de tanto roce con el caballo. ¿Podría algún día conocer al señor L'Amour? Es el único escritor que han llegado a leer todos mis primos camioneros.

Charles no podía dejar de sonreír. —Claro que sí, podemos arreglarlo un día.

—Entonces, Louis L'Amour no llegó a casarse hasta los cincuenta. Ay, espero en verdad no tener que esperar tanto —dije.

—Doscientos sesenta y cinco rechazos —repitió Charles Bloch, sonando casi impactado.

—Pues, le digo —añadí—, que eso no es nada comparado con lo que estaba preparado a hacer, porque , usted verá, esto no es nada comparado con lo que hicieron mi papá y mi mamá, viniendo al norte a los Estados Unidos. —No pude evitarlo, comencé a llorar.

Lo notó y me preguntó: —¿También escribirá al respecto?

—¿Respecto a qué?

—A sus padres.

—Claro que sí. De hecho, es muy posible que sea lo siguiente que comience a escribir. Usted verá, yo escribo. Es lo que hago, escribo. Tengo unos cuatrocientos kilos de libros y de historias que he escrito, pero nunca he podido publicarlos.

—Pues bien —dijo, con un gran movimiento de manos—, si este libro, *A La Brava,* es una muestra de la calidad del resto de sus escritos, tendremos que mirar esos cuatrocientos kilos de material.

Salté de mi silla y corrí tras su escritorio para abrazarlo y besarlo, pero pude notar que quizá fuera demasiado para él, porque rápidamente se echó hacia atrás en su sillón de ejecutivo. Me detuve. —Muy bien, entonces, ¡excelente! ¡GRANDIOSO! ¡FANTÁSTICO! —exclamé.

—Me alegro que esto lo haga tan feliz —dijo-. Pero no quiero que tenga demasiadas expectativas.

Regresé a mi silla. Me pude dar cuenta de que volvió a convertirse en un ejecutivo.

—Siendo realistas —dijo—, muy pocos escritores logran publicar un segundo libro y, en raras ocasiones, su segundo libro es tan bueno como el primero.

—¿En serio? —dije—. Yo creía que una vez lograra publicar, me mantendría dentro de la corriente.

—Muchos jóvenes escritores piensan así y luego se desilusionan por completo.

—Oh. Bien, entonces, dígame, ¿cuáles son las probabilidades de que publique un segundo libro? —pregunté.

—He lidiado con escritores primerizos durante años, por lo que puedo decirle que son bastante escasas —dijo.

—¿Qué tan escasas? Dígame las estadísticas.

—Estadísticamente, yo diría que es uno entre quinientos.

—¡AHH!, ¿ESO ES TODO? ¡CHINGADOS, ENTONCES ES UN HECHO! —vociferé, brincando de nuevo—. ¡Yo tenía veinte años y no sabía leer cuando decidí convertirme en un gran escritor! Las probabilidades eran, digamos, de una entre un millón, así es que una entre quinientos ¡es pan comido!

Comenzó a reírse. Yo también me reí; el siguiente día llamé a Blassingame en Nueva York, al que había sido agente de mi antiguo maestro de redacción, que me había abandonado, y le dije que había recibido una oferta de una editorial por mi último libro. Le pregunté si quería cerrar el trato por mí. Me dijo que lo haría. Mi papá me había dicho que siempre usaba un agente de bienes raíces, aunque hubiera personalmente realizado el negocio de la propiedad, porque un agente se ganaba su porcentaje atando todos los cabos sueltos, y a veces quizá mejorando los términos.

Mi papá tenía razón. Bantam, a través de la oficina de Charles, había ofrecido tres mil dólares. Y Blassingame logró sacarles cuatro mil dólares. Menos su comisión del 10%, terminé con tres mil seiscientos dólares. El día que el cheque llegó por correo a casa de mis padres en Oceanside, fue uno de los días más felices de mi vida. Les enseñé de inmediato el cheque a mis padres. Mi mamá estaba tan feliz que comenzó a llorar. Pero, en realidad, mi papá me sorprendió, en especial después de todo lo que habíamos tenido que pasar últimamente.

—¿Cuánto fue que te tomó escribir este libro? —preguntó.

—Oh, no sé —dije—. Contando las entrevistas, el trabajo en el campo y el tiempo que pasé enviándolo a las diferentes editoriales, supongo que de cuatro a cinco años.

—Entonces, ganaste menos de mil dólares al año. Excelente: unos cinco centavos de dólar la hora, ¿no?

—¡SALVADOR! —gritó mi madre.

—No, está bien —le dije—. Sigue, papá, sácalo todo. ¿Qué es lo que quieres decir realmente?

—Lo que quiero decir es que finalmente, no tengo que esconder la cara de vergüenza cuando alguien me pregunte lo que hace mi hijo —dijo, y salió de la habitación.

Contuve la respiración.

Quedé paralizado.

No respiré.

No pensé.

—Perdónalo —dijo mi madre—. Se ha vuelto amargado.

Unos meses después, me llamaron de nuevo para ι la oficina de Charles Bloch. Me llevaron a su oficina priv esta vez fue Walter, el gerente, quien cerró la puerta. Algι ocurriendo. Podía presentirlo.

—Tenemos que hablar —dijo Charles en un tono de voz ιιuy serio—. Primero que todo, en el futuro cuando me escriba por favor no abrevie la palabra *Associates*".

—¿Por qué no?

—Mire la última carta que nos envió.

La miré. —¿Y?

—¿No lo ve?

—¿Ver qué?

—Dice: "Charles Bloch and Asses".

—¿En serio?

—Sí.

—Oh, Dios mío, lo siento. No me di cuenta. (Nota de la traductora: la palabra *asses* en inglés significa *culos*).

—¿Tiene problemas con la vista?

—No, sólo para leer. Como le dije, es cierto que no aprendí a leer hasta los veinte años.

Una vez más, me observó intensamente durante largo tiempo a través de su enorme escritorio, y luego dijo: —En segundo lugar, nos gustaría cambiar el título de su libro a *Macho!* Creemos que eso incrementará las ventas.

—¿*Macho!*? Bien; está bien. No me gusta, pero entiendo su punto; en el fondo, se trata del verdadero espíritu del *macho,* que no tiene nada que ver con ser duro y abusivo, como la gente cree aquí en los Estados Unidos, sino más bien se trata de un *burro macho* que hará lo necesario para terminar su trabajo, sin comida ni agua.

—¿Entonces se considera un *macho?*

—¿Por qué me pregunta eso?

—Porque pasó por doscientos sesenta y cinco rechazos sin comida ni agua, hablando en sentido figurado.

—No, eso no tiene nada que ver con ser *macho.* —Las lágrimas brotaron de repente de mis ojos—. Tenía que ver conmigo...,

conmigo —intenté detener mi llanto, pero no pude, el recuerdo era demasiado doloroso—. Yo le había jurado a Dios en los bosques de Wyoming para que Él me ayudara a convertir en el más grande escritor desde Homero..., o mejor, porque el primer..., el primer día de escuela, yo no hablaba inglés, y nos menospreciaron y golpearon a Ramón hasta sacarle sangre.

—Lo siento —dije, secando las lágrimas de mis ojos con el dorso de mi mano—, pero déjeme le digo, ni siquiera me gustaban los libros cuando decidí convertirme en escritor, así que para mí escribir es una herramienta, un arma que me ayuda a mejorar el mundo, porque sinceramente creo, que un buen libro —las lágrimas seguían cayendo por mi rostro— puede unir a las personas y puede ayudar a sanar nuestros corazones y nuestras almas. Ésa es la razón por la cual juré ante Dios convertirme en un gran escritor, en las tierras remotas de Wyoming.

Fue el turno de Charles Bloch de respirar profundo. —Ése es un proyecto bastante grande —dijo—. Por cierto, Homero no era escritor. Contaba historias, no las escribía.

—Está bien, entonces tengo que convertirme en el más grande narrador de historias desde Homero.

—Suena bien. ¿Trajo otros de sus escritos?

—Claro que sí, dos cajas llenas —dije, tomando dos respiros profundos también.

—Bien, pero ahorita mismo no puedo lidiar siquiera con una sola caja llena. ¿Qué tal el último libro que escribió antes de *Macho!*?

—Se llama *Witness a Burro* —dije—. Entre una cosa y otra, llevo trabajando en este libro desde que comencé a escribir.

—Fantástico —dijo Charles—. Me gustaría verlo.

Unos cuantos meses después, Bantam Books publicó *Macho!* en edición original de pasta blanda; así fue que descubrí que los medios de comunicación no dan la más mínima importancia a los libros de pasta blanda y mucho menos reciben una crítica literaria. Me subí a mi camioneta Ford y conduje por todo el estado de California, yendo de un periódico a otro, en todos los pueblos, para entregarles personalmente a los reporteros y críticos de libros una copia de *Macho!* para su revisión. La mayoría de los periódicos no tenían revisores de libros y se rehusaban de inmediato a leer *Macho!* Pero, qué diablos, no iba a permitir que mi primer libro publicado se perdiera entre los montones de libros de pasta blanda que salían cada mes, después de diez años de estar escribiendo y de recibir tantos rechazos.

—Mire —le dije a un reportero—, sólo venga a mi camioneta, donde tengo una hielera llena de tamales calientes caseros y una buena botella de tequila, y si usted no cree que mi obra es fabulosa después de leer el primer párrafo, nunca lo volveré a molestar. ¿Qué me dice? Estoy estacionado a la vuelta de la esquina, y si teme que lo vean tomando tequila a medio día, tengo tazas de café, también puedo cerrar las cortinas que mi mamá hizo para mi camioneta.

Casi todos los reporteros estuvieron de acuerdo en acompañarme para ver si todo lo que yo decía era cierto y, entonces, cuando abría la hielera y percibían el delicioso y maravilloso aroma de los tamales que mi mamá había hecho para mi gira, por lo general, todo salía bien. Porque Ronal Kayser, mi antiguo maestro de redacción, le había explicado a nuestra clase llena de aspirantes a escritores, una y otra vez, que el comienzo de un libro lo era todo, que la primera frase, el primer párrafo y la primera página tenían que ser completas joyas.

—Comprendan —solía decirnos el señor Kayser—, un escritor es el hijo de puta más egoísta del mundo entero; y tiene que serlo, porque lo que un escritor realmente le está diciendo al lector es: 'Mírame, no hagas el amor, no salgas a cenar, no veas el juego de fútbol. No, quédate ahí sentado y ¡PRÉSTAME TU ATENCIÓN TOTAL!'.

—Los músicos no hacen esto —nos decía.

—Los productores de cine no hacen esto —nos hacía saber.

—Ni los pintores, ni escultores ni los traga fuegos lo hacen.

Solamente un escritor exige a su audiencia la atención completa y dedicada; y no usa NINGÚN otro apoyo que papel y unos símbolos que llamamos palabras. Ésa es la razón por la que la primera palabra, la primera frase, el primer párrafo, la primera página, tienen que capturar por completo al lector, ¡COMO UN CEPO!

Entonces, después de dos meses de ir y venir por todo el estado de California, logré finalmente obtener más de veinte maravillosas y brillantes críticas, y unas dos docenas de artículos sensacionales de una página completa con fotografías.

El *L.A. Times* terminó comparando *Macho!* con lo mejor de John Steinbeck, el fantástico receptor del Premio Nobel, autor de *Las uvas de la ira,* libro que en mi opinión, sigue siendo uno de los mejores libros y más auténticos estadounidenses ¡que se haya escrito jamás!

Imprimí cientos de copias de la crítica del *Times* y del resto de críticas y artículos brillantes, y pasé días y noches colocándolos encima de las letrinas y en la parte de atrás de las puertas de los baños de todas las gasolineras donde me detenía a llenar el tanque, y en todos los restaurantes en donde comía. Durante semanas, me convertí en un TORBELLINO DE ACCIÓN, y para mi felicidad, la primera edición de treinta y cinco mil copias ¡se agotó de inmediato!

Pero, entonces, para mi total consternación, Joe Wortman, director del equipo de ventas de Bantam de la costa oeste, me llamó tarde una noche para decirme que iban a sacar mi libro del mercado porque mi editorial ya había recuperado su inversión, incluyendo el dinero que me habían entregado como adelanto.

—¿QUÉ? —grité—. ¡DEBES ESTAR BROMEANDO!

—Víctor —dijo—, comprende, estoy llamando para decirte esto por que admiro tu coraje y tu arduo trabajo. En todos mis años vendiendo libros para diferentes editoriales, eres el único escritor que se ha atrevido a venir directo a conocernos, a nosotros, los vendedores, a tomar una cerveza con nosotros, pero, verás...

—No olvides los tragos de tequila en mi camioneta en el estacionamiento, con esos deliciosos tamales caseros —añadí.

Se rió. —Sí, por supuesto. ¿Cómo podría olvidarlos? A mi esposa Beatrice le encantaban los tamales que tú le enviabas conmigo.

Pero, por favor, comprende, negocios son negocios, estoy corriendo muchos riesgos al darte este número. —Pude escuchar cómo respiraba hondo—. Mañana, temprano en la mañana, lo primero que debes hacer es llamar a este número de teléfono, hablar como si estuvieras muy deprisa y decir: 'Vuelvan a imprimir *Macho!* ¡Necesitamos de inmediato otros treinta y cinco mil libros! Y cuelga el teléfono. No digas una palabra más. ¿Me entendiste? Ni una palabra más. Y por el amor de Dios —añadió—, jamás se te ocurra decirle esto a nadie o me pueden cortar el cuello. ¡Está bien, amigo! ¡Dale con todo! Éste es tu estilo.

No le dije una palabra a nadie. Ni siquiera a mis padres. Y a la mañana siguiente, me levanté a las cinco de la mañana, me tomé dos tazas de café fuerte, hice dos tandas de cien abdominales, y cuando estaba listo para llamar a las seis de la mañana, me puse muy nervioso, pensé que podía ser demasiado temprano. No llamé sino hasta las siete de la mañana. ¡MI CORAZÓN LATÍA FUERTEMENTE! ¿Y si la regaba? ¡No, no, no! Yo era muy bueno. Había practicado mis líneas. Estaba listo. En lo profundo de mi ser, yo era bueno. El teléfono seguía sonando. Finalmente, cuando estaba listo para colgar respondió la voz un hombre.

—¡Sí! —contestó hoscamente.

Podía escuchar la maquinaria en el fondo, y sonaba como si tuviera mucha prisa, alguien con quien no quisieras meterte en problemas.

—Vuelvan a imprimir *Macho!* de inmediato —dije como si estuviera yo también deprisa—. Y... esta vez, ¡hagan sesenta mil copias! —Dije hoscamente yo también y colgué.

Ay Jesús, ¿qué acababa de hacer?

Ahh, Dios mío y todos LOS SANTOS, ¿qué acababa de hacer?

¡Quizá la había regado!

Pero luego resultó que hice exactamente lo correcto, porque la semana siguiente, Lou Satz, el arrogante y astuto mandamás de Nueva York que estaba a cargo del departamento de ventas de Bantam en todos los Estados Unidos, me llamó y me dijo que deseaba verme personalmente, que debía subirme en el siguiente avión a San Francisco para entrevistarme con él. Le dije que podía ir en carro. Chingados, no tenía dinero para un boleto de avión; además, me daría la oportunidad de detenerme en más baños de gasolineras y restaurantes en el camino.

—¡NOSOTROS LE PAGAMOS EL BOLETO DE AVIÓN! —dijo cortante. Sonaba molesto—. ¡Y usted se hospedará con nosotros en el Fairmont!

—¿Fair-qué? —pregunté. Supuse que se trataba de una feria de un condado, como la que teníamos en Del Mar en San Diego.

—¡EL FAIRMONT! —contestó hoscamente—. ¡Es uno de los hoteles más prestigiosos de toda la costa oeste! —Añadió como si yo fuera un tonto por no saber esto.

—Ah, está bien —dije, imaginándome todos los baños grandes y enormes que habría en el Fairmont y en otros hoteles a su alrededor—. Claro que sí —le dije al gran mandamás de Nueva York—. Estaré encantado de ir en avión—. Supuse que tendría una audiencia asegurada durante el vuelo y podría colocar algunas de las críticas en los baños.

Al día siguiente, me encontré con Lou en el vestíbulo del hotel, y lo primero que me dijo fue que mi libro, que había estado programado para salir de impresión, ahora se había convertido en su libro líder del mes, porque un idiota del equipo de redacción había cometido un error, y le había dicho al departamento de impresión que imprimiera otras sesenta mil copias.

—Seré muy franco con usted —dijo molesto—. Nuestro problema es que necesitamos de su ayuda para vender el resto de sus libros, y rápidamente, pero, y esto es lo más importante, ¡no podemos permitir que uno de nuestros escritores esté pegando críticas literarias en los baños de las gasolineras y de los restaurantes de todo el país! Usted no tiene idea de cuántas llamadas hemos recibido de los gerentes de los restaurantes y los propietarios de estaciones de gasolina.

—¿Compraron ellos el libro?

Su rostro se puso rojo como un tomate. —¡NO SE TRATA DE ESO! —gritó—. Ya me habían dicho que usted es una persona intensa y desesperante, pero no puede seguir haciendo por ahí todo lo que le plazca, como un mexicano loco que acaba de cruzar la frontera ¡pensando que hay una oportunidad en cada esquina! Y, por favor, comprenda —dijo con una voz menos molesta— personalmente, admiro su chutzpah, pero...

—¿Chuspa qué?

—¡Agallas! ¡Energía! ¡Coraje! ¡Es una palabra hebrea!

—Ahh, ¿usted es judío? No conocía a muchos judíos hasta que conocí a Charles, su representante de la costa oeste. Solamente había tres judíos en nuestro pueblo. Dos de ellos eran muy buenos amigos de mi papá. Uno era Sheldon, que tenía una joyería y jugaba póker con mi papá una vez por semana; el otro era Jacob, que tenía una carnicería, y él...

—¡BASTA! —gritó—. ¡Y escúchame muy bien! Estoy tan enojado por las sesenta mil copias adicionales de su libro, que si alguna vez encuentro al imbécil responsable de esto, ¡me encargaré personalmente de terminar con su carrera! ¡Así que cállese y escuche! Solamente tenemos un par de minutos antes de que lleguen mis vendedores de la zona oeste. Quiero presentárselos. Joe Wortman es mi hombre más importante aquí en el oeste, así que no, por favor, no hable respecto a los judíos como si usted fuera un rancherito ignorante. Bernice, la esposa de Joe, también es judía. Ella trabajaba para mí antes de que él me la robara llevándosela a trabajar con él. Es la mejor gerente administrativa que he tenido. Demonios, probablemente 80% de la gente que usted empezará a conocer en el mundo editorial sean judíos, ¡así que no nos haga pasar vergüenza!

—Ahh, está bien, sólo que no lo sabía. ¿O sea que tampoco quieren que pegue copias de las críticas detrás de los asientos y en los baños de los aviones?

—Por favor, dígame que no hizo eso en este vuelo —dijo.

—Eh bien, ah... sí, por supuesto. Podría decirle que no lo hice, pero tenía una audiencia cautiva por más de una hora, por lo que supuse que si yo...

Hizo una mueca y comenzó a reírse. —Dios mío —dijo—, ¡realmente usted es tenaz! Está bien, aquí viene Joe, con su esposa, y sus vendedores. Lo presentaré, pero por favor, compórtese —dijo en un susurro.

Joe y sus cuatro vendedores llegaron, actuando como si no me conocieran, pero su esposa, a quien le gustaba que la llamaran Bea, casi la riega agradeciéndome por los tamales que le había enviado a casa con Joe. Por fortuna, Lou Satz no escuchó ni una palabra de esto, porque estaba demasiado ocupado hablando con Joe. Fue una cena maravillosa, con vino y postre, y a cada rato, los cuatro vendedores me guiñaban el ojo.

Al día siguiente, Joe me llamó y me dijo que habían colocado *Macho!* en la parte superior de todos los estantes de cada farmacia, supermercado y tienda familiar que cubrían.

Al cabo de cuatro meses, todos estos libros también se agotaron, y fue cuando descubrí —no bromeo, hablando en serio— que la norma de Bantam era que si un libro sobrepasaba la venta de cien mil copias, se seguía imprimiendo.

¡AY, QUÉ EMOCIÓN! ¡AHORA SÍ LO HABÍA LOGRADO! ¡DE A DE VERAS! ¡No había duda, lo había logrado! Y mis padres no perdieron su casa. Porque gracias a las ventas y a todo el entusiasmo por *Macho!,* Brut Productions, una compañía de cosméticos, pagó diez mil dólares por los derechos para realizar una película. Y encima de todo, me contrataron para escribir el libreto por otros quince mil dólares. Cuando mi papá vio la entrada de ese dinero, me tomó en sus brazos y me abrazó pidiéndome que por favor lo perdonara por haber dudado de mí. En verdad, fue un momento santo y sagrado entre un padre y un hijo.

Después de mi conversación con Ed Victor, Bárbara y yo hablamos al respecto y decidimos que debería llamar a Stan Margulies, un amigo cercano de su familia que trabajaba para Wolper Productions y había sido el productor de las miniseries de *Raíces.* Le expliqué a Stan mi situación, y estuvo de acuerdo en que yo debía hablar con Alex Haley.

—Llama a su oficina y habla con Jacqueline, la gerente administrativa —dijo—. Pero espera unos minutos, así puedo llamar primero a Jacqueline y explicarle que vas a contactarla.

Colgué el teléfono sintiéndome bastante bien. No iba a sentarme a esperar la llamada de Ed Victor. Iba a buscar una segunda opinión. No iba a permitir que me sacrificaran, como les había ocurrido a mi papá y a sus abogados al cambiar el caso de San Diego a Los Ángeles.

El teléfono sonó. Era Ed Victor llamando desde Londres. Híjole, acababa de pensar en él y en ese instante me llamaba desde el otro lado del mundo. ¡Era realmente maravilloso!

—Hola —dijo con una voz elocuente y feliz—. Hablé con Phyllis y me explicó que no hay nada que pueda hacer ahora con las copias que ya se enviaron por correo, que ya no hay manera de recuperarlas.

—¿Pero no podrían enviar una carta o una nota —dije—, afirmando que se ha cometido un error, y que el libro es una historia verdadera y no una obra de ficción?

—Víctor —dijo ahora en un tono de voz completamente diferente—, le expliqué a Phyllis tu preocupación respecto al libro, ella entendió y me aseguró que tu siguiente libro no será clasificado como ficción, pero que debías dejar salir éste así para darte a conocer y nunca volver a tener que preocuparte por dinero.

—Me tengo que ir. Te mantendré al tanto. No tienes nada de qué preocuparte. Mis saludos a Bárbara y a tu madre, Lupe. Dile a Lupe que este año va a ser famosa en el mundo. Has escrito un libro magnífico. Sigue escribiendo. Eso es lo que los escritores hacen: escribir. No se involucran con todos los detalles de la publicidad y la promoción. Hablamos luego, amigo. Adiós.

Así nomás, colgó y me dejó con el teléfono en la mano, sintiéndome como un tonto. Sentí que acababa de ser engañado por un individuo persuasivo y encantador, que trataba de convencerme de que todo estaba a pedir de boca. No me sorprendía ahora que Ed Victor hubiera logrado obtener más adelantos de dinero para sus escritores, que cualquier otro agente en el mundo. El tipo era un actor de primera categoría, exactamente como aquel abogado que representaba la compañía de fianzas.

Respiré hondo y le dije a Bárbara que tenía que cambiarme de ropa y dar una corrida por la playa antes de llamar a la gerente administrativa de Alex Haley. ¡Cada vez me olía más a podrido! A mi editorial de Nueva York y a mi agente de Londres realmente les importaba un soberano rábano el libro que a mí me había tomado diez años investigar y escribir. Para ellos, todo era cuestión de negocios, y suponían que podía ceder debido al dinero.

¡Mierda! ¡Mierda! ¡MIERDA! Al haber escrito un libro sobre mis padres, había llegado a conocerlos más que nunca. Dios mío, ellos se habían convertido en mis más grandes héroes, y todavía no sabía quiénes eran en realidad. Obviamente, había llegado a comprender que todos: hijos, hermanos y hermanas deberían escribir un libro sobre sus padres, para así superar todos los reproches y resentimientos que como hijos cargamos en nuestras almas y en nuestros corazones.

Me cambié de ropa y salí corriendo. ¡Había llegado mi hora! ¡Todo se valía! ¡IBA A LUCHAR POR MI LIBRO!

Mi segunda experiencia publicando un libro llegó inmediatamente después del enorme éxito de *Macho!* Nunca antes un libro original en pasta blanda de Bantam había recibido críticas literarias, y muchísimo menos había sido cubierto como el artículo principal en un periódico. Charles Bloch y su esposa, Zita, fueron en su coche a la casa de mis padres en Oceanside. Vieron la vieja mansión deteriorada y los cerdos que mi papá criaba en la alberca vacía. A Charles le encantó todo esto, dijo que pensaba que era una idea brillante, y también quedó encantado con la gran huerta de vegetales que mi papá había puesto donde solía estar el pasto verde al frente de la casa. Ya casi nunca mis padres iban a comprar al supermercado. Para ellos, los malos tiempos se habían convertido en los buenos tiempos de antaño.

Mi madre, elegante y graciosa como nunca, había preparado una maravillosa y auténtica comida mexicana; y comimos en nuestro antiguo y formal comedor. Después de la comida, llevé en su Mercedes a Charles y Zita por el sur de Oceanside, enseñándoles los límites del enorme y viejo rancho, que había sido nuestra propiedad antes del estacionamiento para casas móviles, y por los cientos de casas que había en la zona campestre circundante. También les enseñé los terrenos al este de la autopista interestatal 5 que habían sido parte de nuestro rancho, antes de que se construyera la gran autopista.

Charles y Zita estaban asombrados con el gran tamaño que solía tener el rancho. Luego les enseñé la cochera donde yo almacenaba pilas y pilas de libros, artículos, obras de teatro o cuentos cortos que había escrito, y que jamás habían sido publicados. Charles y Zita quedaron intrigados con el título del manuscrito *Cadillac Joe*, y me preguntaron si podían verlo. Les dije que tenía que echar un vistazo para ver cuál de las ocho o diez versiones diferentes del mismo libro era la más apta para que leyeran.

Mis padres y yo nos paramos juntos, mientras despedíamos con las manos a Zita y Charles. Ellos también se llevaron algunos de los tamales caseros de mi madre.

Unos días después, Charles llamó para decirme que le gustaría verme. Dijo que había tenido una conversación con Marc Jaffe, quien supuse era el presidente de Bantam. Estaban interesados en hacer algo conmigo que jamás habían hecho con ninguno de sus escritores.

Me subí a mi coche y me fui de inmediato a verlo. Lo primero que me dijo Charles era que él y Zita habían disfrutado mucho de conocer a mis padres, y que ciertamente la historia de sus vidas era un gran libro. Luego pasó de inmediato a los negocios.

—¿Has seguido las noticias respecto a tu compatriota en Yuba City, justo al norte de Sacramento? —preguntó.

Negué con la cabeza. —No, normalmente no leo el periódico ni veo las noticias en la televisión. Siempre están llenos de cosas negativas.

—No voy a discutir eso contigo —dijo Charles—, pero, ¿por qué no vienes a cenar esta noche a casa y hablamos un poco más al respecto? Verás, hay un contratista mexicano llamado Juan Corona que acaba de ser arrestado y acusado de haber cometido la matanza más grande que haya sido jamás cometida por una sola persona en la historia de los Estados Unidos.

Se me paró la antena y mi corazón comenzó a palpitar aceleradamente. —¿Cuántos asesinatos? —pregunté, asumiendo de inmediato que el hombre era totalmente inocente.

—Hasta ahora, veintiocho, pero siguen encontrando cadáveres. Está en la página frontal de todos los periódicos del país. Le conté a Marc cómo habías...

—¿Quién es Marc?

—Marc Jaffe es el director editorial de Bantam. Viajó esta semana desde nuestra oficina principal en Nueva York, y le conté cómo habías trabajado en los campos a favor y en contra de César Chávez para escribir *Macho!* Tuvimos entonces la idea de que podrías hacer lo mismo con este caso de asesinatos masivos.

—Bueno, sí, claro, me gustaría —dije—, pero primero tengo que regresar al trabajo de construcción para seguir ayudando a mis padres. Ya se acabó todo el dinero de *Macho!*

—Pensé que ése sería el caso, especialmente después de haber visitado el hogar de tus padres —dijo—. Por eso hablé con Marc, estamos dispuestos a darte un avance de siete mil quinientos dólares para que puedas escribir un libro sobre Juan Corona.

—¿En serio? ¿Quieres decir que están dispuestos a darme dinero sin que haya escrito primero el libro? —pregunté. —Sí —dijo, sonriendo—, después de ver lo dedicado que estás a tu escritura, así como a promocionar tus propios libros, Marc y yo decidimos que estamos dispuestos a hacerlo para que puedas ir y comenzar a investigar ahora, mientras el asunto está candente.

—¡ÓRALE! Yo, ¡un escritor investigador! ¡No puedo creerlo! Ahora, en verdad, tengo un título diferente al que me pusieron en la escuela: el burro pendejo.

—Entonces, redactaremos un contrato —dijo.

—Sí, claro. Pero espera —dije—. ¿No necesito, eh, un abogado? Ya no puedo seguir usando a Blassingame. Me dijo que se estaba acercando a los noventa, y que solamente había hecho el trato para *Macho!* porque todo estaba casi listo, y debido a su amistad con Ronal Kayser, mi maestro de redacción de La Jolla, quien había sido su cliente más importante allá en la década de los treinta y los cuarenta.

—Eso depende de ti —dijo Charles—, pero algunos de nuestros autores no tienen ningún representante. Louis L'Amour no tiene.

—¿El señor L'Amour no tiene?

—No.

—¡Órale!

Salí de la oficina de Charles sintiéndome como un gigante. Por Dios, me habían comparado con Louis L'Amour, ¡el autor de mayor venta de todo el planeta! Fui en mi coche hasta la playa de Santa Mónica sintiéndome tan feliz y tan maravillosamente bien, que casi olvido la invitación a cenar de Charles hasta que llegó la hora de tráfico intenso.

Luchando con el pesado tráfico, apenas llegué a tiempo a la casa de Charles en el valle de North Hollywood y... ¡ahh, qué experiencia! Vivían justo al lado de Coldwater Canyon en Bluebell, en un antiguo rancho estilo español que probablemente había sido construido a principios de los años veinte, en una propiedad que abarcaba todos los terrenos circundantes. Parecía que todas las demás casas del vecindario, habían sido construidas en los años cincuenta y sesenta, y que luego habían sido derrumbadas para construir nuevas y enormes casonas. Dios mío, el portal de la casa de Charles era incluso más antiguo y lucía más auténtico que el portal de la casa de mis padres.

Llamé a la puerta. Charles abrió y pude ver que el interior también era completamente mexicano y de un gusto excelente. No demasiado llamativo. No demasiado elegante ni ostentoso, sino auténtico y fascinante. Nunca en mi vida me había sentido tan instantáneamente en casa, en un hogar ajeno. Luego observé dos mujeres altas elegantes en el patio trasero y detrás de ellas había una enorme piscina y una huerta de limones y naranjas que incluso tenía un árbol de aguacate. Sentí que había llegado a casa. Enseguida, milagro de milagros, me dijeron que la mujer más joven, que tenía un bronceado intenso y cabello largo y oscuro, era su hija.

Mi corazón comenzó a latir con fuerza. Era como si el destino lo hubiera planificado desde un principio, porque mi papá siempre me decía que era mejor hacer primero amistad con los padres, los hermanos y las hermanas de la persona que desearas como esposa, antes de comenzar a cortejarla, y ahora el destino me había presentado a los padres y a Steve, el hermano de esta mujer, antes siquiera de que yo supiera de su existencia.

Tomamos primero un coctel en el patio al lado de la piscina y de la huerta que conducía a un pequeño riachuelo seco. Luego entramos a cenar, y fue entonces cuando Bárbara, la hija de Charles y Zita, encendió un cigarrillo... y, Dios mío, el comedor entero se llenó rápidamente de humo de cigarrillo, destruyendo el aroma de los limoneros y naranjos, opacando ahora el maravilloso aroma de la comida de su madre.

Instantáneamente, sin pensar en lo que hacía, estiré mi mano y le quité el cigarrillo de su boca, apagándolo; cuando comprendí lo que acaba de hacer, era demasiado tarde. Charles sonrió, como si hubiera estado de acuerdo conmigo, aunque él jamás hubiera hecho algo así, pero el rostro de Zita se enrojeció de ira y "habló" defendiendo a su hija. Oh, pensé que había arruinado el momento por completo, hasta que me ofrecí a lavar los platos después de la cena y Bárbara comenzó a ayudarme, trayendo los platos al fregadero. Comencé a disculparme por haberle quitado el cigarrillo, pero ella dijo que no hacía falta una disculpa.

—Mira, en realidad, ni siquiera fumo —dijo, riendo—. Creo que solamente lo encendí para demostrarles a mis padres mi independencia.

¡Órale! Me encantó. ¡Qué honestidad!

Dos semanas después, fui hasta Yuba City en mi camioneta blanca, y comencé a frecuentar a los periodistas que venían de todas partes del país y del mundo. La oficina de Charles me había expedido una tarjeta de identificación como corresponsal de prensa, por lo que me aceptaron como representante de los medios de comunicación. Me sentía genial. En verdad yo no tenía ni idea de lo que estaba haciendo y, sin embargo, me permitían estar ahí y escuchar.

Poco a poco, comencé a notar que los periodistas hacían un montón de preguntas obvias, recibían sus respuestas, y corrían para ganarles a los demás, enviando sus historias a sus oficinas respectivas. Comencé a quedarme atrás y a preguntarles a los entrevistados lo que se preguntarían ellos mismos si hubieran sido *ellos* los reporteros. Dios mío, las respuestas que obtuve fueron increíbles. Al cabo de unos días, llamé a Charles y le dije que teníamos la posibilidad de un gran libro.

—Puedo presentirlo —concluí.

—Está bien —dijo—. Y nosotros estamos listos para enviar el primer pago del contrato.

—Fantástico —dije—. Por favor, envíalo a casa de mis padres.

Así lo hizo; pude permanecer en Yuba City y estacionar mi camioneta por las noches en un pequeño estacionamiento de casas móviles que me costaba quince dólares a la semana, y por este precio, podía usar los baños y las duchas del estacionamiento. Diablos, ni siquiera necesitaba un enchufe eléctrico que habría costado diez dólares más por semana. Lo único que hacía era usar mi camioneta para dormir.

Una vez por semana iba a Los Ángeles a visitar a Charles. En uno de esos viajes, Bárbara y yo tuvimos nuestra primera cita. Ella me dijo que todos los veranos trabajaba durante unos meses en la oficina de su padre, pero que también había venido de Berkeley en esa ocasión para conocerme, porque *Macho!* había sido el primer libro que su papá le había pedido que leyera y que ella le había recomendado que no rechazara.

—Debes estar bromeando —dije.

—No, yo era toda una cabrona —dijo, riendo—. Jamás había recomendado un solo manuscrito hasta que leí el tuyo, y le dije a mi papá que era el libro más auténtico y emocionante que me había pedido leer.

—Tú .... ¿de veras lo piensas? —dije.

Estábamos cenando en el restaurante más concurrido que yo había estado, un delicatesen llamado Jerry's en Ventura Boulevard, no lejos de la salida Coldwater Canyon de la autopista 101. Estaba comenzando a descubrir, con cada viaje que hacía a Los Ángeles, que esta ciudad, con su propia y auténtica energía, era un lugar fabuloso.

—Sí, cuando el *L.A. Times* comparó a *Macho!* con lo mejor de Steinbeck, quien, de hecho, es uno de nuestros mejores y más compasivos escritores de toda la literatura estadounidense, yo estuve completamente de acuerdo —dijo Bárbara llena de emoción—. *De ratones y hombres,* ¡híjole! Sólo pensar en ese libro trae lágrimas a mis ojos, igual que *El diario de Ana Frank.*

Bárbara y yo de verdad que nos compenetramos. Platicamos hasta la madrugada de esa primera noche, y luego, cuando regresé a Yuba City, empezamos a hablar por teléfono casi todas las tardes. El teléfono que me gustaba usar estaba en una gasolinera solitaria no lejos del río en el estacionamiento donde yo vivía, y no demasiado río abajo de donde habían sido encontradas las víctimas del asesinato. El número de cadáveres iba en treinta y nueve y seguía creciendo, y en una ocasión, después de terminar mi conversación con Bárbara, juro que escuché gente gritando en agonía. Y no sólo hombres, como los que supuestamente habían sido asesinados a machete a manos de Juan Corona, sino que también pude escuchar gritos de mujeres y niños.

Comencé a tener sueños extraños en que aldeas enteras de nativos americanos eran asesinados por hombres barbudos a caballo, con enormes antorchas ardientes que lanzaban a las chozas de los indios. En una ocasión en que estaba lavando mi ropa en el estacionamiento, les mencioné mis sueños a algunos de los otros huéspedes. Una señora de edad avanzada me dijo que mi sueño era completamente verdadero. Que aldeas enteras de indios americanos habían sido aniquiladas en 1849, durante la fiebre del oro, y que, de vez en cuando, la gente decía que todavía se podían escuchar sus gritos.

Comencé a visitar la orilla del río donde se habían encontrado la mayoría de los cuerpos, un poco para sentir por lo que habían pasado todos esos hombres que habían sido asesinados salvajemente a machetazos en la cabeza. De hecho, el periódico *Sacramento Bee* dijo que el primer machetazo causaba la muerte, pero que luego el asesino, de quienes las autoridades seguían pensando que era Juan Corona, les había dado implacablemente cinco o seis machetazos más en la cabeza. Habían sido crímenes intensamente pasionales. En verdad, me atemorizaron las implicaciones de esos actos cuando al atardecer visité las tumbas flanqueadas por árboles a lo largo de la orilla del río, justo cuando el sol iba cayendo.

Respiré hondo varias veces y luego tomé el teléfono para llamar a la gerente administrativa de Alex Haley. Una mujer respondió, diciendo: —Buenos días. Oficina de Alex Haley. Habla Jacqueline. Tenía la voz por teléfono más elegantemente hermosa que yo había escuchado. Le expliqué la situación y le dije que me gustaría hablar con el señor Haley, si era posible.

—Está en el mar —dijo—, pero no en un crucero donde hay teléfonos disponibles. Está en un barco transportador, intentando evitar todo contacto humano. Está trabajando en su siguiente libro. No sé si puedo conseguirlo. Está haciendo todo lo posible para evitar a la gente. *Raíces* fue un éxito tan enorme que sin importar adonde vaya, la gente lo reconoce de inmediato y quieren sacar algo de él.

Sentí que mi corazón se detenía.

—Pero Stan Margulies es alguien muy especial para Alex —continuó—, y me dijo que usted es un escritor muy importante. ¿Por qué no me envía una copia de su manuscrito y así yo puedo leerlo y ver qué puedo hacer?, porque Alex estará fuera durante tres meses.

Mi corazón se detuvo por completo, pero aún así, no estaba dispuesto a darme por vencido. —Voy ya mismo para allá —dije—. Comprenda, mi editorial no solamente ha cambiado el título de mi libro, sino que también lo cambió de no ficción a ficción, y lo único que dicen es que me van a hacer rico, pero no es eso de lo que se trata mi libro —comencé a llorar —. Se trata de mi familia, de mi padre y de mi madre y..., y, ¿cuál es su dirección? —pregunté.

Me la dio y salí corriendo. Me pareció que al cabo de unos minutos estaba en Los Ángeles en la oficina de Alex Haley. Jacqueline tenía que ser una de las mujeres más hermosas y elegantes que había conocido, y ni siquiera era una flacucha. No, era una mujer robusta con ojos preciosos y un encanto sólo suyo. Dejé el paquete, y una vez más me dijo que ni siquiera estaba segura de poder localizar a Alex.

Tres días más tarde recibí una llamada, media hora después de la medianoche, de un hombre que hablaba como arrastrando las palabras. —Discúlpeme dije, intentando sonar calmado—, ¿es usted Alex Haley?

—Sí, lo soy —dijo la voz—. Jackie me llamó y me dijo que usted conoce a Stan Margulies. Ella leyó su manuscrito y piensa que es fantástico. ¡No pueden publicar su libro sin su aprobación! —añadió con preocupación y pasión—. ¡Su nombre es el que está en la cubierta del libro! ¡No el suyo! Ellos intentaron hacer lo mismo con *Raíces:* ¡llamarlo ficción! ¡Pero yo los detuve en seco! Siempre y cuando sus historias sean verdaderas y las nuestras ficción, ¡jamás nos respetarán!

—Tiene que regresar a Nueva York —dijo apasionadamente—, ¡y ver a su editor cara a cara! ¡Solamente son valientes mientras no lo vea directamente a los ojos! ¿Por qué cree que las guerras se libran ahora con bombas y misiles? ¡Para no tener que ver los ojos de sus víctimas!

Me habló hasta el alba. El hombre estaba energizado y lleno de pasión, emoción, experiencia, conocimiento y sabiduría.

—¿Pero, cómo puedo lograr que me vea mi editora? —pregunté—. Ni siquiera me devuelve las llamadas.

—Ella es la mandamás de Putnam, ¿correcto?

—Sí —dije.

—Llámela entonces a su oficina —dijo—, y pida hablar con su asistente.

—Está bien.

—Pregúntele a su asistente si su jefa estará en la ciudad la próxima semana, porque usted y su esposa van a ir al teatro en Nueva York. A los blancos les encanta eso, usted sabe, el teatro —dijo ahora con un tono de voz elegante imitando a los blancos. Tuve que reírme. El también se rió—. Debe sonar informal y contento, y decirle lo mucho que le gustaría almorzar con ella. No la conoce en persona, ¿verdad?

—No, no la conozco.

—Entonces, asegúrese de ir bien vestido, con corbata y todo, para que no la asuste desde el comienzo; y coma poco y beba poco, antes de dejarle saber por qué está usted realmente en Nueva York.

—Está bien, suena bien —dije—. Pero no creo tener dinero para ir con mi esposa.

—¡Ella no tiene que ir! —añadió con firmeza —. ¡No se trata de un viaje casual! ¡Ésta es la batalla para la cual se está preparando! ¡ES SU LIBRO! ¡USTED LO ESCRIBIÓ! Y Jacqueline me dijo que es ¡DE CLASE MUNDIAL! Luche entonces por su libro, me escucha, ¡LUCHE! Le deseo buena suerte, ¡llame a mi oficina cuando quiera! Dios está con nosotros, ¡los de abajo! Yo estaba en medio de una tormenta tras otra cuando Jacqueline me envió un telegrama, y en el momento en que lo llamé, se aclaró el cielo. La mano del Todopoderoso lo está guiando, así como me guió a mí. ¡DIOS LO BENDIGA! ¡Y salude a Stan de mi parte!

Al colgar el teléfono, descubrí que rodaban por mi rostro lágrimas de felicidad. Acababa de ocurrir un milagro. No había ninguna probabilidad de que yo perdiera el libro de mis padres en manos de la "ficción" y el dinero. Alex Haley me había hablado durante más de cinco horas con la ¡FUERZA SAGRADA DE LA CREACIÓN! ¡Me sentía ENERGIZADO! Y no podía dejar de llorar, ¡me sentía tan feliz! ¡INCREÍBLE Y ENORMEMENTE FELIZ!

Bárbara me tomó en sus brazos. Ella también estaba llorando. Alex me había hablado con tal poder que ella había escuchado toda la conversación. Nos abrazamos en silencio y luego salí, tan desnudo como el día en que había llegado el mundo, para saludar al Padre Sol, el ojo derecho de Dios, como me había enseñado al criarme la madre de mi madre, una pura india Yaqui cuyo pueblo había sido erradicado por la Iglesia Católica y el ejército mexicano en el siglo XIX, para apropiarse de los ricos valles de los Yaquis.

Me di golpes de pecho diciendo: —Desde mi corazón, ¡buenos días, Sol! ¡Desde mi alma, buenos días, Dios! Luego Bárbara y yo purificamos nuestros cuerpos con nuestras manos abiertas, como si estuviéramos usando una barra de jabón. Nos despojamos de toda duda, todo miedo, todo pensamiento de baja vibración; y abrimos nuestros corazones y nuestras almas a las vibraciones más elevadas del amor, conectándonos directamente con la Fuerza Sagrada de la Creación del Todopoderoso.

—Gracias, Dios mío —concluí—. Gracias, gracias, gracias por regalarnos este nuevo, maravilloso y milagroso día lleno de desafíos y... y... otra oportunidad para que avancemos a través de la oscuridad, para que así ¡FRUCTIFIQUE tu Sagrada Luz Amorosa!

¡Yo estaba listo!

¡Ahora sabía lo que tenía que hacer! Alex Haley me había hablado con ¡la SANTA VOZ DE DIOS!

Tuvimos una reunión familiar con mi madre, Teresita, mi hermana menor y su esposo Joaquín; y nuestros cinco hijos. En esa época, mis otras dos hermanas no vivían en el área. Linda vivía en San José y Tencha en Reno. Desde que puedo recordar, siempre incluíamos en las reuniones de negocios a mis hermanas, a mí y a mi hermano mayor antes de que muriera. Le conté a mi familia lo que había dicho Alex Haley.

—Entonces —concluí—, esto no es un asunto de poca importancia, porque si mi editorial se rehúsa a cambiar mi libro, es decir *nuestro* libro, a la categoría de no ficción y no se deshacen de ese ridículo título, pues, como dijo Alex, tendré que estar preparado para comprar de regreso los derechos de mi libro, y el pago que recibí por eso ya hace tiempo que se fue. De hecho, ni siquiera tengo el dinero para comprar la ropa que voy a necesitar ni el pasaje de avión.

Nunca olvidaré lo que dijo Joaquín, el esposo de Teresita: —¡Lo importante ahora no es el dinero! ¡Tienes que comprar tu libro de regreso si la pinche vieja de la editorial no cambia de idea! ¡Alex tiene razón! ¡Nunca nos respetarán si llaman a nuestras historias ficción y a las suyas verdaderas!

Sentí gratitud por el entusiasmo de Joaquín, pero aún así, el dinero sí era importante y ninguno de nosotros lo tenía.

—Yo puedo ayudarte con la ropa —dijo Bárbara. Su papá había muerto dos años antes y ella y su hermano tenían un poco de dinero.

—Gracias —dije—. Gracias.

—Pues, como ustedes saben —dijo mi madre, que ya tenía setenta y tantos años—, sólo me queda nuestra casa familiar, pero... supongo que puedo sacar una hipoteca para que compres el libro, aunque es importante que se den cuenta que es todo lo que tengo para dejarles, por lo cual todos ustedes deben estar de acuerdo —añadió haciendo mucho énfasis en estas palabras.

—Gracias, mamá —respondí rápidamente—, pero no creo que lleguemos a eso. Debo ser capaz de venderle el libro a otra compañía. Es un libro muy bueno. El mismo Alex Haley lo llamó literatura de clase mundial, igual que Ed Victor, quien resulta ser el agente más exitoso del mundo.

—Es muy bueno —dijo Joaquín—. ¡Excelente! Y yo he leído a los mejores escritores latinoamericanos, como García Márquez, Borges y Azuela; y en la época actual, los escritores latinoamericanos son probablemente los más grandes que tenemos en el planeta, aunque, como siempre, los Estados Unidos están cincuenta a cien años atrasados en el asunto del reconocimiento global.

Entonces, mi madre me prestó mil dólares y Bárbara consiguió otros mil. Y a la siguiente semana, Bárbara me ayudó a prepararme para mi viaje a Nueva York. Sólo había estado en la costa este una vez, por lo que esto sería una verdadera aventura para mí.

Primero, Bárbara llamó a la asistente de Phyllis Grann para preguntarle si Phyllis estaría en la ciudad la semana siguiente, porque iríamos a Nueva York, al teatro. Me quité el sombrero con la actuación de Bárbara. Sonaba genuinamente contenta y calmada. La asistente de Phyllis llamó de inmediato, confirmando que Phyllis Grann, presidente y directora de Putnam, estaría en la ciudad, y que le encantaría almorzar con nosotros. Incluso usó una expresión típica neoyorquina para aceptar la oferta, era ¡SÚPER MARAVILLOSO! Esa familiaridad confirmaba su total aceptación. ¡Phyllis ni siquiera había respondido a ninguna de mis llamadas telefónicas! ¡ÓRALE! ¡El consejo de Alex realmente había funcionado!

Tuve que comprar ropa nueva. Estábamos en febrero, por lo que Bárbara me dijo que debíamos ir a Nordstrom en La Jolla, una tienda departamental de la cual yo nunca había escuchado. Dijo que tenían mercancía realmente hermosa y que como estábamos en febrero, y la ropa de primavera estaba a punto de salir, la de invierno tendría un descuento de posiblemente 50%. Jamás había oído hablar de algo así. Detestaba ir de compras, y cuando mis padres eran ricos, nunca tuve que preocuparme por el precio de las cosas. Ahora que habían perdido todo y yo estaba en bancarrota, mis únicas posesiones eran pantalones de mezclilla, camisetas y unas cuantas camisas de vaqueros.

Bárbara tenía razón. La ropa de Nordstrom era hermosa. Por ejemplo, un abrigo precioso de pelo de camello, como los que siempre había usado mi papá, que costaba originalmente novecientos dólares, estaba en descuento por cuatrocientos. Además, debido a que estaban desesperados por deshacerse de toda su ropa de invierno, el vendedor dijo que me daría un 50% de descuento en los cuatrocientos dólares. No podía creerlo, así que lo compramos.

Bárbara comenzó a buscar los pasajes y el hotel más baratos, pero no *demasiado* baratos, para que yo no pareciera desesperado cuando llamara a la oficina de Phyllis a decirle dónde me estaba alojando. Luego, veinticuatro horas antes de mi vuelo del aeropuerto de Los Ángeles, entré en pánico porque no sabía cómo iba a viajar con el enorme sombrero de vaquero de mi papá sin que se aplastara. Sí, claro, usaría para viajar mi viejo sombrero Stetson, pero una vez allá, tenía que usar el gran sombrero Stetson de mi papá, que había comprado por quinientos dólares en Las Vegas, a principio de la década de los sesenta en una racha de suerte, antes de toda la catástrofe del estacionamiento de casas móviles. Era su sombrero de la buena suerte, y yo necesitaba toda la suerte del mundo.

Justo antes de mi vuelo, Bárbara y yo terminamos yendo a Nudie's en North Hollywood, la gigantesca tienda de artículos de vaqueros que fabricaba camisas y atuendos de vaqueros a la medida para las celebridades de Hollywood. Y ahí, por supuesto, logré encontrar una caja de metal para sombreros que podía sostener quinientas libras de presión, lo que significaba que podía enviarla por el equipaje sin problema. Pero la caja costaba una fortuna: cincuenta y cinco dólares. Respiré hondo, cerré mis ojos, dije al diablo con todo y compré la bendita caja de metal.

En mi vuelo hacia Nueva York, entré de nuevo en pánico. ¿Qué tal que Phyllis se diera cuenta de mis verdaderas razones para ir a la Gran Manzana y se rehusara a verme? No podía respirar de lo tenso que estaba. Me levanté y me puse a hacer lagartijas en el pasillo del avión al lado de mi asiento. Llegué a cincuenta y me senté de nuevo, respirando hondo y exhalando el aire con fuerza. La mujer que estaba sentada del otro lado del pasillo me preguntó si podía ayudarme. Estaba con su esposo y su hijo.

—Lo que en verdad necesito es un poco de papaya —le dije—. Tengo el estómago revuelto.

—Tengo un poco de papaya —dijo.

—¡No hablará en serio!

—Sí, claro, la tengo aquí mismo, junto con otro poco de comida saludable para nuestro hijo y nosotros.

Me entregó una rebanada de papaya que estaba deliciosa. De inmediato comencé a calmarme.

—¿Hay algo más en que pueda ayudarlo? —preguntó.

—Pues, sí —dije, sintiéndome un poco avergonzado de lo que iba a pedir—. Si me deja cargar a su bebé, podría ayudar mucho —mis ojos comenzaron a humedecerse—. Extraño demasiado a mis niños y a mi esposa. Siempre nos acostamos juntos y nos abrazamos cuando uno de nosotros se siente triste o desamparado.

—Claro que sí —dijo—. Su nombre es Tyler. Va a cumplir un año.

—Gracias —respondí, cargando al niño. Instantáneamente, me sentí mejor y pude recuperar mi respiración normal.

Platicamos mientras cargaba al bebé. Eran de Encinitas, justo al sur de nuestro rancho en Oceanside. Sus nombres eran Bonnie y Jeff. Ella era doctora en medicina natural, lo cual es un poco diferente a un doctor en medicina tradicional, y él era un chef de comida sana, famoso en su localidad.

Eran las personas más perfectas para mí en ese momento, pues cuando llegamos a Nueva York y comencé de nuevo a entrar en pánico, Bonnie me dio un poco de un tal Remedio de Rescate holístico que ayudó a calmarme de inmediato. Y cuando salí a llamar un taxi y dejé mi equipaje y la enorme caja del sombrero en el andén, Jeff corrió detrás de mí gritando: —¡NO PUEDES HACER ESO! ¡Estás en Nueva York!

—¿Hacer qué?

—¡Dejar tu equipaje solo ni siquiera por un momento!

—¿Por qué no?

—¿Por qué no? —repitió—. Bonnie, explícale —le dijo a su esposa—. Tengo que quedarme aquí para asegurarme de que este tipo se suba al taxi con todas sus pertenencias.

Jeff se quedó conmigo, explicándome que la costa este, especialmente Nueva York, era diferente de la costa oeste. Luego me preguntó dónde me iba a alojar y me dio el número telefónico de sus padres.

—Llámanos —dijo—. También estaremos aquí por una semana, así es que Bonnie o yo podemos guiarte. ¿De acuerdo?

—De acuerdo.

—¿Prometido? Llámanos a diario.

—¿A diario? —dije.

—Sí, a diario —confirmó.

—Está bien, claro que sí, y les agradezco por dejarme cargar a su bebé —dije—. Los niños hacen que nos salgamos de nuestras mentes y entremos de inmediato en nuestros corazones, ¿no es así?

—Eso es lo que he estado descubriendo —dijo—. Ten cuidado. Bonnie y yo vimos cómo cargabas a nuestro hijo. Eres un hombre muy gentil y sensible. Buena suerte con tu editorial. No todos los días conocemos una persona que rehúsa enriquecerse por seguir sus creencias.

Habíamos platicado durante la segunda mitad del vuelo. Me gustaban mucho, y yo también llegué a caerles muy bien. Parecía un milagro cómo había logrado calmarme cuando estos perfectos extraños me pasaron a su bebé desde el otro lado del pasillo. El olor, la calidez, sentir..., sentir a un bebé ¡es tan maravilloso!

El chef Jeff me ayudó con el taxi; le dio el nombre del hotel al conductor, algo así como Gramercy; y le preguntó cuánto me iba a costar. Cuando el conductor comenzó a darle una larga explicación sobre las condiciones del tráfico y esto y lo otro, Jeff lo cortó en seco diciendo: —Mire, ¡no soy turista! Soy neoyorquino y éste es mi mejor amigo, y, ¡o me dice la cantidad exacta que le va a costar o tomamos otro taxi!

Órale, quedé impresionado. Cuando llegamos al hotel, el cálculo del chofer del taxi estaba en el rango de cincuenta centavos de diferencia. Le di un par de dólares de propina, ya que había sido muy amable. Le pregunté si había oído alguna vez el cuento del chofer de taxi en Nueva York que iba al cielo. Dijo: —Sí, claro— y arrancó a toda velocidad. Le dije adiós con la mano, pero él no respondió.

El lobby del hotel Gramercy era pequeño. Nada que ver con los grandes hoteles a los que nos habían llevado mis padres cuando tenían dinero. Me identifiqué en la recepción y me dijeron que mi habitación estaba lista. No tenían porteros por lo que tuve que usar un carrito para llevar mi equipaje a mi habitación, pero una vez que llegué, me di cuenta que no era la habitación que Bárbara me había reservado. Bajé las escaleras para hablar con el recepcionista.

—Discúlpeme —dije—, pero reservamos una habitación para no fumadores con vista al este para poder ver el amanecer, y a nivel de las copas de los árboles para poder observar los pájaros y las ardillas.

El recepcionista se quedó mirándome como si yo acabara de decir la cosa más estúpida del mundo; luego pasó de la perplejidad a la ira. —¿Usted sabe en qué dirección está el este? ¿Y qué chingaos quiere decir a nivel de las copas de los árboles?

—El este está en esa dirección —dije, señalando—. En un rango de dos o tres grados.

—¿Cómo sabe eso?

—Puedo sentirlo. Todos tenemos una brújula aquí en nuestro centro. Ésa es la razón por la que un ser humano nunca puede perderse.

—¿De dónde diablos es usted? ¿De Marte? —sonaba muy molesto.

—No, de California. Y ése es el oeste, allá, directamente en esa dirección —dije, señalando de nuevo.

—¿Pero cómo puede saber eso con todos esos rascacielos?

—¿Cuáles rascacielos?

—¡CUÁLES RASCACIELOS! ¿Está ciego?

—No, pero cuando quiero saber dónde están los cuatro puntos cardinales, cierro mis ojos para poder sentir mi corazón y mi alma. Y el nivel de las copas de los árboles es entre el tercer y el sexto piso, dependiendo del tipo de árboles que tengan aquí tan al norte.

—Está bien, está bien —dijo—. Veré lo que puedo hacer. Pero Dios mío, cuando leí en la reservación de la habitación todo ese asunto de los árboles, los pájaros y las ardillas, pensé que Jim, otro empleado de aquí, ¡me estaba gastando una broma!

Tuve que esperar una hora, pero terminé en la habitación más hermosa, con un árbol justo fuera de mi ventana con vista al este, con pájaros y ardillas, justo como lo había imaginado cuando Bárbara me preguntó cómo quería mi habitación.

El teléfono sonó. Era el chef Jeff llamando para saber si había llegado bien a mi hotel.

—Sí —dije—, y tengo pájaros y ardillas en el árbol que se ve detrás de mi ventana, frente al este, tal como mi esposa Bárbara lo reservó cuando llamamos.

—¿Llamaste desde California y pediste una habitación que mirara al este, con un árbol con pájaros y ardillas? —preguntó.

—Sí, por supuesto —dije.

—¡Ahh, Dios mío! Y yo que creí que quizá tu gran sombrero Stetson y tus botas de vaquero color turquesa eran falsas. Me quieres decir, ¿que de verdad creciste en un rancho en la playa en Oceanside?

—Al sur de Oceanside.

Comenzó a reírse, y pude escuchar cómo les contaba a sus padres y a Bonnie lo de mi habitación. —Estaré pendiente de ti a diario —dijo, todavía riéndose—. ¡Te estaremos echando porras!

—Gracias —dije. Me puse mi nuevo y hermoso abrigo y el sombrero Stetson de mi papá y decidí salir a caminar. Padre Sol acababa de meterse, y todos los edificios comenzaron a cobrar vida con sus luces brillantes en formas de ojos cuadrados. ¡Era HERMOSO! La gente caminaba muy rápido en todas direcciones. Después de caminar por media hora, llegué a una gran librería con ventanales enormes. Sonreí. Muy pronto mi libro *Lluvia de Oro* estaría en una de esas ventanas.

El aire estaba cálido en la librería, y el ambiente general era elegante y amistoso, como un oasis en medio del agite de Nueva York. Había grandes carteles en las paredes: fotografías de Shakespeare, Hemingway, Faulkner, Anne Frank, Dorothy algo, y una docena de otros escritores, muchos de los cuales conocía. La gente me miraba, pero yo no tenía idea de por qué hasta que pasé por un espejo y vi mi largo abrigo y el enorme sombrero Stetson de mi papá. Me reí. Ahora entendía por qué la gente se sonreía cuando me veía en la calle. Nadie, absolutamente nadie, estaba vestido como yo en la ciudad de Nueva York.

Conduciendo desde Yuba City hacia Los Ángeles, me sentía realmente nervioso, porque Bárbara y yo nos habíamos unido mucho en los últimos meses como resultado de nuestras conversaciones telefónicas. Siempre pensé que me casaría con una chica morena mexicana, porque siempre había creído que las personas con la piel morena o bronceada, lucían mucho más saludables y naturales. Y Bárbara era..., bueno..., digamos que un poquito morena; y... había sido tan fácil encariñarse con ella. Hablar con ella por teléfono se había convertido en lo más importante de mi vida. Y mi papá siempre me había dicho, desde antes de ir al jardín infantil, que la decisión más importante en la vida de un hombre, era elegir la mujer correcta para casarse. Que una mujer podía sacar lo mejor de un hombre o destruirlo. Y que lo que había hecho que mi madre y él se mantuvieran unidos durante todos estos años, era el hecho de que les encantaba estar juntos como mejores amigos. Que su madre le había explicado que el sexo iba y venía, que los hijos iban y venían, pero que lo que mantenía a un hombre y una mujer juntos era su conversación.

—Cuando tu madre y yo vamos juntos a Las Vegas conduciendo nuestro coche —me decía una y otra vez—, no escuchamos la radio. No, platicamos todo el camino sobre nuestras vidas y sobre las cosas que hemos aprendido y en las que hemos estado pensando. A veces nos sorprendemos mutuamente con los temas que nos salen —añadía con una sonrisa—. La conversación entre dos personas puede enriquecer sus vidas, así como alimenta a la vaca rumiar y rumiar.

¡Mi corazón LATÍA CON FUERZA! Iba camino a Los Ángeles a preguntarle a Bárbara, la hija de mi editor, si le gustaría venir conmigo mientras yo seguía investigando los asesinatos de Juan Corona. Caray, tenía treinta y tres años y nunca antes había vivido con una mujer.

Claro que había salido con mujeres; y en dos ocasiones tuve relaciones estables que duraron casi un año. Pero nunca me permití realmente encariñarme demasiado con alguien, porque, pues bien, cuando tenía veinte años e hice mi juramento ante Dios de convertirme en escritor, allá en las montañas de Wyoming, le juré a Dios que si me ayudaba a convertirme en un escritor tan grande como Homero, o mejor, nunca me daría por vencido, y nunca me casaría ni aceptaría más dinero de mis padres hasta haberlo logrado. Así que durante diez años, escribí y escribí, y salí con mujeres en algunas ocasiones, pero siempre les dejé bien claro, que en ese momento de mi vida, no había ningún futuro para nosotros como pareja, porque no me casaría hasta haber publicado un libro.

De hecho, llegué a decirle a la persona que me interesaba: —Tengo que ser completamente honesto contigo y decirte que si llegas a quedar embarazada, no me casaré contigo, porque no soy lo suficientemente inteligente ni talentoso, y debo permanecer totalmente enfocado en mi escritura, si no, jamás tendré una oportunidad ni en el cielo ni en el infierno de convertirme en el escritor que debo ser.

Algunas mujeres se ofendían, preguntándome quién me creía que era, hablándoles así desde antes de salir con ellas; y rápidamente se alejaban. Pero unas cuantas quedaban intrigadas y querían saber por qué mi escritura era tan importante para mí. Ahí era cuando les explicaba que yo había sido criado por mi *mamagrande* Yaqui que me había dicho que todos éramos estrellas andando, y que atravesamos el universo recolectando polvo de estrellas para plantarlo aquí en la tierra. Y que mi escritura era el polvo de estrellas que yo había traído conmigo del cielo.

En este punto, algunas mujeres se reían preguntándome si no me estaba tomando demasiado en serio el cuento infantil de mi abuela, y otras se enojaban y comenzaban a citar la Biblia para contradecir lo que yo decía.

Pasaron los años, y poco a poco comencé a creer que quizá nunca encontraría una mujer para casarme y que seguramente lo mismo le había pasado a Galileo, cuando había intentado salir con chicas y casarse, porque yo estaba completamente convencido de que él sentía la necesidad imperiosa de decirles a las mujeres que conocía, que sabía que la tierra giraba alrededor del sol. Me imagino la cantidad de mujeres que lo rechazaron.

Respiré hondo por un buen rato. Cuando le dije a Bárbara lo que sentía respecto a mi escritura, no se rió de mí ni se enojó. No, le encantaban mis ideas. De hecho, estaba comenzando a descubrir que Bárbara y su familia, que eran judíos y cuyo libro era la Biblia, no parecían sentirse amenazados ni se enojaban conmigo cuando llegué incluso a decir que en mi interior había libros que yo tenía que escribir sobre mi cultura, libros que mis padres consideraban tan reales y cercanos a Dios como la Biblia.

Híjole si fue algo atrevido de mi parte, y me había preparado para que Bárbara se enojara y me dejara cuando me oyera decir algo así. Pero no ocurrió así, y me sentí tan bien que comencé a llorar. Podía hablar con Bárbara. Y hablando, hablando sinceramente de corazón a corazón, se abría la puerta del alma de un hombre y una mujer, según me contó mi papá que su madre siempre le decía.

Tenía muchas esperanzas de que las cosas funcionaran entre Bárbara y yo, pero cuanto más me acercaba a Los Ángeles, más nervioso y tenso me ponía. Y no era que Bárbara no hubiera vivido con otros tipos antes. Es decir, ella había ido nada menos y nada más que a la universidad de Berkeley, y quizá, sólo quizá, estaría de acuerdo en mudarse conmigo al norte... y también, bueno, quizá sus padres tampoco se opondrían demasiado. Pero, ¿quién sabe?

En gran parte, pensaba que me había equivocado por completo y que iba a hacer el ridículo yendo a Los Ángeles a pedirle a Bárbara que se mudara al norte a vivir conmigo. Después de todo, ¿quién en su sano juicio iba a abandonar la constante vida excitante de la ciudad de Los Ángeles, para mudarse al norte a un pueblito desconocido como Yuba City? Un pueblo en donde, ¡ah, sí! acababan de descubrir toda una nueva serie de tumbas pre-excavadas que, según decían, Juan Corona había preparado para sus futuros cadáveres. (Comenzaba a parecerme que se trataba de una operación realizada por más de un hombre. Pero cuando cavé un par de hoyos al borde del río para calcular cuánto tiempo me tomaba hacerlo, descubrí que podía excavar una tumba de buen tamaño en una hora aproximadamente, no sólo con una pala, sino también con un machete afilado para cortar las raíces de los árboles y los arbustos).

Pasando por las montañas de Bakersfield, de repente me encontré en medio del tráfico pesado de Los Ángeles. Respiré hondo varias veces, intentando relajarme. Bárbara y yo nos encontramos en Jerry's en Ventura Boulevard, y supongo que ella pudo darse cuenta de que yo estaba bastante nervioso.

—¿Qué pasa? —preguntó—. ¿Está todo bien?

—Sí —dije, intempestivamente—, pero no es por eso que estoy nervioso. Para ir directo al grano, esta vez no vine a ver a tu papá, sino a verte y a preguntarte si tú, bueno, quizás quisieras, bueno, ir al norte y... y.., también, me gustaría que supieras que nunca le había pedido a nadie que viviera conmigo. Pero, pues lo que pasa es... que nos estamos entendiendo tan bien, que pensé que..., tú sabes, lo siento —dije, perdiendo toda mi confianza—, quizá deberíamos pedir primero algo de comer. ¿Tienes hambre?

—Me muero de hambre. Acabo de salir del trabajo —estaba trabajando en una muy prestigiosa compañía de relaciones públicas en Beverly Hills, llamada Diener Hauser.

—Yo también —dije—. Acabo de manejar de corrido durante ocho horas —tuve que hacer pausas para respirar varias veces—. Lo que quiero decirte es que para mí es muy importante el trabajo de escritura, y siempre será la prioridad para mí por encima de todo lo demás. Mis amigos, todos hace años están casados y tienen hijos, algunos hasta se han divorciado y vuelto a casar, pero yo, pues, sigo escribiendo y escribiendo, y nunca me he dado la oportunidad ni siquiera de pensar en casarme o de vivir con alguien hasta ahora, ahora que ya he publicado un libro, y además —no lograba cerrar el pico— en los últimos meses, ehhh bien, me he sentido tan cerca de ti, que me preguntaba si considerarías...

—Sí —me interrumpió, sonriendo.

—¿Sí? Sí, ¿qué? —pregunté.

—Sí, me encantaría ir al norte contigo.

—¿Lo harías? Digo, ¿En serio?

—Sí, pero ahora, por favor, comamos.

—Está bien, muy bien. Pero dime, ¿por qué dijiste *sí* tan rápidamente? Casi parece como que ya hubieras pensado en esto.

—Así es —dijo—, desde el día en que me preguntaste cómo me llevaba con mis padres. Cuando te dije que ellos eran mis mejores amigos, tu cara se iluminó de alegría. Me dijiste que jamás te meterías con una persona que no amara a sus padres, o que por lo menos hubiera hecho las paces con ellos, porque tu papá te había dicho que si una persona no había hecho esto antes, jamás estaría en paz en una relación. Ése fue el día en que decidí que eras una persona que valía la pena conocer, porque también era obvio que amabas y respetabas a tus padres.

—¡ÓRALE! Digo, ¡EXCELENTE!

—Luego el mes pasado, cuando me llevaste a ver tu casa y a conocer a tus padres, supe que sí, que me encantaría pasar más tiempo contigo. De hecho, ya he estado averiguando la posibilidad de transferir mi empleo de aquí en Los Ángeles a la oficina de Diener Hauser en San Francisco.

No podía parar de reírme. —¿En serio? ¡Tienes que estar bromeando!

—No, es en serio, pero por favor, pidamos algo de comer. ¡Me estoy muriendo de hambre!

Así lo hicimos, y la comida nunca me había sabido más sabrosa. Dios mío, verdaderamente sentía como si el destino hubiera planeado todo esto desde el comienzo. Primero, conocí a su padre, luego sus padres fueron hasta Oceanside a conocer a mis padres; después conocí a Steve, su hermano alto y robusto, con quien nos entendimos de maravilla, y todo esto ocurrió antes de conocerla, justo como mi papá me había dicho que las cosas deberían hacerse.

Ahh, apenas si podía quedarme quieto, me sentía ¡TAN EMOCIONADO!

Ella, esta mujer con quien había sentido una conexión íntima a nivel del alma, iba de veras a vivir conmigo; dormiríamos juntos, nos lavaríamos juntos los dientes, nos vestiríamos juntos, y ahh, ahh, ahh, ¡había esperado esto por tanto tiempo! Y ahora todo estaba ocurriendo más allá de mis FANTASÍAS MÁS DESCABELLADAS y... con tanta ¡FACILIDAD!

Gracias, Dios mío. ¡Gracias! ¡Gracias! ¡Grité en mi interior!

Capítulo cuatro

¡ESTABA GRITANDO!

Estaba en Nueva York, y había cientos y cientos de copias de pasta blanda de *Rio Grande* en la ventana principal de la enorme librería que había visitado el día anterior. Estaba empapado de sudor y no podía respirar. Habían publicado mi libro antes de encontrarme con Phyllis, ¡bajo la categoría de ficción! Me sentí tan asustado, solo y totalmente ¡INÚTIL! ¡Les había fallado a mi mamá y a mi papá! Sus vidas ahora ¡JAMÁS HABÍAN SIDO REALES!

—Papá —dije, casi jadeando—, ¡necesito tu ayuda!

Y al decir esto, poco a poco comencé a despertar y a darme cuenta de que todo había sido un sueño y que en realidad todavía no había ocurrido, que todavía tenía una oportunidad. Me levanté al baño, pero no pude orinar, así que regresé a la habitación, me acosté sobre el piso a lado de mi cama y realicé unos ejercicios de estiramiento respirando hondo. Me calmé un poco y regresé al baño donde pude finalmente orinar como un caballo de carreras. Luego regresé a la cama y no hice más que cerrar mis ojos para regresar a mi sueño, cuando comencé a oler humo de puro. Abrí mis ojos, y ahí estaba mi papá del otro lado de la habitación del hotel.

Papá —dije—. ¡Estás aquí! Oh, Dios mío, ¡te he extrañado tanto! No sé qué hacer, voy a ver a mi editora en dos días.

Sonrió, y rápidamente atravesé la habitación hasta donde él se encontraba. Estiró sus grandes manos de obrero y tomó mi mano derecha, más pequeña que la suya, entre sus manos, acariciándola y mirándome con mucho amor. Después llevó mi mano a sus labios, como siempre hacía, besándola. Ahh, la calidez de sus labios se sentía tan bien.

—Ahh, ¡papá! —dije, tratando de abrazarlo; pero ya se había ido.

Desapareció sin dejar huella. Respiré hondo, me desperté, y vi que me encontraba en medio de la habitación con mis brazos estirados frente a mí, como si estuviera abrazando a alguien.

¡Me quedé boquiabierto!

¡No sabía qué pensar ni qué hacer!

Recordé que mi papá había muerto el año pasado, hacía unos diez meses, y esto tenía que haber sido un sueño loco. Comencé a llorar. Es que todo parecía tan real. Pero después, en retrospectiva, como un recuerdo fugaz, también recordé que Eddie Moreno, con su rifle en la mano en el funeral de mi papá, había dicho que el olfato era el único de nuestros cinco sentidos que no podíamos engañar, y... yo había olido el puro de mi papá antes..., antes de verlo.

Respiré profunda y largamente. Quizá haber visto a mi papá no fue un sueño como el que había tenido sobre los cientos de libros con el título *Rio Grande* en el gran ventanal de la librería.

Mi corazón LATÍA A TODA VELOCIDAD, me quedé inmóvil, respirando una y otra vez, tratando de calmarme lo suficiente para pensar con sensatez. Pero no lograba calmarme, así que decidí salir a correr. Eran las tres de la mañana, pero, qué importa, me puse mis pantalones cortos para correr; una camiseta; mis zapatos deportivos, baratos y cómodos; y un enorme y colorido pañuelo mexicano para recoger el sudor. Encontré las escaleras al final del largo pasillo y las bajé corriendo. Me estaba alojando en el quinto piso, pero me sentía muy bien, por lo que subí y bajé las escaleras una media docena de veces para calentar mis articulaciones y hacer circular mi sangre. Cuando me sentí listo, atravesé corriendo el vestíbulo. No había nadie en la recepción.

Hacía frío afuera; la temperatura estaba casi a 0° C, pero no me importó. Había corrido, cazado y escalado montañas en temperaturas gélidas desde California hasta Alaska. Me había desnudado y había nadado en aguas heladas para recoger los patos y los gansos que habíamos cazado, para cocinarlos en un festín de caza silvestre. Si no pasas más de diez minutos en el agua congelada, y luego te envuelves en una manta de lana gruesa y te sientas al lado del fuego, estarás bien. Es en el caso de que pases más de diez minutos y no haya una fogata cerca, que una persona está en verdaderos problemas y puede hasta morir.

Avancé rápidamente hasta lograr el ritmo de siete minutos por milla. Si voy más lentamente, el golpe contra el piso siempre hace que me duelan las rodillas y los tobillos. Por el contrario, a un ritmo de siete minutos o más, todo nuestro cuerpo está en sincronía y armonía. Tus pies golpean suavemente el suelo, rotando del talón a la punta, mientras el pulgar empuja con tal fuerza, que sientes el trabajo que realizan tus pies hasta los músculos del trasero: el músculo más grande y más fuerte del cuerpo humano. Ahh, correr y no trotar, descalzo en la arena, al borde del océano cuando la marea está baja, sintiendo tus brazos elevándose e impulsándote mientras tus piernas empujan con fuerza y tus pies descalzos sienten la arena húmeda y firme, era el cielo en la tierra, al tiempo que tu trasero entra en acción acelerando de vez en cuando el paso.

¡Ahh, la dicha total de correr libre y veloz! Hal Larson, mi compañero de carreras de toda la vida, era irlandés y cinco años mayor que yo, y fue el que me enseñó a correr descalzo en la arena de la playa y conseguir que el ritmo recorriera la espina dorsal desde los pies hasta la cadera. Hal era tan peludo como el eslabón perdido y tenía las plantas de los pies con los arcos más marcados que jamás hubiera visto en un ser humano, y podía correr sin parar a un ritmo de seis o siete minutos por milla.

Entonces, aquí estaba yo, recorriendo una a una las cuadras de este pequeño lugar llamado Manhattan, que se consideraba a sí mismo como el centro del mundo. No había nadie en las calles. Tenía toda la ciudad para mí. ¡ME SENTÍA DE MARAVILLA! Casi volaba, y el sudor comenzaba a escurrir. Un poco más adelante pude ver en medio de la calle una lata de Coca-Cola de un rojo brillante; al acercarme a la lata vacía, le di una poderosa patada con el pie izquierdo, y... AY, SANTO DIOS BENDITO, la lata estaba llena y congelada e instantáneamente, el dolor EXPLOTÓ en mi dedo pulgar del pie y en el arco de mi pie izquierdo, enviando la señal de que ¡ME HABÍA ROTO EL DEDO Y EL ARCO!

¡GRITÉ!

Me tomó de diez a doce pasos lograr detenerme ¡de lo rápido que volaba! Ay, Dios mío, ¿ahora qué podía hacer? Probablemente, había corrido cuatro millas desde mi hotel. ¿Cómo podría regresar sin congelarme hasta morir? No podía caminar, mucho menos correr.

De repente, el sudor de mi rostro y de mi espalda comenzó a enfriarse cada vez más. Di la vuelta, cojeando en dirección a mi hotel tan rápido como pude, pero el dolor era demasiado intenso para poder avanzar. Empecé a sentirme presa del miedo. MIEDO REAL, HORRIBLE, QUE ME DOLÍA EN LAS ENTRAÑAS, ¡porque no había ni una persona ni un solo carro a la vista que pudieran ayudarme!

—¡Ay, Dios mío! —dije en voz alta—. ¡No permitas que me muera ahora!

Comencé a tiritar de frío. Luego, una media cuadra más adelante, vi unas hermosas, grandes mantas y ropa de invierno expuestas en el gran ventanal de una tienda. Tiré del pestillo de la puerta con todas mis fuerzas, pero estaba cerrada. Busqué alrededor algo con qué romper la ventana, para poder tomar una de las cobijas antes que morir. Comencé a tiritar con tal intensidad, con pequeños espasmos, que mis dientes comenzaron a repiquetear. Pensé en regresar, agarrar esa maldita Coca-Cola congelada y tirarla a través de la ventana, pero ya había cojeado por un par de cuadras en una maltrecha carrera.

Al poco rato, apareció un carro. El único que había visto desde que había comenzado a correr. Me tiré en medio de la calle, haciendo señas, cojeando y gritando. Un hombre iba conduciendo el enorme carro de color oscuro; y comenzó a dar giros abruptos a mi izquierda y luego a mi derecha, aceleró directamente hacia mí y tuve que dar un salto para evitar que me chocara.

—Ay, Dios mío —dije—, ¡esto es una locura! ¿De veras moriré sin siquiera almorzar con mi editora?

Y justo después de pensar esto, no sé por qué, comencé a reírme con tal fuerza que el dolor disminuyó un poco y logré correr cojeando en un solo pie a un ritmo bastante rápido en medio de la ancha avenida.

—Sí, claro, ¡eso es! —dije en voz alta—. Moriré, encontrarán mi cadáver congelado en medio de la calle; y cuando mi libro salga publicado, sabrán que no es ficción, porque soy real y estoy muerto, y estoy..., estoy..., estoy. Claro: ¡ESTOY LOCO DE REMATE! —me grité a mí mismo—. Ni siquiera tengo identificación. Pensarán que soy otro mexicano ilegal muerto y tirarán mi cuerpo al río para que pueda flotar de regreso a México.

Al comprender esta horrible verdad, comencé a llorar, y el dolor regresó con tal intensidad que supe que iba a morir con toda seguridad. Entonces, vi un pequeño negocio un poco más adelante con las luces encendidas. Un taxi se detuvo frente al pequeño lugar, el conductor dejó las luces del taxi encendidas, mientras entraba al lugar. Había visto estos sitios que vendían café y periódicos y algunas provisiones mientras caminaba por las calles llevando mi sombrero Stetson y mi hermoso abrigo. El conductor del taxi salió del lugar con una taza de café en su mano y abrió la puerta de su carro.

Grité: —¡TAXI! Y salí corriendo tan rápido como pude, pero el dolor en mi pie izquierdo era tan grande que sólo avancé unos metros antes de colapsar y caer de cara en medio de la calle, y el taxista no llegó a escucharme porque estaba todavía a cuadra y media de distancia.

—Ay Dios mío —dije, levantando mi rostro y mi pecho del pavimento—. ¡NECESITO TU AYUDA AHORITA MISMO! ¡No más tarde! ¡Ahorita mismo! ¡MALDICIÓN, DIOS! —grité—. ¡RECUERDA QUE TENEMOS UN TRATO! Hace veinte años; no, hace veintiocho años, cuando me ofreciste esa visión allá en Wyoming para que me convirtiera en escritor, porque nos necesitas a todos para que cumplamos con nuestra parte aquí en la tierra, yo estuve de acuerdo en convertirme en escritor, aunque ni siquiera me gustaban los libros ni sabía leer, pero sólo bajo la condición de que no te acobardaras y te quedaras conmigo, ¡porque yo no podía hacer nada sin ti! ¿Lo recuerdas, sí? ¡Yo he cumplido con mi parte del trato! En verdad lo he hecho, así que, maldición, ¡NO TE ME ACOBARDES AHORA! —grité.

De repente, el hombre no se subió a su taxi, sino que cerró la puerta de su carro y regresó a la tienda, pude ver a través de la ventana que estaba hablando con alguien y pidiendo algo más.

Superé mi dolor y me levanté. Respiré hondo una y otra vez; después me centré, puse mi mente en blanco, más allá de todos los pensamientos, de mi cuerpo, deslizándome en ese lugar especial al que iba cada madrugada entre la una y media y las tres y media, para poder así escuchar a las estrellas y escribir con todo mi corazón y mi alma.

Levanté la mirada al cielo, hice una pequeña oración, ¡y salí corriendo como si no tuviera herida alguna!

¡Ojos enfocados!

¡Intención total!

Misión ¡CUMPLIDA! ¡LOGRADA! ¡TERMINADA! ¡Escrita en las estrellas! Atravesé la calle volando y llegué al lado del hombre que acababa de salir de la tiendita.

—¡NECESITO QUE ME LLEVE! —exclamé, con una voz grande y poderosa que salía de mi pecho.

—Estoy fuera de servicio —dijo con un fuerte acento de Europa del este—. Voy de regreso a mi casa con algunas manzanas para mi esposa y mis hijos.

—Mire —dije, llorando del terrible dolor, ahora que había completado mi misión de llevar mi cuerpo al lugar de existencia terrenal donde se encontraba este hombre—, lo que ocurre es que me rompí el pie pateando una lata de Coca-Cola, que pensé que estaba vacía, pero estaba llena y congelada. Esto ocurrió a una distancia de seis u ocho cuadras, todavía me falta mucho para regresar a mi hotel. No podré lograrlo nunca. Necesito su ayuda. Por favor, ayúdeme. Tengo dinero en el hotel. Esta es la llave de mi habitación. Le pagaré lo que quiera.

—Oh, el Gramercy —respondió—. Sin dinero —añadió con una gran sonrisa—. Pensé que se trataba de un loco. No sabía que era un corredor entrenándose para el maratón de Boston. Yo también corría. Súbase a mi taxi. Ahí está caliente. Lo llevaré a su hotel. No hay problema. En realidad está camino a mi casa.

Me subí al taxi, y se sentía caliente y bien. —Gracias, Dios mío —dije—. Gracias, gracias, ¡GRACIAS! Y las lágrimas de alegría no dejaban de rodar por mi rostro. Era otro milagro. Como el ocurrido con Alex Haley y luego con Jeff y Bonnie. ¡Me sentía tan feliz! ¡TAN, TAN FELIZ!

Cuando llegué al Gramercy, tomé el ascensor hasta el quinto piso. Apenas podía caminar. Tuve que agarrarme de las paredes para llegar a mi habitación. Cerré de inmediato mi ventana. Siempre me había gustado dormir en una habitación fría en clima frío, y en una habitación caliente en clima caliente. Encendí la calefacción y puse agua caliente en la tina. Sabía que tenía que regresar a la temperatura normal de mi cuerpo o me enfermaría. Me metí en la tina con agua caliente, y sentí tal dolor que apenas pude soportarlo. Pero luego, mi cuerpo casi congelado comenzó a sentirse muy bien, mientras me iba derritiendo y acercándome cada vez más a mi temperatura normal.

Recordé por qué había salido a correr. Había salido a correr, porque mi papá, que estaba muerto y en el Más Allá, se me había aparecido en mis sueños, y sin embargo..., me había parecido tan real que no supe cómo lidiar con eso y cuando me desperté, me encontré de pie en medio de la habitación con mis brazos extendidos frente a mí, como si estuviera abrazando a alguien.

—Mira —me dije a mí mismo en voz alta mientras estaba en la tina—, no voy a entrar de nuevo en pánico porque, o fue un sueño o quizá me estoy volviendo loco, pero de todas maneras, no pasa nada, porque de todas maneras ocurrió. De veras ocurrió, y yo vi a mi papá. Y me levanté y él tomó mi mano derecha en sus dos manos grandes y cálidas, y lo demás no importa. Loco o dormido y soñando, en realidad, no me importa.

Y al decir esto, al llegar a este lugar de confianza y calma total en mi interior, apareció mi papá una vez más. Estaba de pie junto a la puerta del baño, sonriendo.

—Papá —lo saludé tranquilamente— qué gusto verte.

—Qué gusto verte, mijito —respondió.

—Entra —dije—. Tenemos que hablar, papá.

—Está bien —asintió—. Eso me gusta. —Atravesó el baño, bajó la tapa del inodoro y se sentó.

—¡Ay, papá! ¡Te he extrañado tanto!

—Nunca me fui, mijito —dijo—. Siempre he estado aquí contigo, igual que mi madre siempre estuvo aquí conmigo mientras estuve vivo de Este Lado y ella estaba en Este Más Allá.

—¿Entonces, todos estos años que nos dijiste que todas las noches hablabas con tu madre, no estabas exagerando?

—No, claro que no —dijo.

Respiré hondo por un buen rato. Estaba muy feliz de ver a mi papá, y esta vez sabía que no estaba dormido ni soñando. No, estaba muy despierto, y tampoco estaba loco. Era real. Mi papá estaba aquí en el baño conmigo, sentado en el inodoro. Estaba completamente vestido y se veía en buena forma, bien y feliz.

—Oh, papá —dije—, me siento tan bien. Tan, tan bien. ¿Entonces en realidad la vida no se termina cuando morimos? Es decir, ¿cuando vamos al Más Allá?

—¿No somos parte de Dios? —preguntó—. ¿Y no es el Santo Creador eterno? Entonces, dime, ¿cómo puede esa parte de nosotros evitar vivir para siempre?

Me reí. —Pues, sí claro, papá, si lo pones así, entonces parece bastante natural comprender que la vida no termina con nuestra muerte.

Se rió. —Pero tengo que decirte, hay algunos en Este Lado que no plantaron semillas muy buenas cuando estaban aquí en la tierra, y ahora, cuando todos somos forzados a abrir nuestros ojos y a ver con total claridad, ellos gritan y chillan deseando que la vida sí se hubiera terminado con la muerte —dijo, riéndose a carcajadas.

—Lo que quieres decir es que el infierno es... ¿parte también del cielo?

—Todo es el cielo, mijito —dijo—. Te lo dije miles de veces mientras crecías. La tierra también es el cielo. Todo es el cielo. Depende de nosotros verlo o no así.

Sacudí mi cabeza. —Claro papá, sólo que no pude entenderlo cuando me lo decías y, sinceramente, todavía no lo entiendo bastante bien.

Lo sabemos —dijo—. Ésa es exactamente la razón por la que tuve que venir a Este Más Allá cuando lo hice. Porque, mijito, en el cielo se sabía que iban a ocurrir todas estas cosas respecto a nuestro libro y yo no podía ayudarte mientras estaba aquí en cuerpo humano, así que mi madre me dijo que me fuera a nuestro Lado Espiritual de la vida, para que ella y yo pudiéramos servirte de ayuda, junto con la de nuestros Grandes Maestros y, obviamente de Dios, sus ángeles y sus santos.

Quedé perplejo. —Papá, ¿me estás diciendo que sabías antes de morir que todo este asunto con Putnam iba a ocurrir?

—No con lujo de detalles, pero como solía decirte siempre, todas las noches mi mamá venía a visitarme en mis sueños cuando yo estaba de Este Lado, y me guiaba más allá de las estrellas hacia Dios, en donde todos vivimos bajo la sabiduría absoluta.

—¿Te refieres a que todo se sabe, hasta el futuro?

Papá se rió. —Pero claro —dijo—. Aquí, vivimos a través de los Santos Ojos del Todopoderoso, no hay pasado, presente ni futuro. Todo, todo es Aquí, ahorita mismo, por siempre.

—¡Ahh, Dios mío! —dije.

—Sí, exactamente, así se siente cuando comenzamos a abrir nuestros ojos. ¡OH, MI DIOS LO ES TODO! —dijo con gusto.

Al escuchar esto, respiré de nuevo varias veces. Esto es demasiado, demasiado rápido para mí —Mijito —dijo—, en verdad esto no debería sorprenderte. ¿No nos dijo Jesús que el Reino de Dios está en el interior de cada uno de nosotros? ¿Y cuándo ibas a la universidad en la ciudad de México, no cambiaste en la Biblia la palabra *está* por *comienza?*

Quedé perplejo. Sí, había hecho eso en clase de filosofía. —Bueno, sí, lo hice, papá —dije—, porque podía ver con claridad que había llegado la hora de que nosotros 'comenzáramos' a activar el Reino de Dios que 'está' en nuestro interior. Porque Jesús dijo que lo que hizo, lo haremos y más. Pero papá, nunca te dije que había hecho eso, ¿cómo es que lo sabes?

Papá no podía parar de reírse. —Tú dime, si fueras Dios, ¿crearías el cielo y la tierra y luego los abandonarías? No, por supuesto que no —añadió con una sonrisa—. En el Más Allá, mijito, estamos completamente involucrados por siempre con cada pequeña parte de toda la Creación.

Esto era algo enorme. De nuevo, sólo podía respirar y respirar, observando a mi papá sentado en el inodoro. —Si claro, entiendo lo que quieres decir, papá. Tiene sentido, y tú te ves muy feliz —añadí.

—Por supuesto —dijo, sonriendo—. ¿Cómo puedo no estar feliz? Estoy aquí con mi amada madre, mi hermano José el Grande, todas mis hermanas, y hasta tu hermano Joseph, mi propio hermano Domingo y mi papá.

—Papá, pero aquí nunca te gustaron tu hermano Domingo y tu padre español, cruel y racista.

—Es cierto —dijo—, pero ahora aquí arriba en el cielo, también puedo ver que todos fueron parte del plan de Papito Dios.

—Espera —dije—. ¿Me estás diciendo que debo dejar de pensar tan mal sobre esos ricachones bastardos, racistas, inútiles y cobardes, que se pusieron completamente en contra de César Chávez y comieron uvas en la televisión para menospreciar a los braseros?

—Dime tú, mijito.

—Pues, no lo sé. Chingados, papá, esto es realmente...

—No saber es bueno, mijito —dijo, interrumpiéndome suavemente.

—¿Qué?

—Dije, no saber es bueno y es sagrado, mijito —repitió—, porque solamente cuando no sabemos... mantenemos nuestras puertas abiertas para aprender, especialmente cuando se trata de aprender sobre nuestro Mundo Espiritual.

Tuve que respirar hondo una vez más. —Está bien, está bien —dije—. Tú siempre me decías todo esto también, cuando estabas de Este Lado, papá, pero debes admitir que hay ciertas cosas que debemos saber que son verdaderas más allá de toda duda.

—¿Cómo qué?

—Como, bueno, que el fuego quema, que el sol se levanta cada mañana, y...

Papá se rió. —Muy pronto, mijito, aprenderás que el fuego no siempre quema, y que el Padre Sol, en realidad, no se levanta cada mañana.

Me quedé mirando fijamente a mi papá con total incredulidad.

—Mijito —me dijo con calma—, la tierra gira. El sol no se levanta.

—Sí claro, pero...

Se rió. —Escucha atentamente. Ahora que puedes verme y escucharme como yo solía ver y escuchar a mi amada madre cuando estaba de Este Lado, aprenderás a bailar sobre el fuego, como los hombres y las mujeres lo han venido haciendo en el mundo durante cientos de miles de años con el fin de congregar sus poderes.

—Mijito, después de que la Revolución destruyó nuestras casas y asesinó a casi todos nuestros hermanos y hermanas, vi a mi madre, anciana y flacucha, convertida en un puñado de huesos indios, reunirse con sus amigas ancianas; y esas ancianas regresaron a nuestros métodos antiguos, a esas sagradas memorias antiguas que están en lo más profundo de cada uno de nosotros. Y vi a mi madre y a sus amigas ancianas elevarse con el poder del mismo Dios, y tomar las riendas de su DESTINO, creando milagros diarios mientras danzaban subiendo los pasos locos del Cielo.

—Mijito —continuó—, comprende que no existe una palabra para 'accidente' en ningún lenguaje nativo, porque una vez que salimos de nuestras mentes civilizadas y comenzamos a ver el mundo como el Pueblo del Corazón Salvaje, que todos solíamos ser en una época, entonces todo proviene de Dios. ¡ABSOLUTAMENTE TODO! ¡Cada cosa por minúscula que sea! Así es que ahora, mijito, cuando pases tus segundos veintiséis años, y comiences a acercarte a tus terceros veintiséis años de vida, comenzarás naturalmente a reunir tus poderes masculinos y femeninos en un Espíritu de Unidad Total; y ése día, el Padre Sol bailará tomado de la mano con nuestra Madre Luna y nuestra Madre Tierra.

—Ahh, papá —dije, agarrándome la frente—, ni siquiera puedo imaginarme todas estas cosas tan locas que estás diciendo. ¿Cómo puede el sol bailar tomado de la mano con la luna y la tierra?

—Dime tú, ¿cómo puede la tierra no ser plana y el centro del universo? Era igual de difícil para esas personas en esa época imaginarse que el mundo fuera redondo y que viajaba alrededor del sol, como lo es para ti ahora imaginarte un Cielo Danzante.

Sonreí.

Me reí.

—¡ÓRALE! Cuando lo dices así, entonces, papá cualquier cosa es posible, y es sólo nuestra mentalidad cerrada que nos mantiene prisioneros en nuestros miedos y en la oscuridad. Pero, ¿por qué nunca me dijiste todas estas cosas cuando estabas de Este Lado, papá?

—¿Me habrías escuchado?

—No, supongo que no —dije.

—Mijito, comprende que tu abuela y yo te dijimos todo lo que pudimos cuando estábamos de Este Lado, pero es ahora que puedes verme y escucharme desde este Más Allá que podemos comenzar a decirte lo que nunca te dijimos cuando estábamos aquí en tierra firme.

Asentí con la cabeza y respiré de nuevo hondo y profundo.

—Verás, mijito, ahora tienes cuarenta y nueve años; te estás acercando a los cincuenta y dos años, que es cuando un ser humano comienza a ponerse en armonía con el Reino de Dios en su interior, quiere decir que un hombre comienza a aceptar sus sentimientos femeninos y una mujer comienza a aceptar sus sentimientos masculinos. La vida ya no se trata de tener hijos. La vida se trata ahora de engendrar tu propio ser, para que entonces a los setenta y ocho años, luego de cumplir tres veces veintiséis años, los humanos alcancemos la edad más perfecta estando en el Espíritu Total con Dios, aunque vivamos en tierra firme. Y es entonces cuando verás y sentirás al sol bailar con nuestra Madre Tierra.

Me quedé sin palabras. No sabía qué pensar o decir ni siquiera qué sentir. Esa información era totalmente, absolutamente, increíblemente diferente, de todo lo que había escuchado o aprendido en la escuela, la iglesia o la ciencia. Jamás había escuchado nada semejante, excepto, la noche que mi papá murió cuando me dijo por primera vez que no teníamos cinco, sino ¡13 SENTIDOS!

—Pero papá, ¿por qué al menos no me hablaste un poco de esto cuando estabas en Este Lado de la Vida? —pregunté—. Esto es tan, pero tan diferente de todo lo que me han dicho... y sí, claro, yo sé —dije inhalando profundamente—, supongo que no te hubiera escuchado, pero de todas maneras, me habrías preparado un poquito, papá.

—Mijito —dijo—, ¿recuerdas que te dije la noche que morí, que prestaras mucha atención a tus sueños mientras dormías, porque es solamente cuando dormimos que nosotros los humanos dejamos de pensar y realmente comenzamos a escuchar?

—¿Quieres decir que estoy dormido ahora? —pregunté.

—No, no exactamente. Estás medio dormido. Casi te mueres en la calle mientras corrías, y luego el agua caliente de la tina te ha relajado suficiente para que estés así, entre dormido y despierto.

De nuevo, saqué con fuerza el aire de mis pulmones. —¿Me estás diciendo entonces que haber pateado esa lata y haberme congelado casi hasta morir, no fue un accidente, sino que fue necesario para estar ahora aquí contigo?

—Dímelo tú —dijo.

—Oh, Dios mío, papá, ¡entonces me estás diciendo que todo lo que ocurre es necesario! Hasta el evento más insignificante. Y tú sabías que yo iba a venir aquí a Nueva York a ver a mi editora y que luego me iba a romper el pie ¡Y CASI MORIR! —¡Sentí mucho enojo repentinamente! —Eso no está bien, ¡MALDICIÓN, PODÍA HABER MUERTO REALMENTE, PAPÁ!

—Mijo, mijo —dijo, riéndose a carcajadas—. Pero no moriste. Estás vivo. Y sinceramente, ¿estarías aquí conmigo escuchándome y viéndome, si no te hubieras roto el pie y casi hubieras muerto? De veras, dime.

Respiré muy, muy hondo y solté el aire con fuerza. —Papá, cómo diablos, digo, cómo santos, se supone que lo sepa, si me dijiste que no saber es la mejor forma de mantener nuestras puertas abiertas al aprendizaje, especialmente cuando se trata del Mundo Espiritual.

—Muy bien. Excelente. Perfecto —dijo, riéndose—. Estás aprendiendo. Así que más te vale también que sepas que tu vida va a empeorar mucho, mucho más, antes de comenzar a mejorarse, porque has estado tapado por tanto tiempo que tienes mucho que aprender, mijito —dijo, con una gran y feliz sonrisa.

De repente, recordé los viejos amigos de papá que lo habían llamado el rey en la recepción después del funeral, y cómo ellos también me habían llamado tapado, que significa "estreñido" en México.

—No solamente tú estás tapado —dijo mi papá, como si leyera mi mente—. Todo el mundo lo está, y nosotros, todos nosotros, tenemos que aprender mucho, y muy rápidamente. Aquí mismo, ahorita mismo, preparándonos para esta danza del Padre Sol con la Madre Tierra.

No dije nada, sólo respiré hondo varias veces.

—Comprende, mijito —dijo ahora—, que mi propia mamá me enseñó esto mientras yo estaba de Este Lado, así como ahora yo te voy a enseñar, mientras sigues en nuestra Madre Tierra, igual que mi madre aprendió de su padre, el gran Don Pío Castro; y el mismo Don Pío aprendió de su tatara-tatara-tatara-tía abuela Madre de un Hijo no Especificado, que llegó a vivir hasta los ciento sesenta y cinco años de edad.

—Ah sí —dije—, me hablaste de ella unas cuantas veces mientras estabas aquí de Este Lado, papá.

—Sí, yo sé —dijo—, porque debes comprender que... esta mujer solamente murió a la edad de ciento sesenta y cinco años, porque, como te dije muchas veces mientras estaba aquí en la tierra contigo, el viejo cura hizo que los jóvenes soldados la violaran y la quemaran en la hoguera, porque cuando los soldados la vieron caminando sobre el agua de isla en isla, para hacer sus curaciones allá en Yucatán, cayeron a sus pies en oración, por lo que el viejo cura ordenó de inmediato que la arrestaran, la violaran y acabaran con ella.

Ahora fue mi papá quien dejó de hablar y respiró hondo. —Y ahora que estoy en el Más Allá, puedo ver claramente que nuestra santa tía, Madre de un Hijo no Especificado, era una gran sanadora, como Jesucristo mismo —dijo, persignándose y besando su dedo pulgar en forma de cruz con su dedo índice—. Ella había podido fácilmente convertirse en Espíritu Puro y desaparecer, igual que Jesucristo había podido hacer y nunca ser crucificado. Pero no, nuestra tía, Madre de un Hijo no Especificado, eligió resistir... igual que Jesús hizo... y permitió que la violaran y la quemaran, para que ellos también pudieran ver con sus propios ojos, lo valiente y fuerte que puede llegar a ser el Espíritu Humano, igual que Jesús, Dios lo bendiga, le había mostrado a la humanidad mil ochocientos años antes.

—Debes comprender que la historia de Jesús no comenzó ni terminó con Jesús, así como la historia de la humanidad no comenzó ni terminó con Adán y Eva. Tu tatara-tatara-tatara-tía a la que le llamaban Madre de un Hijo no Especificado, brillaba con tal fortaleza, hermosura y veracidad mientras la quemaban en la costa de Yucatán, que un joven sacerdote llamado Diego de Jesús se arrancó el cuello blanco de su sotana, se puso del lado de... de los indios de Yucatán, y prácticamente ¡logró sacar a los españoles de las costas de AMÉRICA PARA SIEMPRE!

—Mijito, comprende que las Fuerzas de la Creación no pueden ser detenidas por ninguna nación ni religión organizada. Siempre triunfará el Espíritu Humano, el Reino de Dios que está en el interior de cada uno de nosotros. Alex Haley tenía razón cuando te dijo que algunos sólo son valientes ¡cuando no pueden verte directamente a los ojos!

Lloré tanto y tan intensamente que debí haberme desmayado, porque cuando desperté, el agua estaba fría y tuve que añadir rápidamente agua caliente a la tina para no congelarme.

¡Mi padre se había ido de nuevo!

Pero esta vez no sentía miedo ni confusión.

—Papá —dije, respirando hondo, e inmediatamente lo vi de regreso sobre el inodoro, mirándome con una gran sonrisa—. Gracias por no abandonarme —dije, con lágrimas en los ojos.

—Nunca dejamos a nadie, mijito —me dijo—. Siempre estamos aquí en el Más Allá, esperando que ustedes de Este Lado abran sus almas para que puedan vernos con los ojos de su corazón.

—Tengo sueño —dije.

—Muy bien, vete a dormir. Has pasado por cosas muy duras, ¡gracias a Dios!

Me reí.

El se rió.

Y de nuevo me quedé profundamente dormido.

SEGUNDA PARTE

¡MILAGROS!
¡MILAGROS!
¡MILAGROS!

Capítulo cinco

¡Estaba muy feliz! ¡SÚPER, SÚPER FELIZ! Bárbara vendría la siguiente semana por avión a vivir conmigo. Estacioné mi camioneta en el estacionamiento y caminé al tribunal. El juicio por asesinato a Juan Corona llevaba ya varias semanas. El evento había sido trasladado de Sacramento a Fairfield, en la autopista interestatal 80 a medio camino de San Francisco, lo cual en realidad nos convenía a Bárbara y a mí, pues ella tenía que manejar a diario a su trabajo en San Francisco y podía dejarme de paso.

Enseñé mi pase de prensa y me permitieron entrar al edificio del tribunal; entonces vi al fondo, contra la pared, conversar airadamente a muchos de los reporteros a quienes había llegado a conocer bastante bien. Me acerqué a ellos para ver qué ocurría, y rápidamente capté el meollo del asunto. Estaban muy molestos debido a que un reportero desconocido de *Los Angeles Times*, se les adelantó en la publicación de información nueva, es decir, les había ganado terreno a los periodistas de *Sacramento Bee, San Francisco Chronicle,* United Press International, y los demás periódicos locales y nacionales.

—Miren —decía Jerry Belcher del *San Francisco Chronicle*—, no sé quién será ese hijo de puta, Jerry Cohen del *L.A. Times,* pero ha obtenido información detallada y confidencial que ninguno de nosotros habíamos podido obtener. El último artículo que escribió sobre la familia de Juan Corona; ¿cómo chingaos consiguió esa información sin estar aquí todos los días?

—Debe tener un infiltrado —dijo Steve Gibson, el reportero de *Sacramento Bee.*

—¿Qué es un infiltrado? —pregunté.

—Un INFILTRADO —exclamó expresando su frustración, el tipo grandote del *San Francisco Examiner*—, es un tipo o una mujer que plantó de una manera secreta para ¡espiarnos!

—¿De veras? —dije.

Me ignoraron y siguieron hablando entre ellos acaloradamente. Se decidió entonces que mantendríamos los ojos muy abiertos ante el hijo de puta, Jerry Cohen del *L.A. Times,* con lo que, por supuesto, estuve de acuerdo porque me agradaban todos esos reporteros. Me aceptaban como periodista, así que yo estaba determinado a ayudarlos.

Unos días más tarde, me pidieron que me colocara a la entrada del tribunal para echarle un ojo al hijo de puta del *L.A. Times.* Estaba ahí parado, examinando detenidamente a todas las personas que entraban, cuando un tipo bajito y calvo, con un enorme y grueso puro en la boca, a quien había visto entrando y saliendo durante varias semanas, se acercó a hablarme, pero me negué.

—¿Por qué no? —preguntó.

—Porque los reporteros se enteraron de que hoy, el hijo de puta de Jerry Cohen del *L.A. Times* va a venir de nuevo, y quieren asegurarse de que esta vez no les va a robar las primicias.

—¿Y qué van a hacer para evitar que eso ocurra? —preguntó.

—Averiguar quién es su fuente, pues ellos suponen que él no puede saberlo todo a menos que tenga un infiltrado.

—¿Un infiltrado?

—Sí, usted sabe —dije sin mirarlo, pues estaba dedicado a examinar detenidamente a todas las personas que entraban al tribunal—, un informante, un soplón, un contacto.

—¿Conocen su aspecto físico?

—No. Ése es el problema —dije—. ¡Nadie ha visto a ese hijo de puta!

—¿Qué es lo que lo convierte en un hijo de puta?

—El tipo es muy bueno —dije—. Debería leer lo que escribe. Sus historias en el *L.A. Times* siempre tienen tal perspicacia y astucia y además un gran nivel de detalle que avergüenzan a los demás reporteros.

—Entonces el hijo de puta es bueno, ¿no?

—No, bueno no, ¡excelente! Debería leer lo que escribe. Por cierto, ¿cuál es su nombre? Sé que me lo dijo cuando nos vimos por primera vez, pero soy muy malo recordando nombres.

—Creo que es mejor que salgamos —dijo—. ¿Me permitiría invitarlo a almorzar?

—Sí, claro —dije. Me moría de hambre. En esos días no comía mucho ya que les entregaba a mis padres casi todos los adelantos de mi libro para pagar sus gastos médicos.

—¿Cuál es el mejor restaurante de la ciudad? —preguntó.

—Oh, ése está en las afueras, pero es muy costoso.

—No se preocupe. Mi periódico paga.

—¿Y usted es? ¿Para quién trabaja?

—Para el *L.A. Times.*

Casi se me salen los ojos de las órbitas. —O sea que usted es... ¿usted es el hijo de puta?

—Sí, y usted ha sido mi fuente, mi infiltrado, pero tampoco es como para llamarlo mi soplón.

—AHH, ¡DIOS MÍO! —dije.

Mientras íbamos en su carro rentado, Jerry Cohen no podía parar de reírse. Almorzamos y me dijo que tenía un plan. De ahora en adelante me daría cincuenta dólares semanales para que pudiéramos conversar por teléfono, y así no tendría que venir con tanta frecuencia a Fairfield.

Con el dinero que recibía de Jerry Cohen, pude mudarme del estacionamiento de casas móviles en Yuba City y rentar por cien dólares al mes una casita minúscula en Marysville, el pueblo vecino. La casa no era gran cosa, pero el jardín era enorme, lleno de maleza, matorrales y enredaderas que crecían por todas partes. A Bárbara y a mí nos encantó. Parecía una linda cabañita sacada de un cuento de hadas. Le conté a Bárbara mi trato con Jerry Cohen; y cuando le contamos a su papá, resultó que Charles conocía bastante bien a Jerry Cohen y que habían trabajado juntos en un libro unos años atrás. Charles me explicó que la razón por la cual Jerry

Cohen lograba publicar las noticias antes que los demás reporteros, no era solamente por la información que le daba, sino porque era un escritor extraordinario.

—Haz la prueba —me dijo—. Entrégale la misma información que le das a Jerry a unos cuantos de los demás reporteros y observa qué hacen con ella. Te apuesto a que algunos ni siquiera la usarán y los que la usen, no lo harán ni la mitad de bien que Jerry.

El juicio seguía, y en un par de ocasiones hice lo que Charles me sugirió. Le entregué a unos cuantos reporteros locales la misma información que le entregaba a Jerry por teléfono y... híjole si quedé sorprendido. Era como si los demás jamás hubieran escuchado ni entendido lo que yo decía. Comencé a ver que escribir no era solamente informar, era más bien cuestión del ángulo o la visión, que planteas de esa información, lo que atrapa o no a tu lector.

Comencé a leer a diario los distintos periódicos, cerca de ocho, para ver como manejaban el juicio por asesinato de Juan Corona. Comencé a darme cuenta de que por hablar español y haberme acercado a la familia Corona, a sus amistades, y a su sacerdote, había sido capaz de conseguir todas esas maravillosas historias secundarias que otros reporteros no pudieron conseguir.

Así que a medida que trabajaba con Jerry, y luego leía lo que él había escrito, comencé a aprender qué era tener una visión profesional respecto a cómo observar algo y después convertirlo en palabras sobre papel. ¡Híjole si estaba aprendiendo! Parecía milagroso lo que Jerry Cohen podía lograr, día tras día, y lo que de vez en cuando también podían lograr los demás reporteros, pero no de forma tan consistente como el hijo de puta del *L.A. Times*.

El juicio terminó y Juan Corona fue declarado culpable, lo cual sorprendió realmente a todos, pues Richard Hawk, el abogado de la defensa, superaba en astucia a los dos abogados del condado de Yuba City. Ahí fue cuando comencé a preguntarme lo que habría ocurrido si en el juicio del estacionamiento de casas móviles de mi papá, hubiéramos tenido un jurado en vez de sólo un juez. ¿Habríamos quizá ganado nuestro caso?

Mientras consideraba esto, decidí entrevistar uno por uno, a todos los miembros del jurado, para averiguar cómo funcionaban sus mentes y cómo habían llegado a la decisión de "culpable", la misma conclusión a la que yo había llegado cuando iban por la mitad del juicio. Comencé con el líder del jurado, Ernie Phillips, usé una grabadora y luego continué entrevistando a los demás miembros del jurado. Todas las noches, Bárbara (después de trabajar todo el día) y yo copiábamos a máquina hasta largas horas de la noche, lo que yo había escrito a mano. Cuando surgían discrepancias entre los diferentes miembros del jurado, yo elaboraba unas gráficas, hora por hora, de cómo estos hombres y mujeres discutían entre sí y cambiaban de posición. Al poco tiempo, conocía mejor las deliberaciones de los miembros del jurado que *ellos* mismos. Una vez más, empecé a sentir que tenía muchas posibilidades de convertir este juicio en un libro fantástico.

Había aprendido muchísimo sobre redacción viendo lo que escribían a diario esos reporteros. Además, según uno de los doce jurados me dijo: "Teníamos que explorar las profundidades de nuestros corazones y nuestras almas más allá de lo que hemos hecho durante todas nuestras vidas, porque la vida de un hombre estaba en juego, y a diario veíamos las hermosas hijitas, la esposa y docenas de amigos del acusado, venir a este tribunal a apoyarlo, a apoyar a ESTE HOMBRE acusado del asesinato en masa más grande en la historia de los Estados Unidos. Sin embargo, nuestro sistema judicial exigía que nosotros, doce personas ordinarias, fuéramos más allá de nuestros sentimientos y ¡siguiéramos la ley al pie de la letra! ¡Y eso ha sido algo muy difícil! No soy una persona instruida. Jamás en mi vida había usado palabras como *sistema judicial*. Tengo la completa seguridad de que ser jurado ha sido el oficio más difícil que me ha tocado hacer como ciudadano de este país, ¡y eso que combatí como soldado en el extranjero!".

Faye, otro miembro del jurado, maestra escolar retirada, me dijo que personalmente, no había querido que Ernie Phillips fuera el líder del jurado. Que hubiera preferido esto y aquello, a alguien con educación que supiera cómo lidiar con las cosas. "Pero ahora tengo que admitir que Ernie, un ex soldado, fue el hombre perfecto para esa misión, porque logró mantenernos unidos mientras repasábamos montañas y montañas de evidencias todas las cuales tenía Hawk pero las había destruido".

Otros seis miembros del jurado me explicaron cómo se convirtieron colectivamente en una fuerza de determinación e inteligencia, que individualmente jamás habrían logrado. Y después de cientos de horas entrevistándolos una y otra vez, yo también comencé a entender que Ernie Phillips, el ex sargento mayor, que moría de cáncer mientras deliberaban, era uno de los seres humanos más refinados, inteligentes y dedicados que jamás había conocido; y era, en todo sentido, un don nadie sin nada especial, ¡un tipo ordinario!

¡Híjole si había encontrado de nuevo una mina de oro! Seres humanos ordinarios, los mismos sobre los que había escrito en *Macho!,* que poseían una grandeza innata en sus corazones y en sus almas, una vez que tenían la oportunidad de demostrarlo. ¡Y esta creencia era la base fundamental de la democracia! ¡Oh, este hombre, Ernie Phillips me brindó las palabras, la sabiduría para superar personalmente una vez más, el terrible juicio contra mi propio padre y confiar en nuestro estilo de vida en los Estados Unidos!

—Gracias, Dios mío —dije—. Gracias, gracias, ¡GRACIAS!

No pude creer lo que ocurrió luego: el sacerdote de Juan Corona me llamó aparte tan pronto todos los reporteros hubieron partido. Comenzó a llorar diciéndome que hacía años que sabía lo de los asesinatos, pero que no había comprendido lo sucedido hasta el momento del arresto.

—Juan vino a confesarse conmigo —dijo el sacerdote—, y me dijo que quería que Dios lo perdonara por haberse 'ocupado' de otro ciudadano estadounidense. No entendí por qué Dios tenía que perdonarlo, si él estaba 'ocupándose' de ciudadanos estadounidenses. Creí que se refería a que los estaba acogiendo, alimentando o algo así, pues él se encargaba de un campo para braceros. No fue hasta que lo arrestaron, que finalmente comprendí y comencé a ver que, de alguna manera, yo pude haber contribuido con los asesinatos, pues le dije que no tenía nada que confesar ya que él estaba haciendo la labor de Dios. Eso fue lo que le dije: 'La labor de Dios', —añadió el sacerdote con voz entrecortada.

Abracé con fuerza a este hombre de Dios. —No, padre —dije—. Usted no hizo nada para contribuir con esos crímenes. Juan pensó que estaba haciendo la labor de Dios antes de que usted se lo dijera, porque asesinaba a borrachos callejeros inmigrantes. No a braceros inmigrantes, como la mayoría de los reporteros escribieron por equivocación. Él pensaba que era injusto que sus braceros no pudieran recibir ayuda financiera durante el invierno, cuando hay poco trabajo en el campo, y que los borrachos callejeros recibieran el Seguro Social y otro tipo de ayuda, y esto lo ENLOQUECÍA DE IRA ¡al ver que él y su gente trabajaban tan duro!

—¿Cómo supiste todo eso? —preguntó el sacerdote.

—Hablando con muchos de los rancheros que lo conocían bien y nunca vinieron al juicio. Padre, Juan no era simplemente un cristiano católico que estaba loco. Él también escuchaba las voces de las aldeas indígenas que fueron masacradas por los colonos blancos durante la fiebre del oro. Yo también escuché los llantos de esas mismas voces cuando corría a la orilla del río al amanecer o al atardecer —respiré hondo—. Todo este asunto es mucho más grande de lo que vimos en el juicio, Padre. Hay sangre regada por toda esta tierra.

—¿Escribirás sobre todo esto?

—No sé. He comenzado a entender que para escribir verdaderamente bien, con claridad, tengo que tener un ángulo, cierto enfoque, sino todo se convierte en un desastre confuso.

Durante un año más seguí trabajando, entrevistando y escribiendo, y luego, cuando terminé el libro *Jury: The People vs. Juan Corona*, ¡quedó precioso! Charles Bloch y Marc Jaffe estaban tan impresionados que lo colocaron con la prestigiosa compañía de libros de Little, Brown & Co. en Boston, para salir publicado en edición de pasta dura antes de sacarlo en pasta blanda. Little, Brown & Co.

publicó *Jury* en una preciosa edición de pasta dura, de color vino tinto oscuro, y en la solapa se veía la foto de los doce miembros del jurado que yo había entrevistado durante casi dos años. El libro obtuvo de inmediato excelentes críticas literarias, incluyendo una en la página frontal de la sección de crítica literaria del *New York Times* qué decía que ¡*Jury* era demasiado bueno como para ser real!

¡Yo estaba encantado!

Caramba, mi papá siempre me había dicho que la vida era demasiado buena para ser real, una vez que abrías tus ojos ¡y veías realmente! Bárbara y yo creímos que por fin íbamos por buen camino. Habíamos recibido siete mil quinientos dólares por *Jury*, y Bantam solamente se había quedado con la mitad de los quince mil que habíamos recibido de Little, Brown & Co. Nunca en mi vida había ganado más de seis mil dólares en un año como albañil ni leñador hasta ahora, que me había convertido en un escritor ¡con dos libros publicados! ¡AHH, ESTO ERA MARAVILLOSO! Bárbara y yo pensamos que quizá lograríamos conseguir cincuenta mil dólares por el siguiente libro.

Pero después ocurrió algo terrible que nos cayó a Bárbara y a mí como patada de burro en el estómago. Cuando salió la crítica literaria del *New York Times*, no había libros para la venta en el mercado. Una parte de la antigua y prestigiosa compañía Little, Brown & Co., no se había comunicado con otra parte de su organización. *Jury* no llegó a las librerías, sino hasta un par de semanas después que la mayoría de las fabulosas críticas literarias habían desaparecido. Además, yo me había presentado en unos cuantos programas de la televisión nacional, inclusive uno con Jane Pauley; ahí fue cuando rápidamente descubrí que un par de semanas era toda una vida en el mundo del mercadeo.

Jury no se vendió ni la mitad de bien que *Macho!* Por otro lado, esto no era del todo malo porque, por lo menos, ahora yo era considerado como uno de los principales escritores nuevos, e incluso había sido proclamado quizás como el próximo John Steinbeck de la California moderna.

Además, había sido aceptado por el bufete de abogados de Hollywood llamado Gang, Tyre, Brown & alguien más, que era uno de los cuatro bufetes más poderosos y prestigiosos del mundo del entretenimiento. En el pasado, ellos se habían hecho cargo de los asuntos legales de Frank Sinatra y de Bob Hope, así como de muchos de los famosos de esa época, y ahora de Steven Spielberg y de un montón de grupos musicales nuevos mundialmente famosos... ¡y de mí! Y el abogado que se ocupaba personalmente de mi caso era Chuck Scott, graduado entre los primeros de su clase en Harvard, y tan inteligente que hacía parecer sencilla y fácil de entender, la situación más complicada. Yo estaba seguro de que él se hubiera comido vivo al abogado pretencioso, mentiroso y manipulador de la compañía de fianzas, acabando con él incluso antes de haber comenzado el juicio.

Después de leer *Jury*, Chuck Scott me dijo que todos los abogados del país deberían leer el libro de Juan Corona, y que era muy posible que fuera el mejor libro que se hubiera escrito sobre las experiencias de un jurado. Gary Cosay, que se convirtió en mi agente en Hollywood y llegó a fundar la gran agencia llamada Leading Artists, también quedó fascinado con *Jury*, y de inmediato consideró la posibilidad de convertirlo en película. El productor interesado esperaba que fuera elogiada como una nueva versión basada en hechos reales de la película *Doce hombres sin piedad: veredicto final*, que estaba seguro sería nominada para varios premios Oscar.

Pero, por diversas razones, nunca se realizaron las películas basadas en *Macho!* y *Jury*, por eso me enfoqué entonces en mi libro *Cadillac Joe*, que trataba de dos tipos de Los Ángeles que se iban un fin de semana a cazar osos. Gary Cosay lo leyó y lo consideró el retrato más brutalmente realista que jamás hubiera leído sobre veteranos de guerra de regreso a casa, sin saber qué hacer con las experiencias que seguían en sus mentes por más que las hubieran tratado de dejar atrás.

El personaje principal de esta historia de cacería de osos era un mestizo de Oklahoma, que había prestado servicio militar bajo las órdenes de Patton, y que había disfrutado en las filas enemigas en

Alemania arrancándole legalmente el cuero cabelludo a los blancos por primera vez en su vida. Yo llegué a conocer a este tipo al regresar del ejército, cuando trabajé en la construcción en San José. Algunos de esos hombres regresaban de combate y seguían siendo normales, pero otros se volvieron locos. Tal como un tipo rubio muy grande que había prestado servicio en el Pacífico Sur y en Corea, que tenía un tatuaje de una mosca con ojos rojos en la punta de su enorme pene de 25 cm, y quien se ponía frenético y se masturbaba cada vez que los sabuesos acorralaban a un oso haciéndolo trepar a un árbol. Según me contaron, los aullidos, la sangre y la excitación salvaje, eran casi idénticos a cuando masacraban aldeas y violaban a las mujeres durante la guerra.

Jamás habría escrito este libro si el sacerdote de Juan Corona no se hubiera confesado conmigo, y si mi papá no me hubiera dicho que cuando era un chamaquito de diez años había tenido que ayudar a su madre a esconder a sus hermanas para que no las violaran o asesinaran durante la Revolución.

Gary Cosay, mi agente de Hollywood, ex soldado del ejército durante la guerra de Corea, me dijo que entendía mi nuevo manuscrito porque en el campamento de entrenamiento militar había hecho amistad rápidamente con algunos de esos sureños de clase baja, medio locos (gente muy distinta de sus amigos y compañeros intelectuales judíos de Nueva York), sabiendo que regresarían vivos a sus hogares.

Gary envió el manuscrito a varias fuentes, y muy pronto se convirtió en la propiedad intelectual más apetecida de la industria. La compañía de John Wayne, que en esa época era muy sólida, ofreció la enorme suma de cien mil dólares, ¡incluso antes de publicar el libro! Pero me *negué* cuando supe que el propio Wayne actuaría como protagonista.

Vamos, si Wayne hacía películas a favor de la guerra, y nunca había estado en una. Y el personaje principal de *Cadillac Joe* tenía todo el aspecto de indio, y Wayne había demostrado lo mucho que odiaba a los indios en *Más corazón que odio,* una excelente película, pero llena de odio racista. Le pedí a mi agente que le dijera a Wayne que a menos que él quisiera hacer el papel del rubio grande y loco con su pene de 25 cm, masturbándose con cada asesinato, no le vendería mi libro. Mi agente no comunicó el mensaje completo y la gente de Wayne me ofreció entonces doscientos cincuenta mil dólares por todos los derechos: el libro y la película.

Gary explicó que hacían eso porque les permitía hacer lo que quisieran tanto a la película como a la publicación. Durante tres días, caminamos de un lado a otro cavilando, y Bárbara y yo platicando sin cesar sobre el tema, pues en verdad necesitábamos el dinero. Finalmente le dije que no podía hacerlo.

—Cariño, *Cadillac Joe* es una historia contra la guerra —le dije—. Además, ya estoy harto de que todos los héroes de guerra estadounidenses sean siempre blancos. Mi propio primo José León, que tiene todo el aspecto de indio, fue un héroe real de la guerra; y sin embargo, las medallas se las dieron a su teniente blanco, que no hizo nada, y al chico de Oklahoma, porque era más blanco que indio. Quiero que el protagonista sea Anthony Quinn, nacido y criado en México, ¡para que le brinde a la película verdaderas y auténticas agallas y profundidad!

Así es que Bárbara me respaldó y le dijimos a Gary que *no*. Se enfureció diciéndome que yo era ¡o el estúpido más grande del mundo o un genio total! Nunca logramos hacerle llegar el libro a Anthony Quinn, y Gary me explicó que la fama era la fama cuando estaba candente y que luego la fama se evaporaba y era olvidada rápidamente.

Tenía razón. Nunca recibimos otra oferta por el libro, y también se fue a pique la oferta con la editorial de Nueva York. Los alemanes compraron Bantam y despidieron a todos mis conocidos, y *Cadillac Joe* se perdió en la confusión. Terminé añadiendo la que había sido en una ocasión la propiedad intelectual más apreciada de Hollywood a mis casi quinientos kilos de libros sin publicar.

Entonces llegó la hora: mis padres y yo fuimos a Los Ángeles a pedir oficialmente la mano de Bárbara a sus padres, y Charles y

Zita nos dieron el *sí*. Se programó la fecha de la boda, y Charles comenzó la búsqueda de un sacerdote y un rabino que nos uniera simultáneamente en matrimonio, mientras mi papá puso un novillo a engordar en un pequeño corral. Resultó que un sacerdote y un rabino estaban tomando un curso de redacción creativa que Charles impartía en una extensión de la Universidad de California, y ambos estuvieron de acuerdo en casarnos a Bárbara y a mí en una ceremonia conjunta judeo-católico-cristiana.

—A eso es lo que llamo ser creativos —supuestamente les dijo Charles.

—¿Quiere decir que ambos sacaremos las mejores calificaciones? —preguntó al parecer el Padre Day.

—Por supuesto —dijo el rabino.

Así fue entonces que un rabino y un sacerdote nos casaron en la casa de Charles y Zita en Bluebell, North Hollywood. Fue una fiesta grande y hermosa; al día siguiente, todos vinieron al rancho en Oceanside, donde mi papá sacrificó al novillo bajo el enorme y viejo pirul. Mis hermanas, Linda y Teresita, le dijeron a Bárbara que tenía que dar el primer tajo para desollar al novillo ya que era su boda, y una mujer tenía que conocer todo lo referente a la jardinería y al sacrificio de reses para ser una esposa y una madre en todo el sentido de la palabra. Yo no estuve presente, pero mis hermanas me dijeron que Bárbara sintió aprehensión cuando agarró el afilado cuchillo y comenzó a cortar. Era una chica de ciudad. Nunca había visto matar a un pollo, mucho menos a un novillo de media tonelada colgado de cabeza. Pero como ella le entraba a todo, y además quería impresionar a mi familia, hizo lo que mis hermanas le sugirieron.

La fiesta en Oceanside fue un éxito total y duró varios días. Mi papá había regresado a la vida. Dejó de hablar en tiempo pasado, como venía haciendo desde que él y mi madre lo habían perdido todo. Recibió con estilo y dignidad a Charles y Zita, a todos los miembros de su familia y a sus amigos de Los Ángeles, vestido con sus mejores trajes mexicanos. Chuck Scott, mi abogado personal, y Gary Cosay, mi agente, también vinieron al rancho; y docenas de amigos hippies de Bárbara llegaron de Berkeley y San Francisco y se quedaron durante días. Ah, era igual a una de esas grandes fiestas mexicanas de antaño cuando mis padres eran dueños de la mitad del sur de Oceanside e ¡invitaban al pueblo entero a nuestras celebraciones!

Fue después de nuestra boda que comencé a trabajar en mi libro más grande: *Lluvia de Oro*. Bárbara y yo quedamos 'embarazados', y yo no quería que nuestro hijo viniera al mundo sin saber que tenía una herencia mexicana, tan rica, real e importante, como su herencia judía. No quería que mis hijos sufrieran como yo cuando fui a la escuela y fui ridiculizado y golpeado por los maestros por no hablar inglés. Tampoco quería que si iban algún día a la guerra, perdieran sus almas porque sus raíces culturales no hubieran sido suficientemente reales y profundas para saber cómo actuar, ¡cuando los demás se convirtieran en MONSTRUOS!

Ése era exactamente el tema de *Cadillac Joe*: hombres que perdieron su alma durante un fin de semana cazando osos, así como los hombres que perdieron su alma y se convirtieron en monstruos en la guerra, porque no teníamos nada en nuestra sociedad moderna que les brindara la oportunidad de mostrar sus tanates; y por eso se convertían en esos monstruos perdidos, arrogantes y temerosos que no se inmutaban al ¡VIOLAR Y ASESINAR ALDEAS ENTERAS DE MUJERES Y NIÑOS! Juan Corona no había simplemente ¡ASESINADO a esos pobres borrachos callejeros! Los expertos forenses dijeron que el primer golpe de machete había matado a la víctima, pero que el resto de los machetazos, uno encima del otro, demostraba que eran ¡CRÍMENES PASIONALES!

¡Ay, estábamos perdidos y de tantas maneras! Yo observaba a mi abogado, Chuck Scott, cuando venía a visitarnos los fines de semana y se quedaba mirando el amor y el afecto entre mis padres: mi papá fumaba su puro y masajeaba los pies de mi madre, besándolos de vez en cuando, mientras estaban sentados ante la televisión en la sala familiar después de la cena.

Sí, claro, Chuck Scott era muy inteligente, amable y considerado; sin embargo, algo faltaba en su vida. Lo vi en sus ojos. Se veía hambriento cuando observaba a mis padres. Quiero decir que yo consideraba las demostraciones abiertas de cariño de mis padres lo más natural del mundo, hasta que comencé a verlos a través de los ojos de mi abogado que acababa de separarse de su segunda esposa.

Me convertí en amo de casa mientras Bárbara traía el pan a la mesa.

Y entonces una parte de mí comenzó a preguntarse si no había sido un completo estúpido al rechazar la fabulosa oferta de John Wayne. Ese dinero hubiera sido de veras muy útil. Pero luego recordé la cantidad de veces que mi papá me había dicho que nunca nadie había ganado guerras, que todo eso era ¡pura MIERDA inventada por los hombres! ¡Las mujeres y los niños siempre sufren y pierden todas las guerras! John Wayne, con sus pendejadas y mentalidad racista, la habría convertido en otra de sus películas asquerosas, falsas y a favor de la guerra, pues él y Ronald Reagan, al igual que Jimmy Stewart, Robert Mitchum y tantos otros de los famosos y lucrativos actores, nunca habían ido a la guerra. Así es que, no; a pesar de que Bárbara y yo estábamos pasando tantas dificultades, me sentía feliz por no haber permitido que John Wayne tergiversara mi libro ¡y glorificara la guerra! Dios mío, Wayne se excitaba tanto con la guerra, como esos fantoches cazadores de osos de fin de semana ¡se excitaban cazando osos!

Al comienzo, mi mamá y mi papá no podían entender que permitiera que mi esposa trabajara mientras yo me quedaba en casa con nuestro hijo, pero luego ocurrió algo MILAGROSO. Mi papá tomó bajo su ala a David, nuestro primogénito, y comenzó a enseñarle cómo cultivar un jardín. David todavía usaba pañales, pero trabajaba con mi papá bajo el sol ardiente, arando la tierra. Era hermoso. Después Bárbara y yo tuvimos a nuestro segundo hijo, Joseph, y Bárbara renunció a su trabajo de tiempo completo en Los Ángeles y se convirtió en madre y ama de casa, y eso fue maravilloso.

Yo..., pues..., seguía escribiendo y escribiendo, entrevistando a mis padres, a mis tías y tíos, y Bárbara lo pasaba a diario a máquina.

Los años pasaron y, finalmente, Bárbara y yo tuvimos un libro. Pero ya hacía diez años que había terminado mi contrato, y se habían ido todos mis conocidos en Bantam. Entonces fue cuando Charles, que había envejecido mucho después de la muerte de Zita unos años antes, leyó mi libro. Consideró que era un trabajo extraordinario, incluso mejor que mis dos primeros libros, y sugirió que Bárbara y yo contactáramos a Ed Victor, el agente literario de Londres.

—Llegó el momento en tu carrera —nos dijo Charles a Bárbara y a mí—, en que ustedes dos necesitan un agente de los mejores para que los represente. Si no, tristemente, tengo que decir que seguirás escribiendo muy buenos libros y obtendrás incluso mejores críticas, pero estos no se convertirán en dinero. Algunos de los escritores más importantes y lucrativos del mundo no escriben libros fabulosos ni obtienen críticas maravillosas, pero ganan mucho dinero porque están muy bien representados.

—Ahora ya estoy básicamente fuera del negocio de las editoriales —añadió Charles—. Mi contrato con Bantam terminará este año. Por eso no podré ayudarlos mucho en el futuro. Deben comenzar a pensar con inteligencia y a aprender a elegir sus batallas. Contacten a Ed Victor. Él consigue millones para sus autores; y tú, Víctor, una vez más, has escrito un libro muy bueno.

Las lágrimas corrían por mis mejillas, y Bárbara me tomó de la mano. Ya había corrido mucha agua bajo el puente desde esa primera vez que me había reunido con Charles en su oficina, detrás de aquel enorme escritorio en Hollywood..., y creo que él estaba pensando en *Cadillac Joe* y todo ese montón de dinero que me había ofrecido John Wayne cuando dijo que Bárbara y yo teníamos que comenzar a pensar con inteligencia y a aprender cómo elegir nuestras batallas.

—Charles —dije— muchas personas no tienen la fortuna de tener padres maravillosos como los míos, pero yo, ¡Dios mío!, he tenido la fortuna de tener dos parejas de padres fabulosos. Tú y Zita se convirtieron en mis segundos padres, siempre aconsejándome, enseñándome y ofreciéndome amor y apoyo incondicional, aunque a veces no estuviéramos de acuerdo.

Gracias —dijo Charles—, pero como Zita siempre decía: 'De tal palo, tal astilla', y para nosotros fue muy fácil tratarte como a un verdadero yerno. Vienes de buena madera y sabes lo que quieres. Contacta a Ed Victor.

Eso hicimos. Ed Victor nos pidió que le enviáramos el manuscrito, y dos semanas después me llamó de Londres todo emocionado, diciendo que hacía años que no recibía un material de esa calidad. Que el libro que yo había escrito no sólo era maravilloso, fácil de leer y emocionante, sino una obra de literatura universal digna de un premio Pulitzer.

Bárbara y yo quedamos entusiasmados ante las buenas nuevas, pero también estábamos muy tristes porque Charles había muerto repentinamente de un ataque al corazón el fin de semana anterior, y no pudimos compartir las buenas noticias con él.

¡Me desperté!

De repente no sabía dónde estaba, pero luego, al observar a mi alrededor, comencé a recordar poco a poco que estaba en la habitación de un hotel en Nueva York. Mi pie izquierdo palpitaba de dolor. Respiré hondo sin saber qué pensar, decir ni hacer. Habían ocurrido tantas cosas en las últimas horas que en realidad ya no sabía qué era real y qué no. Mi papá había muerto el año pasado, no obstante, se me había aparecido temprano esa mañana. ¡De veras! ¡En serio! Había estado ahí, de pie en medio de la habitación, yo me había levantado y me había acercado a él. Había tomado mi mano en sus enormes manos y la había besado. Y eso se había sentido cálido y maravilloso, pero cuando traté de abrazarlo, desapareció. De buenas a primeras, se había ido. Me quedé boquiabierto, sin saber qué pensar ni qué hacer, entonces decidí irme a correr; y luego pateé una lata congelada de Coca-Cola y me rompí el arco izquierdo y el dedo pulgar del pie, y ahora..., ahora mi pie y mi tobillo izquierdo estaban inflamados como una pequeña sandía y latían de dolor.

¡Expulsé con fuerza el aire!

Era domingo, y el miércoles se suponía que almorzara con mi editora. Pero no quería ir con muletas. Ay Dios mío ¡me sentía como un completo tonto! Me levanté y fui al baño, me lavé varias veces la cara con agua fría. Decidí llamar a Bárbara, tenía que hablar con ella. Miré el reloj de la mesita de noche. Eran las once de la mañana, o sea que eran las ocho de la mañana en California. El teléfono timbraba y timbraba. Estaba a punto de colgar cuando lo levantó. Pude escuchar en el fondo a nuestros dos hijos gritando y jugando.

—Me alegro de que hayas respondido —dije. Mi corazón latía aceleradamente—. Estoy en graves problemas, Bárbara. Estoy seguro de que me rompí el pie. Está muy inflamado y se ve todo morado y rojizo oscuro.

—¿Cómo te rompiste el pie? —preguntó.

Me sentí completamente avergonzado, como un niñito muy estúpido. Había venido a Nueva York a atender un asunto muy serio y, ¿qué había hecho?, me había ido a correr en temperaturas heladas, en pantalones cortos y camiseta, y había pateado una lata congelada de Coca-Cola. De todas maneras, decidí contarle toda la historia a Bárbara mientras continuaba escuchando la alegría de nuestros hijos divirtiéndose. Creo que estaban en una pelea de almohadas.

—¿Crees de verdad que viste a tu papá? —preguntó Bárbara.

—Sí —dije, agarrándome la frente—. Mi papá nos había dicho toda su vida que todas las noches su mamá lo visitaba, que lo llevaba más allá de las estrellas para estar con Dios; y ahora que está en el Más Allá, supongo que vino a hacer conmigo lo que su madre solía hacer con él.

Bárbara no dijo nada y me pude dar cuenta que los niños se habían ido a la habitación de al lado, porque ya escuchaba muy tenues sus risas y su alegría.

—¿Bueno? —dije—. ¿Sigues ahí?

—Sí, aquí estoy —dijo Bárbara—. Sólo estaba pensando que si tu papá vino a verte, ¿por qué ninguno de mis padres ha venido a verme? Yo también amaba muchísimo a mis padres —añadió.

Respiré hondo por un buen rato. Pude oír que ella había comenzado a llorar. —No sé —dije—. Pero quizá no tenga nada que ver con el amor, Bárbara, más bien tiene que ver con la forma en que fuimos criados. Porque, verás, al despertar esta mañana, estuve entre dormido y despierto por mucho tiempo, y es en ese estado del ser que olí una vez más el puro de mi papá; entonces pude recordar todo lo que mi papá me había dicho la noche anterior y comprendí muchas cosas. No había sido su padre quien había venido a enseñarle desde el Más Allá. No; había sido su madre, y su madre había tenido como maestro a su papá, Don Pío, y a él no le habían enseñado ninguno de sus padres. No, Don Pío había aprendido de su tatara-tatara-tatara-tatara-tatara-tía, Madre de Ningún Hijo Específico, que vivió hasta los ciento sesenta y cinco años. ¿Te había dicho esto antes?

—Sí, me lo habías dicho.

—Pues Bárbara, si la muerte no existe, y las personas que van al Más Allá pueden venir a vernos y enseñarnos, entonces, Dios mío, no tiene que venir uno de nuestros padres. Puede ser un primo, tía, tío, cualquiera de nuestros ancestros. ¡Esto es tan emocionante! Nuestra habilidad de aprender sobre la vida se expande un millón de veces, un tropecientos de veces, como resultado de nuestro contacto con él Más Allá —dije muy emocionado.

Pude escuchar a Bárbara respirar hondo y luego expulsar el aire. —Cariño —dijo—, odio decirte esto pero, ¿no crees que quizás no viste precisamente a tu papá, sino que, quiero decir, estás perdiendo los estribos debido a toda la tensión que has tenido que pasar?

¡Por poco pego un alarido!

Pero no lo hice y dije: —Claro que no, cariño. De hecho, estoy comenzando a pensar, a entender, que finalmente estoy despertando. Quiero decir, que la visita de mi papá anoche me ayudó a entender la vida con una nueva perspectiva y a sentirme más confiado con lo que estoy haciendo. Tú y yo sabemos que el fantástico libro que tu papá y Ed Victor leyeron, no es el mismo libro que tenemos ahora, después de las modificaciones desconsideradas de Putnam.

—Estoy de acuerdo contigo —dijo.

—Muy bien, entonces sólo imagínate, cariño, que la muerte no es realmente el final, sino un..., un comienzo hacia un nuevo mundo de comprensión y conocimiento, y que cuando uno de nuestros seres queridos van al Más Allá no nos están dejando. No, más bien, están haciendo contacto con el resto de nuestra familia en el Más Allá, además con los Grandes Maestros de los que mi papá hablaba, y también están contactando a Dios, a Sus ángeles y Sus santos...; y quizá, entonces, la muerte es maravillosa.

—Lo que te quiero decir, Bárbara, es que mi abuela me crió en el barrio de Carlsbad, diciéndome que todos tenemos ángeles aquí en la tierra, no sólo allá en el cielo. Hay ángeles del maíz; ángeles de la calabaza; ángeles de los aguacates; y también ángeles del viento, de los árboles, de la lluvia que cae del cielo. Ella solía decirme que TODO ESTÁ IMPREGNADO del espíritu angelical de Dios; y ahora, al despertar esta mañana, comencé a recordar todo esto porque fui criado así. Bárbara, yo solía ver diez mil ángeles en las tardes, mientras mi abuela empujaba mi cochecito alrededor de la cuadra, y ella comenzaba a soplar y a resoplar.

—Años después comencé a comprender que cuando ella giraba a la derecha, al final de nuestra cuadra, la tierra se volvía arenosa bajo los enormes eucaliptos, entonces ella tenía que hacer un mayor esfuerzo para empujar el cochecito y por eso soplaba y resoplaba; así era que yo podía oler el aroma de los eucaliptos y veía diez mil ángeles bailando en la brisa. Años después, llegué a comprender que lo que veía realmente eran las hojas de los eucaliptos bailando bajo la luz del atardecer, pero hubiera jurado ante cualquiera que yo veía algo real, porque a través de mis ojos de niño, veía un ángel en cada hoja.

Respiré hondo. —Así es que tal vez, Bárbara, mi papá pudo venir a verme anoche, no solamente porque me ama, sino por la forma en que fui criado durante mis primeros y preciosos años. Es decir, no me enseñaron a leer ni a sumar ni a ser racional. No; me enseñaron a plantar un jardín y a hablar con las plantas, a ver cómo sus hojas se entristecían por la falta de agua, y luego cómo recobraban la vida al regarlas. Ah, te digo que yo veía el espíritu angelical viviente y animado del maíz, la calabaza..., de todas las plantas, de los árboles y las nubes, que nos regala Dios —añadí con lágrimas de alegría.

—Es verdad —dijo Bárbara—. Yo fui criada de forma muy distinta. Sabía leer antes de entrar a la escuela, y no cultivé un jardín hasta que fui a Berkeley y me volví hippie.

—Exactamente —dije, sin agregar nada más. Los dos nos quedamos en silencio por un largo rato, creo que estábamos tratando de digerir lo que estaba ocurriendo.

—¿Entonces en verdad te sientes bien por haber visto a tu papá? —preguntó.

—Sí, de hecho, lo he visto dos veces —dije—. Primero en la habitación y luego en el baño. Pero mira, cambiando el tema —seguí—, me gustaría que consiguieras a la doctora Leeder y le pidas que me llame. Me duele mucho y necesito ayuda rápidamente. No quiero ir a mi cita del miércoles en muletas y sin tener la mente clara.

Me detuve, comprendiendo lo que acababa de decir respecto a la mente clara. Supongo que Bárbara no era la única a la que le costaba aceptar lo que me ocurría. Pero gracias a Dios, no le dio importancia a lo que yo acababa de decir.

—Está bien, trataré de localizar a Cynthia Leeder —dijo—, pero es domingo y generalmente tampoco trabaja los lunes, o sea que puede ser difícil.

—Es una emergencia, cariño, así que ve qué puedes hacer. Gracias. Voy a ver si consigo un poco de hielo ahorita mismo para bajar la inflamación. Dales un gran abrazo a los niños de mi parte y diles que los amo con toda mi alma.

—Eso haré, cariño —dijo.

Colgué el teléfono y llamé a la recepción para pedir un poco de hielo. El recepcionista me dijo que había una máquina de hielo en el piso, al lado de los elevadores. Agarré el bote de basura del baño y me fui cojeando por el corredor hasta la máquina de hielo. Era realmente difícil porque no podía apoyarme sobre mi pie inflamado. Llené a medias el bote de basura de hielo y me agarré de las paredes para regresar a mi habitación. En la ducha, añadí un poco de agua fría al hielo y me senté en la silla del escritorio al lado de mi cama para poner mi pie en el agua helada. ¡PEGUÉ UN GRITO! No supuse que iba a doler tanto.

—¡OH, papá! —grité—. ¡ESTO NO SERÁ FÁCIL! ¿Por qué diablos, digo, por qué cielos, tuve que romperme el pie?

Tan pronto dije eso, olí una vez más el puro de mi papá. Miré a mi alrededor, esta vez no lo veía, pero podía sentirlo. Sí, podía sentir que estaba ahí conmigo una vez más. Sonreí y el dolor pareció disminuir; y luego sentí que veía a mi papá. Estaba sentado en una de las dos camas de mi habitación, y mientras yo respiraba y respiraba, lograba verlo cada vez con mayor claridad. Ciertamente, no sentía que me estuviera volviendo loco, ni que me ocurría algo inusual. De hecho, ahora me parecía que comunicarnos con el Mundo Espiritual era la cosa más natural del mundo.

Después de todo, ¿no me había dicho mi papá, sentado sobre el inodoro, que todos éramos parte de Dios y que el Santo Creador era eterno? ¿Entonces cómo podía la parte de nosotros que era parte de Dios hacer otra cosa que vivir eternamente? O sea, sí, claro, quizá yo estaba soñando, pero este sueño se sentía totalmente real y bien.

—Qué alegría verte de nuevo, papá —dije.

—Que alegría que puedas verme, mijito —dijo.

—Entonces, ¿de veras era así durante toda tu vida aquí en Este Lado, cuando tu madre te visitaba desde el Más Allá?

Mi papá asintió. —Sí, exactamente así. Y te digo, mijito, una vez que comienzas a vivir tu vida así, viendo el Mundo Espiritual mientras vives en tierra firme, toda tu vida se convierte en una vida llena de milagros diarios, y es tan emocionante como un ciego que comienza a ver, como un sordo que comienza a oír o como una persona que no puede oler o probar, y lo empieza a hacer.

—Cada uno de nuestros sentidos es un milagro —continuó—. Ah, disfrutar de repente de esta celebración milagrosa de ver, oír, oler y probar abre nuestras almas y nuestros corazones al maravilloso mundo de la abundancia que hay a todo lo largo de nuestra hermosa tierra. Jamás estarás solo de nuevo, mijito, porque ahora puedes olerme, oírme y verme, tienes una puerta abierta a toda tu familia en Este Más Allá, ¡todos dispuestos y listos para ayudarte con todos nuestros corazones y almas!

Lágrimas de felicidad brotaron de mis ojos. —Oh, ¡papá, eso suena tan maravilloso! —dije—. Entonces morir puede convertirse en un evento grande y glorioso.

—Por supuesto. ¿Por qué crees que no le permitía llorar a nadie cuando venían a verme esos últimos meses de mi vida? No; les decía que tenían que irse si comenzaban a llorar, porque cada noche yo veía atisbos de lo que significaba morir, ¡y era maravilloso!

Me sequé las lágrimas. Lo que mi papá estaba diciendo era completamente cierto. Todo tipo de gente venía a verlo después del anuncio de su muerte, la víspera de Año Nuevo. Venían de todas partes, de los Estados Unidos y México, y era fabuloso ver cómo recibía a cada persona igual que si fuera la más importante del mundo.

Nunca olvidaré a Dennis Avery, a quien había conocido junto con mi amigo Bill Cartwright en la Universidad Occidental de California, allá en Point Loma, San Diego. Dennis llegó al rancho en su enorme motocicleta Harley-Davidson hecha a su gusto y medida, como si acabara de salir de la película *Easy Rider*. Era abogado, asistente del fiscal de distrito. Me contó después que cuando mi papá lo vio, le dijo: "¡Dennis! ¡Dennis! ¡Ven acá! ¡Acabo de descubrir la cosa más maravillosa!".

"Te digo", me dijo Dennis, "no había ido a visitar a tu papá, mi mejor amigo, en más de un año, debido a mi divorcio y a mi carga de trabajo en la oficina; y entonces me aparezco en mi estrepitosa motocicleta, con pantalones y chaqueta de cuero y aretes, seguro de que me iba a dar un sermón, como lo hubiera hecho mi papá. Pero, en vez de eso, qué hace tu papá, me dice con el entusiasmo de un niño: '¡Dennis! ¡Dennis! ¡Ven acá!'. Como si me hubiera visto el día anterior. Ni siquiera se dio cuenta que yo llevaba pantalones de cuero negro y aretes. ¿Y qué hizo después?, me pidió que lo siguiera hasta la parte de atrás de la casa, y me explicó cómo había estado alimentando e irrigando a las hormigas en el exterior, no muy lejos de su hormiguero, para que no vinieran a la casa ni lo volvieran a molestar".

"Yo esperaba encontrarme con un hombre acabado y viejo, una reliquia del hombre que yo había conocido, porque tú me habías dicho que se estaba muriendo. Pero no, estaba lleno de vida y vitalidad, diciéndome: 'Ven a ver las hormigas', como un niño feliz. Y así lo hicimos, y era cierto: estaba alimentando a un ejército enorme de hormigas negras diminutas detrás de la casa, y estaba tan emocionado como un niño en Nochebuena".

"Y luego, después de explicarme eso, me dijo: 'Ven, Dennis, mi amigo, tomémonos un tequilita juntos, ¡porque ésta es una gran celebración! ¡La más grande! Porque por años he estado envenenando a las hormigas, y cuando eso no las frenó, comencé a poner gasolina en sus hormigueros y a prenderles fuego. Pero te digo, nada de eso las detuvo por mucho tiempo".

"Entonces un día me dije a mí mismo: *Me gustan estas hormigas. Son mucho más resistentes e inteligentes que nosotros los humanos, y además tienen mejor corazón porque las he visto cargar a sus muertos.* Decidí hacer las paces con ellas en mi preparación para mi partida al Más Allá; ahí fue cuando las hormigas y yo nos volvimos grandes amigos y me dijeron lo que querían. Todo el mundo nos habla, Dennis, una vez que comenzamos a escuchar con nuestros corazones. Las hormigas, los árboles, hasta las piedras que almacenan la sabiduría más antigua de Dios".

"Escuchando a las hormigas, me explicaron que Lupe y yo habíamos construido nuestra casa sobre su amado hormiguero, y que deseaban a cambio que las alimentáramos y les lleváramos agua. Entonces ahora, comprendiendo la situación a través de sus ojos, las he estado alimentando un poco cada día y también les he dado agua... y, ahh, algo maravilloso ha ocurrido entre las hormigas y yo. De hecho, este año, cuando llegó la temporada de las termitas voladoras, las hormigas me pidieron permiso para entrar a la casa a comerse las termitas por mí. Les dije que sí, por supuesto, y ahora no tengo termitas, ni tampoco que fumigarlas".

"Dennis, te digo, tengo ochenta y seis años y me estoy preparando para mi viaje al Más Allá; y es ahora que estoy finalmente comenzando a comprender que todo, cada cosa minúscula está viva y tiene en su interior la Voz Sagrada de Dios, si sólo escuchamos. Oh, es tan sencillo, porque una vez que comprendemos esto, sabemos que toda vida es sagrada y que todo es cuestión de amar y escuchar, de aprender y de ser feliz. Muy, muy felices, sin importar nada, porque eso es todo lo que tenemos: felicidad y aprendizaje. Y no obstante, no podemos aprender ni un carajo Dennis, hasta que no sepamos muy en el fondo que no sabemos ni un carajo".

"Aquí tienes, Dennis" me dijo, "tómate un tequila doble, pero yo sólo tomaré un traguito, voy de camino, Dennis; y ahh, es maravilloso saber que se ha terminado aquí tu trabajo en la tierra y que finalmente puedes descansar. ¡Salud, amigo mío!".

"Me tomé mi trago con tu papá", me contó Dennis, "y fue una de las tardes más maravillosas que he pasado en mi vida en compañía de alguien. Ahí iba yo conduciendo en mi Harley pensando que me iba a encontrar con un hombre viejo y enfermo; y en vez de eso, me encontré con un hombre que estaba más vivo que cualquier ser humano que yo hubiera conocido. Le dije a mi hermano Russell, que estaba pasando por tiempos difíciles, que fuera a visitar a tu papá. Así lo hizo, y me dijo después que Sal casi lo mata del susto porque tomó en sus manos la mano de Russell y le dijo: 'Russell, ¿eres feliz?'".

"Mi hermano me dijo que nadie le había hecho nunca esa pregunta en toda su vida. Que siempre le preguntaban cómo estaba y cómo estaban las cosas, pero que él no tenía la más mínima idea de cómo responder, por lo que dijo: 'Pues, no sé. Me faltan dos meses para obtener mi maestría, y la chica con la que estaba saliendo... bueno, terminamos'".

"Russell dijo que tú papá tomó su mano, entre sus dos manos enormes con mucho cariño y amor, la acarició y dijo: 'Russell, sé feliz. Es lo único que tenemos'".

"Mi hermano dijo que no supo qué decir ni qué pensar, porque toda su vida estaba enfocada en conseguir su maestría en Berkeley y vivir con su novia, y ella se había ido. Pero luego me dijo que de repente había entendido: tu papá se estaba muriendo y sin embargo estaba feliz, no solamente un poquito feliz, sino sumamente feliz. En ese momento, mi hermano me dijo que se había olvidado de todo por completo: Berkeley, chicas, metas, propósitos, apariencias y que, de repente, se había sentido también muy feliz".

"En esos últimos tres meses de su vida, tu papá era una fuerza espiritual de serenidad no inferior a la de Buda o el mismo Jesucristo. Vine a verlo cada semana; y algunas veces tenía que esperar horas, pues había mucha gente que venía a verlo y eso también era fantástico, porque compartíamos historias de nuestras razones para visitar a tu papá. Algunas personas venían desde Tejas y México, y yo estaba fascinado con la oportunidad de conocer más y más sobre la vida de tu papá. Él era el papá que muchos de nosotros nunca tuvimos. Es decir, mi propio papá era maravilloso y se convirtió en multimillonario, pero ni una sola vez pude sentir la calidez y el amor que tu papá me brindaba con tanta naturalidad. El papá de mi papá, mi abuelo, había sido ministro en el territorio de Oklahoma, y había sido una persona conservadora, llena de reglas, normas y expectativas, y creía en el estilo de vida bajo el temor a Dios. Sin embargo, tu papá no sentía miedo de Dios. De hecho, Dios, para tu padre, era totalmente misericordioso y compasivo y lleno de amor para todos nosotros".

Al igual que Dennis y Russell, por tres meses siguió llegando gente a ver a mi papá. Pasaban una o dos horas con él, pero nunca permitía que lloraran ni sintieran pena por él. Si comenzaban a hacerlo, les decía que se largaran o que se metieran un palo puntiagudo por el trasero y no volvieran a verlo hasta que no se dieran cuenta que éste era el suceso más maravilloso de su vida: ir de regreso a casa, adonde él deseaba regresar ; que tratar de aferrarse a la vida aquí en la Madre Tierra, después de terminar el trabajo que uno tenía, era tan estúpido y ridículo como aferrarse a la imagen de la juventud cuando uno se veía en el espejo.

Algunas de esas personas nunca regresaron, especialmente cuando se ofrecía a buscarles el palo puntiagudo él mismo. Una pareja de esos fueron mis primos de San José, la hermosa hija de Sophia, la hermana mayor de mi mamá y su esposo, que siempre habían sido amigos muy cercanos de mi padre y de mi madre. Habían ido juntos a Las Vegas muchas veces. Creo que lo que pasó fue que quedaron muy sacados de onda con la historia del palo puntiagudo, y el esposo le dijo a mi papá que había insultado su habilidad de satisfacer a su mujer.

Mi papá empezó a reírse, tratando de explicarle que él no estaba hablando de sexo, que estaba hablando del alma humana. Las cosas se pusieron cada vez peor, y mi prima y su esposo finalmente salieron corriendo..., y ésa no fue la única pareja que se enojó con mi papá.

Juan Limberopulos Villaseñor, con quien yo había ido a la escuela en el ejército y a la academia naval en Carlsbad, era un primo paterno originario de Guadalajara, que estuvo perdido mucho tiempo y cuya familia era dueña del famoso restaurante *La Copa de Leche*. Juan se enojó primero cuando mi papá le dijo que Jesús era la respuesta para todo.

—Juan —le dijo mi papá a mi primo—, jamás había escuchado en toda mi vida hablar tanto de Jesús como estos últimos días en que han venido a verme porque me estoy muriendo. Te digo, si viviera de nuevo mi vida, la viviría muy diferente. Unos y otros, algunos desconocidos, vienen a mi puerta y traen la Biblia, y me dicen que Jesús esto y Jesús lo otro. Y trato de explicarles que yo le rezo a Nuestra Santa Virgen, la Madre de Jesús, porque ella sabe mucho más de la vida que su Hijo, que nunca se casó ni pagó impuestos, pero no me quieren escuchar. Entonces he decidido que si regreso, que espero no lo tenga que hacer, pero si sucede y termino otra vez en los Estados Unidos, voy a aceptar a Jesús por completo. Voy abrir una cadena de restaurantes de comida rápida con hamburguesas de Jesús, pizzas de Jesús y malteadas de Jesús. ¡Me haré rico! Te digo que ¡Jesús vende más que cualquier licor o droga!

Juan me dijo que al comienzo se espantó, creyendo que mi papá había perdido su maravilloso sentido del humor y su sabiduría ahora que estaba muriendo. Pero cuando escuchó lo de las hamburguesas y las pizzas, comenzó a reírse tanto que no podía parar. —Creí que tu papá había perdido la chaveta por miedo a la muerte —me dijo Juan—, pero luego me di cuenta que estaba tan perceptivo y confiado, lleno de vida, cordura y alegría como nunca. Jamás, nunca vi a mi propio papá divertirse tanto en vida como el tuyo. Tu papá era un papá de la alegría, un genio en el arte de vivir la vida, ¡y el papá que nunca tuve!

Mi papá les decía a las jovencitas que era mejor ser prostitutas que permanecer en un matrimonio abusivo. ¡Y que el divorcio era una bendición! —Cuando una pareja se casa, no es matrimonio, es matar los demonios, ¡pero con respeto y amor! —les decía a las mujeres, y luego añadía que si más mujeres les cortaran los tanates a los hombres que abusaban de ellas, ¡muy pronto habría más hombres que respetaran a las mujeres!

Mi madre se ofendía cuando escuchaba a mi padre hablar así y hacía todo lo posible para que dejara de hacerlo. —Salvador —le decía—, ¡te estás muriendo, haz las paces con el mundo!

—Esto *es* hacer las paces —decía—. Por eso es que siempre he castrado al 90% de todos los machos del rancho. La mayoría de los hombres son tan ignorantes y arrogantes, ¡que deberían ser castrados!

Durante esos últimos tres meses de la vida de mi padre, era como estar en una montaña rusa; y nadie, absolutamente nadie, disfrutó de esa época más que mi padre mismo. Disfrutaba hasta de molestar a los testigos de Jehová cuando venían a hablarle sobre Jesús y el aborto.

—¿Aborto? —decía—. ¿Hasta cuántos meses no están de acuerdo? En cuanto a mí, digo que hasta los veintiún años de edad. Antes de eso, digo que aborten si salen perezosos o testarudos.

—No, no. Hablamos de abortar los hijos antes de nacer.

—Pues sí, yo estoy diciendo que deberíamos abortarlos hasta la edad de veintiún años. Sería un mundo muchísimo mejor si pudiéramos abortar a los hijos hasta los veintiuno. ¿Qué edad dijeron que tenían ustedes dos? Vender a Dios de puerta en puerta, sin respeto por lo que la gente ya tiene, y preguntarme si he encontrado a Jesús. Entonces, díganme, ¿ya tienen veintiún años?, ¡porque si no, los aborto a los dos ahorita mismo! ¡Bájense los pantalones! ¡Tengo un cuchillo bien afilado aquí! —Los dos testigos de Jehová salieron corriendo y, finalmente, dejaron de venir del todo a nuestra casa.

Al fin llegó una semana en que mi papá pareció calmarse y dijo: —Está bien, ya me voy—. Había perdido más de diez kilos en menos de tres meses. Sus ojos se veían enormes y profundos en sus órbitas.

—Mamá —le dije a mi madre una noche—, te ves cansada. Esta noche yo me quedo con papá. Vete a la casa grande con Bárbara y los nietos.

En la casa grande, había más de una docena de nietos. Habían venido desde San Diego, de San José y Reno, Nevada.

—Está bien —dijo mi madre—, pero si necesita algo, llámame.

—Claro que sí, mamá, te llamaré.

—¿Me lo prometes?

—Sí, te lo prometo —dije.

Ahora aquí en la habitación de mi hotel en la ciudad de Nueva York, en retrospectiva, podía recordar muy claramente esa última noche que había pasado con mi papá. Nunca había querido recordar esa noche, pero ahora que mi papá había venido a verme desde el Más Allá, ya no tenía miedo de hacerlo.

Vi a mi madre atravesar la puerta principal y pasar por el enorme y viejo árbol de pirul, el gallinero, nuestro jardín orgánico y el montón de composta, hacia la vieja casona, donde Bárbara y nuestros dos hijos se estaban quedando con toda la cuadrilla de primos. Recuerdo muy bien que regresé adentro, me senté en una silla al borde de la cama de mi papá, que yacía en la cama rentada de hospital con los controles para sentarse y acostarse a su gusto.

—¿Cómo te sientes papá? —pregunté.

—¿Qué esperas? —dijo—. A veces bien y a veces no tan bien. Mejor y a veces peor. Te digo es una porquería envejecer.

—Pensé que decías que estabas feliz de que tu trabajo aquí en la tierra hubiera terminado y que ahora querías irte al Más Allá.

—Sí, claro, eso es lo que digo, pero demonios, me hubiera gustado terminar mi trabajo unos años antes, para haberme ido cuando todavía estaba en plena posesión de mis facultades.

—¿Cuándo fue eso?

—Oh, diría que hasta que tuve setenta y cinco años, todavía me sentía fuerte y era una dicha dormir con tu madre. Pero desde entonces, bueno…, ya no me he sentido tan fuerte.

—¿Entonces te hubiera gustado partir hace once años cuando tenías setenta y cinco? —pregunté.

—Pues en realidad no, porque no fue hasta después que cumplí los setenta y cinco que comencé a ver y entender las cosas con mayor claridad. O quizá no con mayor claridad, pero con mayor suavidad, todo más conectado, como una riata de cuero trenzada —dijo—. Verás, mijito, ahora puedo ver y comprender claramente que la única razón por la que tenemos problemas en este mundo es porque la gente no usa todos sus sentidos. Y esto es lo que causa todos nuestros miedos y problemas.

—¿Cuál de los cinco sentidos dices que la gente no usa, papá?

—¿Cuáles cinco sentidos? —dijo.

—Los cinco sentidos que tenemos —recuerdo haber dicho.

—¿Cinco sentidos? ¿Quién te dijo que sólo tenemos cinco sentidos?

Me reí. —Bueno, todos, papá, porque lo único que tenemos es cinco sentidos.

—¡PURAS TONTERÍAS! —Dijo lleno de energía—. ¡Tenemos diez o doce! No recuerdo exactamente cuántos, pero ¡son muchos más que sólo cinco! ¿De dónde sacaste tremenda pendejada?

—De la escuela, papá.

—¿De la escuela?

—Sí.

—¿También de la Iglesia?

—Sí, claro, también de la Iglesia.

—Bueno, ¡esto explica muchas cosas! Dios mío, ¡cinco sentidos! ¡Es ridículo! ¿Cuáles fueron esos cinco sentidos de los que te hablaron?

—La vista —dije, señalando mis ojos—. El oído, el olfato y el gusto —dije señalando mis orejas, nariz y boca —. Y el tacto —dije, estirando mis manos.

—¿Eso es todo? Me quieres decir, ¿que nunca te enseñaron a cerrar tus ojos y percibir tus sentimientos con tanta profundidad que entras al mundo del equilibrio y puedes ver con los Ojos de tu Corazón?

Creí que era una broma y me reí al escuchar esto. Pero él no se rió. No; se quedó mirándome.

Dejé de reírme. —No, papá, nunca nos enseñaron a cerrar nuestros ojos y a sentir con tal profundidad que entramos al mundo del equilibrio —dije.

—Esto explica muchas cosas —dijo—. No es de extrañar que el mundo esté tan ciego que nadie puede ver su cabeza desde el culo—. Respiró hondo. —Mijito, una vez que esté en el Más Allá, hablaré con mi madre y con los otros Grandes Maestros, y luego regresaré y te explicaré todas esas cosas, pero..., pero tienes que prestar mucha atención, especialmente durante tu sueño. Recuerda, el verdadero aprendizaje sólo ocurre en nuestros sueños, cuando las personas son como la vaca que pasta en la pradera mientras mastica y mastica y su rabo espanta las moscas mientras, calmadamente, suelta sus buenos pedos. Mijito, suelta siempre buenos, relajados y sabrosos pedos y estarás bien.

Me reí tanto que me salieron lágrimas. —Ay, papá, ¿de verdad tienes que irte?

—Sí, por supuesto. He terminado mi trabajo aquí y ahora tengo que irme al Más Allá para continuar mi misión.

—¿No tienes miedo, papá?

—¿De qué? ¿De la muerte?

Asentí.

—Por supuesto que no, mijito. La muerte es parte de la vida, he tenido una buena vida y no voy a insultarla ahora. Ahh, no sabes las ganas que tengo de estar con mi mamá, mi hermano, José el Grande, y el resto de mi familia. Todos me están esperando. Llevan meses viniendo a mí en mis sueños a decirme lo maravilloso que es la Vida en el Más Allá.

—¿Y tú crees en todo eso?

—¿Que si creo?

—Sí.

—Por supuesto que no. Creer en algo es débil y tonto. ¿Tú crees en tu camioneta Ford? No, tú conoces tu camioneta Ford, ¿no es cierto?

—Bueno, sí —dije, asintiendo—. Yo sé que mi camioneta Ford es sólida, buena, durable y confiable.

—¡Y real!

—Sí, y real.

—Pues bien, de igual manera, siempre he sabido todo respecto al Más Allá, pues mi madre me lo ha enseñado a diario en lo que llevo de vida aquí en la tierra.

Respiré hondo varias veces. —Y así nomás, ¿vendrás a enseñarme? —pregunté.

—Sí, exactamente —dijo—, y como te dije, una vez que esté en el Más Allá y hable con mi madre y con los otros Grandes Maestros, regresaré a Este Lado a enseñarte, así como mi mamá me enseñó toda mi vida y su padre, Don Pío, le enseñó a ella, y a Don Pío le enseñó su tatara-tatara-tatara-tatara-tataratatara-tía, Madre de un Hijo no Específico, que vivió...

—... que vivió hasta los ciento sesenta y cinco años de edad —dije, habiendo escuchado esta increíble historia cientos de veces.

—Sí, y solamente murió a esa edad porque el viejo sacerdote hizo que los jóvenes soldados la violaran y la quemaran en la hoguera en las costas de Yucatán, si no ella...

—...ella habría probablemente vivido hasta los novecientos años, como Moisés —dije.

—Sí, exactamente —dijo, tomando mi mano—. Has escuchado bastante bien, mijito, bastante bien, y estoy muy orgulloso de ti. Estaba completamente equivocado al no querer que te convirtieras en escritor. Si te hubieras convertido en un hombre de negocios como yo quería, y hubieras ganado cien millones de dólares, no estaría tan orgulloso de ti como estoy ahora.

Las lágrimas corrían por sus viejos y arrugados ojos. —La forma en que describiste a mi madre, oh, es tan cierta, magnífica y maravillosa, y ahora... cien generaciones de personas pueden leer y ver lo que es una mujer de corazón, alma y poder, y saber a ciencia cierta que este libro nuestro es tan sagrado y santo como la Biblia, y cuenta la verdad sobre las mujeres, en vez de los hombres, como lo hace la Biblia judía.

—Había perdido la fe en ti, mijito, viéndote luchar por tantos años sin esposa e hijos, mientras todos tus amigos se casaban y tenían hijos; y tú no tenías nada, nada, nada, sólo te dedicabas a escuchar a las estrellas en la madrugada. Tu madre y yo nos preocupamos y oramos por ti muchísimo, pues eres el único varón que nos queda, pero tú nunca te diste por vencido. ¡Nunca, nunca, nunca!

—¿Cómo podría haberme dado por vencido, papá, si tú perseguiste un tren cuando eras un chamaco de once años, corriendo por el desierto sin comida ni agua, día y noche, por más de 150 km? Yo jamás podría darme por vencido, papá —dije, mientras rodaban las lágrimas por mis mejillas—. Tú me enseñaste eso. Tú y mamá, y el resto de nuestra familia.

—Y todo eso lo has escrito en nuestro libro —dijo—. Obtuviste la verdad, y ahora tienes que mantener esa verdad.

—¿Qué quieres decir con eso de 'mantener esa verdad'?

Respiró muy hondo. —Ya verás, mijito, ya verás; pero ahora tengo que cerrar mis ojos —añadió.

—Está bien, dejaré las puertas abiertas y me iré a acostar a la habitación de al lado, me llamas si necesitas algo, ¿está bien?

—Está bien —dijo—. ¡Un abrazo!

Entonces nos abrazamos, corazón a corazón, durante un tiempo muy, muy largo; y luego se recostó y cerró sus ojos, y yo también fui acostarme a la habitación de al lado.

Una hora más tarde me desperté súbitamente. Mi papá estaba jadeando, respiraba con mucha dificultad. De un salto me levanté de la cama de mi madre y corrí a la habitación donde estaba mi papá, bajo la luz tenue de la lámpara de noche, con la boca abierta y muy pálido. Coloqué mi oído en su boca para escuchar su respiración, pero no pude escuchar nada.

¡Había muerto!

¡Se había ido!

Estaba en el Más Allá con su madre y su hermano, José el Grande, su abuelo, Don Pío, y el resto de nuestra familia, Papito Dios y Sus ángeles y santos.

Salí y miré las estrellas. Las lágrimas corrían a borbotones por mi rostro. Me sentía tan, tan feliz por mi padre. En verdad me sentí así. TAN, TAN FELIZ, ¡pero también lo extrañé!

Tomé aliento muchas veces y sequé las lágrimas de mis ojos; luego..., luego decidí ir a avisarles a los demás. ¡Papá se había IDO!

Pero, supongo, que en realidad no se había ido, según todo lo que me había dicho.

—Gracias, Señor —dije—. Gracias, Papito Dios; y por favor recibe a mi papá en Tus Amorosos Brazos— añadí, respirando de nuevo muy hondo.

CAPÍTULO SEIS

El teléfono sonó en la habitación del hotel. Era la doctora Cynthia Leeder, nuestra médica holística durante años. Su papá había ejercido la medicina en Bakersfield, California, y Cynthia había sido campeona de carreras en la secundaria y la universidad. También había asistido a la escuela de medicina, pero luego había dejado la carrera y había decidido estudiar medicina alternativa. Le conté sobre mi situación apremiante y también le conté de Jeff y Bonnie, la pareja que había conocido en el avión. Me dijo que contactara a Bonnie y le preguntara si conocía a un buen quiropráctico que estuviera familiarizado con quinesiología y medicina holística.

—Además, pregúntale a Bonnie si conoce una buena tienda naturista que venda productos holísticos —dijo la doctora Leeder—. Y, por supuesto, pídele su consejo y participación.

—Está bien, está bien —dije—, pero debe entender, doctora Leeder, que tengo que calzarme las botas para el miércoles, para poder ir caminando al almuerzo con mi editora sin tener que usar muletas ni cojear.

—Está bien —dijo, y el teléfono quedó mudo.

—¿Sigue ahí? —pregunté, después de un momento.

—Sí —dijo—. Sólo estoy verificando con mis guías. —Sus guías, había explicado siempre la doctora Leeder, eran la voz de su intuición y todo el conocimiento del Más Allá, que estaba disponible para todos nosotros sí tan sólo preguntábamos. —Está bien, me dijeron que lograrás ajustar y sanar tu arco y el dedo de tu pie en menos de cuarenta y ocho horas, pero que tú serás una parte crucial en tu sanación, hablando con tu pie, amándolo y pidiéndole perdón.

—Está bien, eso tiene mucho sentido —dije.

—Muy bien. Víctor, has pasado por situaciones como ésta antes y lo has hecho muy bien, puedes volver a hacerlo.

—Sí, —dije, recordando cómo ella me había guiado durante una época en que me había fracturado mis dos brazos, y aun así pude subir a las montañas de Chihuahua, México, mientras investigaba para mi libro *Lluvia de Oro*.

—Esto no fue un accidente —añadió.

—Sí, yo sé. Eso me explicó mi papá anoche cuando vino a verme.

—¿Vino a verte en forma física? —preguntó, pues ella sabía que mi papá había muerto. De hecho, ella había ido a visitarlo un par de veces durante sus últimos meses.

—Sí. Con todo su cuerpo.

—Entonces, si ése es el caso, pídele que te ayude —dijo—, porque cuando alguien viene en su forma física completa, significa que puede ayudarnos con todo el conocimiento de los Grandes Maestros de la medicina del pasado o del futuro del Más Allá.

Respiré hondo. —Entonces, doctora Leeder, ¿eso significa que usted lleva un tiempo sabiendo todo este asunto del Más Allá?

—Claro que sí —dijo—. Todos lo sabemos. Sólo que lo hemos rechazado incluso antes de que llegara a nuestras mentes. Mi papá, que era un doctor muy anticuado en Bakersfield, viene a menudo a ayudarme con mis pacientes. Te he invitado a nuestras sesiones del Despertar Espiritual de los jueves en la noche, pero nunca has venido —añadió.

Asentí para mí mismo. Era cierto.

—Bueno, como sea —continuó—, me dijeron que el doctor que te ayudará a encontrar Bonnie, es muy bueno. Tiene treinta y cinco años; y todos juntos, Víctor, todos te ayudaremos a mejorarte en muy poco tiempo. ¿Lo entiendes?

—Sí.

—Tú mismo tienes que hacer la mayor parte del proceso de sanación. Eleva tu pie, usa mucho hielo, toma grandes cantidades de agua y come muy poco durante las próximas cuarenta y ocho horas, para que todo tu cuerpo pueda concentrarse en mejorarse. Llámame día o noche si surge algo nuevo, y ama a tu pie, agradécele por todos los años que te ha transportado de manera maravillosa.

Colgó y llamé al servicio de habitaciones. No quería tener que lidiar con la máquina de hielo de nuevo y pedí cuatro bolsas de hielo, pero no tenían bolsas, entonces pedí que me trajeran dos cubetas de hielo y una tetera grande con agua caliente. Durante las siguientes horas coloqué mi pie en el bote de basura grande de agua helada, luego lo elevaba tan pronto se enrojecía de frío y comenzaba a dolerme. Puse algunas hierbas en el agua caliente y tomé té y agua lo más rápido que pude. Luego llamé a Bonnie y Jeff; Bonnie me dijo que efectivamente conocía a un quiropráctico que sabía de quinesiología y medicina holística que no quedaba muy lejos de donde yo estaba. Y que seguramente él conocía una tienda naturista donde hubiera una línea completa de productos holísticos. Además, ese mismo día, Bonnie vino a verme, me sacó un poco de sangre, le añadió un montón de vitamina C líquida, además de otras cosas holísticas, y me la inyectó de nuevo. El poder y la energía que impregnaron mi cuerpo fueron ¡INCREÍBLEMENTE ASOMBROSAS!

Al día siguiente fui a visitar al doctor conocido de Bonnie, era un hombre apuesto de treinta y cinco años exactamente como la doctora Leeder había dicho. Llamó a mi doctora holística en California y hablaron por teléfono. Al cabo de unas horas, la inflamación había comenzado a disminuir y casi podía caminar de nuevo, pero... con todo lo que había pasado, yo había perdido la confianza en mi intención para venir a Nueva York. ¿Qué le iba a decir a la presidenta y directora de Putnam el miércoles?

Me sentí desesperado.

Instantáneamente, mi pie se inflamó de nuevo y, de repente, se me ocurrió la loca idea de llamar a mi viejo amigo Moctesuma

Esparza en Los Ángeles y decirle que necesitaba su ayuda. Conocí a Moctesuma en 1972 cuando salió publicado mi primer libro, *Macho!* Juan Gómez-Quiñones de UCLA nos presentó en el Primer Simposio Nacional Chicano en USC. Ahí también fue cuando conocí a Carlos Castaneda, autor de un librito llamado *Las enseñanzas de Don Juan*. Nunca había visto tantos chicanos tan chingones reunidos en un sólo sitio como en USC. Todos estábamos muy emocionados. Juan Gómez conocía a todo el mundo y me iba presentando por todas partes.

—Y éste es Moctesuma Esparza, que también viene de mi viejo barrio al Este de Los Ángeles —dijo Juan.

—¿Es ése el *barrio* de Los Ángeles? —pregunté, ya que yo no conocía muy bien Los Ángeles.

—Sí —dijo Moctesuma.

—¿Eres escritor? —le pregunté.

—No, soy productor de cine.

—¿De veras? Casi todo el mundo aquí quiere ser actor, director, escritor, o algún tipo de artista o activista político —observé.

—Yo no —dijo Moctesuma—, prefiero lavar platos o estacionar carros: cualquier cosa que no sea menos que productor. No aceptaré ningún trabajo como camarógrafo, director, escritor ni actor.

—¿Por qué no?

—Porque, a fin de cuentas, ninguno de nosotros llegará a ningún lado, a menos que unos cuantos sepamos cómo atraer dinero —dijo con un aire increíble de confianza.

Nunca había oído hablar a nadie así antes, sin embargo, lo que decía tenía mucho sentido para mí. Después de todo, hacía falta dinero para hacer las cosas.

—Y siempre tendré la tentación —continuó—, de aceptar uno de esos trabajos por el dinero, pero no me permitiré caer en esa tentación excepto como productor, donde tengo la primera y la última palabra de cualquier proyecto en el que me involucre.

—¡ÓRALE! —exclamé—. ¡Entonces te ves como el hombre de las pelotas de bronce! El hombre de la plata, ¿eh?

—No, no el hombre de la plata, sino el hombre que convence a la gente de plata para que invierta en mis proyectos.

—¿Y cómo vas a lograrlo?

—Con visión, con enfoque, y a través de la habilidad de expresarme en términos que sean aceptables para el mundo financiero. Administrar dinero es, de muchas formas, un arte como lo es escribir, pintar o hacer música.

—Me lleva —dije—. Entonces mereces conocerme: ¡el escritor más grande desde Homero! —añadí, riendo—. ¡ESTÁS TAN LOCO COMO YO!

Juan Gómez explotó de risa. —Me supuse que dos creídos como ustedes se entenderían de maravilla.

Así fue. Unos meses después, Mocte y yo hicimos un trabajo para la NBC llamado *Looking Good,* que eventualmente fracasó. Luego realizamos la película, *La balada de Gregorio Cortez,* que ganó premios en Europa y fue exhibida por el Autry Museum of the American West durante más de diez años como ejemplo de una de las películas del oeste más auténticas que jamás se hubiera realizado. Juntos, Mocte y yo, contratamos a un actor poco conocido, Eddie Olmos, para que representara el papel protagónico, y a Bob Young para que la dirigiera. Tanto Eddie como Bob tomaron mi libreto, que Mocte había usado para recaudar todo el dinero, y lo adaptaron para ser filmado desde diferentes puntos de vista, como en *Rashômon,* la aclamada película japonesa.

Llamé a Moctesuma. Contestó el teléfono; le dije que estaba en Nueva York con un pie fracturado y muy adolorido, y que en dos días tendría una reunión, probablemente la más importante de mi vida.

—Así que Mocte, necesito que vengas a Nueva York a ayudarme.

—No puedo —dijo—. Estoy en medio de una filmación.

—MOCTE, ¡CHINGAOS! Me has dicho una docena de veces que un productor puede filmar dos películas al mismo tiempo, porque elige a la gente correcta para el trabajo correcto; y que luego su propio trabajo es hacerse a un lado ¡y dejar que cada cual haga el suyo!

—Eso sí es cierto —dijo—. Pero el caso es que nos sobrepasamos de presupuesto, y tengo que recaudar doscientos mil dólares más en los próximos dos días si no, tendremos que suspender la producción y perderemos a nuestras dos estrellas principales.

—MOCTE, ¡CHINGAOS! ¡ME DEBES UNA! Recuerda, ¡me jodiste con nuestra película *Gregorio Cortez*! Yo indagué y trabajé en esa película antes de que tuviéramos nada más que sólo unas cuantas páginas del libro de Américo Paredes, *With a Pistol in His Hand,* y logramos un trato por el que recibiría cien mil dólares por todo el trabajo que hice, además de cubrir todos mis gastos. Y cuando terminamos la película me diste una bola de excusas, que tenías que pagar a todo el mundo por lo que habían hecho, y así lo hiciste conmigo, lo cual vino siendo veinticinco mil dólares y, ¡ESO FUE PURA MIERDA! Me encabroné y me dijiste: 'Víctor, por favor no te enojes. Considera que te debo una'. Pues bien, ¡te estoy cobrando ahora! ¡Ven ahorita mismo a Nueva York!

—Eres un verdadero cabrón. A veces me pregunto por qué cometí el error de hacerme tu amigo. Está bien, viajo mañana.

—Gracias, Mocte. Gracias, amigo y ¡compañero cabrón!

—Está bien, está bien. Ahí estaré.

—¡Excelente!

—Pero tú pagas el boleto de avión.

—De acuerdo.

Llamé a Bárbara y le expliqué la situación. Me dijo que se ocuparía del boleto de avión de Mocte.

—¿Cómo sigues, mi amor? —preguntó.

—Bien —dije—. De hecho, a veces muy bien. Pero luego me empieza a doler muy fuerte, el miedo se apodera de mí y me entra el pánico. Se me está cayendo el pelo por montones.

—¿Otra vez?

—Sí, y el que me sale, sale blanco y áspero, como el pelo de un cerdo.

—¿Se lo dijiste a la doctora Leeder?

—Se me olvidó. Sólo pensé en mi pie izquierdo.

—Todos estamos rezando por ti, cariño. Todos aquí. Tu madre, los niños, tus hermanas y yo. Todos estamos rezando por ti.

—Gracias mi vida. Cuánto me hubiera gustado que hubieras venido conmigo. Tengo miedo de enojarme tanto cuando vea a esa tal Phyllis ¡que lo único que desee sea romperle el cuello! ¡Ella sabía que mi libro no era ficción cuando lo compró! ¡Y también lo sabía

Ed Victor cuando lo vendió! ¡Ellos creyeron que me vendería por dinero! ¡MIERDA! ¡MALDICIÓN! ¡AY DIOS MÍO! ¡Me siento tan estúpido y tan confundido! Tal vez estoy equivocado. Tal vez ésta es una de esas batallas que no debí haber elegido combatir, como dijo tu padre —las lágrimas caían por mis mejillas—. Oh, quisiera tanto que estuvieras aquí, Barb.

—Yo también —dijo—. Pero estarás bien, cariño. Además, encontré a Marc Jaffe —dijo—. Tiene su propia imprenta con Random House.

Respiré hondo. —¿Qué significa 'imprenta' ?

—Significa que tiene su propia editorial pequeña, llamada Villard, que forma parte de la gran compañía Random House.

—¡ÓRALE! ¡FANTÁSTICO! ¡MARAVILLOSO! —Marc había estado conmigo desde *Macho!* hasta *Jury* e incluso *Cadillac Joe,* antes de que los alemanes compraran Bantam y despidieran a todo el mundo, incluido a él—. ¿Crees que si se lo pedimos leerá *Lluvia de Oro?*

—Sí, lo hará. Ya se lo pedí, y desea que le envíe ambas versiones: la original y la copia editada de Putnam.

—¡FABULOSO! ¡MARAVILLOSO! ¡GRACIAS, MI AMOR! ¡Qué buena idea tuviste! Besos y abrazos a los niños de mi parte.

—Así lo haré. Cuídate. Te amo.

—Yo también te amo —dije.

Ahh, ¡Bárbara era sin duda la mujer más fantástica del mundo! Mi papá tenía absolutamente toda la razón cuando me dijo que observara detenidamente a los padres de una mujer, porque ellos habían sido sus primeros maestros, y que si ella no los amaba y respetaba significaba que había un vacío enorme en su corazón y en su alma. Pero que, por otro lado, al fin y al cabo no importaba mucho si la mamá o el papá habían sido tan buenos. Lo que importaba, a la larga, era si la hija había hecho las paces con ellos en su interior.

Era de locos, pero ahora que mi papá me había visitado del Más Allá, yo podía ver con claridad la profundidad de su consejo. Era cierto: él nunca había estado solo. Era cierto que todas las noches su madre lo visitaba del Más Allá mientras dormía. Ésa fue la razón por la que vino tanta gente a visitarlo después de su anuncio en Año Nuevo, y la razón por la que sus viejos amigos lo llamaban el rey. Recibir ayuda diaria del Más Allá era verdaderamente la única forma de vivir, ¡eso era lo que yo estaba comenzando a ver y a sentir con toda mi alma y mi corazón!

Moctesuma Esparza llegó al día siguiente por la tarde.

—Engordaste un poco —dije.

—Te ves terrible —dijo—. ¿Cuándo fue la última vez que dormiste toda la noche?

—Oh, hace como tres semanas.

—No puedes ir a ninguna reunión de negocios con ese aspecto. Vas a espantar a esa mujer. Pareces un zombi o un mexicano loco. Ven acá —dijo—. Mírame de frente y regresa a tu cama.

Hice lo que me dijo. Los ojos de Mocte cambiaron. Se frotó las manos, luego estiró sus dedos, y con el dedo índice de su mano derecha, rápidamente me dio un golpe en el pecho sobre mi corazón. Colapsé, cayendo hacia atrás sobre la cama, y no supe nada más hasta que desperté catorce horas después.

Tenía que orinar. Me levanté y atravesé la habitación, pasé por la segunda cama, donde Mocte dormía, y fui al baño. Después de orinar, atravesé la habitación, miré por la ventana: era una hermosa mañana. Vi algunos pájaros en el árbol afuera de mi ventana.

—¿Cómo te sientes? —preguntó Mocte.

—Bien. Muy bien. Dios mío, sí dormí.

—Sí, te toqué un punto de presión para dejarte inconsciente.

—¡Órale!

Moctesuma había sido quien me había presentado la medicina holística y al doctor Khalsa en Los Ángeles. Me estaba muriendo de tantas alergias. Apenas podía respirar. Estaba tomando pastillas. Me ponían inyecciones. Pero nada parecía funcionar por mucho tiempo. El doctor Khalsa era joven y blanco, con una barba entre pelirroja y rubia, y usaba un gran turbante. Practicaba la medicina general así como la holística. Me quitó todas las medicinas, cambió por completo mi dieta y usó acupuntura; al cabo de tres días regresé a mi vida normal. ¡Fue completamente sorprendente! Luego, muy cerca de mi casa en Oceanside, descubrimos a la doctora Leeder, que tenía prácticamente las mismas credenciales del doctor Khalsa y cobraba la mitad.

—¿Y tu pie roto, cómo lo sientes? —preguntó Mocte.

—¿Cuál pie roto? Ahh sí, lo olvidé. Se siente..., creo que está bien —dije.

—Muy bien. Le hice un poco de trabajo de sanación mientras dormías.

Mocte también había estudiado con el doctor Khalsa para ayudar a mantener la salud de su propia familia. Porque en México, al contrario de los Estados Unidos, mantenerse sano era un asunto personal que, por lo general, era llevado a cabo por un miembro curandero de la familia. De hecho, mi mamá y mi papá me explicaron que la mayoría de las personas allá en sus pueblos, vivían sin visitar nunca un doctor, inclusive cuando las mujeres daban a luz.

—Tengo hambre —dije—. Vamos a desayunar.

—Me parece bien, y mientras comemos me puedes explicar lo que quieres lograr en esa reunión con tu editora.

—Claro que sí.

Desayunamos en el comedor de abajo y le expliqué todo el asunto, incluyendo el consejo de Alex Haley, y concluí que si no podía lograr que Phyllis cambiara las cosas, entonces estaría..., estaría preparado para comprar de vuelta mis derechos de autor. Respiré hondo.

—Probablemente tendrás que comprar de vuelta tus derechos —dijo Mocte.

—¿Eso crees? —dije, soltando el aire.

—Sí.

—Está bien —dije, soltando de nuevo el aire. Demonios, realmente estaba agarrando al toro por los cuernos. No se trataba de una maniobra trivial.

Regresamos a mi habitación, tomé un baño y me vestí para ir a almorzar con mi editora. No tuve ningún problema calzándome mis botas de vaquero y de caminar erguido. ¡HABÍA SIDO

UN MILAGRO! Me había curado en cuarenta y ocho horas, exactamente como había dicho la doctora Leeder.

El restaurante donde debíamos encontrarnos con Phyllis Grann era tan famoso que no tenía letrero. Sólo el número de la calle. No tenía sentido para mí, pero Mocte me explicó que era más como un club privado y que muy probablemente, mi editora tendría una mesa reservada por lo menos tres días a la semana.

—¿Qué tal que esté fuera de la ciudad? —pregunté. Habíamos llegado diez minutos antes y hacía frío, por lo que empezamos a caminar de un lado para otro al frente de la puerta.

—De todas maneras, ella paga.

—Dios mío —dije.

Entonces apareció una enorme y hermosa limosina negra.

—Debe ser tu editora —dijo Mocte—. Trata de comportarte —añadió.

—¡No comiences con esa mierda, cabrón! —Le dije—. Siempre me comporto, y a veces mejor que los demás.

Después de estacionarse, el chofer de Phyllis, un hombre negro elegante, robusto y alto, salió del carro, dio la vuelta y le abrió la puerta. Phyllis tendría unos cincuenta y tantos años, vestía hermosamente, tenía unos diez kilos de sobrepeso y un aire de elegancia y gracia. Detrás de ella, había una veinteañera en muy buena forma que salía también de la enorme limosina. No lo esperaba. Supuse que tenía que ser Tracy, mi editora de estilo, con quien llevaba trabajando los últimos siete meses.

¡AY SÍ QUE TRACY Y YO HABÍAMOS TENIDO ENCONTRONAZOS! En una ocasión, escribí que los indios Tarahumara habían enviado una mujer, con varios meses de embarazo, a participar en una pequeña carrera de aproximadamente unos 32 km con jóvenes ingenieros estadounidenses, empleados de la compañía minera americana Lluvia de Oro, porque los hombres Tarahumara sólo participaban en verdaderas carreras de distancias de 120 a 160 km. Entonces, ella, mi editora de estilo neoyorquina, había cambiado la longitud de la carrera de 32 km por 5 km para las mujeres, y las de 120 a 160 km por 16 a 42 km. Y cuando protesté diciéndole que estos hechos eran reales, que eran historias verdaderas del pueblo de mi madre, me dijo que ella había participado en carreras de pistas en Vassar y que sabía que mis números eran completamente descabellados.

¡GRITÉ!

¡No supe qué hacer!

Entonces, Hal Larson, mi compañero de carreras, encontró un artículo en *National Geographic* que respaldaba lo que yo había escrito. Le envié el artículo a Tracy. Me dijo que podía mantener las distancias originales, pero que la mujer no podía estar embarazada, que ella había consultado con varios médicos en Nueva York, eminencias en su propio campo, y que las historias de mi madre eran solamente exageraciones insensatas.

Ay, ¡SU ARROGANCIA!

¡SU IGNORANCIA!

Y SUS REFERENCIAS CONSTANTES a Vassar y a toda esa basura absurda de la Costa Oeste, ¡casi me vuelve loco durante esos primeros meses de edición! Maldita sea, ni siquiera había escuchado hablar de Vassar hasta que Bárbara me explicó que había realizado sus estudios de licenciatura en Radcliffe, y que Radcliffe, Vassar y Wellesley eran las instituciones universitarias femeninas más respetables de la Costa Este.

Estreché la mano de Phyllis Grann, diciendo: —Encantado de conocerla, éste es mi amigo Moctesuma Esparza.

Saludó a Mocte y luego nos presentó a Tracy, mi editora de estilo; sugiriendo que entráramos para alejarnos del frío. El lugar era enorme, mucho más grande de lo que aparentaba desde el exterior. Todo el mundo parecía conocer a Phyllis, y tal como había dicho Mocte, nos llevaron a su mesa privada. Mientras atravesábamos el salón, Tracy, que intentaba ser cortés conmigo, dijo algo que jamás olvidaré mientras viva.

—Víctor —me dijo, muy entusiasmada—, cuando empecé a trabajar contigo, no entendía casi nada de tu libro, pero el mes pasado fui a Cancún con un grupo de amigos. Nos quedamos en un hermoso hotel durante una semana. ¡Ahora siento que conozco el alma de tu cultura mexicana! —dijo llena de alegría.

Me di la vuelta para mirarla. Dios mío, yo jamás iría a Cancún. Era una trampa de alcohol y lujo diseñada para extranjeros. No tenía nada que ver con México. Lo único que quizá tenía algo que ver con el pueblo mexicano, eran los barrios bajos escondidos en las cercanías, con alcantarillas abiertas y agua no potable, para los trabajadores.

Dios mío, Dios mío, Dios mío, no nos habíamos sentado y ya mi corazón PALPITABA a toda velocidad desde hacía más de una hora. Menos mal que Mocte estaba ahí. Yo estaba a punto de gritar: "¿NO LEÍSTE MI LIBRO Lluvia de Oro, TRACY? Mi madre y su gente fueron tratados peor que esclavos en la mina de oro propiedad de los Estados Unidos. ¡Y eso es lo que está ocurriendo ahorita mismo en Cancún y en todo el mundo! ¡Hoteles enormes y magníficos, escondiendo a los pobres trabajadores en las cercanías! Ay, ESTÚPIDA, ESTÚPIDA, INSENSIBLE, ERES UN MONSTRUO LLENO DE... DE CACA! ¡Y eres mi editora de estilo! ¡DIOS NOS LIBRE!

Mocte agarró mi mano. —Ve al baño, amigo —me dijo en voz baja—, y lávate la cara y las manos. Tus ojos están hablando demasiado.

Tomé aire. Tenía razón. —Excúsenme —dije—. Tengo que ir al baño.

—Queda de ese lado —dijo Phyllis, señalando mientras tomaba asiento en la elegante mesa.

En el baño, entendí a lo que se refería Mocte cuando dijo que mis ojos estaban hablando demasiado. Mi rostro entero estaba rojo de ira y mis ojos parecían listos para matar.

Respiré varias veces y me lavé la cara con agua fría una y otra vez. Al final logré recomponerme. Oriné, me lavé de nuevo las manos y regresé a nuestra mesa. Nunca había estado en un restaurante así. Las mesas no estaban amontonadas y había hermosas plantas entre ellas. Me senté de frente a Phyllis, con Tracy a mi derecha y Mocte a mi izquierda.

—Me alegro mucho de conocerlo, finalmente —me dijo Phyllis—. Ed Victor me dijo que había ido a visitarlo al rancho mientras estuvo en Los Ángeles y conoció la gran casa de sus padres y el famoso árbol de mango de su madre.

Me reí. —Sí, es cierto, pero cuando le pedí que cargara un mango para que sintiera su peso, porque son muy pesados, se echó para atrás y dijo: '¡No lo haré!' Porque, debes saber que por lo general crecen en pares, y supongo que él pensó que los dos mangos colgando del árbol lucían como...

—Está bien, —dijo Mocte—, creo que entendimos. No tienes que dar más detalles.

—Pero Mocte, me gustaría...

Phyllis se rió. —Esto también fue lo que tuvimos que hacer con el libro. No permitir dar muchos detalles para no ser ofensivos. ¿Le gustaría una copa de vino? Éste es un evento maravilloso. Hemos enviado más de cien copias para su revisión. Tenemos muchísima fe en su libro, Víctor. En pocos meses, usted será un hombre rico.

—¿Tienen tequila aquí? —pregunté.

—No —respondió Phyllis—. Ni cerveza. Solamente vino muy fino. ¿Y usted, Moctesuma? Espero haberlo pronunciado bien.

—Bastante bien —dijo—. Muchas gracias, pero no tomo alcohol.

—Tracy tampoco. Se está entrenando para el maratón de Boston. Es tu tercero, ¿verdad?

—Sí —dijo Tracy toda tímida y orgullosa de sí misma al mismo tiempo.

—¿Cuál es tu récord? —pregunté.

—No es muy bueno —dijo—. Ya casi tengo treinta años. Pero logré terminarlo en cuatro horas y espero algún día acercarme a las tres.

—Eso es bastante bueno —dije—. Felicitaciones.

Hice lo posible para ser agradable y civilizado. Pedimos vino, botanas, y luego la comida, pero yo no podía comer ni beber. Finalmente, me lancé y dije:

—Señora Grann, yo no vine a Nueva York para ir al teatro ni nada por el estilo. Vine exclusivamente a verla. —Tomé un respiro hondo y profundo—. Déjeme explicarle, hablé con Alex Haley, autor de...

—*Raíces.* Sí, por supuesto —dijo ella, sonriendo.

—... él me dijo que su editorial también intentó llamar ficción a su libro *Raíces*, y me explicó que siempre y cuando llamen a nuestras historias ficción y a las historias de los blancos no ficción, y llamen a su Biblia 'la' Biblia, jamás conseguiremos el respeto que nos deben. ¿Lo comprende? Por favor, ¿puede entender lo que quiero decir?

—Pero seguramente usted no puede comparar su libro, ni *Raíces,* con la Biblia.

—¿Por qué no?

—Pues porque uno es la palabra de Dios, y esos dos libros simplemente relatan la historia de una familia desde su lugar de origen. Uno, cuenta la historia de un pueblo bajo la opresión de la esclavitud —dijo—, y su pueblo jamás fue esclavo, Víctor.

No supe qué decir. Puse mi puño en mi boca y lo mordí con tal fuerza que casi grito de dolor.

—Discúlpeme —le dijo Mocte a Phyllis—, pero supongo que sencillamente usted no conoce la historia de nuestra herencia cultural como mexicanos. Llevamos casi quinientos años como esclavos. —Y Mocte siguió y siguió hablando, con hechos, estadísticas y antecedentes históricos y terminó diciendo que mi libro *Lluvia de Oro* era tan auténtico e importante como *Raíces,* el libro de Alex Haley, que había cambiado de un sólo golpe la visión del mundo anglosajón de clase media.

—Y ambos libros son tan importantes para su gente como es la Biblia para los judíos —dije, secando las lágrimas de mis ojos—. En las tierras remotas de Wyoming, aprendí que Dios nunca eligió a los judíos. Los judíos eligieron a Dios al poner en forma escrita sus tradiciones orales, y eso... eso —apenas podía hablar de lo disgustado que estaba— ¡fue lo que yo hice con *Lluvia de Oro!* —añadí enérgicamente—. ¡Puse en forma escrita nuestras tradiciones orales!

—Está bien —dijo Phyllis, mirando a Mocte y luego a mí—, tengo que ser completamente honesta con ustedes. No existe ni la más remota posibilidad sobre la tierra de que yo publique su libro como un relato de no ficción. Comprendan, mi compañía ha invertido muchísimo dinero en *Lluvia de Oro,* por lo cual, para proteger nuestra inversión, ofrecí en subasta los derechos de la edición en pasta blanda. No recibí ni una sola oferta. Quedé perpleja porque tenía toda mi fe en este manuscrito. Pregunté por todas partes y uno de mis buenos amigos, familiarizado con este tipo de negocios en otra editorial, me dijo que todo el mundo se reiría de mí si lo publicaba como no ficción. Mi amigo también me dijo: '¿A quién cree este escritor que va a engañar con todos esos milagros y sabiduría reveladora? Todo el mundo sabe que los mexicanos no eran así de inteligentes y estaban llenos de supersticiones'.

Al escuchar esto, casi salto de mi silla y estrangulo a la mujer, pero entonces Mocte me dio una patada en mi pierna, con el arco y el dedo rotos, por debajo de la mesa, con tal fuerza, que me puse pálido del dolor.

—Discúlpeme —dijo Mocte—, pero ésa es precisamente la razón por la que el libro debe venderse como no ficción, para que el público en general pueda empezar a aprender sobre los mexicanos y sobre su cultura más allá de todos los estereotipos existentes.

—Sí, puedo entender eso —dijo Phyllis—, pero soy directora y presidente de la Junta Directiva de Putnam Publishing Group, y tengo una responsabilidad con mi compañía y con los inversionistas. No puedo tomar este riesgo. Créanme, si hubiera entendido todo esto desde el comienzo, habría pagado sólo cinco mil dólares por su libro y hubiera podido correr ese riesgo. Pero pagamos setenta y cinco mil dólares y hemos invertido casi un año en edición, y ahora hemos enviado más de cien copias para su revisión. Víctor —continuó, volteándome a ver—, haga eso con su siguiente libro. Para entonces, será rico y famoso.

—Pero señora —dije—, no existe un siguiente libro. Ésta es la historia de mi papá y de mi mamá. No voy a tener un par de padres nuevos.

—Pues bien, lo siento, pero ya no hay nada que pueda hacer. Es demasiado tarde. Las copias han sido enviadas por correo.

—No, no es demasiado tarde —dije—. Difícil, sí, pero no demasiado tarde. Alex Haley me dijo que es *mi* nombre el que va en la cubierta y puedo evitar legalmente que usted publique mi libro, ya verifiqué las leyes. Admítalo, Phyllis, usted ha actuado desde el comienzo como una madre desleal con nuestro hijo. ¡Usted nunca me dijo que iba a cambiarle el TÍTULO! ¡Usted simplemente supuso que podía intimidarme con su dinero, para que yo hiciera LO QUE USTED QUISIERA! —Luego grité: —¡QUIERO QUE ME DEVUELVA A NUESTRO HIJO! ¡Usted no es UNA BUENA MADRE! ¡Usted en verdad jamás amó a NUESTRO HERMOSO BEBÉ!

—¡Baje la voz! —dijo.

—¡NO LO HARÉ! —grité, con lágrimas cayendo por mi rostro—. ¡QUIERO QUE ME DEVUELVA A NUESTRO BEBÉ! ¡USTED NO AMA A NUESTRO HIJO! ¡Y nuestro hijo es HERMOSO! ¡REAL! ¡Y VERDADERO!

Casi se caga. —Por favor —dijo, mirando a Mocte—, haga que deje de gritar. ¡Toda esta gente me conoce!

—Víctor —dijo Mocte—, creo que te expresaste con claridad. Por favor, ve al baño, lávate la sangre de tus manos y dame la oportunidad de hablar a solas con esta mujer.

Miré hacia abajo. Mis manos estaban cubiertas de sangre. Supongo que agarré el cuchillo de la mesa, lo doblé y lo torcí por la mitad, mientras gritaba sobre nuestro hijo. Envolví en mi servilleta mi mano sangrante y me levanté. Tracy miraba aterrorizada. Casi le digo: "Esto es un verdadero mexicano, puta!", pero no lo hice, y al salir de la sala pasé al lado de una media docena de camareros, todos vestidos elegantemente de blanco con botones en bronce. Todos eran mexicanos y me aclamaban diciendo:

—¡Deja a la vieja! ¡Y quédate con tu hermoso hijo!

—¡Eres un verdadero hombre! ¡No abandonamos a nuestros hijos por muy duras que se pongan las cosas!

—¡Estamos orgullosos de ti! Esa vieja rica sólo usó tu cuerpo para tener un bebé! ¡Bien hecho, compadre!

En el baño, no podía parar de llorar, y había sangre por todo el lavabo. Los dos hombres que estaban allí se mantuvieron lo más alejados posible de mí y después arrancaron del lugar. Me lavé una y otra vez con agua fría, apretando la herida hasta que finalmente paró de sangrar. Peiné mi cabello largo y negro. Nunca, jamás me había salido una sola cana hasta que mi papá murió. Los parches de cabello que se habían caído y las canas que habían salido en su lugar, estaban ahora bastante cubiertos por cabello negro que llegaba casi a la altura del hombro. Me miré al espejo. Quedé perplejo. Me veía bastante bien. Dios mío, era como si ahora que ya había hecho lo que tenía que hacer, ahora que había dicho todo lo que había venido a decir se me hubiera quitado un gran peso de encima, y me sentía ¡DE MARAVILLA!

Me reí, ¡sintiéndome fabulosamente bien! ¡Fantástico! ¡Y hambriento!

Ahh Dios mío, me observé de nuevo en el espejo y me di cuenta que mi aspecto había cambiado radicalmente. ¡Me veía extremadamente guapo en mi traje elegante, mi preciosa corbata y mis hermosas botas color turquesa! ¡ÓRALE! Y fue entonces cuando pude entrever a mi papá en el espejo, riéndose también. Me di la vuelta y ya se había ido, pero podía seguir escuchando su risa y oliendo su puro.

—Gracias, papá —dije—. Te veré esta noche.

De repente, recordé que me decía a menudo que él podía entrever a su madre cuando vivía de Este Lado. Sonreí y salí del baño, sintiéndome como un gigante. No tenía la más mínima preocupación. Había descargado todo lo que me oprimía, y ahora sentía como si tuviera una sabiduría tranquila y secreta en mi interior, ¡más allá de todas las palabras, la razón y la comprensión! Estaba claro: ¡yo no estaba solo! No, mi familia del Más Allá me estaba ayudando. ¡LO HABÍAMOS LOGRADO JUNTOS! Lo único que teníamos que hacer era salir de nuestras mentes y abrir los Ojos de Nuestro Corazón, ¡el Portal de nuestra alma!

No podía creerlo: cuando regresé a nuestra mesa, Phyllis Grann tenía lágrimas en sus ojos. Tan pronto me vio, me dijo que no lo había entendido hasta ahora, y que sí, que iba a recuperar todas las copias y que me vendería mi libro de regreso. Pero dijo que no podía esperar por su dinero hasta que yo colocara el libro en otra editorial. Que era necesario que le devolviera a su compañía, antes de dos meses, el anticipo de setenta y cinco mil dólares.

—Está bien —dije—. Trato hecho.

—¿De veras? —dijo—. ¿Usted tiene todo ese dinero?

—Claro que sí, hay muchos bancos en la ciudad, ¿no? —Dije, con una gran sonrisa—. Y vine armado, sólo tengo que asaltar uno o dos —añadí, riéndome.

Pero nadie se rió. Ni siquiera Mocte.

—Es broma —dije—. No vine armado. Sólo traje un machete.

Todos seguían serios. Entonces llegó a nuestra mesa el apuesto y enorme chofer de Phyllis mirando a todos lados como si jamás hubiera estado en ese sitio antes.

—¿Sí? —le dijo a Phyllis.

—Por favor, ayúdeme —le pidió—. Quisiera irme ahorita mismo.

—Sí, señora.

Se levantó y yo me levanté para abrazarla y agradecerle, pero ella se alejó de mí lo más rápido que pudo. Enseguida, los tres: Phyllis, su chofer y Tracy, comenzaron a alejarse. Cuando llegaron a la puerta, una mujer alta y elegante se acercó corriendo a ellos.

—Phyllis —dijo la mujer—, ¡no sabía lo de tu hijo!

—¡No tengo un hijo! —Dijo Phyllis en voz lo suficientemente alta para que todo el mundo pudiera escucharla—. ¡Él es un escritor! ¡Estaba hablando de su libro!

Levanté mi mano. —Sí, se llama *Lluvia de Oro* y ¡NO ES UNA OBRA DE FICCIÓN! ¡MIS PADRES SON REALES!

Phyllis me miró una última vez y atravesó la puerta con su chofer y Tracy. Respiré hondo y profundo, sintiéndome repentinamente muy bien. Me senté y comencé a comer. Phyllis no se había terminado su vino, así que lo tomé y lo vertí en mi copa, agarrando también la comida que había dejado en su plato. Mocte sólo se sentó y se quedó mirándome.

—¡Oye cabrón! —dijo—. ¡Eres un bárbaro! ¡Ahora también te vas a comer su comida!

—¡Claro que sí! ¡Está deliciosa!

Los camareros me trajeron otra copa de vino y me preguntaron si quería otro plato fuerte por cuenta de la casa. Les dije que claro que sí: un filete jugoso término medio, casi rojo. A los pocos minutos me trajeron un enorme filete con una montaña del puré de papas más delicioso que jamás había probado en mi vida. Mocte sólo siguió observándome, sin decir nada. ¡Qué hambre tenía!

—¿Cómo piensas pagarle su dinero en sesenta días? —preguntó.

—No sé —respondí con la boca llena—. Quizá Marc Jaffe, mi antiguo editor, a quien Bárbara ya ha contactado, lo comprará o quizá, ¡demonios, no sé! ¿Tienes algo de dinero?

Soltó una carcajada. —¡Ya te pagué la que te debía, cabrón! No, no tengo dinero. Ni siquiera he logrado conseguir los doscientos mil dólares que necesito.

—¡Come! —dije—. ¿Quieres un poco de filete?

—Tomaré un poco del puré.

—Ándale. ¡La comida está excelente!

Cuando regresamos a la habitación, llamé a Bárbara. Le conté toda la situación: que Phyllis finalmente había comprendido muy bien y que nos iba a vender de nuevo el libro; y que ahora yo regresaría todo lo que Tracy había editado, así como todas esas otras cosas que había estado aprendiendo desde la muerte de mi papá.

—Víctor —dijo Bárbara—, tengo muy buenas noticias. Mientras estabas en tu reunión con Phyllis, tu madre, nuestros hijos y yo, estábamos rezando cuando sonó el teléfono, y Gary, tu agente cinematográfico, me dijo que una compañía de producción de cine muy famosa está interesada en *Macho!*

—¡Estás bromeando!

—No, están ofreciendo setenta y cinco mil dólares, con un anticipo de cinco mil.

—¡Oh Dios mío! ¡Ésa es exactamente la suma que tengo que pagarle a Phyllis! —dije.

—Yo sé, yo sé. Tu madre dice que tu papá la visitó esta mañana y le dijo que no se preocupara, que él está usando todas sus influencias en el cielo.

—Ahh, cariño, ¡eso es maravilloso! —dije.

—Pero todavía no hemos salido de todos los problemas, —continuó Bárbara.

—¿A qué te refieres?

—Bueno, no puedo ver a mi papá en este momento, pero creo que puedo sentir su presencia y me está hablando, y lo que entiendo es que debes conseguir una certificación de la conversación que tú y Mocte acaban de tener con Phyllis.

—¿Qué?

—Tienes que enviarle una nota ahorita mismo respecto a la conversación que tuvieron y a lo que acordaron —dijo—, porque, en un par de horas, habrá pasado todo el impacto emocional de tu almuerzo con ella y se va a irritar mucho. Yo lo sé; he trabajado como asistente personal de varias mujeres muy poderosas. Pídele a Moctesuma que te ayude a redactar un borrador y llévalo a su oficina, o mejor aún, envíalo con un servicio de mensajería para que ella pueda firmarlo. Mi amor, no dejes que ésta se te vaya.

Le agradecí a Bárbara. Híjole si tenía razón. Esto sonaba al cien por ciento como algo que Charles nos hubiera aconsejado hacer. Le conté a Mocte lo que había dicho Bárbara y él estuvo totalmente de acuerdo con ella. Sugirió que fuéramos a la agencia que se ocupaba de una de sus estrellas de cine y usáramos una de sus oficinas. Tomamos un taxi hasta la agencia que ocupaba un edificio entero. En el vestíbulo había fotografías de Robert Redford, Barbra Streisand, Al Pacino, Robert De Niro y muchas otras estrellas famosas. Nos condujeron a una oficina grande y espaciosa donde había una mujer mayor sentada detrás de un escritorio no muy grande, pero elegante, con cubierta de cristal transparente y borde en acero inoxidable, un bote pequeño de basura de color rojo en forma de corazón y grandes macetas de plantas verdes a ambos lados. En lugar de pared, detrás de ella, sólo había grandes ventanales.

De inmediato sentí que ella no se parecía en nada a Phyllis, quien probablemente tendría un enorme escritorio tradicional de madera sólida con un bote de basura muy ordinario. Respiré. Me sentí totalmente tranquilo. Esta mujer tenía un aire de tranquilidad muy especial. Ella no me diría todo el tiempo que era la mujer mejor pagada del mundo editorial, como Phyllis se sentía forzada a hacer. Y resultó ser que esta mujer era socia mayoritaria de la agencia y su salario era probablemente el doble del de Phyllis. La mujer se levantó de inmediato y vino a saludarnos a Mocte y a mí.

—Gusto de verte, Mocte —dijo—. Supongo que la película va bien.

—Sí, muy bien —dijo—. Me gustaría presentarte a mi amigo Víctor Villaseñor, y no te preocupes, no es un actor buscando trabajo.

Ella sonrió. —No hace falta que me lo digas —dijo—. Puedo darme cuenta que se está divirtiendo tanto actuando su propio personaje, que nunca podría representar ningún otro papel. ¿Usted es pintor, escultor o escritor?

—Escritor —dije.

—¿Y muy exitoso?

—En su mente, lo es —dijo Mocte, riéndose—. Sólo que está aterrorizado y acaba de comprar su libro de regreso de una editorial muy importante aquí en Nueva York. Ellos le prometieron hacerlo rico, pero él le dijo *no* al dinero para mantener intacta la esencia de su libro.

—No tienen que decirme el hombre de la editorial —dijo ella—. Mañana, la historia será famosa en toda la ciudad. Muy rara vez un escritor compra de regreso los derechos de su libro. Es algo muy inusual. —Estrechó mi mano—. Soy Gloria.

De inmediato sentí la energía más maravillosa proveniente de su mano. —Soy Víctor —le dije—. Gloria, me gustaría decirle que desde el momento en que entramos en su oficina, pude sentir su energía de serenidad y confianza. No el tipo de confianza autoritaria, sino la confianza tranquilizadora de una de las personas más centradas y maravillosas que jamás he conocido. Felicitaciones. —Besé su mano—. Es en verdad un privilegio... conocer a un ser humano como usted —añadí con toda honestidad.

—Ay Dios mío, éste sabe lo que hace, Mocte —dijo, todavía sosteniendo mi mano—. ¿Por qué no me lo trajiste antes?

—Es mejor que no lo sepas —dijo Mocte, soltando una

carcajada—. Hace unos años, en una conferencia sobre el libreto de mi película *La balada de Gregorio Cortez,* insultó al representante de mi grupo financiero preguntándole, en medio de la conferencia, que quiénes habían leído el libreto. Luego dijo que aquellos que no habían leído el libreto no estaban autorizados a hablar hasta no haberlo leído —dijo riendo—. Tú y yo sabemos cómo funcionan estas conferencias sobre libretos. Los representantes más poderosos apenas le echan un vistazo, por eso se sintieron muy indignados. Especialmente, una latina muy prominente de Washington, D.C. que me dijo que la había avergonzado en público.

—¿Y? —preguntó Gloria, sonriendo.

—Pues bien, le dije que no lo volviera a hacer, ¿y qué crees que hizo en la siguiente reunión? Trajo un maletín, sacó su libreto, su cuaderno y lápices, un sándwich, un hacha y un machete, una botella de tequila y unos cuantos limones.

Gloria se rió y dijo. —Supongo que el tequila era para los comentarios favorables, ¡y el hacha y el machete para los desfavorables! ¡Me encanta! ¡Él vive su propia película! Por supuesto, no es un actor. Es el productor, el director y la estrella de su propio programa. Me di cuenta de inmediato, con su enorme sombrero, su abrigo fino y esas botas color turquesa. Quizá músico, pero me incliné más a pensar que se trataba de un pintor, escultor o escritor. ¿De qué temas escribes? —me preguntó.

—En vez de contar la historia de los hombres, escribo la historia de las mujeres y el poder de su sabiduría intuitiva. Porque los hombres nunca estuvieron destinados para liderar. Siempre nos han llevado a la guerra. Las mujeres son nuestros líderes naturales.

—Eso me gusta, ¿y el libro que compraste de regreso describe eso?

—¡Sí, exactamente! ¡Por eso no podía permitir que lo publicaran como ficción!

—¡Fantástico!

—De hecho, Gloria, ésta es una de las razones por la que venimos. ¿Podemos usar una de tus oficinas para enviarle una nota a Putnam y así...

—Oh, entonces estuvieron con Phyllis. ¡Difícil mujer! —dijo, riéndose—. Le encanta hacer alarde de su poder. Claro que sí, adelante, Mocte, y luego regresa para ver qué podemos hacer para ayudarte a continuar con tu producción.

—Gracias —dijo Mocte.

—Puedes agradecerme regalándome una copia firmada del libro cuando salga. ¿Ya tiene título?

—Si —dije—, *Lluvia de Oro.*

—Me gusta —dijo—. ¿Y, obviamente, tú harás la película, Mocte?

—Su obra se presta más para una gran producción de televisión en forma de miniseries —dijo Mocte.

—Perfecto —respondió—. Entonces puedes usar algunos actores invitados.

—Por supuesto —dijo.

Llamó a su asistente, y el joven nos llevó a través del corredor hacia una oficina vacía. Mocte escribió rápidamente una nota y la envió con un mensajero a Putnam para que la firmara Phyllis. ¡Órale! ¡Mocte sí que era rápido y eficiente! ¡A mí me habría tomado horas! Luego esperé fuera en una gran oficina, mientras él tenía su reunión con Gloria. Se tomó casi una hora.

—¡Fantástico! —dijo cuando salió—. Resolví el problema de los doscientos mil dólares, pero le vendí mi alma al diablo en el futuro.

—¿Y eso es bueno? —pregunté.

Explotó de la risa. —¡Me preguntas eso y acabas de comprar tu libro de regreso a alguien que te prometió hacerte rico!

—Está bien, está bien, supongo que tienes razón.

Phyllis firmó el papel diciendo que me estaba vendiendo el libro de regreso por setenta y cinco mil dólares, y que yo tenía sesenta días para pagar, hubiera o no conseguido otra editorial para publicarlo. Mocte partió esa noche en avión. A la mañana siguiente, recibí una llamada de Ed Victor diciéndome que yo había arruinado mi carrera y que deseaba distanciarse de mí.

—Pero ya estás a más de 4000 km de distancia, en Londres —dije—, ¿cómo puedes distanciarte aún más, te vas a mudar a China?

No se rió. Luego recibí una llamada de Bárbara diciéndome que llamara a Marc Jaffe, que le había encantado la versión original de *Lluvia de Oro*. ¡OH!, EXCLAMÉ, ¡estaba muy feliz! ¡EXTREMADA-MENTE FELIZ!

Esa noche mi hermana Teresita me llamó para saber cómo estaba y le dije que todo estaba saliendo bastante bien. Como un milagro constante.

—Pero no sé si podré lidiar con el éxito —le dije—. Estoy más acostumbrado a batallar y a recibir patadas en la cara.

—Busca a Martin Wong —dijo mi hermanita—. Él, más que nadie, puede enseñarte todo lo referente al éxito —añadió, riéndose.

Yo también comencé a reírme. Sólo pensar en Martin Wong era suficiente para hacerme sonreír. Mi hermana Teresita y su esposo, Joaquín, se habían convertido en los mejores amigos de Martin, un artista chino fantástico, alto y flacucho, en la época en que habían sido hippies allá en Eureka, California. Era imposible olvidarlo. Era homosexual y no hacía más que comer, siempre estaba lleno de energía y feliz, y nunca engordaba. Una vez, lo vi comerse la mitad de una barra de pan con queso y mermelada de fresa entre comidas. Cuando caminaba, ondeaba sus manos y sus piernas como si volara en movimientos muy extraños. Parecía que estuviera a punto de volar al espacio exterior en cualquier momento. Y su arte se vendía muy bien sin importar lo que pintara: un perro acostado en la calle mirándote, un indigente empujando un carrito de supermercado. De alguna manera, él ponía toda su energía en su pintura y la gente se sentía inmediatamente atraída.

Lo llamé y vino a verme. Le encantaron mis botas y el enorme sombrero vaquero de mi papá. Me pidió que usara ambos, así como mi precioso y largo abrigo, y mi corbatín indio de cuero en vez de una corbata normal.

—También, mete tus jeans en tus botas, para que todo el mundo pueda ver esas espléndidas botas —dijo.

—¡Esas son pendejadas! —dije—. ¡Ningún vaquero que se respete hace eso!

—Hopalong Cassidy lo hacía —dijo, mientras salía por la puerta—, y también El llanero solitario. Vamos, sígueme la corriente. Estamos en Nueva York y te voy a llevar a un lugar muy especial. Sólo espero que no tengamos que hacer fila durante horas.

—Está bien, lo haré —dije.

—Oh, ¡muy bien! —dijo—. Ahora te ves mejor que Jon Voight en *Cowboy de medianoche*.

La gente se quedaba viéndonos cuando bajábamos por la calle. El restaurante que Martin había elegido tenía una larga lista de espera, pero el encargado de la entrada nos vio y actuó como si nos conociera. Vino corriendo hacia nosotros y estrechó mi mano diciendo: —¡Oh, finalmente llegaron! ¡Tenemos su mesa reservada! Y rápidamente nos llevó adelantándonos a todos en la fila, y nos sentó justo al frente.

—¿Qué ocurre? —le pregunté a Martin Wong.

—No sé. Creí que tú lo conocías —dijo Wong—. ¡Oh, esto es muy divertido! Supongo que quieren que la gente nos vea.

Le eché una ojeada a Martin Wong, que estaba vestido con ropa suelta de colores muy llamativos, y yo estaba vestido hasta el cuello como un personaje de *Cowboy de medianoche*. —¿De veras no conoces al tipo que nos trajo hasta aquí? —pregunté.

—No, nunca lo había visto antes —respondió Wong.

Nos atendieron con rapidez, y estábamos ahí comiendo, tomando, riéndonos y vociferando, cuando se sentaron al lado de nuestra mesa una pareja de güeros muy apuestos. Nos sonrieron y les sonreímos a su vez, luego dijeron que les gustaría saber de dónde veníamos.

—Soy del sur de California —dije—, y mi amigo Martin Wong es del norte de California.

—¿Son pareja? —preguntó.

—¿Pareja de qué? —dije.

Martin casi se muere de la risa. —¡No, él es heterosexual! Es el hermano de mi mejor amiga, Sita, que está casada con mi otro mejor amigo, Joaquín.

—Oye, ¿por qué no juntamos nuestras mesas para que podamos platicar mejor? —sugerí.

—Fantástico —dijeron—. Ordenaron una botella de vino.

—¿Saben qué? —dijo ella—, cedimos la mesa que teníamos reservada para poder sentarnos al lado de ustedes dos.

—¿De veras? —dije—. ¿Pero, por qué?

—Porque —respondió—, hay una energía en el aire, una atracción natural entre las personas, y a veces uno debe seguirla. Así fue como nos conocimos Greg y yo. Por cierto, mi nombre es May. Y él es Greg McPherson.

—¿El pintor? —preguntó Martin.

—Sí —dijo May—, Greg estaba casi en la calle cuando vi su arte y supe de inmediato que su obra tenía algo muy especial.

—May fue la primera en ver mi arte como yo lo veía, pero mejor todavía —dijo él—, porque ella podía verbalizarlo y yo no.

—Nos reunimos un grupo para hacer una exhibición de su obra, y en menos de dos años, había vendido su obra, a tan buen precio, que pudimos comprar una casa de dos pisos en Manhattan.

Hablamos y hablamos, y luego fuimos a su casa, que era enorme, pero no tenía casi muebles y las ventanas eran gigantescas. Nunca había estado en una casa tan grande dentro de un rascacielos. Nos quedamos con ellos casi hasta el alba. Luego May me pidió un taxi y regresé a mi hotel. Martin no necesitaba un taxi. Dijo que caminaría cinco o seis cuadras hasta la casa de un amigo donde se quedaría a pasar la noche.

Lejos estaba yo de imaginarme que esa reunión con Martin Wong, salir con él esa noche, conseguir esa mesa al frente del restaurante, y luego encontrarme con May y Greg, se iba a convertir en un momento clave de mi vida.

En ese entonces no lo comprendí, pero llega un momento en nuestras vidas en que finalmente tenemos que soltarlo todo y aceptar los milagros, el éxito y todo lo demás que llega con ello. Porque mi vida, ahora puedo darme cuenta, ha sido en verdad TOTALMENTE DIFERENTE desde que mi papá comenzó a visitarme desde el Más Allá. Las personas y las situaciones aparecían ante mí justo cuando yo las necesitaba, y comencé a comprender por qué mi papá siempre me había dicho que todos los días deberíamos reposar como las vacas en la pradera y masticar nuestras vidas, porque así es como nosotros, los seres humanos, nos calmamos y abrimos los Ojos de nuestro Corazón y comenzamos a ver la Vida como lo que es. Era bueno pasar también por épocas buenas, no sólo por épocas malas, como la Iglesia intentaba hacernos creer. Mi papá me había dicho una y otra vez lo difícil que había sido para él y para mi madre relajarse lo suficiente para disfrutar entonces de su éxito sin sentirse culpables.

Sintiéndome finalmente en paz, dormí hasta media mañana, y después llamó Marc Jaffe para preguntarme si podía esperar para verlo hasta el día siguiente. Dijo que quería mostrarle mi libro a un par de personas más, porque él ya no tenía la palabra final. Le dije que no había ningún problema en que lo hiciera y me levanté para ir de paseo; luego decidí consentirme con un buen almuerzo.

No tengo ni idea cómo llegué ahí, pero de repente me encontré observando a unos patinadores sobre hielo. La pista de patinaje era hermosa y había un lugar en el interior donde uno podía comer mientras seguía mirando a los patinadores. Era bastante costoso, por eso sólo pedí una copa de vino y una botana, pues en mi cuarto tenía suficientes provisiones como para comer bastante bien durante el resto de la semana.

Fui al baño. Había un negro de edad que le entregaba a las personas toallitas de tela para secarse las manos. Tenía una canastilla donde guardaba sus propinas. Me agradó y le di dos billetes de un dólar, además de todas mis monedas.

—Soy Víctor de California —dije, extendiendo mi mano, después de haberlas lavado.

—James —dijo.

—¿De dónde es usted?

—De aquí.

—¿Nació aquí en Nueva York?

—No, nací en Georgia.

—Oh, nunca estado en el Sur. De hecho, ésta es mi primera vez de verdad aquí en el Este. La última vez, llegué solo al aeropuerto como parada. En realidad, sólo conozco el Oeste y México. ¿De qué raza es usted?

—¿De qué raza? Pues, soy negro —dijo.

—Sí, esa es una raza, pero, ¿cuáles son las otras? En la actualidad, la mayoría de las personas de este país ya no tenemos una sola raza. Yo soy un poco francés, un poco español, pero más que todo, soy indio mexicano: Yaqui por un lado y pues, por el otro, descendiente de los indios de Oaxaca.

—Ahh, ya veo —dijo—. Entonces yo también soy un poco francés, por el lado de mi abuela una buena parte de mi ascendencia es cherokee y, por supuesto, africano.

—Eso fue lo que pensé —dije—. ¿Cuánto tiempo lleva trabajando aquí?

—En este lugar... oh, unos treinta años.

—¿De veras?

—¡Oh sí! Me encanta mi...discúlpeme —interrumpió.

Entraron dos hombres blancos altos, jóvenes y arrogantes. No dejaron de hablar mientras orinaron, lavaron sus manos, recibieron la toalla que les entregaron, dejaron unas cuantas monedas en la canasta y salieron sin advertir por un segundo la existencia de James.

—¡Híjole! —le dije a James una vez que estuvimos solos de nuevo —ni siquiera dijeron 'gracias'.

—Ese tipo de gente nunca lo hace —dijo—, pero no todos los blancos son así. Algunos de los clientes frecuentes han sido muy buenos conmigo a través de los años.

—¿A qué se refiere?

—Pues, trabajan en Wall Street, y, no se lo diga nadie, pero me dan información confidencial de vez en cuando y he hecho muy buenas inversiones con buenos resultados.

—¿Qué tan buenos?

—Bueno, no me gusta presumir pero soy... multimillonario —dijo.

—¡No me diga, ¿en serio?!

—¡En serio! —dijo, riéndose.

—¡ÓRALE! ¡Dame un abrazo! —Le dije, tomándolo en mis brazos y besándolo en ambas mejillas—. ¡Eres de los míos! ¡Mi papá TE RESPETARÍA! Aceptaste el trabajo que Dios te lanzó y tuviste la visión y los tanates para convertirlo en algo maravilloso. ¡Híjole, me quito el sombrero!

Se apenó. —Sí, supongo que lo hice, pero no se lo digas a nadie. Me ha ido muy bien. Les pude pagar la universidad a mis hijos, incluso uno de ellos estudia en Harvard.

—¿Harvard? Chuck Scott, mi abogado, estudió ahí. ¿Es parte de una Liga Exclusiva de universidades, verdad?

—Sí.

—Híjole, ¡felicitaciones! Caray, debería tomar mis dos dólares de vuelta.

—Sí, por favor. Me has dado mucho más que dinero.

—Era una broma.

—No, aquí los tienes, por favor toma tu dinero. No acepto propinas de amigos.

—Está bien, amigo —dije, tomando mis dos dólares abrazándolo y besándolo de nuevo.

Al día siguiente, le dije a Marc que me reuniría con él para la comida, en un lugar donde podríamos comer y ver patinar a la gente.

—Ah, es el centro Rockefeller —dijo—. Uno de mis lugares favoritos en todo Nueva York.

—Fantástico —dije—. Reservé una mesa para nosotros.

—No sabía que se pudieran hacer reservaciones en ese restaurante.

—No se puede. Pero todos los de servicio son mexicanos y me dijeron que me guardarían mi mesa favorita.

Marc comenzó a reírse. —¡Eso sólo pasa en los Estados Unidos! —dijo.

Tan pronto vi a Marc, tuve la sensación de que las cosas no iban muy bien. Siempre lo veía lleno de energía y confianza, con un aire de elegancia y cordialidad. Ahora parecía que sus pilas estuvieran descargadas.

—¿Qué ocurre? —pregunté.

—Ordenemos primero —respondió. Ordenamos y degustamos nuestro vino mientras observábamos a los patinadores: mamás y papás con sus niños todos muy bien vestidos y muy lindos. —Un par de personas rechazaron el libro, pero todavía me queda una persona a quien acudir —dijo.

—¿Cuál es tu opinión personal del libro, Marc?

—La mía —dijo, y de repente la vida regresó a su rostro—, ¡creo que es fantástico! ¡Es todo lo que Charles y yo siempre soñamos! Me sorprendió mucho saber que Ed Victor no hubiera conseguido medio millón o más por él. Yo habría cancelado nuestro contrato de cincuenta mil dólares con Bantam y te habría dado doscientos mil o más para que te quedaras con nosotros. Has hecho un trabajo maravilloso, pero lo que pasa es que yo ya no tengo la última palabra.

—Marc, lo importante para mí es que te encante el libro. Eso es lo que más me importa a mí. Discúlpame —dije, respirando hondo. Tenía que controlarme. Él estaba sufriendo suficiente por los dos—. Tengo que ir al baño.

—Voy contigo —dijo.

Nos levantamos, atravesamos el restaurante y nos dirigimos al baño.

—¡Gusto de verte, Vic! —-Dijo James con una gran sonrisa.

—¡Encantado de verte, James! —respondí—. Te presento a mi amigo Marc Jaffe, mi primer editor.

—Los amigos de Vic son mis amigos —dijo James, estrechando la mano de Marc.

—¿Cómo están tus hijos? —le pregunté a James—. ¿Y tu muchacho en Harvard?

—Bien, excelente, les va muy bien, gracias.

Orinamos, nos lavamos las manos y James nos entregó a cada uno una toalla; luego cuando Marc iba a colocar unas monedas en la canastilla, James le dijo rápidamente: —No, no acepto propinas de amigos. Que tengas un buen día, Vic, y salúdame a tu familia de mi parte.

—Claro que lo haré, tienes mi número de teléfono y mi dirección, asegúrate de venir a verme al rancho si algún día vas por esos lados.

—Así lo haré, amigo.

Marc mostraba una gran sonrisa y movía su cabeza. —¿Acabo de pasar por la dimensión desconocida o todo lo que acaba de ocurrir ahí fue real? Hace veinte años que vengo a este lugar y el encargado del baño nunca ha sabido mi nombre.

—¿Y tú supiste alguna vez su nombre?

—Pues no. Es decir, jamás se me ha ocurrido familiarizarme con los encargados de los baños.

—¿Por qué no? Son seres humanos.

—Bueno, sí, yo sé eso, pero...

—¿Sabes?, ese tipo es multimillonario.

—¿Es qué? ¿Y tiene un hijo en Harvard, mi antigua alma máter?

—Ahh, ¿tú también fuiste a Harvard?

—Sí —dijo, todavía con su sonrisa y su movimiento de cabeza—, y las probabilidades de que el encargado de un baño tenga un hijo en Harvard son menos que razonables.

—Exactamente, por eso es que la razón es obsoleta —dije—. Tú asocias la razón con los cinco sentidos y con toda esa basura que nos han metido los últimos cinco mil años, y seguiremos viviendo en el oscurantismo, creyendo que el mundo es plano y que somos el centro del universo. Es hora de que los hombres se hagan a un lado y dejen que las mujeres nos guíen con sus poderes intuitivos, lo que significa que provienen del corazón. Eso es lo que mi papá me ha estado diciendo toda esta semana: que tenemos trece sentidos, cuatro en el cerebro, tres en el corazón y seis en el alma.

—Quieres decir que eso fue lo que tu papá te dijo antes de morir, ¿verdad?

—No, Marc. Lo he estado viendo aquí en Nueva York casi todas las noches, y él me ha estado explicando todo esto lo que, por supuesto, no podía explicarme cuando estaba vivo, porque jamás le hubiera creído ni le hubiera tomado en serio. Lo que quiero decir es que él me ha estado enseñando información asombrosa, a la que empiezo a encontrarle sentido ahora que estoy liberándome de todo lo que había aprendido.

—Víctor —dijo Marc, y la sonrisa ya había desaparecido—. Lo que yo vi en el baño... puedo llegar a aceptarlo. Pero incluso, según tus estándares, creo que estás exagerando demasiado cuando dices que estás recibiendo visitas de los muertos aquí en Nueva York.

—¿Por qué? Nueva York puede ser un lugar tan espiritual como cualquiera, una vez que dejas atrás la basura, Marc.

—No me estaba refiriendo a Nueva York —dijo—. Me refería a..., tomémonos otra copa de vino.

—Me parece muy bien.

—Voy a ejercer toda la presión posible sobre mi gente para que acepten el libro. Pero tengo que advertirte que no van a darte setenta y cinco mil dólares. Probablemente, sólo te den de unos diez a quince mil.

—Está bien, entiendo —dije—, pero vámonos a otro sitio y tomemos algo que no sea vino. ¿Qué te parece un buen trago de tequila?

—No creo que haya bares en Nueva York que vendan tequila.

—Ya veremos.

Marc tenía razón. Fuimos a tres bares distintos y en ninguno de ellos servían tequila, e híjole que si cambiarían las cosas. ¡Diez años después, el tequila sería el alcohol más vendido en la ciudad de NEW YORK!

Mi madre me llamó para decirme que Bárbara le había dicho que yo estaba cenando sándwiches de atún en mi habitación.

—Mijito, te estoy enviando cien dólares muy especiales —dijo—, para que vayas a cenar o a comer al Waldorf Hotel, donde tu padre y yo nos quedamos cuando teníamos dinero, allá en la década de los cincuenta. Tómate un Martini en honor a tu papá y cómete una ensalada César en mi honor; asegúrate de recordarles que ellos no inventaron la ensalada César, ni tampoco fue el Brown Derby en Hollywood. Diles que tu papá y yo estuvimos ahí cuando fue inventada la ensalada César: en el restaurante de Nacho en Tijuana, que Nacho era muy buen amigo de tu papá y mío, y que él la inventó cuando se le agotaron todos los demás ingredientes para la ensalada, en una ocasión en que unas estrellas de cine llegaron allá con el famoso gordo Robinson.

—Bueno, mijito, disfruta tu cena y sigue hablando con tu padre. Tú sabes que él solamente se fue al Más Allá para poder ayudarte, pero me habría gustado que me hubiera dicho eso antes de irse.

Brotaron lágrimas de mis ojos. Mi madre no dudaba ni por un segundo que mi papá venía ahora a verme y a ayudarme con frecuencia. Me sentía MUY BIEN SABIENDO QUE EN LA CULTURA DE MIS PADRES, el Mundo Espiritual era tan fácilmente aceptado como este mundo. ¡No tenía que explicar nada! Pero tenía que ir con mucho cuidado con Marc, pues él, al igual que Phyllis, tenían problemas con algunas partes de *Lluvia de Oro* pues le parecían demasiado llenas de milagros, ángeles y de Papito Dios.

—Gracias, mamá —dije—. Me va a encantar ir al Waldorf Hotel en honor de mi papá y tuyo.

—Muy bien —dijo—. Estoy muy orgullosa de ti, mijito, y de lo que estás haciendo, aunque no entiendo muy bien este asunto de ficción y no ficción. ¿Qué la Biblia no es ficción? O sea, para tener fe, fe verdadera, ¿no se supone que creamos en lo que no es creíble?

—Órale, mamá —dije, riéndome—. ¡Me dejaste frío con esa! ¡HÍJOLE! Déjame pensar en eso, ¿te parece bien?

—Me parece bien, vaya con Dios, mijito.

—Tú también, mamá. Vaya con Dios.

—Como siempre —dijo.

Eran como unas veinticinco cuadras a pie desde mi hotel al Waldorf. Por todas partes había hermosas tiendas de ropa. Al pasar por una, un hombre salió corriendo de su tienda y dijo: —Por favor, ¡entre, sólo por un momento!

201

—¿Para qué?

—Por favor, sólo deme gusto por un segundo.

—Está bien, pero voy camino a comer —dije mientras lo seguía adentro.

Me llevó adonde un hombre que estaba de pie sobre una caja, con un montón de agujas en sus mangas y pantalones doblados.

—Éste —anunció, señalándome—, ¡es uno de los nuestros! ¡Me encargo personalmente de su vestuario en cada estación! Gracias por pasar por aquí —me dijo, dándome la vuelta y llevándome de regreso afuera con su mano sobre mi hombro como si fuéramos viejos amigos—. Venga después de su comida —me dijo en voz baja—, y le daré lo que quiera en la tienda por un valor de cien dólares.

—Pero no creo que usted tenga nada que me guste —dije.

—Sólo venga. Algo encontrará, estoy seguro —y diciendo esto, estrechó mi mano como si fuéramos grandes amigos, y luego se despidió de mí moviendo la mano mientras yo seguí caminando por la calle.

Una sonrisa burlona se dibujó en mis labios.

Solté una carcajada.

¡HÍJOLE! ¡Esto sólo ocurría en la ciudad de Nueva York!

En el Waldorf me dijeron que tenía que dejar mi abrigo y mi sombrero en el guardarropa.

—El abrigo sí —dije—. Pero me gustaría comer con mi sombrero puesto.

—No permitimos sombreros en nuestro comedor principal.

—¿Ni para las mujeres?

—Para las mujeres, sí.

—Bueno, entonces, considéreme una mujer.

—Pero usted no es una mujer.

—¿Cómo puede estar seguro? No le he mostrado mis bolas ni mi miembro.

—Su bigote lo delata.

Respiré hondo. —Está bien, pero cuide muy bien ese sombrero. Era de mi papá.

—Lo cuidaremos con especial atención. Aquí tiene los dos boletos, uno para el abrigo y uno para el sombrero.

—Gracias.

Pedí una mesa en un rincón. El lugar era elegante. Pedí primero un Martini, derecho, por mi papá, y la ensalada César por mi mamá, pero luego se me ocurrió una idea fantástica.

—Me gustaría pedir un Martini Lluvia de Oro, derecho —dije.

—¿Un qué?

—¡Un Martini Lluvia de Oro! Seguramente usted ha oído hablar de él. Es el Martini más popular de toda la Costa Oeste.

—No, supongo que estamos un poco atrasados con las novedades.

—¿De veras? Ustedes aquí en Nueva York, en el Waldorf, ¡un poco atrasados con las novedades! Bueno entonces, déjeme actualizarlo. Un Martini Lluvia de Oro es muy fácil de preparar: coloca cinco o seis gotas de Grand Marnier en una copa de Martini muy fría; la agita un poco; después vacía el Grand Marnier, si puso demasiado; y por último, añade la ginebra o el vodka más frío y mejor que tenga.

—Muy bien, podemos hacer eso por usted. ¿Y qué preferiría ginebra o vodka?

—Ginebra.

—¿Desea una aceituna?

—¡POR SUPUESTO QUE NO! Ni aceitunas ni vermouth, pues el Martini Lluvia de Oro es como sorber un Martini ¡A TRAVÉS DEL CIELO!

—¡Suena muy bien! ¡Probaré uno después del trabajo! Excelente nombre: Lluvia de Oro.

—Sí, y éste proviene de la cultura mexicana, porque la vida misma es una Lluvia de Oro, ¡que nos llega a cada momento en forma de milagros desde el cielo!

—¿Es usted mexicano?

—¡Acaso no lo somos todos!

Ah, me estaba divirtiendo tanto que me tomé tres martinis, y luego pedí mi ensalada César con un pescado delicioso. Cuando terminé, recuperé mi abrigo y mi sombrero, y cuando iba saliendo por la puerta del hotel, escuché una voz que me dijo claramente que dejara de nuevo mi sombrero en el guardarropa.

No entendí.

Eso no tenía ningún sentido.

Pero comprendí que era mi papá hablando en un tono de voz muy serio, por lo que hice lo que me dijo; y justo cuando regresé afuera, escuché UN CHILLIDO AGUDO, y cuando miré hacia arriba, vi el HALCÓN COLIRROJO MÁS GRANDE que hubiera visto en mi vida, ¡JUSTO FRENTE A MÍ!

El halcón colirrojo, conocido como águila roja en muchas de las tribus indígenas del oeste, era mi Guía Espiritual, y me había ayudado muchas veces en mi vida. ¿Pero qué hizo mi gran amigo en esta ocasión? Dejó caer su ENORME Y HÚMEDO EXCREMENTO justo sobre mi cabeza, ¡con tal fuerza que casi me hace caer!

¡EL EXCREMENTO me escurría por la cara!

Entré corriendo al baño de hombres del Waldorf.

¡DEMONIOS, PAPÁ! —dije, lavándome la cara y la parte de arriba de la cabeza—. ¡¿DE QUÉ SE TRATA TODO ESTO?!

—Dímelo tú —respondió mi papá con una gran sonrisa. Podía verlo en el espejo de pie detrás de mí, a no más de tres metros.

—¡No sé! —exclamé.

—Oh sí lo sabes —dijo, todavía con su sonrisa.

—¿Estás diciendo que estoy lleno de mierda! —dije, girando para enfrentarlo.

—Exactamente, y para que puedas ir adonde tienes que ir no puedes darte el lujo de estar en lo más mínimo lleno de mierda. Tienes una labor que hacer, como todos nosotros, mijito, y no puedes perderla de vista, ¡pendejo! ¿Comprendes?

—Bueno, sólo me estaba divirtiendo un poco con el mesero —dije un poco avergonzado.

—Un poco de diversión no hace daño, pero sí tres martinis. Y luego, ese postre especial de fresas con más Grand Marnier: llamarlo Lluvia de Oro número dos fue definitivamente inapropiado.

—Está bien, está bien. Pero papá, ésa fue una cagada gigantesca —dije—. Podría haber arruinado mi abrigo.

—Tu Guía Águila Roja, que siempre está contigo, se ha convertido en un experto cuando de mierda se trata, mijito. Solamente te dio en la cabeza y en la cara. Observa. Ni una gota en tu ropa.

Mi padre, Sal
Villaseñor.

Bárbara y yo mientras el Padre Day y el Rabino Lyman nos casaban.
Dama de honor Suzie Rohrbacker y padrino Bill Cartwright.

Mi madre, Lupe Villaseñor.

Charles y Zita Bloch.

David, Bárbara, Joseph y yo, en una carreta jalados por Little Bit.

Salvador.

Mi familia, amigos y yo en el funeral de mi padre.

Moctesuma en New Mexico, durante la producción de The Milagro Beanfield War.

Marc Jaffe, mi editor desde la versión original de Lluvia de Oro.

Nick Kanellos, director de Arte Público Press.

Teresita en
New Mexico.

Linda, Tencha y yo,
España 1992.

Evento de Acción de Gracias Global de los Gansos Blancos, España, 1992.

Yo con nativos americanos en el evento
de Gansos Blancos, España, 1992.

Cena de Acción de Gracias de los Gansos Blancos, España, 1992.

Aquí estoy yo frente a casa de la abuela, Sal a la extrema izquierda, Barrio Carlsbad, cerca de 1943.

Me quité el abrigo y lo revisé, era cierto.

—Está bien, gracias papá —dije—. Y gracias por hacer que me quitara mi sombrero.

—*Mi* sombrero —me corrigió.

—Eso quise decir, tu sombrero, papá —dije.

Me sequé, pedí de nuevo que me entregaran "nuestro" sombrero y me dirigí hacia mi hotel.

No me detuve en la tiendita de ropa. En realidad no tenían nada que yo quisiera, y probablemente era un viejo truco. Estaba seguro de que intentarían que comprara algo que costaría cuatrocientos dólares, para luego descontarme cien. Puras tonterías, no iba a caer en eso. Después de todo, era la ciudad de Nueva York. Y mi papá siempre decía: *"Para el ganado de las barrancas, caballos de ahí mismo"*. Lo cual tenía perfecto sentido, porque uno no puede usar un caballo de llanuras si está intentando atrapar una res que ha crecido en un terreno salvaje y montañoso. No, uno terminaría muerto.

Capítulo siete

Dos días después, Marc me contactó para decirme que *Lluvia de Oro* había sido rechazado. Quedé perplejo, pero peor que mi perplejidad, fue sentir la enorme desilusión de Marc. Eso significaba para él un gran retroceso, después de haber sido director editorial de Bantam por tantos años. Ninguno de los dos supimos qué decir, así que colgamos el teléfono. Después me contactó un agente local que había sido amigo cercano de Charles. Fui a verlo a su oficina. Cuando estaba en el elevador, dos negros enormes, que llevaban grandes bolsas como las de los mensajeros, empezaron a burlarse de mí.

GRITÉ, acercándome a sus rostros: —¡HOY NO ACEPTO CHINGADERAS DE NADIE! ¡Puedo acabar con los dos en un instante!

—Okey, okey —dijo uno de ellos—. Lo siento, hombre. Lo siento. Pero es que estás vestido con todo el traje de vaquero.

—PUES PORQUE ESO ES LO QUE SOY: ¡UN VAQUERO! Un vaquero mexicano, ¡y de allí es que viene toda la ropa de vaquero!

Salí del elevador, ¡SEGUÍA TEMBLANDO DE IRA! Menos mal que esos dos mensajeros veinteañeros se habían calmado, si no, me los habría comido ¡VIVOS!

Era una oficina pequeña con una alfombra vieja y maloliente. En la pared había unas cuantas fotografías de libros famosos.

—Víctor —dijo el agente—, solamente te pedí que vinieras como cortesía hacia Zita y Charles, y porque estás casado con su hija Bárbara, que estudió en Radcliffe con mi hija. En pocas palabras, Víctor, nadie te va a aceptar en la ciudad. Ningún agente, ninguna editorial. Lo mejor que puedes hacer es irte a casa y no gastar más dinero quedándote en la ciudad. Avergonzaste públicamente a una mujer muy poderosa, y hará falta que pasen cuatro a cinco años para que la gente lo olvide. Regresa a escribir libretos por unos años. Y dime, ¿de verdad la amenazaste con un cuchillo?

Negué con la cabeza y respiré hondo. Estaba escuchando a este hombre, lo escuchaba verdaderamente..., pero no, no y no..., ¡ESTABA EQUIVOCADO! *Lluvia de Oro* iba a ser PUBLICADO, DE ALGUNA MANERA e iba a convertirse en un ¡ÉXITO DE VENTAS EN EL PAÍS! Yo sabía que esto era CIERTO EN LO MÁS PROFUNDO DE MIS ENTRAÑAS, en mi centro, más allá de toda la razón, más allá de todas las palabras, todos los hechos y todas las cifras. Mis ojos se llenaron de lágrimas.

—Mira —dijo—, sé que Ed Victor te dejó; y normalmente, estaría dispuesto a aceptarte como cliente, pero te estaría mintiendo si te dijera que puedo publicar tu libro ahorita mismo, no importa lo bueno que sea, y sé que debe ser muy bueno si atrajo a un hombre como Ed Victor, aunque él no me agrada ni lo respeto mucho. Vete a casa, Víctor, vete a casa.

No podía levantarme de la debilidad. Había creído que él deseaba verme porque había oído hablar de mi caso y creía que podía vender *Lluvia de Oro*.

—Gracias —dije. Supongo que mi aspecto era desolador.

—¿Te gustaría recostarte? Tengo un sofá en la habitación de al lado.

—No, estoy bien —dije, y dejé su oficina. No hice más que frotarme la cara mientras esperaba el elevador, y apenas las puertas se abrieron, me encontré cara a cara con los dos tipos con los que había subido.

De inmediato, sentí que mi corazón EXPLOTABA y me preparé para la lucha al entrar al elevador, pero, para mi sorpresa, se sonrieron y se rieron como si estuvieran felices de verme.

—Hombre —dijo uno de ellos—, casi nos matas del susto. Los blancos no hacen eso. Por lo general, ellos son los que nos tienen miedo. ¿De verdad eres un vaquero? O sea, ¿de verdad sabes andar a caballo, pegando tiros, enlazando con la riata y haciendo cosas por el estilo?

—Desde que tenía cinco años —dije—. Mi papá nunca me dejó jugar con pistolas de juguete. Decía que así no conseguía un hombre el respeto de la gente. Yo disparaba armas de verdad desde los cinco años, andaba a caballo y enlazaba con la riata, pero nunca fui muy bueno con la riata. Lo mío son las armas. Puedo matar un venado corriendo a quinientas yardas de un solo tiro.

—¿Qué tan lejos son quinientas yardas?

—Oh, no sé. Quizá dos cuadras en Nueva York, o como... cinco canchas de fútbol.

—¿De veras? ¿De un solo tiro?

—Claro que sí. Puedo lanzar un cuchillo con cualquiera de mis dos manos con la fuerza suficiente para partir en dos una tabla de madera de cinco por quince centímetros —añadí.

—¿Nos enseñarías a hacer eso?

—Pues sí, vengan a California y quédense en nuestro rancho. Ya no es tan grande debido a todas las construcciones nuevas, pero todavía tenemos cabras, pollos y caballos. Aquí tienen el número y la dirección de mi casa, y planeen quedarse por lo menos una semana.

—¿Hablas en serio?

—Claro que sí, y discúlpenme por mi conducta anterior. Estoy pasando por situaciones muy duras aquí en Nueva York y ustedes me agarraron, digamos... de muy mal humor.

Salimos juntos del elevador.

—Dime —dijo el que hablaba menos—. ¿Qué habrías hecho si hubiéramos respondido a tu ataque?

De inmediato, mi corazón ¡SE ACELERÓ DE NUEVO!

—No creo que quieras saberlo —dije en un tono de voz muy fuerte.

—Pues sí, me gustaría saberlo —dijo.

Estábamos ahora en la calle, con gente caminando de prisa a nuestro lado.

—Bueno —le dije—, habría saltado encima tuyo, te hubiera mordido la cara y te hubiera arrancado los ojos, porque te veías más afrentoso que tu amigo; y luego, cuando te hubiera quitado de encima, escupiendo sangre y carne, me habría dado la vuelta, habría golpeado a tu amigo en las pelotas, y en la garganta. Todo habría terminado en tres segundos. Como ven, soy un luchador. Me sé mover.

—Dios mío —dijo el que preguntó—. ¡Quizá de verdad era mejor no saberlo! ¡Eso es de caníbales! Arrancarme a pedazos la cara, ¿solo por burlarnos?

MI CORAZÓN DIO UN SALTO. —¿Sólo por una burla? Pues, bueno, dime, ¿alguna vez un maestro blanco se burló de ti solamente porque NO LO ENTENDISTE BIEN, y luego ese maestro se dirigió a su alumno favorito y le hizo la misma pregunta con un aire de 'AHORITA VERÁS, ¡PEDAZO DE PENDEJO, INFERIOR!'? ¡UNA SONRISA BURLONA DICE DEMASIADO! —gritaba yo, haciendo que la gente que pasaba se alejara de nosotros corriendo.

—Él tiene razón —dijo el otro tipo—. ¡Me dieron ganas de arrancarle a pedazos la cara! Fue la señorita Olsen, buena maestra con los alumnos que sacaban las mejores notas, aunque fueran negros, pero, con el resto de nosotros, era una ¡BURLONA PENDEJA!

—Pues bien, supongo que todos aprendimos algo —añadí—. Yo, que tengo que aprender a controlar mi temperamento y, ustedes dos, a no andar por ahí tan engreídos y pretenciosos sólo porque son jóvenes, grandes y fuertes. ¿Respetan a sus padres y sus hermanas? ¿Ayudan en la casa y recogen sus cosas?

—Pues sí, bastante. Ambos tenemos empleo y llevamos dinero a casa para ayudar.

—Bien. Me alegra escuchar eso, así que vengan. Es en serio. Les ofrezco cama y comida gratis por una o dos semanas cuando lleguen al rancho.

—¿Entonces, de verdad, de verdad, estos son el número y la dirección de su casa?

—Por supuesto que sí —dije, y me acerqué a abrazarlos. Ellos no supieron muy bien qué hacer, pero luego se tranquilizaron, así que los abracé allí en la acera, mientras todos esos blancos que pasaban nos miraban con total extrañeza. Parecía que todos esos gritos y ataques de ira no alteraban a nadie, sin embargo, nuestros abrazos les provocaban cierta incomodidad.

Cuando regresé a mi hotel, llamé a Mocte. Estaba visitando al doctor Juan Gómez-Quiñones. Le conté la situación. Juan tomó el teléfono y me aconsejó que fuera a ver a su amigo y profesor en Harvard; este hombre conocía a mucha gente poderosa.

Esa tarde conocí a la señora que limpiaba mi habitación. Yo había salido a comprar un poco de fruta, y cuando regresé, me la encontré: una negra corpulenta de edad avanzada.

—Ahh, lo siento —dijo—. Acabo de entrar para tender su cama.

—Ya la había tendido —dije.

—Sí, lo sé, pero vine a doblar las mantas para prepararla para la noche y dejársela muy bien presentada.

—Ah, gracias. Aquí tiene, fui a comprar un poco de fruta para dejársela para mañana, porque voy a pasar el día en Boston.

—No tiene que dejarme fruta todos los días —dijo.

—Pero me gusta hacerlo —dije—. Usted trabaja muy duro para que todo esté bonito. ¿Recibió el mensaje de que no cambiara las sábanas todos los días, que cada tercer día está bien?, para que así ahorremos agua, trabajo y...

Comenzó a llorar.

—¿Qué le ocurre?

—Es usted, cariño —dijo—. ¿Se da cuenta que llevo cuarenta años trabajando en hoteles y nunca había conocido a alguien tan amable y considerado, todas esas notas de buenos deseos, y además dinero y fruta?

No podía dejar de llorar, así que la abracé por un rato, entonces fue que comenzó a llorar todavía más fuerte. Su cuerpo entero temblaba.

—Ahh, lo siento —dijo—. No quiero que mis lágrimas le manchen su preciosa chamarra.

—Ni se atreva a excusarse —dije—. Es un privilegio empaparme con sus lágrimas. Vamos, abráceme.

Bueno, quizá no debí haber dicho eso, porque la enorme mujer me abrazó con tal fuerza que creí que iba a romperme las costillas, y luego me besaba mientras las lágrimas caían a borbotones por su rostro. La ayudé a sentarse en la cama y le di una toalla húmeda para que se refrescara y otra para que se secara. Luego le traje la silla del escritorio para que elevara los pies.

—¡Dios mío! Su mamá le enseñó muy bien a tratar una mujer. ¿Está casado? Porque tengo una hija muy bonita y ya le hablé de usted. Tiene una hija pequeña y es un ángel.

—Soy casado y tengo dos hijos —dije.

—Usted no es blanco, ¿verdad? ¿Es cubano o puertorriqueño, no?

—No, soy descendiente de mexicanos.

—Qué sorpresa. Por aquí no hay muchos. ¿Son todos así de bien educados y amorosos?

—Oh sí —dije, riendo—, todos los mexicanos creemos que somos 'amantes latinos', porque allá en el Oeste, cuando la Patrulla Fronteriza nos ve, siempre dicen: '¡Ahí viene otro CHINGAO MEXICANO!'

Al comienzo, quedó sorprendida al escucharme decir eso, pero luego comenzó a reírse como si fuera el fin del mundo. AHH, casi AULLABA ¡de lo mucho que se reía, y yo también!

A la mañana siguiente, tomé temprano un tren para Boston y llegué justo después del alba. Me quedaban tres horas antes de encontrarme con el amigo de Juan Gómez, el único profesor chicano de una de esas universidades exclusivas de las que había escuchado hablar tanto. La estación de tren estaba completamente vacía, y yo no sabía adónde ir.

—¿Puedo ayudarlo en algo? —escuché una voz.

—¿Qué? —dije, mirando a mi alrededor.

—¿Puedo ayudarlo en algo? —escuché una vez más la voz. De nuevo, miré a mi alrededor, pero no vi a nadie.

—¿En dónde está? —pregunté.

—Aquí arriba —dijo la voz.

—¿Arriba, en el cielo?

—No exactamente —respondió la voz—. Aquí arriba a nivel de la calle. Vaya a su izquierda y encontrará la escalera.

Fui a la izquierda, encontré la escalera y subí. Mi pie izquierdo se sentía como si nunca se hubiera fracturado; no obstante, el quiropráctico me había asegurado que, de hecho, se había fracturado en más de un lugar.

Al final de las escaleras había un hombre mayor, muy bajito y muy bien vestido. Le sonreí de inmediato. Tenía un aire agradable y amistoso.

—Parecía perdido —dijo.

—¿Pero cómo pudo verme si yo no podía verlo?

—Lo vi cuando salió del tren. Mi nombre es Jacob Bloch.

—Ahh, ése era el apellido de mi suegro, Bloch, con hache al final. Mi nombre es Víctor Villaseñor. Encantado de conocerlo, señor Bloch.

—Es un gusto conocerlo, Víctor. Mi apellido también es con hache, lo cual es bastante raro, entonces su suegro y yo debemos ser parientes de alguna manera. Vamos, caminemos hacia un lugar caliente a tomar un café.

Tenía un bastón pero, aún así, caminaba rápidamente.

—Dígame, ¿qué le preocupa? —preguntó.

Respiré hondo y profundo y luego comencé a hablar, contándole todo como si fuera un amigo íntimo de toda la vida. Después entramos a la pequeña cafetería, pedimos café, nos sentamos en una mesita y empezó a hacerme unas preguntas muy intuitivas.

—Pues verá —dijo—, trabajé como abogado penalista, y lo que tenemos que hacer aquí es construir un caso para su libro. Nosotros también tenemos un libro muy importante que ha ayudado a moldear el mundo.

—¿Se refiere a un libro sobre leyes?

—No, me refiero a nuestra Biblia —dijo—, y sigue siendo un libro muy bueno, pero, últimamente, la gente ha llegado a la conclusión de que es la palabra final de Dios y, por supuesto, que no lo es. Una biblia es algo vivo y tiene que ser reescrita continuamente, una y otra vez, para cada generación. Parece ser que eso es lo que has hecho con tu libro, *Lluvia de Oro;* así que lo que tienes que hacer, por encima de todo, es aferrarte a tu verdad.

Dejé de escuchar. Eso era, palabra por palabra, lo que mi papá me había dicho la noche que había muerto. Me dijo que me aferrara a la verdad de nuestro libro.

—Discúlpeme —dije—, pero, ¿quién es usted, en realidad? ¿Un ángel?

—¿No lo somos todos? —preguntó, y siguió hablando, dándome consejos maravillosos. De repente se detuvo—. Está bien, ahora debo irme. Adiós, amigo mío.

—¿Puedo verlo de nuevo?

—No, no puedes verme nunca más. Tampoco debes llamar a mi oficina. Estoy... retirado. Adiós. Te irá bien. No te preocupes —dijo—. No estás solo. Todos estamos contigo —añadió mientras se alejaba rápidamente.

Me quedé sentado en la cafetería con las ventanas empañadas y comencé a llorar. Sabía, desde lo más profundo de mi ser, que otro milagro había ocurrido, y ahora se trataba de Charles, no de mi padre, que había venido del Más Allá y había aparecido bajo la forma de un pariente suyo que seguía aquí en la Madre Tierra. Entonces, ¿significa esto que las personas del Más Allá pueden usar amigos y parientes de Este Lado para ayudarnos también? ¡ÓRALE!

—Entonces, en verdad, en verdad, nunca estamos solos una vez..., una vez que nos hacemos conscientemente conscientes de nuestra interconexión colectiva con el Mundo Espiritual —dije en voz alta, asombrándome a mí mismo. ¿De dónde habían salido esas palabras? Yo nunca había pensado así. ¿Conscientemente conscientes? ¡Órale!

Fui a ver al profesor amigo de Juan Gómez en Harvard, y pude notar que los edificios estaban cubiertos de enormes y viejas hiedras, palabra relacionada con la denominación en inglés de este tipo de universidades de alta estirpe. El profesor me dijo que Juan lo había llamado y le había explicado la situación, y que le encantaría leer el manuscrito, pero que no podía hacerlo sino hasta la primavera. Luego añadió que él le había explicado a Juan que conocía gente en el mundo académico, pero que no tenía conexiones en el mundo de las editoriales.

—No sé que esperaba Juan —dijo—. Ambos somos profesores. No tenemos poder en el mundo real.

Respiré hondo y profundo; contuve el aliento; y luego lo dejé salir. No esperaba esto. Quizá pensé que porque él estaba en Harvard conocería a personas graduadas allí que trabajaran en el mundo de las editoriales en Nueva York. Entonces comprendí todo.

—Creo que lo que me quiere decir —dije—, es que usted no tiene poder real en el mundo real en este momento, porque es el primer maestro chicano de toda esta pendejada de universidades ilustres, pero una vez que haya más de nosotros en ellas, comenzaremos a tener poder.

—Sí, supongo que eso fue lo que quise decir —dijo—, y nos llevará... generaciones, y para ese entonces, probablemente ya no seremos chicanos, sino estadounidenses convencionales.

—Ay, ¡demonios! —dije—. ¡Espero que no! Dios mío, tenemos que ser fieles a nuestras tortillas y no cambiar al pan blanco. Las tortillas de maíz son reales. El pan blanco, el arroz blanco, el azúcar refinada, todas esas chingaderas procesadas ni siquiera tienen valor alimenticio.

¡Mi corazón latía aceleradamente! Habían sido todos esos alimentos procesados los que me provocaron las alergias que me estaban matando, y mi doctor tradicional seguía dándome píldoras y más píldoras blancas, y luego inyecciones. Fue entonces cuando Mocte me presentó al doctor Khalsa, que le dio un vuelco total a mi dieta, introduciendo alimentos completos y muchas *yerbitas*, como habrían hecho mis abuelas indias mexicanas.

Platicamos durante una hora y luego me fui. El profesor estaba descorazonado y sin energía. Supongo que este profesor chicano había pagado muy caro para estar donde estaba. Incluso se le hizo difícil darme un abrazo de despedida. Supongo que no quería que los demás profesores lo vieran.

Tres días después regresé a casa, en California. El agente, cuya hija había ido a Radcliffe con Bárbara, tenía razón. No había ningún motivo para quedarme en Nueva York. Le conté a Bárbara lo del agente, ella recordaba muy bien a su hija, y luego le conté lo de Jacob Bloch. Bárbara se emocionó mucho y dijo que ése era el nombre de su tatarabuelo, ¡que también había sido abogado!

Decidimos llamar a Boston. Encontramos en el directorio telefónico un bufete de abogados bajo el nombre de Bloch. Los llamamos y preguntamos por Jacob. La mujer que respondió el teléfono dijo que el señor Bloch estaba retirado, y cuando le dije que lo había conocido en la estación de tren de Boston, cuatro días antes, me dijo que eso era imposible.

—Jacob está confinado en una cama —dijo—. ¡No ha salido de su casa en más de siete años!

Pude darme cuenta por el tono de su voz que estaba muy alterada. —Siento haberla molestado —dije—. Lo que pasa es que lo vi bastante bien en la...

—Trabajé para Jacob durante veinte años —me interrumpió—. Era el mejor letrado legal que he conocido, y además, ¡era justo y tenía un gran corazón! ¡Esto no es gracioso! ¡El pobre hombre ni siquiera puede levantarse de su cama solo!

Respiré hondo y profundo.

—Gracias —dije—. Muchísimas gracias. —Colgué. Estaba temblando. Santo Dios, el ritmo de los milagros se estaba acelerando, ¡y no había forma de explicarle esto a nadie!

De repente, ¡me sentí agotado!

¡Exhausto!

¡Totalmente vacío!

Me fui a la cama y dormí casi sin parar durante una semana; solamente fui a la playa un par de veces. A veces solo, y otras con Bárbara y nuestros hijos. Mi papá no había vuelto a visitarme, ni siquiera en sueños. En poco tiempo, comencé a pensar que todo lo que me había ocurrido en la ciudad de Nueva York había sido simplemente un sueño. Pero no entré en pánico. Estaba demasiado cansado.

Entonces una mañana, me desperté lleno de energía. Eran las tres de la mañana, y decidí ir arriba para empezar a trabajar en el libro, intentando poner de vuelta en el manuscrito de *Lluvia de Oro* todas las cosas que Tracy había eliminado. Pero era difícil. Era como si hubiera perdido el sentimiento y la voz de mi libro.

—Papá —me dirigí a él en el Más Allá lleno de frustración—, ¡necesito tu ayuda! ¿Qué está pasando? Dijiste que siempre estarías conmigo y no has vuelto a visitarme desde que estaba en Nueva York.

En ese momento, la voz de mi papá me dijo que fuera al piso de abajo y agarrara mi escopeta semiautomática de calibre doce y un puñado de balas.

—Espera —le dije—. Necesito ayuda con este libro. No con una escopeta.

Pero mi papá no me escuchaba, sólo insistía en que también llevara mi Magnum .357 y el equipo para limpiar pistolas.

—Está bien, ¡lo haré! —exclamé exasperado.

Y no hice más que regresar con las dos armas a la habitación donde escribía, cuando un carro irrumpió estrepitosamente cruzando la reja, acelerando mientras se acercaba a nuestra larga entrada de coches. Todavía estaba completamente oscuro. Faltaban dos horas para el alba.

¡MI CORAZÓN COMENZÓ A LATIR A UNA VELOCIDAD SALVAJE!

Cargué rápidamente mi escopeta calibre doce con una primera tanda de perdigones, no para matar, sino para advertir; una segunda tanda de balas más fuertes; y la última, con balas que podían destrozar a su objetivo, incluso a una buena distancia.

El carro dio rápidamente una vuelta en U en la entrada de los coches, apagó sus luces, retrocedió hasta las rejas del patiecito del frente de la casa; entonces las cuatro puertas se abrieron de golpe y cuatro hombres blancos salieron de un salto. Tres de ellos tenían pistolas y el cuarto tenía una palanca curva grandísima.

Apagué las luces del segundo piso, medio me asomé al balcón, jalé el gatillo de mi calibre doce y apunté en el aire, provocando el sonido del acero contra el acero, Y GRITÉ EN VOZ ALTA:

—¿PUEDO AYUDARLOS EN ALGO?

Al escuchar el sonido del acero golpeando el acero en el silencio de la noche; al ver las luces de arriba apagadas; al escuchar mi voz RETUMBAR EN EL AIRE, los cuatro hombres armados se metieron rápido en su desvencijado carro y salieron en picada, alejándose de nuestra larga entrada de coches como alma que lleva el diablo.

Me quedé ahí quieto, respirando.

Estaba temblando, mi CORAZÓN PALPITABA ACELERADAMENTE, ¡ESTABA MUY AGITADO!

¿Qué habría ocurrido si yo no hubiera hecho lo que mi papá me dijo, y no hubiera ido por mi nueva escopeta semiautomática calibre doce y un puñado de municiones? Oh, esos tipos seguramente habrían destrozado nuestras puertas y ventanas, habrían entrado y agarrado todo a su antojo, robándonos, y probablemente también matándonos. ¡No eran niños! ¡Eran tipos ya creciditos! ¡Profesionales! Hijos de puta malvados sin ningún tipo de miramiento!

—¡MI AMOR! ¡VÍCTOR! —escuché la voz de Bárbara llamándome desde el primer piso.

—¡Espera! ¡Estoy aquí arriba! ¡Ya bajo! —respondí. Bajé corriendo las escaleras y encontré a Bárbara en bata.

—¿Qué ocurre? —dijo—. Escuché el estrépito de puertas cerrándose con fuerza; y luego vi un carro alejarse a toda prisa de nuestra entrada de coches.

Exhalé el aire con fuerza. —Déjame calmarme y te cuento todo.

—¿Está todo bien? —preguntó, cuando finalmente se dio cuenta de la escopeta que llevaba en mis manos.

—Sí, todo está bien ahora. Hagamos un poco de café. Yo estaba, bueno…, estaba escribiendo arriba cuando mi papá me dijo que fuera por mi calibre doce y mi .357. Ni siquiera quiero imaginarme lo que habría ocurrido si no hubiera hecho lo que me dijo, y si no lo hubiera hecho rápidamente.

—Prepararé café —dijo Bárbara.

—Gracias—. Me quedé ahí de pie respirando y respirando. Bárbara atravesó el corredor hasta la cocina y en ese momento percibí el olor del puro de mi papá.

—Ay papá —imploré, las lágrimas rodaban por mis ojos—, por favor perdóname, pero llevaba tanto tiempo sin saber de ti que comencé a dudar. Creí que te habías ido. No sabía qué pensar.

—Ya puedes dejar el arma —dijo mi papá.

Hice lo que me dijo, regresando a la parte de atrás de la casa.

—Tenemos que hablar —dijo, entonces.

—Pero, ¿en dónde estás papá? No puedo verte.

—No siempre me verás, mijito; y de ahora en adelante algunas veces tampoco me escucharás. Porque, verás, una vez que un ser humano activa el Reino de Dios, (y, por cierto, aquí no llamamos Reino de Dios a ese lugar en nuestro interior; lo llamamos Vientre de la Creación) está en su propio camino.

—¿Mi propio camino?

—Sí, una vez que comienzas a vivir en este Vientre de la Creación, todos los sentimientos y recuerdos comienzan a llegar tan rápidamente, que verme o escucharme sería como una interrupción para ti. ¿Me entiendes?

—No.

—Perfecto.

—¿Perfecto?

—Sí, perfecto —dijo—. De hecho, así es como la mayoría de la gente vive toda su vida. En verdad no nos ven ni nos escuchan, mientras los ayudamos desde el Más Allá, no obstante, sienten como un llamado a hacer esto y no aquello, y hacen bien al seguir esas pequeñas corazonadas.

Asentí. —Está bien, te escucho, papá, pero te aseguro que también es fantástico cuando puedo verte.

En ese momento vi a mi papá como en un destello rápido; y luego se había ido. ¡Así nomás, ya no estaba! Me quedé ahí parado respirando hondo y exhalando rápido. Eso había sido exactamente lo que había ocurrido en Nueva York, cuando me había estirado para abrazarlo en la habitación de mi hotel.

¡Se había desvanecido!

¡Desaparecido!

¡Evaporado!

No tengo idea de cuánto tiempo me quedé allí parado respirando. Lo siguiente que escuché fue a Bárbara llamándome del otro extremo de la enorme casa. —¡El café está listo —gritó.

TERCERA PARTE

GENIANDO EN EL PARAÍSO

Capítulo ocho

Cuando nuestros dos hijos se despertaron en la mañana, les conté lo que había ocurrido. Quedaron perplejos, especialmente nuestro hijo mayor, David.

—Papá, ¿estás diciendo que de verdad cuatro hombres armados vinieron a robarnos esta mañana y que lo que nos salvó fue que tu papá te habló de entre los muertos? —dijo.

—Desde el Más Allá —lo corregí—. La muerte no existe.

—Está bien, papá. Muerte o no muerte, estoy tratando de comprender si lo que nos salvó fue...

—David, nunca lo entenderás hasta que comprendas que la muerte no existe. Es un paso.

—Papá te está diciendo la verdad —dijo Bárbara, interrumpiendo—. Escuché el ruido de las puertas del carro y alcancé a ver cuando aceleraba alejándose por la entrada de los coches.

—Vamos afuera —dije—, y les mostraré cómo llegó el carro, giró, apagaron sus luces, y cómo salieron de un salto los cuatro hombres: tres con pistolas y el más grande con una palanca enorme.

Salimos y le enseñé a Bárbara y a nuestros dos hijos cómo había llegado el carro a nuestra entrada de coches, girado a la derecha, girado a la izquierda, haciendo casi una vuelta en U, retrocedido y luego dejado el motor encendido mientras los tipos saltaron fuera del carro.

—¿Cuándo fue que cargaste el arma? —preguntó Joseph.

Mi corazón comenzó de nuevo a LATIR CON FUERZA. —Supe que algo estaba ocurriendo en el momento en que escuché el estrépito en la reja de la entrada, a la distancia frente a las caballerizas. Sabía que iba a haber un enfrentamiento y comencé a cargar el arma. Me preparé con mi escopeta cargada y mi Magnum .357 para cuando ellos comenzaron a dar la vuelta en U, apagaron las luces y retrocedieron. —Me costaba trabajo hablar, ¡DE LA AGITACIÓN! Al recordar esos cuatro bastardos, ¡me sentí listo de nuevo para combatirlos!

—¿Los habrías matado si no se hubieran ido? —preguntó Joseph.

—¡ABSOLUTAMENTE! —dije—. Primero, les habría disparado de la cintura hacia arriba para matarlos o dejarlos ciegos; luego los habría acabado con mi .357. No tenían escapatoria, había media pared entre ellos y yo; yo conocía el lugar, ellos no. Joseph, piénsalo, no venían solamente a robarnos. Eran asesinos. En parte, estoy feliz de que se hubieran ido, pero, por otro lado, pues... habría preferido que no, así los hubiera eliminado de una vez por todas.

—¿Quieres decir que crees que intentarán hacerlo de nuevo?

—¿Tú qué piensas?

—No sé, papá. Pero me alegra que no los hayas matado. No me habría gustado despertarme y ver un tiroteo y cadáveres por todas partes; esto no es la televisión.

—No, no lo es.

—Papá, ¿cómo puedes estar tan seguro de que eran asesinos? —preguntó David.

Respiré hondo y profundo varias veces. —Porque mijito, cada día aprendo más y más a seguir mi intuición, a escuchar esa Voz Santa que está en nuestro interior.

—Pero matar, papá, tan rápidamente, sin dudar...

—... es perfecto —lo interrumpí—, cuando cuatro hombres armados vienen con gran estruendo en medio de la noche.

—Está bien, viéndolo desde ese punto de vista, supongo que me alegra mucho que hayas aprendido a escuchar la voz del abuelo —dijo David.

—Yo también —dije.

—¿Entonces el abuelo de verdad fue a verte en Nueva York? —preguntó Joseph.

—Sí, y allá no solamente lo escuché. Vino en forma física; pero aquí, antes y después de que los cuatro tipos se fueran, no pude verlo como lo vi en Nueva York. Sólo pude escucharlo, y además, me dijo también que de ahora en adelante ya no lo vería ni lo escucharía siempre. Que ahora estaba abierto en mí el Reino de Dios, que está en el interior de todos nosotros, y que mi aprendizaje sería más lento si lo viera o hablara con él todas las veces, porque ahora estaba entrando en un mundo de milagros.

—¿Qué significa eso? —preguntó Joseph.

—Todavía no sé muy bien, pero tengo la impresión de que todos solíamos vivir en un mundo de milagros cuando vivíamos en el paraíso. Ahora —dije—, me gustaría saber qué fue lo que comimos del Árbol del Bien y el Mal para que podamos escupirlo.

—¿Podrías hacer eso? —preguntó Joseph.

—¿Por qué no? Estoy recibiendo ayuda del Más Allá.

—¿Sabes qué? —dijo David—, quizá no deberías contarle esto a mucha gente, papá.

—Sí, estoy de acuerdo con David —comentó Joseph—. La gente ya piensa que eres bastante raro, papá.

—Pues dejemos que piensen lo que quieran. Demonios, niños; quiero decir, cielos, niños; también me han dicho que vamos a comenzar a caminar sobre el fuego aquí en la casa.

—¿Caminar sobre el fuego? —preguntaron los muchachos.

—Qué interesante —señaló Bárbara—, porque Paul y Layne me preguntaron si podían hacer una ceremonia para caminar sobre el fuego en nuestra propiedad.

—¿Ven? —dije riéndome—. ¡Todo está ocurriendo como en un sueño maravilloso!

Paul y Layne eran una pareja que Bárbara había conocido unos cuantos años atrás cuando iba a terapia, después de la muerte de sus padres, con el fin de lidiar con su duelo. Paul tenía el cabello prematuramente canoso y era un hombre muy guapo; y su esposa Layne era hermosa y tenía la sonrisa más encantadora del mundo. Trabajaban principalmente con parejas que deseaban recuperar el amor en su relación. Organizaban seminarios de fines de semana, pero también estaban disponibles para terapia privada. Habían usado nuestra casa en dos ocasiones para uno de sus seminarios, y Bárbara y yo asistimos como invitados. Aprendimos mucho a liberar y a activar nuestro amor.

La semana siguiente se suponía que iría a Los Ángeles a ver a Stan Margulies sobre un posible contrato para convertir *Lluvia de Oro* en un programa de miniseries para la televisión. ¡Oh, era muy EMOCIONANTE! Quizá una editorial de Nueva York querría entonces comprar el libro por el asunto de las miniseries.

Eran las seis de la mañana. Estaba en el segundo piso, en la habitación donde escribía. Sabía que debía dejar de escribir para ir a ver a Stan, un muy buen amigo de Charles que trabajaba en Wolper Productions y que se había encargado de la producción de *Raíces*. Pero mis Guías Espirituales continuaban repitiéndome que siguiera escribiendo, que no podía mostrarle a nadie mi libro *Lluvia de Oro* hasta que... hubiera reescrito todo lo que Putnam había eliminado.

Eran casi las siete de la mañana, sabía que definitivamente tenía que dejar de escribir, subirme a mi Saab y dirigirme a Los Ángeles, si quería llegar a tiempo a mi reunión de las diez de la mañana con Stan. Pero mis guías, no podía creerlo, seguían diciéndome que me relajara y siguiera escribiendo, que todo estaría bien.

Pues bien, realmente no quería, pero hice lo que me dijeron. Es decir, había aprendido mi lección acerca de escuchar cuando me dijeron que agarrara mi calibre doce y logré detener en seco a esos cuatro tipos. Dios mío, estaban listos para entrar en nuestra mansión, en apariencia de ricos, para matarnos y robarnos.

Seguí trabajando en la escena que estaba reescribiendo hasta que la terminé. Para entonces, eran ya más de las ocho de la mañana y solamente me quedaban una hora y veinte minutos para llegar a la oficina de Stan. Pronto sería la hora de mayor tráfico, por lo que me tomaría una hora más para llegar a mi destino. Ahora era imposible que llegara a tiempo a mi reunión con Stan, a menos que, por supuesto, ocurriera un milagro; y realmente deseaba llegar a tiempo a esa reunión. Stan había hablado con Alex Haley, y ambos habían hecho lo imposible para que se diera esta reunión con la cadena televisiva respecto a la posibilidad de que mi libro se convirtiera en un programa de televisión antes de ser publicado.

Respiré hondo y solté el aire con fuerza. Híjole si había gente ayudándome en Este Lado y en el Más Allá. Respiré hondo un par de veces y entonces no pude creer lo que me dijeron que hiciera. Me dijeron que me recostara y tomara una siesta, que todo iba a salir maravillosamente bien. Esto no tenía sentido, pero tampoco tenía sentido que me hubieran dicho que fuera por mi escopeta.

Respiré hondo una vez más y no pensé en nada, dejándole todo a Dios, a mi papá y al resto de mi familia en el Más Allá.

Me recosté en el piso y me mantuve respirando deliberadamente hacia dentro y hacia fuera, pero debí quedarme dormido, porque cuando me desperté me sentí muy bien y feliz, lleno de energía y... vi que sólo había dormido ocho minutos, y ahora sólo me quedaba una hora y once minutos para llegar a Los Ángeles, a 160 kilómetros de distancia.

Esbocé una sonrisita burlona. Me levanté, bajé las escaleras, abracé a Bárbara despidiéndome, besé a los niños, me subí a mi Saab, atravesé la reja de entrada, pasé por Stewart Street, giré a la izquierda en California Street, me metí en la interestatal 5 y aceleré mi Saab hasta llegar a ciento treinta kilómetros por hora.

PASÉ VOLANDO A BUEN RITMO POR CAMP PENDLETON hasta que llegué a San Juan Capistrano. Aquí el tráfico pesado me detuvo, faltaban unos ciento diez o ciento treinta kilómetros que tenía que recorrer en cincuenta y cinco minutos. Respiré, pero por alguna razón no entré en pánico. No, mi corazón se mantuvo calmado y relajado. Comencé a jugar con la perilla del radio de mi Saab, intentando encontrar algo de jazz o música suave y relajante, pero no encontré nada de lo que quería escuchar. Luego miré hacia arriba y vi que estaba en el centro de Los Ángeles, en la antigua autopista 101, ¡rumbo a Hollywood! Vi el reloj de mi carro y noté que todavía me quedaban quince minutos.

No supe qué pensar ni qué hacer.

Acababa de recorrer unos cien o ciento diez kilómetros en unos cuantos minutos, en pleno tráfico pesado, casi defensa contra defensa; y el tráfico había estado avanzando a menos de quince kilómetros por hora, y en varias ocasiones se había detenido por completo. Tendría que haber ido a más de ciento sesenta, sin interrupciones, para haber logrado lo que acababa de ocurrir.

Esto era verdaderamente extraño...; recordé la siesta de ocho minutos que había tomado y cómo me había sentido: como si hubiera dormido toda una noche. Me sentía tan bien, relajado y feliz, cuando me desperté, que no podía creer que sólo hubieran transcurrido ocho minutos. ¿Sería entonces... que esto significaba que..., que existía una relación totalmente diferente con el tiempo, acerca de la cual, nosotros, los humanos, desconocíamos por completo?

¡HÍJOLE! Quizá entonces, mi tatara-tatara-tatara-tatara-tatara-tatara-tatara-tatara-tía Madre de un Hijo no Específico, había vivido en otra relación con el tiempo que, para ella, el hecho de vivir ciento sesenta y cinco años no tenía gran significado en esta relación con el tiempo. Oh, Dios mío, estaba comenzando a comprender lo que Manuelita, la mejor amiga de mi mamá allá en el cañón de Lluvia de Oro, me había dicho cuando la entrevisté para el libro.

Manuelita, quien me había bautizado y se había convertido en mi madrina, me había dicho que el indio que había descubierto el oro escurriendo sobre la ladera de la entrada de *Lluvia de Oro,* en donde el meteorito se estrelló contra la tierra, se llamaba *Espirito,* que significa 'pequeño espíritu', porque había sido un ser humano que había llegado a la edad perfecta de setenta y ocho. Entre los setenta y ocho y los ciento cuatro años no había envejecido, porque es en ese momento que los seres humanos nos convertimos equitativamente en Espíritu y cuerpo terrenal.

Comencé a temblar.

Ahora también recordaba que mi papá, la noche de su paso al Más Allá, me había dicho que él se había sentido muy fuerte hasta los setenta y cinco años, y que hasta entonces había sido una dicha dormir con mi madre. ¿Sería que todos me habían estado diciendo lo mismo, pero yo no tenía las herramientas para entenderlo, pues había estado viviendo en una realidad basada en cinco sentidos, y las cosas que ellos me decían sólo podían comprenderse si usábamos plenamente nuestros trece sentidos?

¡HÍJOLE!

Entonces, ¿significaba eso que hasta que yo no llegara a los fantásticos setenta y ocho años, cuando los humanos activamos automáticamente nuestro Vientre de la Creación y comenzamos a vivir plenamente con Papito Dios, como me había dicho mi madrina, sería capaz de comprender lo que me estaba ocurriendo ahorita mismo?

Respiré hondo una y otra vez.

Sí, supongo que eso es lo que quería decir. Porque hasta que no llegara a la maravillosa edad humana de setenta y ocho años, no iba realmente a comprender lo que estaba ocurriendo ahorita mismo, aquí mismo, en mi vida.

¡DE REPENTE, MI MENTE COMENZÓ A REVIVIR toda la información que había recibido cuando niño! Pero, ¡no había entendido nada! Todo estaba ocurriendo demasiado rápido para mí, a mis cuarenta y nueve años, para que yo pudiera verlo y escucharlo. ¡Era demasiado joven y demasiado novato!

¡Me reí!

Ahora tenía sentido porque al crecer en nuestra cultura mexicana, a los niños siempre nos decían que debíamos respetar a nuestros mayores, pues ellos habían olvidado más de lo que los jóvenes jamás llegarían a saber.

Llegué a mi reunión con Stan sintiéndome ¡UN GIGANTE! Me saludó y me preguntó por Bárbara y los niños, y luego fuimos directo al grano.

—Francamente, Víctor —me dijo—, hablé con las cadenas de televisión sobre *Lluvia de Oro* y se rehusaron, incluso después del enorme éxito de *Raíces*.

—¿De veras? Oh, supongo que es porque todavía no está publicado —dije, todavía sintiéndome lleno de esperanza.

—No, ésa no es la razón —dijo—. Víctor, me dijeron honestamente que tuvieron que hacer *Raíces* debido a la esclavitud, y porque la sociedad estadounidense sentía que todavía le debía algo a la comunidad negra, pero que los estadounidenses de clase media no sentían que le debían nada a los mexicanos, a los latinos, o lo que fueran. Que ellos tienen sus propias emisoras de televisión, y que si no les gusta aquí, son libres de regresar a México o a cualquiera que fuera el sitio de donde vienen.

¡Mi corazón LATÍA ACELERADAMENTE! No podía creer lo que mis oídos estaban escuchando y sabía que Stan no pensaba así. —Por Dios —dije—. Y yo que creí que eso sólo pasaba en Nueva York, donde no saben nada de los mexicanos. Santo Dios, Stan, mis tíos y mi primo mayor murieron en la Segunda Guerra Mundial y en Corea por este país. Si los latinos desparecieran mañana, este país estaría patas arriba en veinticuatro horas. Somos nosotros quienes recogemos todos los cultivos, nos encargamos de sacrificar el 90% de todas las reses y los pollos, y..., y...

Las lágrimas comenzaron a caer por mi rostro. Tuve que respirar hondo varias veces para calmarme, Stan no dijo nada por un largo rato. Luego habló.

—Pero —dijo—, están dispuestos a realizar un especial de dos horas sobre un libro pequeño como *Macho!*

—*Macho!* Ya ha sido presentado en otras ocasiones —dije.

—Sí, lo sé —dijo—, ¿pero cuántas otras veces lo has ofrecido? Respiré hondo una vez más. —Oh, no sé. Quizá tres o cuatro.

—Está bien, contáctame si no lo aceptan —dijo.

—Está bien — acepté—. Pero dime, Stan, ¿de verdad dijeron que el país siente que le deben algo a la comunidad negra, pero nada a los latinos?

—Sí.

—Híjole, —dije, mientras las lágrimas seguían brotando de mis ojos. No podía evitarlo—. Gracias —añadí—, saluda a Alex de mi parte.

—Así lo haré.

Al salir de su oficina, ¡me sentí totalmente devastado!

DIOS MÍO, DIOS MÍO, entonces todos estos años escribiendo y escribiendo para tratar de convertirme en el mejor escritor posible habían sido realmente una pérdida de tiempo, porque no importaba lo bueno que yo fuera, tan grande como Homero, o mejor, nunca, nunca, nunca lograría publicar y convertir en película ¡la verdadera historia de mis padres!

En el estacionamiento, ¡COMENCÉ A GRITAR!

¡GRITABA Y GRITABA, me importaba un comino si me escuchaban y llamaban a la policía! ¡LUCHARÍA! MATARÍA A DIESTRA Y SINIESTRA, pero..., pero luego dejé de gritar y me di cuenta que tenía hambre.

Sequé las lágrimas de mis ojos y, por alguna extraña razón, ya no me sentía destrozado por dentro. No, era como si una vez más supiera, en lo más profundo de mi ser, que todo estaría bien. De hecho, todo estaba perfecto, porque yo no estaba solo, incluso si mi papá ya no venía mucho a visitarme.

Sintiéndome bastante bien y feliz en mi interior, y puesto que no estaba muy lejos de UCLA, decidí llamar a Juan Gómez para que fuéramos a comer juntos. Aceptó. Comimos y le conté lo que había ocurrido en la oficina de Stan Margulies. Dijo que no le sorprendía en lo más mínimo.

—¡QUE SE CHINGUE HOLLYWOOD! —exclamó—. ¡Consigue que te publiquen, hombre! Luego mencionó una pequeña imprenta de una universidad en Houston, Tejas.

— El director es Nick Kanellos —dijo—, y se especializa en nuestra literatura chicana. Llámalo. Recuerda que a Carlos Castaneda, aquí en UCLA, le ha ido bastante bien, y él también primero logró que lo publicara la pequeña imprenta de nuestra universidad.

—¿Cómo le está yendo a Castaneda? —pregunté—. De verdad me agrada, pero nunca me ha devuelto las llamadas.

—Lo espantaste.

—¿Lo espanté?

—Sí, cuando le preguntaste cómo fue que pudo hablar con Don Juan sabiendo que la mayoría de tus parientes Yaquis no hablan español.

—¿Y cuál es el problema? Quizá éste tal Don Juan sí habla español, o Carlos tiene un traductor, como hice yo unas cuantas veces para hablar con mis parientes. No me pareció algo muy grave preguntarle eso.

—Pues para Carlos fue algo muy grave, porque muchas personas están tratando de probar que Don Juan no existe.

—¡QUE SE CHINGUEN TODOS! Tal vez Don Juan no existe en el mundo de ellos, pero por todos los demonios, quiero decir, por todos los santos, existe en el mundo de Castaneda. No sabes cuánto he aprendido en poco tiempo, y ahora estoy comenzando a ver que en realidad somos ciegos culturalmente, ¡y lo hemos estado por decenas de miles de años!

Juan y yo pasamos toda la tarde juntos, y luego me fui a casa. De nuevo me encontré en el tráfico pesado, defensa contra defensa, en la gran autopista 405, así que una vez más comencé a jugar con mi radio y entonces ¡PUM!, así nomás, ¡HABÍA PASADO CAMP PENDLETON Y ESTABA ENTRANDO A OCEANSIDE!

¡Dios mío, ¿qué estaba ocurriendo?! ¡ESTO ERA FANTÁSTICO!

Tal vez, entonces, el tiempo estaba relacionado con nuestra percepción de ser conscientemente conscientes de nuestra interconexión con nuestro Mundo Espiritual, y, por lo tanto, Moisés verdaderamente había vivido hasta los novecientos años, y mi tía Madre de un Hijo no Específico ¡también había podido hacerlo! Sí, claro, el tiempo es relativo, ¡cómo el buenazo de Albert Einstein había dicho!

¡ASÍ ERA EN VERDAD!

Al día siguiente llamé a Arte Público Press, en la universidad de Houston, y pedí hablar con el director, el doctor Kanellos. Hablamos. Conocía mi obra.

—Claro que sí, envíeme el manuscrito que trajo de regreso de Nueva York —dijo con voz alegre y animada—. Pero no le puedo prometer nada. No tenemos dinero y no hacemos libros de pasta dura. Usted es un pez gordo acostumbrado a un gran charco como Nueva York, y nosotros somos solamente una pequeña imprenta de universidad que ayuda a escritores latinos jóvenes y prometedores.

—Entiendo —dije.

Bárbara y yo empacamos la última versión de *Lluvia de Oro* y la enviamos a la Universidad de Houston en Tejas; y después tuvimos una reunión familiar. Les expliqué a todos que Arte Público no tenía dinero, aunque quisieran publicar el libro, y yo todavía necesitaba setenta y cinco mil dólares para comprar de regreso los derechos de mi libro. Solamente habíamos recibido cinco mil dólares como avance por los derechos de la película de *Macho!*, y no recibiríamos ninguna otra cantidad hasta que comenzara la filmación, si comenzaba, que, según Stan Margulies, era una posibilidad muy remota.

—Así es que todo el panorama luce bastante desalentador —dije—, aunque no podemos perder las esperanzas.

En este momento, mi madre, que se acercaba a los ochenta, habló:

—Pues bien, como ustedes saben —dijo—, no me queda nada en el mundo más que este pagaré que tengo de la casa, que tu padre y yo te vendimos a ti y a Bárbara, mijito. Pero podríamos hipotecar la casa y dejar a un lado el pagaré, ya que nadie lo sabe, excepto nosotros.

—Ay no, mamá —dije—. ¡Sería un riesgo demasiado grande! Como te dije, el agente de Nueva York me dijo que nadie haría negocios conmigo por lo menos en cuatro o cinco años, así que lo máximo que podemos esperar de Arte Público es la venta módica de unos cuantos libros.

—Mijito —dijo mi madre—, ¿por qué hablas así? Tu papá nunca se trazó metas insignificantes.

—Porque, mamá, siendo realistas, sólo me queda esta pequeña apuesta.

—Mijito, no existen las pequeñas apuestas —dijo, mirándome directo a los ojos—. Cada día que nos levantamos y decidimos vivir en vez de morir, ¡es una tremenda apuesta!

—Sí, mamá, pero tú y papá lo perdieron todo por una de esas tremendas apuestas al estacionamiento de casas móviles —dije.

—La diferencia, mijito, era que tu padre y yo ya habíamos convertido en realidad nuestro sueño de ser independientes económicamente y, en cambio, tú, apenas comienzas a vivir tu sueño. Y llevas un número incalculable de años trabajando en tu sueño, así que no renuncies ahora ni comiences a soñar con menos. Recuerda, ahora tienes a tu padre y a tu hermano ayudándote desde el Más Allá, así como a mi madre y a la madre de tu padre, dos viejas sabias cuyas vidas jamás podían derrumbarse —dijo ella con los ojos aguados—, sin importar cuántos de sus hijos hubieran sido asesinados ni toda el hambre que tuvimos que pasar.

Las lágrimas comenzaron a caer también por mi rostro. Oh, ¡mi madre era tan valiente y generosa, y estaba tan llena de fe! Era como si desde que mi papá se hubiera ido, ella también estuviera aprendiendo cada vez más a sintonizarse con las Voces Sagradas del Más Allá.

Luego Bárbara llamó a su hermano Steve, y nos dijo que ella y Steve también contribuirían con algo de dinero. ¡Oh, era maravilloso! ¡Mi familia de Este Lado estaba tan dispuesta a ayudarme como mi familia del Más Allá!

Le enviamos a Phyllis Grann los dieciocho mil dólares de Bárbara y Steve, con un pagaré con vencimiento de tres meses por el resto del dinero. Necesitábamos tiempo para realizar una investigación del título de propiedad y conseguir un préstamo por la casa grande. El departamento legal de Putnam aceptó y llamé a Nick Kanellos para ver qué pensaba del libro.

—¡Oh acabó de terminarlo! —dijo, riéndose—. ¡Es fantástico! ¡Es tan bueno como cualquiera de los grandes escritores latinoamericanos! Es literatura de clase mundial, pero se tomará otros cien años para que el mundo angloparlante abandone el control total sobre la palabra escrita, creyendo que ellos son los únicos que vale la pena leer.

—¿Qué significa eso? —dije—. ¿Lo va a publicar?

—No, no puedo publicarlo —dijo, riéndose—. Usted necesita un libro de pasta dura que reciba críticas literarias y sea distribuido. ¿Ha pensado en contactar la editorial de García Márquez en Europa?

—¡Nick! Por favor entienda, ¡ya no tengo tiempo de andar corriendo detrás de la gente! Usted es un editor, ¿no es cierto? Usted respeta la buena literatura, ¿cierto? Pues bien, ¡atrévase y dé el salto conmigo!

—Víctor, tengo una úlcera, y estoy extenuado de todo el trabajo que tengo ¡no puedo ni permitiré que me acose! Me enteré de la reunión que tuvo con su editora en Nueva York cuando la amenazó con cortarle la garganta si no le vendía su libro de regreso. Soy de origen puertorriqueño y griego, y no le tengo miedo a los cuchillos. Nací en Hell's Kitchen, un barrio pobre, me crié en las calles de Nueva York, ¡y tuve que pelear todos los días camino a la escuela!

—¡FABULOSO! ¡MARAVILLOSO! Usted es exactamente el tipo de hombre que me gusta, ¡así que mañana agarro un avión y voy a verlo!

—¡NO VENGA! No lo recibiré. Ya le dije, ¡tengo una úlcera!

—Bueno, si ya tiene una úlcera, ¿qué más puede perder?

—¡MALDICIÓN, VÍCTOR! ¡Me dijeron que no me metiera con usted!

—¡Entonces admita que ya se metió! ¡FANTÁSTICO! ¡AHÍ VOY!

—¡NO VENGA!

—¡SÍ!

—¡NO!

Dos días después llegué a Houston, Tejas, pero el doctor Kanellos se negó a verme. Sin embargo, llegué a conocer a Marina, su asistente personal, una hermosa latina con cabello prematuramente canoso. Finalmente, el doctor Kanellos aceptó verme, pero solamente por quince minutos. Tenía una sonrisita burlona cuando entré en su oficina, la cual estaba llena de cajas y de archiveros por todas partes.

—Bueno, usted no es tan grande como me dijeron —dijo.

—¿Qué tan grande le dijeron que era?

—Como un toro de cuatrocientos cincuenta kilos en una tienda de porcelana —respondió, riéndose—. No tenemos dinero, Víctor. Lo máximo que le podríamos ofrecer es mil quinientos dólares. Y no tenemos representantes de ventas ni dinero para publicidad.

—Hagamos el trato por los mil quinientos dólares, y yo me encargo de los representantes de ventas y consigo el dinero para la publicidad.

—Además, hay una razón por la que nunca hemos impreso libros de pasta dura. Son muy costosos. Sólo tenemos dinero para imprimir unos cien libros.

—Está bien, entonces, con su ayuda, yo también me haré cargo de eso.

—¿Cómo?

—¡No tengo ni la más remota idea! —dije, riéndome.

Los dos comenzamos a reírnos a carcajadas. Fue divertido. ¡MUY, MUY DIVERTIDO! No sabíamos nada, nada de nada, no teníamos nada, nada de nada; y, sin embargo, sabía en lo más profundo de mi ser que íbamos a DARLE UNA PATADA EN EL TRASERO A ESA ARROGANTE, PREPOTENTE E IGNORANTE DE NUEVA YORK, y *Lluvia de Oro* se convertiría en un ¡éxito de ventas nacional!

¡No estábamos solos!

¡Todo el Mundo Espiritual en pleno estaba AQUÍ MISMO! ¡EN ESTE MOMENTO, con nosotros para siempre!

Cuando tenía ocho años, mi papá me llamó aparte para enseñarme a mentir. La primera regla para ser un buen mentiroso, me explicó, es que nunca digas mentiras pequeñas. ¡Tienes que mentir a lo grande!

—Porque, mijito —me dijo—, mentir es como robar. Verás, cuando un hombre roba a lo pequeño, va a la cárcel. Pero si roba a lo grande, REALMENTE GRANDE, ¡ENTONCES SE CONVIERTE EN REY! La misma regla aplica a las mentiras. Si dices mentiras pequeñas, ¡te llaman mentiroso! Pero si dices una MENTIRA ABSOLUTAMENTE DESCOMUNAL, TE LLAMARÁN VISIONARIO, porque habrás expandido la realidad si... (¡y esto es lo más importante!) si estás dispuesto a arriesgar tus tanates ¡por tu ENORME Y ESCANDALOSA MENTIRA!

Así que me salí de mi papel de escritor y entré en el papel de comerciante de caballos, diciendo enormes y escandalosas mentiras día y noche al teléfono, y dispuesto a arriesgar mis bolas para que se convirtieran en realidad. Al cabo de unas cuantas semanas, logré conseguir un grupo de seis vendedores que representaban editoriales pequeñas; me agarraba las pelotas con mi mano derecha mientras sostenía el teléfono con mi mano izquierda y LES MENTÍA descaradamente; no con una mentira pequeña, SINO CON UNA MENTIRA ENORME Y DESCOMUNAL, diciéndoles que íbamos a imprimir quince mil libros en pasta dura; que teníamos un presupuesto de veinte mil dólares para publicidad; y que *Lluvia de Oro* iba a ganar con toda seguridad el premio Pulitzer de literatura porque el autor, a quien acababa de conocer, había comprado los derechos de regreso del inmenso grupo editorial Putnam porque querían llamarlo ficción, ¡cuando en realidad se trataba de la verdadera historia de sus padres!

—Pregúntele al doctor Kanellos de Arte Público; él conoce muy bien al escritor —dije en una ocasión—. ¡O simplemente lea la primera página del libro! ¡Va a ser su LIBRO DE MAYOR ÉXITO DE VENTAS! —añadí enérgicamente.

El hombre que lideraba el grupo de ventas comenzó a reírse:

—Usted es el autor, ¿verdad? —preguntó.

—¿Qué?

—Es su libro, ¿correcto?

—Este..., sí, —dije, sintiéndome totalmente desnudo. Supongo que todavía no me había convertido en un buen mentiroso—. Pero lo que le dije es cierto. De verdad, compré mi libro de regreso de...

—Mire, aceptaremos su libro —dijo—. No hay problema. Si la mitad de lo que usted dice es cierto, y estoy seguro de que lo es, será uno de nuestros libros estrella, y no dudo que usted sea capaz de ganar el Pulitzer. Sólo siga haciendo lo que está haciendo. ¡Usted es toda una estrella en el arte de las ventas!

—Está bien, gracias. Le diré al doctor Kanellos que ya tenemos personal de ventas.

—Por supuesto que sí —dijo todavía riéndose.

Acabando de colgar, sonó de nuevo el teléfono. Tomé la llamada.

—Hola, ¿es usted Víctor Villaseñor?

—Sí, soy yo —dije.

—Mi nombre es Joe Bettiero —dijo un hombre, cuya voz jamás había escuchado—. Estoy escribiendo un artículo sobre escritores latinos para la revista *Publishers Weekly*. —Yo había escuchado de *Publishers Weekly*. Era la revista de los seguidores del mundo de las editoriales—. ¿Es verdad —continuó—, que usted le devolvió setenta y cinco mil dólares a Putnam, su editorial en Nueva York, y decidió irse más bien con Arte Público, la pequeña imprenta de la Universidad de Houston, por mil quinientos dólares?

—Sí, es cierto —dije, mientras mi corazón latía con fuerza. Híjole si estaba atemorizado. Probablemente pensaría que yo era un estúpido y me pondría en ridículo.

—Me habría gustado saber esto antes —dijo en tono de voz amistoso—, porque acabo de escribir mi artículo para *Publishers Weekly* sobre autores latinos y sus problemas con Nueva York. Todos los escritores con los que he hablado, me han contado básicamente la misma historia sobre racismo institucional, pero ninguno de ellos ha comprado los derechos de sus libros de regreso. ¿Puedo preguntarle qué lo impulsó a hacer eso?

Comencé a llorar tan fuerte que no podía hablar. —Claro que sí —dije, finalmente—. ¡Usted puede preguntar! ¡CLARO QUE PUEDE PREGUNTAR!

—Pues bien, ¿por qué se sintió impulsado a comprar de regreso los derechos de su libro?

—PORQUE —grité, con mi corazón a punto de explotar—, ¡MIS PADRES NO SON PERSONAJES DE FICCIÓN! Su historia es cierta y real, y nunca trascenderemos el estereotipo de los mexicanos si permitimos que llamen ¡FICCIÓN A NUESTRAS HISTORIAS VERDADERAS!

—Sí, puedo comprender que es un asunto de principios, pero otras personas se sintieron igual, y no por eso compraron de vuelta los derechos de su libro.

—¡YO TENÍA VEINTE AÑOS! —grité—. Y no sabía leer cuando juré ante Dios, en las montañas de Wyoming, que me convertiría en un escritor tan bueno como Homero o mejor, ¡si Dios no se acobardaba y se quedaba conmigo! Y hasta ahora, Dios ha permanecido conmigo y no se ha acobardado, ¡POR LO TANTO YO TAMPOCO LO HARÉ!

—¿Podría por favor hablar más despacio? —dijo —. Estoy escribiendo lo más rápido que puedo. ¿Usted hizo un trato con Dios para convertirse en escritor?

—¿No lo hacemos todos, lo sepamos o no? ¿No es cierto acaso que todo escritor que valga la pena ser leído entrega por completo su corazón y su alma para escribir cada palabra? Robert Frost, durante la Segunda Guerra Mundial, y mientras su hija estaba pasando por una crisis nerviosa, escribió algo así como: "Creo que voy a rezar. A rezar creo que voy". Estas palabras son tan directas, tan sencillas, y tocan las fibras de mi corazón de una manera tan profunda, que comienzo a llorar sin importar cuántas veces las lea. ¡POR SUPUESTO QUE HICE UN TRATO CON DIOS! ¿NO LO HIZO USTED? ¿PERO PARA QUÉ SEGUIMOS HABLANDO? ¿No dijo que el artículo ya estaba escrito?

—Así es —dijo—, está programado para la siguiente publicación, pero quizá pueda hablar con mi jefe de redacción y persuadirlo de que incluyamos un pequeño extracto ¡siga! ¡Esto es muy buen material!

Entonces hablamos por más una hora, y me formuló preguntas difíciles y serias. Sentí mucha admiración hacia él. No era cobarde ni falso. El artículo salió publicado en *Publishers Weekly* y, por todos los demonios; quiero decir, por todos los CIELOS; ¡FUE UNA VERDADERA BOMBA! ¡El mundo de las editoriales era en verdad pequeño! Ahora todo el mundo quería entrevistarme. Entonces,

Nick Kanellos me llamó y dijo que Saul Bellow, galardonado con el Premio Nobel, tenía una hija que formaba parte de la directiva de Mellon Foundation, que le pidieron una copia de *Lluvia de Oro* gracias al artículo que había salido en *Publishers Weekly.*

—Víctor —dijo emocionado—, acabo de colgar el teléfono con ellos, ¡y les encanta el libro! Dijeron que era literatura de clase mundial, y le están entregando cincuenta mil dólares a Arte Público ¡para imprimir diez mil libros! Además, sus amigos: Dennis Avery y su hermano Russell llamaron para avisarnos ¡que nos iban a entregar quince mil dólares para publicidad! ¡AHORA SÍ VAMOS POR BUEN CAMINO! ¡ALELUYA! ¡ALELUYA! ¡Tengo que irme! ¡El *New York Times* espera en la línea! ¡El *L.A. Times* espera en la línea! ¡Todo el mundo nos está llamando! ¡Lo lograste, amigo! ¡ERES UN HACEDOR DE MILAGROS!

—No fui yo quien lo hizo, Nick —dije, mientras las lágrimas caían por mi rostro—. Mi papá fue quien lo hizo. ¡Él y Dios y todos sus contactos en el Más Allá y en Este Lado también!

Fui adonde estaba mi madre y le dije que ella tenía toda la razón; ¡que teníamos que SOÑAR EN GRANDE! ¡MUY EN GRANDE! Nos abrazamos y nos besamos, y luego fui a la playa a darle gracias a Dios, caminé hacia el agua justo al norte de Buccaneer Beach donde había una enorme roca negra detrás de las enormes olas.

—Gracias, Dios mío —dije—. Gracias, Papito Dios. Gracias, gracias, ¡gracias! Y gracias a ti también, papá.

Me sumergí en el agua y nadé mar adentro, entonces escuché chillidos muy agudos. Un grupo de delfines estaba nadando a mi alrededor, hablándome, deseándome lo mejor. ¡Ahh, me sentí tan bendecido, tan feliz y totalmente completo!

Nadamos juntos, los enormes delfines y yo, ¡sintiéndome muy, MUY BIEN!

Unas cuantas semanas después, fui a Nashville, Tennessee, a una convención nacional de libreros. Éramos una veintena de autores, y cada uno de nosotros íbamos a dar una conferencia de quince minutos sobre nuestro último libro. El lugar era enorme: el interior de la estructura estaba cubierto de grandes cristales, cascadas, riachuelos y grandes árboles. Estaba tan nervioso que casi me orino en mis pantalones. El mundo entero se había convertido en un constante fluir de milagros que ocurrían uno tras otro, tan rápidamente, de forma tan maravillosa, ¡que sencillamente, no lograba seguirles el ritmo!

Híjole si mi papá había tenido la razón. Menos mal que no podía verlo y escucharlo, porque, bueno..., en otra convención la semana anterior, colocaron un micrófono en mi solapa, y tuve que ir al baño antes de hablar. Luego no entendía porque todo el mundo se reía de mí cuando subí al escenario. Después de eso, un tipo grandote vino a decirme que me subiera el cierre mis pantalones y me explicó que todo el mundo en la audiencia, de unas quinientas personas, me había escuchado orinar, pedorrear y lavarme las manos.

Oh, era como un torbellino de librería en librería, de convención en convención, mi papá tenía razón: no habría podido lidiar con sus conversaciones y sus apariciones además de todo esto. Y esta convención en Nashville era, por mucho, el evento más grande al que había asistido. ¡EL SITIO ESTABA REPLETO! Había más de cinco mil personas, sólo tenía quince minutos para hablar, y no tenía ni idea de lo que iba a decir.

Pero entonces, me puse el gran sombrero Stetson de mi papá, subí al escenario, cerré mis ojos, respiré hondo y profundo, solté el aire, justo como había hecho cuando me puse a jugar con la perilla del radio en mi Saab, y me deslicé en otra relación con el tiempo. De repente, comencé a hablar. Es decir, las palabras salían de mí con tanta suavidad y facilidad como ¡cuando uno se come un pastel de manzana casero con helado de vainilla!

Cuando terminé, me fui corriendo al baño; luego salí y me dirigí al puesto de los escritores. Inmediatamente me di cuenta que había de diez a veinte personas esperando detrás del puesto de cada autor. Pero después vi que había cientos de personas haciendo fila en un puesto, en el otro extremo, para ver a un escritor. Parecía que todo mundo quería ver a este escritor.

—¿Quién es el escritor con esa fila tan grande? —le pregunté al hombre alto y elegante que había salido del baño conmigo.

—Usted —dijo.

—¿Yo? —pregunté.

—Sí, mi esposa salió corriendo para ponerse en fila mientras yo iba al baño.

—Ahh, Dios mío —dije—. ¿Qué dije para causar todo eso?

—Usted abrió la caja —dijo.

—¿Cuál caja?

No alcanzó a responderme, porque la persona que estaba a cargo de que yo siguiera el programa, llegó corriendo. —¡Dese prisa! —dijo —. ¡La gente está esperando!

—Sí, eso veo —dije.

Me sentí bastante atemorizado, aunque tampoco tanto…, pues hacía mucho que había dejado de saber lo que ocurría en mi vida. Me senté detrás del escritorio y comencé a firmar libros, la gente venía y me abrazaba; algunos incluso tenían los ojos aguados. Pensé que la fila se acabaría después de una hora, pero no fue así. Más y más gente llegaba, compraron todos los libros que habíamos traído, pensé que se acabaría la fila, sin embargo, siguió.

Ahora la gente quería que autografiara los folletos del evento. Querían tocarme y abrazarme. En ese momento, me di cuenta que me observaban dos tipos con apariencia de indios americanos sentados en el piso, a unos seis metros de distancia. Los saludé con la cabeza y ellos me respondieron de igual forma. Eran las once de la noche, hora de cerrar, pero los organizadores del evento convencieron al administrador de la convención de que dejara el lugar abierto para que los dueños de librerías que seguían en la fila pudieran verme. Nunca en mi vida había firmado tantos autógrafos. Tenía calambres en la mano. Finalmente, a la una de la mañana, firmé el último.

¡Estaba exhausto!

Los dos tipos con apariencia de indios americanos se levantaron y vinieron a verme con grandes sonrisas en sus rostros.

¡Lo lograste, hermano! —dijo el más bajito—. ¡LOS DEJASTE BOQUIABIERTOS!

—Ajá —asintió el más alto, que tenía unos hombros anchos y enormes—. ¡Arrasaste!

—Sip —dijo el más bajito—, llegaste de verdad a los oídos del hombre blanco, y ésa no es una tarea fácil.

—Pero no entiendo —les dije—. Solamente di una pequeña plática sobre la llegada de mis padres a los Estados Unidos, con sus madres indias desde México. Yo sé, es una buena historia, pero también lo eran las historias de los demás escritores, ¿por qué entonces todo el mundo vino a verme, en vez de verlos a ellos?

—Soy Harry Walters de Arizona —dijo el bajito—. Soy Navajo.

—Soy Jack Hombrosgrandes de Montana —dijo el alto—. Soy Lakota. Hombre, todas esas mujeres blancas no podían parar de besarte y abrazarte, ¿no?

Me reí. —Sí, quedé muy sorprendido. Creo que me besaron más de quinientas veces esta noche.

—Yo diría que cerca de mil —dijo Harry Walters, riéndose.

—Pero, sigo sin entender. Mi plática fue sobre el antiguo México, durante la revolución, y cómo mis abuelas, que como dije eran indias, lograron mantener vivos a mis padres y les dieron esperanza.

—¡Eso es! —exclamó Harry—. ¡Le diste esperanza a toda la humanidad al estilo Navajo!

—No, lo hiciste al estilo Lakota y ¡así inspiraste a todos!

Me rasqué la cabeza. —Pero algunos de esos otros conferencistas fueron muy buenos y también contaron historias fantásticas llenas de esperanza y de inspiración, y casi nadie vino a sus puestos. ¿Por qué yo?

El Navajo y el Lakota se miraron el uno al otro.

—¿De verdad quieres decir que no entiendes lo que hiciste esta noche? —preguntó Harry Walters.

Negué con la cabeza.

—Le diste todo un giro a la historia directamente a sus oídos— explicó Jack Hombrosgrandes—. Abriste puertas que el hombre blanco jamás había visto abiertas, o por lo menos no ¡durante los últimos cinco o siete mil años!

—¿Yo hice eso?

—Sí, les dijiste en su cara cómo era nuestra forma de pensar indígena y nuestra visión del mundo, y tocaste sus corazones como nunca nadie los había tocado —añadió el Navajo.

—¿De veras? ¿Eso creen?

—Mira —dijo el Lakota alto—, el movimiento occidental ha terminado. Ya no tienen continentes que conquistar, ni gente que aniquilar ni esclavizar; y ahora tú les ofreciste la salida, ¡un nuevo mundo de posibilidades!

—¿Eso hice?

—Claro que sí —dijo el Navajo—. Les hablaste sobre el espíritu natural del ser humano, más allá de la comprensión del hombre blanco. Les dijiste que tus abuelos no creían en Dios, sino que vivían con Dios. Les dijiste que cada mujer necesitaba su propio Árbol del Llanto. Hasta lograste que la Madre Tierra cobrara vida y nos uniera con los cielos diciendo que el Padre Sol es el ojo derecho de nuestro Sagrado Creador y la Madre Luna es el ojo izquierdo.

—El hombre blanco lleva mucho tiempo perdido —dijo el Lakota—. No saben adónde más ir ni qué hacer, y tú les diste la esperanza de regresar a sus propias raíces indígenas. Les enseñaste, de una forma que ellos podían entender, que sus ancestros no eran salvajes, sino más bien personas inteligentes, conscientes, gente buena que vivía en el paraíso.

—¿Yo hice todo eso? —dije —. Pero yo sólo hablé durante quince minutos sobre mi familia.

Al escuchar esto, no pudieron parar de reírse; y empezaron a hablar en lenguaje Navajo... o quizá era Lakota. No podía entender una sola palabra de lo que decían, no obstante, como en un sueño, recordaba esos sonidos truncos y los tronidos con la lengua que, supongo, había escuchado cuando niño de mi abuela Yaqui y de mi tío Archie, que tenían parientes en la reserva Pala en California. Luego los dos dejaron de hablarse entre sí y se volvieron hacia mí.

—No, díselo tú, hermano —le dijo el Lakota al Navajo.

—Está bien —respondió Harry Walters, mirándome—: Ambos creemos que tal vez tú no te has dado cuenta de lo que dijiste esta noche. Es importante que lo hagas porque, obviamente, volverás a hablar, pues lograste llegar al oído del hombre blanco.

—Exactamente —dijo el Lakota—. Llamaste la atención del hombre blanco, y eso, hermano, es algo muy difícil de lograr.

—Saben —dije—, mis padres me decían una y otra vez que yo no entendía lo que ellos me estaban diciendo. Mi papá, de hecho, me dijo un día que yo estaba tapado, lo que quiere decir estreñido de la cabeza.

Los dos explotaron en una carcajada.

—Tu papá dijo la verdad —dijo Jack Hombrosgrandes.

—Gracias —respondí.

—Déjame tratar de explicarte lo que creo que tus padres estaban tratando de decirte —dijo Harry.

—Adelante —dije, mirando de reojo al Lakota, alto y musculoso. Era todo sonrisa y seguía riéndose a pleno pulmón.

—En el lenguaje Navajo —continuó Harry Walters—, y en todos los lenguajes nativos que conozco, no existe el concepto de sustantivos. Lo único que hay son verbos.

—Y —pregunté—, ¿qué tiene que ver eso?

Al oír esto, el Lakota explotó de nuevo de la risa.

—Todo —dijo el Navajo.

—¿Pero, cómo puede ser? —pregunté—. Un árbol es un sustantivo. No puede ser un verbo.

—Claro que sí, porque un árbol está vivo y siempre está creciendo y cambiando a través de las estaciones y a través de los años. Es un *árbol-ar:* un verbo.

Me agarré la frente. —Está bien, ¿pero, y las rocas? No cambian.

—Sí lo hacen. Si viviéramos diez millones de años, veríamos que ellas también están constantemente cambiando.

—Oh, Dios, estoy realmente confundido —dije—. Pero, bueno, ¿no dijo Einstein que lo único que existe es el cambio?

—Sí, lo dijo, y lo hizo al estilo Navajo, tal como hiciste tú esta noche.

—No, ¡al estilo Lakota! —argumentó el grandote de Montana, todavía riéndose.

—Está bien —dije, riéndome también—, si todo es un verbo, ¿entonces ustedes creen en Dios?

—No, por supuesto que no —dijo el Navajo, sin pestañear—. Eso sería muy tonto. Nosotros *hacemos* a Dios.

Eché hacia atrás mi sombrero y me agarré la frente con ambas manos. Yo había sido criado católico, y esto era tan confuso que me dolía la cabeza. ¿Pero cómo es que ustedes hacen a Dios? —pregunté—. Demonios, quiero decir, cielos, ni siquiera podemos ponernos de acuerdo en el concepto de Quién o qué es Dios.

—Ése es exactamente el punto —dijo el Lakota.

—¿Cuál es el punto?

—La razón por la que los nativos han mantenido al Creador como un verbo.

—Maldición —insistí—, ¡hablen claro! ME ESTÁN MATANDO, ¡aquí en mi cabeza!

—Años de estreñimiento tienen ese efecto en un hombre, cuando finalmente decide hacer una buena cagada mental —el Lakota se reía a carcajadas.

Pero yo no me reía. ¡Sentía un dolor terrible!

—Cuando caminamos con gracia y elegancia, estamos haciendo a Dios —continuó Harry Walters—. Cuando estamos en armonía con lo que nos rodea, somos parte de Dios; y cuando encontramos la paz en nuestro interior, somos Dios.

—¡¿USTEDES SON DIOS?! —grité—. No es de extrañar que los sacerdotes intentaran acabar con todos ustedes, ¡los salvajes! Quiero decir, con todos *nosotros,* ¡los salvajes! ¿Cómo diablos, digo, cómo cielos, nosotros, los humanos, podemos ser Dios?

—Fácil. Somos Dios como un verbo, no como un sustantivo. *Diosar* es encontrar la paz en nuestro interior, después de haber caminado en la gracia y la armonía.

Sentí que mi cabeza ¡EXPLOTABA! Tuve que sentarme. Y este pinche Lakota no podía dejar de reírse, y reírse a carcajadas.

—Maldición —dije finalmente, refunfuñando—, ¡todavía no entiendo! ¿Están diciendo entonces que en realidad no importa lo que piensas; sólo lo que haces?

—Ahora estás comenzando a entender —asintió el Lakota.

—En otras palabras, tienes que practicar lo que pregonas —dije—. No puedes rezar con palabras amorosas los domingos y luego ser un avaro que hace cosas terribles el resto de la semana.

—Estás entendiendo, hermano —repitió el Lakota.

—Bueno, si eso es cierto, entonces, ¿en realidad no importa si eres católico, protestante, judío, musulmán, budista, cristiano converso, ni siquiera ateo, porque lo que en realidad importa es lo que haces, verdad? No lo que piensas ni en lo que crees.

—¡Exactamente! —exclamó el Lakota.

—Entonces nunca hubiéramos tenido guerras religiosas —dije.

—¡AHORITA SÍ QUE ENTENDISTE, HERMANO! —gritó el Lakota.

—Entonces todas las guerras religiosas que hemos tenido, no se deben a la religión, sino al lenguaje que usamos para predicar y pensar en nuestras religiones. Después de eso, justificamos todos los horrores que nos infringimos mutuamente, debido a nuestro... Ahh, MI DIOS, digo, ahh mi DIOSAR, nos hemos adelantado a los hechos incluso antes de... supongo, antes de inventar los sustantivos y... ¡le dimos más importancia a nuestras creencias que a nuestras acciones!

—¡Ahorita entendiste de verdad, hermano! —acordó el Navajo.

—¡Esto es asombroso! —agarré mi cabeza con ambas manos para que no explotara—. ¡Esto cambia toda la historia!

—Y eso es exactamente lo que hiciste esta noche —explicó Harry—. ¡Cambiaste el curso de la historia!

—¿Pero cómo hice eso? Todavía no entiendo.

—Lo hiciste esta noche —respondió él Navajo—, cuando dijiste que tus dos abuelas indias no creían en Dios; *vivían* con Dios. Lo hiciste esta noche cuando dijiste que tus abuelas no le rezaban a Dios; *hablaban* con Dios. Lo hiciste esta noche cuando dijiste que Dios era su forma de vida, y lo hiciste cuando dijiste que todos éramos estrellas andando y que habíamos venido a la tierra con ángeles guardianes a plantar el polvo de estrellas que habíamos traído de los cielos, y que Dios nos necesitaba para plantar en Su jardín nuestro polvo de estrellas. Cambiaste por completo el curso de la historia de la humanidad, porque Dios dejó de ser perfecto e inalcanzable, para convertirse en alguien más bien cercano, cálido y muy alcanzable, porque Él nos necesita tanto como nosotros lo necesitamos a Él.

¡Quedé totalmente perplejo! ¡TENÍAN TODA LA RAZÓN! ¡Yo había dicho todo esto!

—Sí, hermano los pusiste a comer de tu mano —continuó el Lakota—, cuando dijiste todo eso, y luego añadiste que cuando eras niño, fuiste criado para ver cada mañana como otro milagro, un regalo de Dios, porque el Padre Sol era el ojo derecho de Dios y la Madre Luna era el ojo izquierdo de Dios. Fue tan, tan, pero tan hermoso, que todo el mundo estaba listo para seguirte adonde fuera.

—¿De veras?

—Sí, hiciste a Dios masculino y femenino, retrocediendo la historia a unos, yo diría, trece mil años, hasta la última era de hielo.

—Él tiene razón —dijo el Navajo—. No puede haber paz y armonía en la tierra hasta que Dios sea considerado masculino y femenino, porque hace falta el lado femenino de Dios para que nosotros los humanos nos permitamos estar en contacto con el corazón.

—Ahh, ¡AHORA VEO! —grité —. ¡TIENEN RAZÓN! ¡Llevo años diciendo todo esto, pero nunca, nunca lo había comprendido hasta ahorita! —respiré hondo y profundo varias veces. —Híjole, ¡todo comienza a tener sentido ahora! Entonces los sustantivos deben ser una de las cosas que comimos del Árbol del Bien y del Mal, ¿no? Y ustedes me están diciendo que lo que mi madre y mi padre me dijeron respecto a sus madres, ocurrió antes de que comiéramos del Árbol, cuando todos vivíamos en todo un mundo de verbos.

Asintieron y sonrieron.

—Dios mío, supongo que tienen razón, porque mi abuela, la Yaqui, me mecía en sus brazos durante la noche y me pedía que mirara las estrellas, me decía que todas esas estrellas eran nuestros ancestros, nuestra familia, que ya habían venido aquí a la tierra a cumplir su misión.

Las lágrimas brotaron de mis ojos, y el grandote del Lakota puso su enorme mano sobre mi hombro. —Bienvenido a casa, hermano —dijo—. Bienvenido a casa.

No podía respirar, y las lágrimas caían a borbotones por mi rostro. Él tenía razón. De repente, sentí como si finalmente hubiera llegado a casa. Mi mente, mi mente que no paraba de pensar, ya no estaba en control ni me estaba saboteando, mi corazón y mi alma estaban ahora vivos y libres.

—En la noche —dije, secándome las lágrimas—, mi abuela me pedía que cerrara los ojos y me mecía en sus brazos, me decía que pusiera mis dos manos sobre mi corazón al dormir, para que mi Ángel Guardián pudiera llevarme a visitar a Papito Dios y así pudiera regresar en la mañana sintiéndome amoroso, contento y sabiéndolo todo.

—Y *ángel* es sólo otra palabra para 'Espíritu,' explicó el Lakota, masajeando mi cuello y hombros.

—Sí, por supuesto —respondí, sonriendo. Mis lágrimas eran ahora de alegría—. Y mi abuela me dijo que mi Ángel-Espíritu estaba siempre en mi interior. Que nunca estaba solo. Que yo estaba directamente conectado con Dios para siempre. Digo, con Diosar.

En ese momento... fue cuando capté el olor del puro de mi padre, pero ni siquiera me molesté en mirar a mi alrededor en busca de él, porque ahora comprendía en verdad que estos dos hombres eran Mensajeros de Dios, ¡y que acababan de abrirme el portal a través del cual mis dos *mamagrandes* habían visto el mundo entero!

Sí, en verdad ¡había llegado a casa!

¡Había llegado a casa!

¡Había llegado a casa!

—¿Finalmente, comienzas a comprender lo que hiciste esta noche? —preguntó el Navajo.

—Sí —dije—. Los traje a casa.

—¡EXACTAMENTE! —dijo el Navajo—. Los trajiste a casa, aquí en sus entrañas, en su centro. —Puso sus dos manos en su estómago y comenzó a masajear el centro—. Comprende, cuando una persona deja de creer en Dios y comienza a vivir con Dios, como dices que tus dos abuelas hacían, se sienten plenos y completos, porque están realizando una acción con Dios, están *Diosando*, 'están' vivos, como tú dijiste, en el seno del Diosar Creando la Creación.

Mi cabeza EXPLOTÓ de nuevo. Tuve que quitarme el sombrero, ¡mi cabeza estaba demasiado caliente! Comencé a rascarme el cuero cabelludo vigorosamente con ambas manos.

—Te pica, ¿eh? —dijo el Lakota, muerto de risa—, cuando has estado estreñido y te han arrancado la cabellera ¡por quinientos años!

Lo ignoré. Se estaba divirtiendo demasiado a mis expensas. ¡De verdad me dolía!

—Esto significa entonces, que en una ocasión en el pasado —continuó el Navajo—, incluso nuestros hermanos blancos sabían que todo era un verbo y no había sustantivos.

—Oh no —dije—. Tenemos que parar. ¡Esto es más de lo que puedo asimilar!

—No realmente —siguió diciendo el Navajo con un tono de voz muy paciente—, sólo descompone la palabra *siendo* y examina su significado: 'si' y luego 'endo'. Por tanto, cuando una persona camina en la gracia y la elegancia, está 'siendo' una con el Ser Supremo; y cuando se armoniza con lo que le rodea, está 'siendo' armonizado con el Ser Supremo. Y cuando finalmente encuentra paz, entonces ¿es qué?

Negué con la cabeza.

—Es un Ser Supremo —dijo, con la SONRISA MÁS GRANDE que jamás había visto en el rostro de un ser humano.

—Ahh, Dios mío —grité, tratando al máximo de entender lo que acababa de decir—. Entonces, ¿eso significa que *ser humano* es un verbo y *Ser Supremo* también lo es.

—Exactamente —dijo—, y tus abuelas sabían esto en sus entrañas, así que ellas estaban realizando una acción con Dios, estaban Diosando, porque su existencia humana estaba unida con la Existencia Suprema de la Creación Creando.

Me agarré la frente. —Lo siento. Creo que lo capto, pero luego veo que todavía no lo capto. Ha sido un día muy largo. Estoy exhausto. Debo dormir. Esto es demasiado, demasiado para mí.

—No te preocupes —dijo el Navajo—, vendrá a ti alguna noche, cuando menos lo esperes. Como te dijo tu abuela, es durante el sueño que conversamos con Dios, porque ahí es cuando finalmente vamos más allá de todas las palabras y pensamientos.

—Sí, exactamente —dije—, porque cuando dormimos, somos libres.

—Así es, hermano —dijo el Navajo.

—Una cosa más... —dijo el Lakota.

Pero dejé de escuchar. Había llegado a mi límite. Me acompañaron al elevador. Estaban quedándose en un hotel al otro lado de la calle, donde las habitaciones tenían un precio más razonable. La única razón por la cual yo me estaba quedando en el hotel del centro de convenciones, era porque la asociación de libreros pagaba mi habitación.

Estaba muerto de cansancio. El grandote de Montana seguía hablando, supongo que estaba diciendo cosas muy importantes, pero yo ya no podía escuchar más. Casi me desmayo cuando entré en el elevador, y luego fui subiendo, subiendo y subiendo, observando a través del cristal transparente, ese exuberante paraíso, creado por el hombre, todos esos árboles y jardines, arroyos y cascadas intensamente iluminados.

¡Todo parecía como un SUEÑO!

Unos días después, de regreso en California, durante una tarde en el centro de Los Ángeles, la niebla era tan espesa que no podía ver más allá de cinco metros. Mocte y yo nos habíamos reunido con Eddie Olmos, para buscar la forma de vender la idea de una miniserie de *Lluvia de Oro* a las cadenas televisivas. Estábamos cenando en Little Tokyo y, cuando terminamos, Eddie se fue en su Porsche camino a su casa. Mocte me pidió que me quedara y me dijo que me regalaría un masaje. Después del masaje, era muy tarde por lo que me recomendó que no intentara manejar de regreso a casa.

—Mira, la niebla ha empeorado —dijo—. Deberías pasar la noche conmigo y con mi familia, o ir a North Hollywood y quedarte en casa de los padres de Bárbara en el Valley que, por fortuna, ella y su hermano lograron conservar. Es demasiado largo el camino hasta Oceanside. Eddie fue muy inteligente al irse más temprano.

—No puedo —le dije—. Tengo que levantarme a las dos de la mañana para escribir, como siempre lo hago. ¡Ando volando!, no te imaginas, este nuevo material me llega de una manera tan vigorosa, y ni siquiera sé si es algo que valga la pena. Esos dos tipos en Nashville en verdad me hicieron pensar. Ahora me siento a veces completamente patas arriba.

Les había explicado a Mocte y a Eddie lo que me había ocurrido en Nashville, pero no estaba seguro de que hubieran captado algo. Ni siquiera yo podía asimilar por completo lo que me habían dicho y, sin embargo..., sin embargo, mis palabras escritas estaban totalmente influenciadas por lo que había aprendido. Ahora me despertaba como si tuviera una alarma cada mañana, totalmente lúcido y ansioso por avanzar como si fuera el último día de mi vida, como si lo único que existía era el Aquí, el ahora, ¡por siempre!

—Está bien, amigo, pero por lo menos maneja despacio —dijo Mocte.

—No te preocupes —le dije—. No pienso rebasar los ciento sesenta kilómetros por hora.

Mocte se fue a su casa que estaba muy cerca, y yo me metí por la antigua 101, con dirección al sur, para entrar en la interestatal 5. No había tráfico, pero yo no veía ni madres y casi me paso la salida a la autopista. Mis ojos comenzaron a arder del esfuerzo que hacía para ver, sólo había avanzado doce kilómetros y todavía me faltaban unos ciento cuarenta y cinco.

—Ay, Dios mío —dije—. Necesito ayuda. No puedo hacer esto solo.

En ese instante, justo frente a mí, entró a la autopista un Porsche, que frenó dos veces, despertándome, y luego arrancó. Sonreí, diciendo: "Gracias, Dios mío", y aceleré mi Saab a cien, ciento diez, ciento veinte, ciento cuarenta kilómetros por hora para seguirle el ritmo a las luces traseras del Porsche. Era increíble, este coche deportivo atravesaba la densa neblina como si nada, y yo tenía que quedarme pegado a su trasero para no perderlo de vista.

La autopista seguía sin tráfico, íbamos a unos ciento cuarenta y cinco o ciento cincuenta kilómetros por hora; cuando, entonces, supongo que cerca de Santa Ana, el Porsche frenó una, dos, tres veces, y desaceleró hasta llegar a los ochenta kilómetros mientras pasamos a nuestra derecha inadvertidamente un carro de la Patrulla de Caminos que iba saliendo de la autopista. El carro de los policías apenas comenzó a desaparecer cuando el

Porsche aceleró, y ahora íbamos ambos a ¡ciento ochenta y cinco!

Mi corazón ¡LATÍA A TODA PRISA!

Sin embargo, no sentía miedo. No, era como si una parte de mí se hubiera encomendado por completo a ¡Dios-Diosar! Porque ahora yo sabía que la fe tenía muy poco que ver con creer, ¡y mucho que ver con hacer! Ahí estábamos entonces, Diosar y yo, entrando a Oceanside, y a punto de salir en mi calle: Cassidy Street.

—¡Gracias, Dios mío! —dije, y juro que el Porsche prendió y apagó sus luces traseras dos veces y luego despegó como un avión, y arrancó a, estoy seguro, a por lo menos ochocientos kilómetros por hora en menos de un segundo, ¡y desapareció! ¡HACIA EL CIELO!

Respiré hondo y giré en Cassidy Street, luego giré a la derecha en Stewart Street, me detuve para saludar a las cabras y a los caballos mientras llegaba a las rejas del rancho. Ni siquiera me molesté en ir a la cama, me preparé un poco de té Yogi de regaliz, subí al segundo piso y comencé a escribir. No paré durante unas diez o doce horas, me fui a dormir unas cuantas horas, y me levanté para ayudar a preparar la mesa para la cena del domingo. Para variar, íbamos a tener una pequeña reunión familiar. No habíamos invitado a los demás parientes. Durante los últimos meses, había viajado tanto, que quería estar con nuestra pequeña familia. Mientras pusimos la mesa, mis dos hijos y yo, les conté lo que había ocurrido la noche anterior, mientras Dios iba manejando un Porsche.

—Papá —dijo David—, ¿no podría ser simplemente una coincidencia? O sea, ¿por qué siempre tiene que ser el mismo Dios el que viene a tu rescate?

—No sé —dije—, pero como tantas cosas así me han estado ocurriendo desde que conocí a esos dos tipos en Nashville, he comenzando a creer, no a creer, sino a *comprender*, sin la menor sombra de duda, que Dios-Diosar está con nosotros cada segundo que respiramos, estemos o no conscientemente conscientes de eso.

—Si eso es cierto, papá, todo esto no empezó cuando conociste a los dos indios en Nashville —dijo Joseph—. Tuvo que haber empezado mucho antes.

—No. Mejor dicho, sí. Supongo que para mí en realidad comenzó cuando nací, porque todavía recuerdo el perrito güero pintado en el panel a los pies de mi cuna. Tenía un listón azul atado en un moño alrededor de su cuello; y también recuerdo cuando mi abuela me cantaba y me decía que todos éramos estrellas andando. Así es que debió haber empezado en ese momento, pero yo no estaba..., yo no sabía realmente cómo decirlo.

—Pero papá, nos habías dicho —continuó Joseph—, que olvidaste todas esas cosas cuando entraste a la escuela y te golpearon por no hablar inglés.

—Pues sí, es cierto. Creí que lo había olvidado, pero supongo que todo sigue ahí, latente en la parte de atrás de mi cabeza, y esos dos tipos en Nashville..., ellos... como que me ayudaron a activar lo que había olvidado. De hecho, estoy comenzando a comprender que todos ya sabemos todo. Realmente lo sabemos, sólo tenemos que activarlo de nuevo. ¿Te suena lógico? Oh, me siento tan confundido y tan incapaz de poner en palabras lo que estoy sintiendo y recibiendo, lo que me está llegando del Más Allá.

Acabamos de poner la mesa y estábamos ayudando Bárbara a llevar la comida. Nos sentamos, bendecimos la mesa y comenzamos a comer.

—De todas maneras, papá —dijo David—, creo que muchas más personas aceptarían lo que tienes que decir, si no afirmas que es Dios mismo el que está haciendo todo eso. Cosas como decir que Dios maneja un Porsche, creo que es bastante exagerado, papá —añadió riéndose.

Me sentí muy enojado de repente. —¡Maldición! —grité—. ¡NO PUEDO HACER ESO! Tengo que decir las cosas exactamente, ¡como yo sé que pasaron! ¡Eddie Olmos manejó un Porsche esa noche! ¡Y Dios también manejó un Porsche! ¡Y SI LA GENTE NO ME CREE, QUE SE CHINGUEN! ¡Estoy harto y cansado de que todo el mundo intente decirme que actúe con cautela para que me entiendan! ¿Obró Moisés con cautela cuando le pidió al mar que se abriera en dos? ¿Actuó Cristóbal Colón con cautela cuando navegó hacia lo desconocido? ¿Alguna de las personas que nos han ayudado a expandir la realidad, han actuado de forma cautelosa? Lo juro, lo que tengo ganas de hacer es agarrar este plato de pavo, salsa y puré de papas y ¡PEGARME CON ÉL EN LA CABEZA!

—No lo hagas, papá —gritó Joseph.

—¡DEJA DE DECIRME LO QUE NO PUEDO HACER! —grité a la vez. No sé exactamente la razón, pero de repente me parecía que tenía todo el sentido del mundo agarrar el plato lleno de comida voltearlo y romperlo sobre mi cabeza.

Todos se quedaron mirándome fijamente.

Y me di golpes con el plato en la cabeza una y otra vez, mientras el pavo, la salsa, el puré de papas y los arándanos caían por mi rostro, pero el plato no se rompía.

—Papá ¡no se va a romper! —gritaba Joseph.

—¡SÍ, SE ROMPERÁ! —grité.

—No, ¡son dos platos! ¡No uno! ¡Y están hechos de plástico irrompible para el microondas!

—¡No me importa! ¡PUEDO HACERLO! ¡Sé lo que PUEDO HACER Y LO QUE NO PUEDO HACER!

Me di golpes una y otra vez, hasta que comencé a marearme y me deslicé bajo la mesa. Mis hijos y mi esposa no sabían qué hacer, echaron la silla para atrás, limpiaron parte de la comida de mi cabeza y de mi cara, luego me llevaron por el pasillo y me acostaron. No recuerdo mucho después de eso. Lo único que sé es que estaba harto de tener que explicarme siempre.

Dios manejó un Porsche, ¡Y ESO ES TODO, MALDICIÓN!

¿No podían entenderlo?

Dios-Diosar puede hacer cualquier cosa, y nosotros también, COMO PÁJAROS WEE WEE PORQUE SOMOS CO-PARTÍCIPES CON DIOS-DIOSAR CREANDO LA CREACIÓN desde que aparecimos en el universo, ¡recogiendo polvo de estrellas para ayudar a Diosar a cultivar su Santo Jardín Sagrado aquí, en la Madre Tierra!

Capítulo nueve

Durante varias semanas, me dolía la cabeza y no lograba dormir. Me había golpeado muy fuerte con esos platos. Además, las palabras de Harry Walters y Jack Hombrosgrandes seguían resonando en mis sueños con tal magnitud, que me despertaba y no podía volver a conciliar el sueño. Mi mente no percibía aún cómo lidiar con todas las implicaciones de esa información tan fantástica que me había sido entregada. Es decir, todos los siglos de guerras religiosas fueron una pérdida de tiempo. Pero, no sólo eso...: seguíamos limitados por el lenguaje, que nos hacía perder tiempo. No lenguaje, no; sino *lenguajar,* pues también es un verbo.

Ahora mi papá, por mucho que le pedía que me ayudara a comprender, ya no venía a verme. ¡Empecé a enojarme! ¿Qué estaba ocurriendo? ¡No podía hacer esto SOLO! ¡NECESITABA AYUDA! ¡Yo no era lo suficientemente inteligente, ni capaz, sin la ayuda del Más Allá!

Cuando sentí que estaba a punto de rendirme, me cayó el veinte ¡como un relámpago!

Estaba a unos 130 km en las afueras de Phoenix, Arizona, en el hotel equivocado. Se suponía que tuviera una reservación en el Holiday Inn, al lado del canal de televisión en donde iba a tener una entrevista muy temprano en la mañana. Pero, por alguna razón, el destino hizo que terminara en este hotel en medio de la nada. Estaba profundamente dormido cuando comencé a escuchar música. ¡Una música hermosa! Me levanté de la cama y salí a ver de dónde provenía, pero no había ningún vehículo con el radio encendido en el enorme estacionamiento. Lentamente, comencé a darme cuenta que la música provenía de arriba.

Eché un vistazo hacia el cielo.

Debían ser las tres de la mañana, ¡nunca en mi vida había visto tantas estrellas en el Padre Cielo! Y..., entonces, ¡comprendí que la música provenía de las estrellas mismas!

¡Sonreí!

¡Me reí!

Las lágrimas brotaron de mis ojos. Las estrellas me estaban dando una serenata, ¡de parte del hermoso Dios-Diosar! Respiré profundo, agradecí, y la música de las estrellas RESONÓ CON TODA SU FUERZA, ¡convirtiéndose en una sinfonía! A mi alrededor la Madre Tierra comenzó a ronronear, y en esta ocasión no olí el puro de papá. No; en cambio, ¡percibí el aroma de flores silvestres!

Me sequé las lágrimas y me inundó una gran paz. Sabía plenamente que al amanecer tenía una cita para presentarme en un programa de televisión, en el centro de Phoenix, que me encontraba en el hotel equivocado, a unos 130 km del canal de televisión, y que verdaderamente tenía que dormir un poco, sin embargo no me sentía preocupado. Dios-Diosar manejó un Porsche, así que Dios-Diosar podía hacer lo que se le antojara. De hecho, Dios-Diosar estaba conmigo ahorita mismo, en todas partes, ¡así como siempre había estado al lado de mis *mamagrandes*, allá, durante la Revolución Mexicana!

¡No estaba solo!

¡Nadie lo estaba!

Al comprender esto, me di cuenta que la música aumentaba cada vez más y ahora sonaba como una orquesta de mil instrumentos; ¡y era tan, tan, tan Dios-Diosar, amoroso y hermoso!

Inhalé profundamente el aire fresco y vivificante, y vi que el cielo nocturno estaba realmente más lleno de estrellas brillantes de lo que había visto en toda mi vida, excepto quizá allá, en Baja California, donde no hay luces de ciudades, ¡y las estrellas pueden apreciarse en toda su amplitud y magnificencia!

Me quedé ahí inhalando el aire fresco y limpio de la noche, cuando me di cuenta que estaba completamente desnudo. Sonreí para mis adentros, observé a mi alrededor y vi que no había nadie, y fue cuando me cayó el veinte con ¡LA FUERZA DE UN RELÁMPAGO!

—Si todo es un verbo, entonces la Creación ¡nunca, nunca se ha detenido! —dije en voz alta—. Por tanto la ¡Creación sigue ocurriendo! ¡AHORITA MISMO! ¡AQUÍ MISMO! ¡SIEMPRE! ¡POR SIEMPRE!

Las lágrimas seguían corriendo por mi rostro, y de repente recordé que eso era exactamente lo que mi *mamagrande* me decía cuando era un niño pequeño: que cada día era otro milagro viviente que el Todopoderoso nos ofrecía. Pero yo no lo había logrado entender. Hasta que ¡por fin entendí! Sí, por supuesto, la Creación *continuaba* siempre y para siempre, y nosotros somos parte de ella, porque tenemos una ¡CONEXIÓN ANGELICAL CON NUESTRO SAGRADO CREADOR!

¡Estaba en el Hogar!

¡Estábamos en el Hogar!

¡Todos, todos, todos estábamos en el Hogar!

Porque nuestro Verdadero Hogar estaba en la Creación Creando, y eso era lo que Jack Hombrosgrandes y Harry Walters me habían dicho cuando me acompañaron al elevador esa noche en Nashville, Tennessee, pero yo estaba demasiado cansado para escuchar.

¡AHH, ESTOS DOS HOMBRES, EN UN RESPLANDOR DE SAPIENCIA ENORME, ME HABÍAN CONDUCIDO A LA COMPRENSIÓN DE ALGO QUE NUNCA ANTES HABÍA ENTENDIDO!

¡Obviamente, mi papá sabía que había llegado su hora!

Todos lo sabíamos, una vez que comprendíamos que la muerte no era un final, sino más bien un nuevo comienzo en el Más Allá, y eso era lo que mi papá me había dicho la noche que había cruzado, y que la única razón por la que teníamos problemas en la tierra era... porque no usábamos todos nuestros sentidos, ¡y ahorita lo entendía por completo!

¡HÍJOLE!

Entonces, Aquí, en este santo lugar sagrado, donde usábamos todos nuestros 13 sentidos naturales, no había principio ni fin. De hecho, no había "allá" ni "ellos", ni ninguna separación en absoluto, porque ¡TODO, TODO, TODO ESTABA AQUÍ MISMO, AHORITA MISMO, POR SIEMPRE, BAJO EL FLUJO ETERNO DE LA CREACIÓN CREANDO DE DIOS-DIOSAR!

¡Mi papá tenía toda la razón!

¡Y por eso era que él estaba tan feliz! ¡Totalmente encantado de regresar a las estrellas, de donde provenía, de donde todos provenimos!

¡PAPÁ! —grité, exclamé—. ¡OH, PAPÁ! ¡Entonces ahora tú también eres UNA DE ESAS GRANDES ESTRELLAS BRILLANTES QUE NOS ILUMINAN DESDE EL CIELO! ¡GRACIAS, PAPÁ! —grité—. ¡GRACIAS! ¡GRACIAS! ¡Finalmente, estoy empezando a comprender!

Lágrimas de alegría bañaban mi rostro. Entonces, era cierto, era verdad que teníamos trece sentidos y no cinco. Y ahora entendía claramente que cuatro sentidos pertenecían a la cabeza, tres al corazón y seis al alma; y también comprendía que los cuatro de la cabeza funcionaban desde lugares específicos: ojos, orejas, boca y nariz. Y los tres del corazón funcionaban en todo el cuerpo humano. No solamente sentíamos con nuestras manos, sino con todo nuestro ser; y cuando nos equilibrábamos con nuestro medio ambiente, también usábamos todo nuestro ser. Así pues, el pensamiento, que pertenece a la cabeza, se realiza con partes específicas, pero la intuición, que pertenece al corazón, ¡se realiza con TODO NUESTRO SER!

¡Y el SER era un verbo!

¡Y DIOS-DIOSAR era un verbo!

¡Por consiguiente, nosotros, los SERES HUMANOS, también éramos un verbo!

¡HÍJOLE!

Y ahora, por supuesto, tenía todo el sentido del mundo, que el octavo sentido, el activador de la computadora del alma, ¡fuera la música! Y la música era el sonido del VERBO; y eso era lo que estaba escuchando con todo, todo, todo mi SER, ¡AQUÍ EN ESTE SANTO LUGAR SAGRADO, EN DONDE DIOS-DIOSAR ESTABA CREANDO LA CREACIÓN POR SIEMPRE!

Obviamente, Dios-Diosar estaba siempre creando un verso, una canción, una sinfonía; y yo era una nota Aquí mismo, ahorita mismo, por siempre jamás ¡FORMANDO PARTE DE ESTA GRAN SIN-FONÍA DE NUESTRO VIENTRE DE LA CREACIÓN!

¡Todos lo éramos!

¡Cada uno de nosotros, una vez que nos salíamos de nuestras mentes "pensantes", activábamos nuestros corazones "sintientes", y así renacíamos en nuestras almas eternamente creativas!

¡Reía!

¡Reía como tonto!

¡PAPÁ! ¡PAPÁ! ¡PAPÁ! —grité, poniendo en palabras mis ideas—. ¡ENTONCES TENÍAS RAZÓN! Aquí, en este Santo Lugar Sagrado, en que usamos todos nuestros sentidos, no hay problemas. Cómo podría haberlos, si no hay 'allá' ni 'ellos' ni separaciones; y lo único que hay es Aquí, ahorita mismo, formando parte de esta Gran Sinfonía en donde todos usamos nuestros sentidos, como tú dijiste. ¡OH, PAPÁ, GRACIAS! ¡GRACIAS!

Y, finalmente, en definitiva, cuando comprendí todo esto con cada una de mis células, con cada fibra de mi SER TOTAL, la gran orquesta se detuvo; y había Aquí un silencio que jamás había escuchado: enriquecedor y verdaderamente satisfactorio. Y luego un violín solitario comenzó a sonar y era singularmente hermoso y suave, inolvidable y conmovedor..., y después comenzaron a sonar las trompetas y los instrumentos de percusión, ¡DE NUEVO TODA LA ORQUESTA COMENZÓ A TOCAR!

Ahora sabía, sin la menor sombra de duda, que todas las estrellas en el cielo habían, efectivamente, recibido a mi papá como parte de nuestra familia eterna, y me estaban dando una serenata de corazón a corazón, de alma a alma, y en ese momento, ¡todos los árboles que me rodeaban cobraron VIDA, comenzaron a mecerse, a bailar y a cantar también!

Y así las piedras comenzaron a participar, ¡y la Madre Tierra misma, bajo mis pies descalzos, comenzó a cantar, a ronronear, a vibrar con tanto AMOR Y BUENOS Y FELICES SENTIMIENTOS, QUE LAS PLANTAS DE MIS PIES COMENZARON A COSQUILLEAR!

¡Reí como tonto!

¡Me reí!

¡Era tan sencillo!

Tan sencillo de entender, sin embargo..., nunca lo había entendido hasta ahorita.

Sí, sí, sí, cuando Dios-Diosar creó el universo, Él-Ella creó Una Sinfonía Conjunta, en donde nosotros, los seres humanos, éramos cada uno una nota, una canción, ¡formando parte de la GRANDIOSA Y MARAVILLOSA SINFONÍA ETERNA de Dios-Diosar!

¡Lloraba de alegría!

¡Me reía a carcajadas!

Ahh, ¡me sentía totalmente, totalmente, totalmente en la SAGRADA PRESENCIA DE ESTA MÚSICA SAGRADA, DEL CANTO DEL CORAZÓN DE LA CREACIÓN CREANDO PARA SIEMPRE!

¡HABÍA LLEGADO!

¡ESTABA EN EL HOGAR, EN EL INTERIOR DE NUESTRO VIENTRE DE LA CREACIÓN, DONDE JESÚS HABÍA ESTADO CUANDO ESTUVO ENTRE NOSOTROS!

Todos, toditos, todos nosotros, como el pájaro Wee Wee, estábamos Aquí en el hogar de la Madre Tierra, porque, sencillamente, ¡esto era el cielo! ¡El CIELO ÉRAMOS NOSOTROS, AQUÍ MISMO, AHORITA MISMO, POR SIEMPRE!

Regresé a la habitación del hotel y dormí como nunca había dormido en toda mi vida, y cuando me desperté, ¡seguía sonriendo! ¡Seguía riendo! ¡Estaba muy feliz! ¡TAN, TAN FELIZ! Miré el reloj de mi mesita de noche y vi que solamente había dormido dos horas, pero me sentía como si hubiera dormido veinticuatro horas sin parar. Estiré todo mi cuerpo y bostecé ¡me sentía de maravilla! ¡No me había quedado fuera de la final del campeonato de la Creación! No, la Creación seguía CREANDO AQUÍ MISMO, AHORITA MISMO, SIEMPRE Y POR SIEMPRE; y yo era una nota en esta Grandiosa Sinfonía de la Creación Creando... ¡y me sentía maravilloso!

¡Completo!

¡Fantástico!

¡Fascinado!

¡No podía dejar de sonreír!

¡No podía dejar de reír!

¡Me sentía total y grandiosamente de CAMPEONATO Y LLENO DE ADMIRACIÓN!

Me levanté, tomé un baño, me vestí y subí a mi carro rentado... ¡Todos los semáforos se pusieron en verde para mí! Estaba en el hotel equivocado, a unos 130 km en las afueras de Phoenix, y, no obstante, ¡llegué a la emisora de televisión en el centro de Phoenix, y tuve tiempo de sobra! ¡Era como si nada malo me pudiera pasar! ¡La entrevista fue todo un éxito! ¡Todo lo que tocaba parecía convertirse en oro! Luego, esa tarde, cuando llegué a la librería, sólo quedaba lugar de pie para la gente que había ido a verme. Autografié libros por más de dos horas.

Esa noche, cuando iba en el avión de regreso, vi pasar por el pasillo a una mujer alta y hermosa, a quien creí reconocer. Estaba muy bien vestida y supuse que iba camino al baño.

—¿Margret? —dije, recordando repentinamente que había estado con ella en un panel en una conferencia de escritores unos años antes, también recordé que era una agente muy exitosa.

—¿Víctor?

—Sí —respondí.

—He estado leyendo mucho sobre ti —dijo con una gran sonrisa—. Tu nuevo libro está en todas las noticias, querido.

—Sí —dije—. Eres agente, ¿verdad?

—Sí.

—Pues bien, mi agente, Ed Victor, me abandonó —dije—. Se espantó cuando le compré de regreso los derechos de mi libro a Putnam.

—Qué más podías esperar: ¡es un hombre! —dijo riéndose—. Excúsame, pero tengo que ir al baño. Hablamos cuando regrese. ¿Está bien?

—Claro, por supuesto —respondí.

Se tardó un buen rato en volver, y cuando lo hizo, me puse de pie y caminamos por el pasillo. Le expliqué todo. No sabía nada sobre mi situación, lo cual me pareció mejor, porque si hubiera estado al tanto de los detalles, significaba que le interesaban los chismes...le interesaban los chismes.

—Entonces —concluí— Arte Público y yo estamos listos para vender o subastar los derechos de la edición de bolsillo de *Lluvia de Oro*, para así tener dinero e invertirlo en la gira literaria, y bueno, pues, siento que necesitamos un agente.

—¿Es Arte Público tu actual editorial para la edición de pasta dura? —preguntó.

—Sí, forman parte de la Universidad de Houston, y mi libro es el primer libro de pasta dura que han publicado en su historia.

—¿Ellos también creen que necesitas un agente?

—Nick, el director de Arte Público —le expliqué—, nunca antes había alcanzado estos niveles en el mundo editorial, por lo que supongo que siente que no hace falta. Pero yo creo que sí. ¿Te interesaría? Claro que entiendo si no te interesa. Muchas personas me tienen miedo.

—¿Miedo? —dijo con una gran sonrisa contagiosa—. ¡Me encanta el miedo! ¡Ahí es cuando me dan ganas de entrarle!

Me quité el sombrero ante ella. ¡Híjole si era buena! ¡Y su energía era hermosa! —¿Entonces te interesa?

No dijo nada. Sólo comenzó a jugar con su largo cabello rojo con las yemas de los dedos de su mano derecha. —Déjame conseguir una copia del libro y leerlo. Así te podré decir honestamente si puedo o no puedo ayudarte a ti y a tu editorial.

—Puedo enviarte una copia.

—Oh no —dijo—. Quiero comprarlo, para ver dónde lo tienen en las librerías, y si los vendedores lo conocen o no. ¿Estás en alguna de las listas de libros de mayor venta? —preguntó.

—No, en realidad no. Es decir, no hemos llegado a la lista de libros de mayor venta del *New York Times,* pero *sí* a la lista de libros de mayor venta de Denver, San Francisco y Los Ángeles, o sea, en los sitios en donde he asistido personalmente a las librerías.

Sus ojos se iluminaron. —¿En esos tres lugares? —preguntó—. ¿Denver, San Francisco y Los Ángeles?

—Sí.

—Entonces, querido, ¡ERES UN ÉXITO DE VENTAS A NIVEL NACIONAL! ¡No tienes que estar en la lista del *New York Times* para ser un éxito de ventas a nivel nacional! Lo único que tienes que hacer es convertirte en éxito de ventas en tres de nuestros mercados nacionales. ¡Es maravilloso! ¡Felicitaciones! ¡Compraré una copia tan pronto me baje del avión! —Me abrazó fuertemente y me dio un beso en la mejilla—. ¡Sí, estoy segura de que puedo ayudarte a ti y a tu editorial!

Al comienzo, Nick no creyó que necesitábamos un agente. —¿Por qué darle a alguien el diez o el quince por ciento cuando nosotros podemos hacerlo solos? —fue su argumento.

—Porque, Nick, mi papá siempre me dijo que aunque tuviera listos al comprador y a la propiedad, él usaría un corredor de bienes raíces porque ellos siempre mejoran el negocio y se encargan de todos los dolores de cabeza. Y Nick, mi papá era multimillonario a los cuarenta años.

—Bien, ¿qué te hace pensar que esta Margret McBride sea la indicada?

—Mi suegro, Charles Bloch, fue su mentor, y en la actualidad ella tiene dos libros en la lista de los libros de mayor venta del *New York Times*.

—Está bien, pero tengo que hablar con ella —dijo.

—Claro que sí.

Hablaron y llegaron a un acuerdo, y MILAGRO DE MILAGROS: Elaine Jesmer, nuestra publicista, llamó a Bárbara y le dijo que me habían programado para ser el orador principal en la siguiente convención de la ABA, la American Book Association, el evento de editoriales más importante de todos los Estados Unidos, lo que significaba, ¡que ahora nuestras ventas se iban a ir a las nubes!

—¡Es absolutamente grandioso! —me dijo Margret—. ¡Con esta información podemos entrar en la subasta! ¡Ahh, esto es tan emocionante! Los de Nueva York pueden ser muy arrogantes, pero no son estúpidos, ¡o por lo menos no por mucho tiempo! ¡Te has convertido en el consentido literario del año!

Bárbara llamó a Greg y a May McPherson en Nueva York para contarles las buenas noticias y avisarles que íbamos a la Gran Manzana. Nos ofrecieron su mansión para llevar a cabo la subasta. Diez editoriales deseaban participar en ella. Leslie Schnur de Dell, una subsidiaria de Random House, dijo que nadie, absolutamente nadie, lograría mejorar su oferta.

Supuse que todo lo que necesitaríamos sería una maleta grande para nosotros dos, y una pequeña para el viaje. Pero Bárbara tenía otra idea. Dijo que necesitaríamos dos maletas grandes y una hielera.

—¿Una hielera? —dije.

—Sí, quiero llevar una hielera llena de aguacates y salsa para hacer guacamole.

—¿De veras? Eso es mucho trabajo.

—No todos los días tenemos una subasta —dijo—, ¡y ofrecer guacamole con salsa y tortillas hechas en casa será toda una sensación!

—Sí, supongo que tienes razón.

—También llevaré sarapes, y haré que todo luzca exótico y hermoso para que la gente se sienta en el ambiente perfecto.

Así es que Bárbara y yo viajamos con una hielera grande llena de aguacates, ingredientes para salsa, tequila y también dos maletas grandes: una con sarapes, cazuelas y curiosidades mexicanas, y otra con nuestra ropa. Nos quedamos de nuevo en el Hotel Gramercy, en la misma habitación con mi árbol de la suerte, los pájaros y las ardillas.

Cenamos con Greg y May. Yo no me había dado cuenta de lo famosos que eran. Los cuadros de Greg se vendían por más de un millón de dólares. Y pude ver por qué. Dios mío, el hombre ponía todo su corazón y su alma en su obra, igual que Van Gogh, Picasso, o los nuevos artistas experimentalistas. Podía pasar horas frente a una de sus obras.

El día de la subasta, May estaba fascinada observándonos a Bárbara y a mí preparando el guacamole y ocupándonos de la decoración. La gente empezó a llegar desde temprano, y todos quedaron también fascinados ante el ambiente estilo mexicano. Al atardecer, el lugar ya estaba lleno de gente. Margret y su personal se ocuparon de todo. Cuando la subasta comenzó, observé a Leslie Schnur dejar a un lado todos sus modales femeninos, agacharse y levantar su vestido, supongo que también su ropa interior, preparándose para la batalla... ¡y comenzó la fiesta!

Algunas de las ofertas eran tan bajas, que pensé que Nueva York todavía era bastante ignorante y cobarde, pero entonces apareció Leslie y se le enfrentó a otra mujer de una editorial, hasta que la oferta subió a ciento cincuenta mil dólares, más cien mil dólares en bonificaciones, si ocurría esto y lo otro. Después de la intensa guerra de ofertas, ¡Margret anunció que nos íbamos con Leslie Schnur de la editorial Dell!

¡A Bárbara y a mí nos encantó! ¡Leslie y Margret eran nuestro tipo de mujeres! ¡Ellas sí que TENÍAN OVARIOS!

Luego llegó ABA. Iba entrando al enorme centro de convenciones, cuando, ¿adivinen quién iba bajando por las escaleras eléctricas? Pues nada más y nada menos que el mismo Ed Victor en persona. Y cuando me vio en la parte de abajo de los escalones, quiso retroceder y salirse de las escaleras eléctricas, pero no pudo porque la multitud detrás de él no se lo permitió. Le sonreí, disfrutándolo y coloqué mis brazos para recibirlo con un gran abrazo al final de la escalera. Casi le digo: —Ven donde papi, ¡Míster cobarde de primer orden!

Pero no tuve que decir ni una sola palabra, porque para cuando él había terminado el largo recorrido de las escaleras, todo su rostro había cambiado, y me dijo de inmediato: —Antes de que digas una palabra, Víctor, quiero que sepas que ¡tú tenías la razón y yo estaba equivocado! ¡FELICITACIONES!

Sonreí. —Gracias —respondí, abrazándolo y dándole un gran beso en cada mejilla, mientras sentía lo tenso de su cuerpo.

—¿Cómo vas con el siguiente libro? —Me preguntó, una vez que lo solté—. ¿Te interesaría que te representara?

Me reí; me reí sin parar.

—No, supongo que no. Gusto de verte. ¡Adiós!

Se dio la vuelta y salió corriendo alejándose de mí.

—¡ME ENCANTA VER QUE SIGUES CORRIENDO! —grité.

¡Ahh, me sentí tan bien! "Gracias, Dios-Diosar", me dije y respiré profundo. Luego me di cuenta que Ed Victor también había sido parte del plan mayor, porque yo jamás habría llegado donde estaba, si él no me hubiera presentado al mundo editorial a lo grande. "Ve con Dios", le dije en voz muy callada al agente de Londres. "Vete en paz, Ed, eres un buen hombre. Así como Phyllis y hasta Tracy son buenas mujeres. Dios los bendiga a todos. Todos formamos parte de la Sinfonía de la Creación Creando".

En ABA, me habían asignado un asiento en la mesa principal al lado de Norman Schwarzkopf, general de cuatro estrellas, un hombre enorme; y cuando me levanté a hablar, cerré mis ojos para no ver la gigantesca audiencia de miles de personas. Mi corazón ESTALLABA, pero no tenía miedo. No; podía sentir la Fuerza de la Creación atravesándome con cada aliento.

—¡LA PALABRA ES SAGRADA! —me descubrí exclamando—. ¡La palabra es sagrada! ¡Y los libros son Sagrados! Un buen libro puede cambiar el curso de la historia humana, porque un buen libro puede unir a las personas en el corazón y en el alma Más Allá de todas las palabras, ideas y principios, hasta llegar a la comprensión de que... sólo existe UNA RAZA: LA RAZA HUMANA. —En ese momento, comencé a llorar.

—El año pasado, mi mamá tuvo que hipotecar su casa para que yo pudiera comprar los derechos de regreso de nuestro libro *Lluvia de Oro*, pues Putnam, mi editorial de Nueva York, quería ponerlo bajo la categoría de ficción. ¡Y NO ERA FICCIÓN! ¡Era la verdadera historia de mis padres en su viaje desde México, cuando eran niños muy pequeños, con sus abuelas indias!

—¿De dónde saqué los huevos para hacer eso? Alex Haley me llamó un día a medianoche y hablamos hasta el amanecer, me dijo que sus editoriales también habían tratado de hacer lo mismo con *Raíces*. Luego me dijo: "Sólo son valientes cuando no pueden verte directamente a los ojos". Dijo: "¡No pueden publicar tu libro sin tu aprobación! ¡Es tu nombre el que aparece en la cubierta del libro!".

—¡ALEX HALEY ME DIO ALAS! ¡ALEX HALEY ME DIO AGALLAS! Y eso es todo lo que debemos empezar a hacer por cada uno de nosotros: brindarnos alas de esperanza y agallas de poder, ¡PORQUE ÉSTE ES UN MUNDO BUENO! ¡Y no podemos permitir que el miedo y la codicia sigan gobernándonos ni dejar que NUESTROS SUEÑOS SE ARRUINEN!

—En *Raíces,* el niño Kunta Kinte fue elevado hacia el cielo cuando nació. Y le dijeron que no había regalo más grande sobre la tierra que él, un hijo de Dios. Y mi abuela india Yaqui me dijo que yo era una estrella andando de cinco puntas: cabeza, dos brazos y dos piernas, y que todos atravesamos el universo, reuniendo polvo de estrellas para plantarlo aquí en la Tierra, ¡para el Paraíso eterno de Dios! Que cada generación trae su propio polvo de estrellas, ¡y que cada niño es único y especial! Éste era el poder de Kunta Kinte, ¡y éste es también mi poder! Todos somos hijos de Dios, y ¡NO SOMOS FICCIÓN! ¡SOMOS REALES!

Las lágrimas caían por mi rostro. —¡Y tenemos que aprender sobre las VERDADERAS HISTORIAS de los demás para que podamos superar nuestra ignorancia y los estereotipos producto del lavado de cerebro, y toda esa mierda, quiero decir, basura, ¡que transcurre dentro de nuestras cabezas! ¡LA PALABRA ES SAGRADA! —grité, golpeando el podio con mi puño—. ¡Y LOS LIBROS SON IMPORTANTES! ¡Y no es cuestión de resultados, de ir a lo seguro ni de hacer dinero! También se trata de... ¡EXALTAR EL ESPÍRITU HUMANO CON VISIÓN Y ESPERANZA PARA TODOS!

La gente se puso de pie para aplaudirme fervientemente por un largo rato, y entonces el enorme general de la Tormenta del Desierto se levantó.

—Bien —dijo, riéndose—, ¿qué puedo decir después de eso? Sólo soy un general de cuatro estrellas; es muy temprano y pensaba comenzar contándoles un chiste, pero ahora ese chiste parece un poco fuera de lugar —. Cubrió sus anotaciones y se rió de nuevo, luego dijo: —¡El hombre tiene toda la razón! Tenemos que ir Más Allá de nuestros miedos y estereotipos. Nuestro planeta se ha vuelto más pequeño y cada vez se hace más pequeño y...

Estaba programado que hablara por cuarenta minutos, pero solamente habló durante veinticinco. Después nos abrazamos y la gente aplaudía viendo a ¡dos personas que se unían de corazón a corazón, tan distintas y sin embargo seguíamos siendo seres humanos!

Esa noche, Random House había organizado una pequeña fiesta privada para sus escritores, editores y el resto del personal. Éramos unas ciento cincuenta personas, lo que parecía muy pequeño después del enorme evento de la mañana. Estaba conversando con Leslie Schnur, mi editora; Margret McBride, mi agente; y, por supuesto, mi esposa Bárbara, cuando se nos acercaron dos mujeres y un tipo alto, atractivo y muy bien vestido. Recordaba haber conocido a una de las mujeres: era la mandamás de Dell.

—Víctor —dijo ella—, me gustaría presentarte al nuevo director ejecutivo de Random House y a su esposa.

El tipo se veía en muy buen estado físico.

—Encantado de conocerlos —dije—. ¿Trabajaba usted antes con otra editorial?

Parecía un poco nervioso.

—No —intervino la mandamás de Dell—. Antes de esto, estaba en el ejército.

—Oh, ¿usted también es un ex-general? —pregunté, dirigiéndome a él.

—No —respondió—. Yo era coronel de la marina de los Estados Unidos.

—Oh —dije—, ¡pero un coronel de la marina es equivalente a un general del ejército!

—Es cierto —dijo—. Pero no vine a hablar sobre mí. Vine a felicitarlo, y también a agradecerle por la forma en que se comportó esta mañana en el podio. Todos estábamos un poco preocupados por usted, pero puedo ver que usted es una persona consciente, respetuosa...

Pude darme cuenta que mientras hablaba se iba poniendo cada vez más nervioso, por lo que me le acerqué y le dije: —Ah, ¡vamos! Sólo deme un abrazo y comprendamos que ha llegado el momento en la historia de la humanidad en que todos...

DIO UN SALTO HACIA ATRÁS, ATERRORIZADO, hizo una pose de karate, y me dio un golpe cortante en el pecho. Luego miró a su alrededor y vio que todos en la sala lo miraban fijamente, se dio la vuelta y salió corriendo de la sala. Su esposa, consternada, vino hacia mí.

—¿Le hizo daño? —preguntó.

—No —respondí.

—Ay, por favor perdónelo —dijo—. Solamente lleva seis meses fuera del ejército—. Después se dio la vuelta y se excusó con Leslie y con la directora de Dell y huyó también.

—Lo siento —me dijo Leslie—. No entiendo por qué los alemanes siguen haciendo lo mismo.

—¿Haciendo qué?

—Cada vez que compran otra de nuestras editoriales, despiden a todos los líderes que estaban haciendo un trabajo excelente y ponen a personal militar en su lugar.

—No te preocupes, Leslie —dijo Margret—. No durará más que los otros que han traído, y luego tú estarás en control de todo. Es eso, o perder todo su dinero. ¡No es posible que los directores ejecutivos de las editoriales anden golpeando a nuestros escritores! —añadió, riéndose—. Quizá eso funciona en Alemania, pero no aquí. ¿Te hizo daño, Víctor?

—No, para nada. Fue un golpe sin fuerza. No creo que el tipo haya visto un verdadero combate mano a mano. El entrenador de lucha de nuestro Cuerpo de Marines de preparatoria se lo hubiera comido vivo en segundos.

Me tomé otro trago, y después Bárbara y yo nos fuimos a nuestra habitación. Las cosas iban cada vez más rápido y se ponían cada vez más locas.

—Bárbara —dije una vez en cama—. Ese general, Norman, estaba muy relajado y accesible cuando lo abracé. Me abrazó también, y este coronel lo vio, por lo que supuse que estaría bien abrazarlo, aunque pude darme cuenta que estaba muy tenso.

—¿Te fijaste en su esposa? —preguntó Bárbara.

—Claro.

—¿Qué fue lo primero que notaste?

—Bueno, era alta, estaba en buena forma, muy hermosa, y tenía hombros anchos.

—Exactamente —dijo Bárbara—. Esa pareja hace ejercicios dos horas al día y piensan que todo en la vida es cuestión de tener buena apariencia. Mientras que el general sabe que no se trata solo de lucir bien, sino de ser capaz de lidiar con las circunstancias adversas, como decía siempre tu papá, y de llevarse bien con la gente.

—Tienes razón —dije—. Después de que yo hablé, Norman cubrió sus anotaciones y las tiró, y se arrancó a hablar desde un punto de vista completamente diferente.

—Y es la razón por la cual es un general de cuatro estrellas, y probablemente no aceptaría un trabajo de parte del tipo de gente que contrató al coronel.

—Gracias —dije—. Eso tiene mucho sentido. No lo había pensado así. Ven acá cariño.

Así lo hizo, y bajo las mantas, nos calentamos y fuimos muy felices.

Estaba escribiendo como loco. No solamente Dell había comprado *Lluvia de Oro,* sino que también había adquirido mi siguiente libro, que en ese momento se titulaba *El cielo en la tierra* y era la pre secuela de *Lluvia de Oro.* Originalmente, el libro de mis padres tenía mil quinientas páginas, un poco más largo que *La guerra y la paz* de Tolstoi, y tenía mucho más de trescientos personajes. Luego, en los doce años que me pasé reescribiendo y reescribiendo, logré separar la historia en tres libros, siendo *Lluvia de Oro* el del medio.

Ahora, por primera vez en mi vida, a los cincuenta y dos años, finalmente lograba ganarme la vida escribiendo, y EL CIELO ENTERO ESTABA DESPEJADO. Pero entonces algo muy extraño comenzó a ocurrirme mientras trabajaba en *El cielo en la tierra.*

Era como si de verdad el cielo hubiera bajado a la Madre Tierra. Por ejemplo, cada mañana, la habitación donde yo escribía se llenaba de los Grandes Maestros del Más Allá como: Shakespeare, Cervantes, Anne Frank, Confucio, Dostoievski y muchos más; todos querían ayudarme.

Además, no volví a oler el puro de mi papá. No; ahora percibía el aroma de flores silvestres, igual que me había ocurrido en las afueras de Phoenix, Arizona, ¡mientras escuchaba NUESTRA SIN-FONÍA DE LA CREACIÓN!

Después, un día, iba camino hacia Los Ángeles, durante la hora de mayor tráfico, a una entrevista en la televisión nacional, cuando se me ocurrió la idea de que ya no me interesaba perder el tiempo con el radio mientras me desplazaba milagrosamente de un lugar a otro en un cuarto del tiempo de lo normal. No, ahora deseaba saber conscientemente lo que estaba ocurriendo.

—Dios-Diosar —dije al subir a mi Saab, listo para arrancar—. Mira, este asunto de que soy capaz de viajar con una relación diferente respecto al tiempo, y supongo que también al espacio, en medio del tráfico pesado, me ha pasado las suficientes veces, que creo que ahora ya puedo manejarlo y ver lo que realmente sucede.

Escuché una voz.

—¿Qué, papá? —dije—. ¿Eres tú? —No lo había visto ni escuchado su voz en meses.

—Sí, soy yo —dijo mi papá mientras yo pasaba por la Stewart Street, girando luego a la izquierda en la California Street, para entrar a la autopista hacia Los Ángeles—. Mijito, estás pidiendo ahora algo con lo que tienes que tener mucho, mucho cuidado, porque verás—… De repente, lo vi ahí, en forma física, sentado a mi lado, sus ojos cerrados, muy concentrado. —…la mayoría de los milagros que le ocurren a las personas suceden sin que ellos realmente sepan *cómo* ocurrieron. De esta manera, hay espacio para la duda, o para que lo llamen magia, o se olvidan de eso y viven en un estado de inocencia sin saber ni entender realmente lo que ocurrió. ¿Entiendes?

—No, no entiendo —dije.

Está bien, entonces dime, ¿una flor tiene que comprender por qué o cómo se convirtió en flor; o una cabra debe comprender por qué es una cabra y no una flor? Mijito, tú pediste moverte en el mundo donde estás Totalmente Despierto mientras sigues en tu cuerpo humano, partiendo de aquí es que puedes quebrarte como una nuez que jamás puede volver a ser lo que era. O como la Iglesia diría, haces esta pregunta, y es cuando se abren las puertas para que entre el diablo y juegue contigo.

—Así es que, mijito, tienes que tener mucho cuidado con lo que pides. Pero, además —añadió—, no te estoy diciendo que no pidas esto, porque como todas las personas que están Aquí en este Tiempo Sagrado, en que nos acercamos a una nueva forma de ser en la Tierra, tú también provienes de un extenso linaje de personas que preguntaron eso y... y florecieron. Mi amada madre hizo esa pregunta. José el Grande, tu tío, formuló esa pregunta. Don Pío, tu bisabuelo, hizo esa pregunta y, por supuesto, tu tatara-tatara-tatara-tatara-tatara-tatara-tatara-tatara-tatara-tía Madre de un Hijo no Específico, también hizo esa pregunta. Y así es como ella y los demás llegaron a comprender por completo los milagros, igual que Moisés y el mismo Jesucristo.

—Así es que piensa en esto, mijito —continuó—. Más bien, ¿por qué no vas a ver a tu hermana Teresita primero y hablas con ella y con su esposo, Joaquín? Quizá debas tomar hongos y corazones (drogas a base de hierbas) antes de ir a este lugar. Y —añadió, abriendo sus ojos—, debes hacerlo bajo supervisión, porque estas herramientas del curandero, son solamente para abrir tus Ojos del Corazón, no para divertirte ni disfrutar, de lo contrario, ¡se adueñarán de ti como el infierno del demonio! ¿Ahora entiendes?

—¿Tú hiciste esa pregunta, papá? —dije.

—¿Que si hice esa pregunta? —dijo, repitiendo mi pregunta.

—Sí, papá —dije—. ¿Preguntaste que si podías ir a ese lugar donde no solamente los milagros ocurrían, sino también podías ver cómo ocurrían?

Respiró largo y profundo varias veces, y luego cerró de nuevo sus ojos. —No, nunca pregunté —dijo—. No obstante, creo, que me fue impuesto desde el día en que nací. Porque, en retrospectiva, ahora puedo ver que no fue un accidente lo de la bruja y su manada de perros aquella noche cuando yo era niño, y después, al machacar los martillos de la vieja retrocarga y ver la cara aterrorizada del coronel cuando vio y se dio cuenta que lo íbamos a matar nosotros, dos chamacos, después de tantos años de abuso y de masacrar a gente inocente. Fue increíble ver su terror mientras se ponía en cuclillas para cagar bajo un árbol, a sólo unos metros de sus hombres.

Sonrió y abrió sus ojos. —También, supongo, unos meses después, cuando yo corría, como huyendo de la muerte, cuando trataba de alcanzar el tren, donde iban mi amada madre y mis hermanos, mientras la Revolución me acosaba por todas partes, el amor tiraba de mí y el miedo me empujaba...; supongo que, bueno, todas esas cosas marcaron mi destino sin que yo tuviera que preguntar nada —dijo—. O como dice el viejo proverbio mexicano: unos nacen con estrella y otros nacen estrellados.

¡Mi corazón ESTALLABA! Toda mi vida había escuchado ese viejo proverbio. —Bien, entonces, papá —dije—, no iré donde mi hermana a tomar esas drogas a base de hierbas. Yo también acepto la fuerza total de mi Destino de Dios-Diosar para hacer el Bien Sagrado Aquí en la Madre Tierra con todo mi CORAZÓN Y MI ALMA; COMO TÚ, PAPÁ. ¡PUEDES DÁRMELO! ¡ESTOY LISTO!

—Está bien, lo has pedido y te será dado, mijito, con el favor de Dios.

Y entonces, mi padre desapareció. Así nomás ¡desapareció!

Mi corazón ESTALLABA, ¡con locura salvaje!

Estas palabras, con el favor de Dios, se usaban constantemente en las conversaciones diarias de nuestra cultura mexicana, sin embargo, ahora me daba cuenta que nunca había entendido todo su poder hasta este Momento Bendito y Sagrado cuando le entregaba ¡MI EXISTENCIA ENTERA A DIOS-DIOSAR!

Iba por la autopista, hacia el norte. El tráfico iba a un buen ritmo hasta que llegué a San Clemente; luego empezó a reducir la velocidad a unos 50 km/h. Respiré profundo, me relajé y el tráfico comenzó a abrirse a mi alrededor, es decir, todos los carros comenzaron a agruparse frente a mí; y por el espejo retrovisor, pude ver que también se agrupaban detrás de mí. Pero me di cuenta que eso no era nada inusual porque, a lo largo de los años, había notado cómo el tráfico parecía viajar por grupos, incluso que había grandes espacios abiertos entre ellos, hasta durante la hora de mayor tráfico.

Entonces no le di mucha importancia a esto, mientras seguía en este espacio sin tráfico a mi lado, y en cambio, seguían grupos frente y detrás de mí. Sin embargo, era muy interesante: yo parecía ir más rápido que los carros que iban delante, los cuales frenaban y desaceleraban. Seguía viajando de 50 a 65 km/h y, no obstante, el tráfico al frente no se acercaba ni se alejaba de mí, y el tráfico por detrás, tampoco se acercaba ni se alejaba de mí.

Respiré profundo. Esto no tenía absolutamente ningún sentido, y sin embargo, en esta ocasión, decidí no ponerme a jugar con el radio sino, más bien, observar lo que estaba ocurriendo. Ahora estaba pasando por San Juan Capistrano, y podía notar que el tráfico que iba delante de mí frenaba en seco con frecuencia. Las luces rojas traseras se iluminaban intermitentemente, y después se detenían por completo.

Eché un vistazo a mi espejo retrovisor y vi que todo el tráfico detrás de mí venía a buena velocidad. Comencé a frenar para que los carros detrás vieran las luces de freno de mi carro y comprendieran que yo también estaba desacelerando, pero una voz en mi interior me dijo: "No, no frenes. Sólo relájate y sigue a tu velocidad actual".

Obedecí. El tráfico frente a mí seguía a casi medio kilómetro, por lo que no era peligroso no frenar, pero no quería chocar a nadie por detrás. Luego no pude creer lo que escuché. Me dijeron que cerrara mis ojos.

Respiré muy profundo y obedecí. Cerré mis ojos, pero sólo por un momento; y cuando los abrí, todo era diferente. Era como si un silencio escalofriante me rodeara, como el silencio que había escuchado a 130 km en las afueras de Phoenix, justo antes de que el violín comenzara a tocar en solitario. Ahí me hallaba: entre dos grupos de tráfico, mientras iba a más de 100 km/h y, aún así, no me acercaba al tráfico que estaba frente a mí..., y..., y el tráfico frente a mí no se movía.

—Oh, Dios mío —me dije, respirando de nuevo muy profundo—. Esto está muy raro. No tiene ningún sentido, Dios-Diosar. No estoy alcanzando al tráfico que está frente a mí, totalmente inmóvil, sin embargo, mi velocímetro dice que voy a 110 km/h; y al mirar por mi ventana, puedo ver que realmente voy muy rápido, porque estoy pasando árboles, edificios, y otras cosas, y los carros que están frente a mí están completamente inmóviles, y todas las cosas alrededor de ellos tampoco se mueven.

Inhalé.

Contuve el aliento.

De repente, me vino a la memoria lo que mi papá me había dicho, y así lo comencé a ver. Quizá, de verdad debería ir primero donde mi hermana Teresita y tomar un poco de hongos y corazones. No entiendo, ¿cómo es posible que el tráfico frente a mí esté completamente paralizado, mientras yo sigo yendo a 110 km sin acercármele en absoluto?

—No tiene ningún sentido —dije.

—Gracias a Dios no tiene ningún sentido —escuché la voz de mi papá que me hablaba.

—Ahh, me alegra tanto que estés Aquí, papá, porque creo que me estoy volviendo loco.

—Tranquilízate —dijo la voz de mi papá—. ¿Recuerdas la noche que pasé al Más Allá, que te dije que regresaría para explicarte cosas una vez que estuviera en el Más Allá, pero que tenías que prestar mucha atención, especialmente mientras dormías?

—Recuerdo —dije—. ¿Estás diciendo entonces que estoy dormido, que todo esto es sólo un sueño?

—En tu manera limitada de comprender la realidad, sí, porque, verás, básicamente has estado dormido y soñando desde que naciste.

—Ay no —dije—. Esto es demasiado para mí.

—No, no lo es. Sólo respira calmado y permanece tranquilo —dijo—, y comprende que si estuvieras en la cama dormido, y todo esto estuviera ocurriendo en un sueño, aceptarías esta realidad con bastante tranquilidad, ¿no?

—Bueno; sí, por supuesto —dije.

—Pues bien, comprende entonces que toda la vida es un sueño milagroso que pasa a tu alrededor en este Santo y Sagrado Momento, cuando están completamente conectados tu corazón con tu alma y con Dios, y solamente la duda y el miedo causan la separación y permiten que el diablo viva en nuestro interior.

—Está bien, papá —dije, respirando más tranquilo—. De todas maneras, ¿cómo puede ser que vaya tan rápido y no alcance el tráfico detenido que está delante de mí?

—Fácil —dijo, riéndose a carcajadas—. Porque, ahora, finalmente estás usando todos tus sentidos, y, ¿recuerdas que te dije que la única razón por la que tenemos problemas en la Tierra era porque no usábamos todos nuestros sentidos?

—Sí, lo recuerdo.

—Pues bien, ¡ahora estás Viviendo en el Milagro de la Vida con tus trece sentidos completos!

—¡Híjole! —dije, respirando muy profundo de nuevo. Estaba comenzando a comprender por qué me había golpeado con esos platos. En verdad, tenía que salir de mi mente para comenzar a vivir dentro del mundo milagroso de todas estas emociones y toda esta información que me estaba llegando.

—Está bien, papá —dije—. Entonces, yo igual, ¡no tengo ningún problema aquí!

Y diciendo esto, aceleré mi Saab hasta 140 km/h, y aun así no me acercaba a los carros que estaban frente a mí, los cuales ahora avanzaban lentamente, apenas a 15 km/h, ni los carros que venían detrás de mí se me acercaban, los cuales también avanzaban muy lentamente.

Frené un poco, desacelerando hasta los ochenta, y obtuve los mismos resultados.

Aceleré entonces casi hasta 180 km, y tampoco me alejaba ni me acercaba a los carros que estaban delante y detrás de mí.

—Entonces, papá, eso significa que nuestros trece sentidos son en realidad herramientas que todos podemos usar en este mundo de milagros que estoy experimentando ahorita mismo, ¿sí?

—Así es —respondió.

—¿Entonces *milagrar* es también un verbo? —pregunté.

—Dime tú.

—Bueno, si Dios es Diosar, pues apenas tiene sentido que los milagros también sean verbos, así que cuando una persona está *milagrando*, en realidad está *Jesusando*, porque es bastante tonto y obsoleto sólo creer o no creer en Jesús. Ha llegado la hora de *hacer* Jesús. ¡Comenzar a *Jesusar* con Dios-Diosar!

Tan pronto dije esto, ¡un relámpago de luz IRRUMPIÓ de repente en mi interior, y comprendí todo! —¡Oh Dios-Diosar, estoy Jesusando! ¡Estoy milagrando! ¡Estoy geniando! —exclamé—. ¡Hemos estado viviendo en la EDAD DE PIEDRA DE LENGUAJAR! ¡Es la razón por la que sentimos tanto miedo y estamos tan aislados, y tenemos tantos problemas religiosos, políticos y personales! Los sustantivos fueron el plato principal que comimos del Árbol del bien y del mal, ¡y yo acababa de PROFERIRLO EN VOZ ALTA!

—Sí, mijito, eso está ocurriendo en todo el planeta.

—¿Es cierto ?

—Sí, ¿recuerdas la última noche que estuvimos juntos, cuando te dije que pronto descubrirías que el fuego no siempre quema y que el sol no siempre se levanta todas las mañanas?

—Sí, recuerdo; y el próximo mes, unos amigos de Bárbara van a programar una caminata sobre el fuego en nuestra casa.

—Muy bien, y verás por ti mismo que puedes caminar y bailar sobre el fuego sin quemarte; y doce años después del nuevo siglo, verás que el Padre Sol no se levantará, sino que bailará con nuestra Madre Tierra.

Expulsé con fuerza el aire. —¿Y que nosotros, los humanos, lo que tenemos que hacer es aprender a usar nuestros trece sentidos y todo estará bien? —pregunté.

—Exactamente —dijo—. Porque entonces, nuestros Grandes Maestros nos guiarán.

Al escuchar esto, comprendí y aceleré aún más mi Saab hasta llegar a 180 y luego 190 km/h, y todavía así no podía acercarme al tráfico que estaba frente a mí ni alejarme del que estaba detrás de mí. ¡ESTO ERA DIVERTIDO! ¡MUY, MUY DIVERTIDO!

Entonces algo muy extraño ocurrió: un carro solitario salió del tráfico y se apareció detrás de mí, acercándose y colocándose a mi lado a 190 km/h. El conductor me miró de reojo, lo miré de reojo, nos saludamos con la cabeza; y luego él se dirigió hacia la siguiente salida.

¡Quedé totalmente perplejo!

¿Qué significaba eso? ¿Había más gente viviendo en esta dimensión desconocida del silencio escalofriante del tiempo y el espacio? ¡Híjole! No sabía qué pensar, decir, hacer ni sentir, ¡pero estaba FELIZ! Aceleré a fondo hasta llegar a 225 km/h, y seguí sin acercarme a los carros que estaban frente a mí, y los carros que venían detrás de mí seguían avanzando lentamente, defensa contra defensa, y no me acercaba ni me alejaba de ninguno de los dos grupos.

Luego aparecieron dos carros a mi lado que venían también a 225 km/h, ambos conductores igual me saludaron con la cabeza; uno de ellos se dirigió a la siguiente salida, y el otro se adelantó un poco y permaneció aquí. ¡Se quedó Aquí, conmigo!

Entonces, me embargó una extraña sensación, y comprendí de repente que me había estado arrimando al árbol apropiado durante meses, pero sólo había subido a sus ramas porque ahora podía ver claramente que no había "allá" en este lugar donde yo estaba ahora "Aquí". En realidad, lo único que existía era Aquí, con *A* mayúscula, en este lugar: Aquí, ahorita mismo, ¡siempre por siempre! ¡Y claro que sí, otros miles VIVÍAN AQUÍ!

Me inundó una gran paz.

No estaba solo, porque ahora entendía que Aquí dentro del Reino de Dios, que estaba en el interior de todos nosotros, ¡estaba TODO!

Respiré y respiré, y me sentí muy cerca de la persona en el otro carro. Hombre o mujer, no importaba, porque ahora sabía, sin la menor sombra de duda, que Aquí, en este Lugar Sagrado, todos estábamos en armonía ¡con los LATIDOS DE LA CREACIÓN CREANDO! ¡Ésta era la única forma de volar! ¡De vivir! ¡DE SER!

Lágrimas de alegría caían por mi rostro. Estábamos en el centro de Los Ángeles y me había tomado, quiero decir, te había tomado, nos había tomado cuarenta y cinco minutos, cuando normalmente se tomaba dos horas y media a esa hora del día. ¡Híjole! ¡Esto significaba entonces que manejamos a un promedio de 160 km/h durante la hora del tráfico pesado!

Tuve que respirar profundo varias veces para calmarme.

Mi Dios-Diosar, ahora podía ver en verdad por qué mi papá me había preguntado que si quería avanzar al siguiente paso del ser. AQUÍ, no podía haber ningún tipo de cuestionamiento ni pensamiento. Aquí, lo único que se podía hacer era entregarse, solamente entregarse, un total dejar ir, dejar ir, dejar ir, y ¡CONFIAR EN LA CREACIÓN CREANDO AQUÍ MISMO, AHORITA MISMO, POR SIEMPRE!

Fui a mi entrevista. Era un programa nacional, no recuerdo cuál, ni me importa. Lo único que quería era regresar a la autopista para ver qué más podíamos hacer Dios y yo. Es decir, que otra cosa Dios-Diosar podía hacer "a través" de mí. O, con mayor precisión, ver qué podía ocurrir si seguía entregándome por completo, relajándome, disolviéndome y ¡desapareciendo por completo en la confianza plena de SER DIOS-DIOSAR!

Decidí tomar la autopista 405, pues sabía que había más tráfico a esa hora. Mientras iba en la 710 para tomar la 405, pedí que el tráfico no se apartara de mí, como en el Mar Rojo, para poder ver realmente qué ocurriría si me enfocaba solamente en el carro que estaba justo frente a mí, el cual iba bastante despacio. Lo hice. Pedí que el carro que estaba frente a mí fuera más rápido o se saliera del carril de alta velocidad, donde yo iba manejando. Y funcionó con toda exactitud. El carro aceleró y se salió de mi carril.

Me reí. ¡Esto sí que era divertido! ¡MUY, MUY DIVERTIDO!

Seguí relajándome, relajándome y enviándole sólo amor e Intención Enfocada al siguiente carro frente a mí. Y ése también aceleró pasando de 95 km/h a 110, 120, y luego también se cambió al siguiente carril para dejarme pasar.

¡Ahh, esto era muy divertido! Así pues, decidí poner mi atención, mi intención, mi Amor de Dios-Diosar a toda la fila de carros frente a mí, tan lejos como podía ver..., y BINGO, todos comenzaron a ir cada vez más rápido, pasando a los carros de todos los otros carriles.

¡Entonces, comprendí! ¡Si un uno por ciento de los conductores comenzábamos a hacer esto: ofrecer Intención de Amor Enfocado y relajado a todos y cada uno de los conductores de Los Ángeles, durante la hora de tráfico pesado, el tráfico que iba defensa contra defensa, ¡comenzaría a ir colectivamente a 110 y 120 km/h de forma segura y sintiéndose bien!

¡GRITÉ!

¡DI UN ALARIDO!

¡VOCIFERÉ AL CIELO!

Al comprender esto, exclamé a viva voz: —¡Entonces es la ira, la frustración y los malos sentimientos lo que causa que los carros avancen lentamente durante la hora de tráfico pesado! ¡Eso, y la falta de confianza! ¡Y solamente los buenos y calmados sentimientos, con la Intención Enfocada en el amor de Dios-Diosar, es lo que puede unirnos en una velocidad y seguridad sin precedentes!

Instantáneamente, al lograr extraer este pensamiento de entre todos los pensamientos que corrían en mi mente, todo mi mundo EXPLOTÓ y, de repente, pude ver con claridad que lo único que hace falta es un uno por ciento o menos de la humanidad, enfocándose con amor e intención relajada y confiada, con el fin de partir en dos nuestro actual MAR ROJO DE DUDAS, MIEDOS Y CONFUSIÓN SOBRE TODO EL PLANETA PARA DESLIZARNOS JUNTOS EN EL AMOR, LA CONFIANZA, LA SABIDURÍA Y LA ABUNDANCIA PARA TODOS!

¡Era el miedo y la frustración lo que causaba la escasez!

Era el miedo, la ira, los malos sentimientos y la desconfianza, lo que causaba la avaricia, el acumulamiento, y que se detuviera el flujo natural de dinero llamado moneda, lo que significaba que la confianza en Dios-Diosar había sido siempre ¡LA BASE DE LA INTENCIÓN ENFOCADA DE TODO EL DINERO!

¡No el oro!

¡Nunca, jamás había sido el oro la base, sino que siempre había sido la CONFIANZA EN LA INTENCIÓN ENFOCADA DEL AMOR DE DIOS-DIOSAR!

¡Ahh, ahora lo veía con toda claridad! Aquí, ahorita mismo, desde este lugar en donde me movía tan rápido, como la confianza de mi Intención Enfocada en el Amor me permitía hacerlo, podía ver que era este estado de amor y confianza, de sabiduría y abundancia, lo que haría que todos nos deslizáramos más allá de nuestros problemas terrenales, ¡como mi papá me había dicho tan sabiamente la noche de su paso al Más Allá!

¡AMOR, CONFIANZA Y SABIDURÍA!

¡AMOR, CONFIANZA, SABIDURÍA Y ABUNDANCIA PARA TODOS!

¡Ahh, esto era maravilloso! Y mientras comprendía esto a profundidad, el tráfico una vez más se abrió como el Mar Rojo, y me encontré en medio de casi un kilómetro de Santo Espacio Sagrado en todo mi alrededor, en donde podía ir a 160 km/h o a 80, ¡y el tráfico frente a mí o detrás de mí, jamás se acercaba ni se alejaba!

¡Se había terminado la escasez!

¡Era el fin de toda una vida viviendo en nuestra CIUDAD COLECTIVAMENTE ATEMORIZADA!

De repente, apareció Aquí un carro solitario, colocándose a mi lado. Era una mujer con largo y hermoso cabello oscuro. Me saludó con la cabeza. La saludé, me sonrió y le sonreí, sabía que ella sabía que yo sabía, y todo era hermoso entre los dos.

Seguimos manejando uno al lado del otro, con ese sentimiento maravilloso; y en la siguiente salida, me saludó con la mano, la saludé, y se fue.

¡Ahh, esto era FANTÁSTICO!

¡YO NO ESTABA SOLO! ¡HABÍA MÁS GENTE "AQUÍ"!

—¡Oh, mi Dios-Diosar —dije—. Y solamente hace falta un uno por ciento o menos para que avancemos colectivamente hacia un mundo de abundancia para todos, ¡a la hora de mayor tráfico de nuestra VIDA MODERNA!

CAPÍTULO DIEZ

¡El Mundo Espiritual estaba ahora constantemente conmigo! No podía descansar. Ahora sabía por qué mi papá me había dicho que tuviera mucho cuidado con lo que pidiera, pues el Mundo Espiritual VENÍA AHORA A MÍ, con tal velocidad y frecuencia, ¡que a veces creía que me estaba VOLVIENDO LOCO!

En dos ocasiones, Bárbara y nuestros hijos íbamos por la autopista a la hora de mayor tráfico, cuando entré en este estado de Intención Enfocada relajado, y en ambos casos el tráfico se apartó, pero aun así, no pudieron aceptar lo que estaba ocurriendo, aunque estuviera pasando frente a ellos. Decían que era una coincidencia o algo por el estilo. Finalmente, dejé de intentar explicarles. Desde Aquí, en este Lugar Sagrado en donde ahora yo vivía mi vida, no había nada que pudiera decir para llegar a ellos, quienes estaban *allá,* cuando no existían "ellos" ni "allá".

Decidí hacer un viaje a Colorado con nuestros dos hijos, con la esperanza de superar nuestras diferencias en esta percepción del "sueño" que llaman realidad. En verdad, no me sentía bien estando en un "lugar" tan diferente al de mi propia familia.

Era una mañana temprano a principios de los noventa, cuando mis dos hijos y yo nos acercamos a las afueras de Sedona, Arizona, camino a Colorado; y vimos avisos que decían que compráramos mapas para ver los lugares donde había vórtices de energía en la tierra, en esa región. Mis dos hijos me pidieron que me detuviera para que compráramos un mapa.

—Miren —les dije—, no necesitamos un mapa. Nosotros, los seres humanos, somos Espíritus Vivientes. Y cuando aceptamos esto, nos convertimos en genios en el arte de *Espiritar*, lo que significa que, sencillamente, podemos *sentir* estas energías terrenales en nuestro interior y saber por nosotros mismos, a dónde ir. No necesitamos un mapa, así como tampoco necesitamos una brújula. ¿Recuerdan cómo les enseñé a cerrar los ojos y a sentir con sus propios cuerpos dónde está el norte magnético o polo norte?

—Sí, pero a veces no funciona, papá —dijo Joseph—, especialmente en el caso de mamá.

—Es cierto —respondí, respirando largo y profundo, y tratando de pensar lo que debía decir sin sonar como un juicio hacia su madre... porque, ahh, Dios-Diosar, últimamente estar con Bárbara y que ella no viera, sintiera y creyera en todo lo que yo veía, sentía y sabía que era cierto, ¡era completamente agotador!

—Miren —seguí diciendo—, quizá en esta ocasión tampoco funcione para nosotros, pero intentémoslo, porque el Mundo Espiritual realmente necesita que nosotros, colectivamente, comencemos a aprender muy rápido. Verán, está en el aire, así que todos tenemos que comenzar a abrirnos al Espíritu para avanzar juntos hacia la Nueva Tierra.

—¿Nosotros también? —preguntó Joseph.

—Por supuesto que ustedes también. Papá me ha dicho que nuestra densidad en la materia se está haciendo cada vez más ligera. Se acabaron aquellos tiempos en que la gente necesitaba drogas, como bien dijo Bob Dylan. Era la década de los sesenta, y si le añades cincuenta y dos a la década de los sesenta, el resultado es 2012, la era de una energía completamente nueva en la Tierra, porque nuestra Madre Tierra trabaja en ciclos de veintiséis mil años, y dos de estos ciclos se convierten en cincuenta y dos mil años.

—Papá, ¿de dónde sacas toda esta información? —preguntó David.

—Del Más Allá.

—¿A través del abuelo? —preguntó Joseph.

—Sí —dije—, y él me dijo, la noche de su paso al Más Allá, que regresaría a explicarme todo esto. Así es como he aprendido que tenemos trece sentidos y no cinco. Y que los seres humanos envejecemos en etapas de trece años. Los primeros trece años son la pubertad. A los veintiséis estamos llenos de poder masculino o femenino, a los treinta y nueve es cuando a las mujeres deja de importarles lo que los hombres piensan y comienzan a entrar en su propio poder. A los cincuenta y dos, las mujeres entran en una pausa de hombres o menopausia, lo que significa que dudan antes de aceptar la totalidad de sus poderes masculinos; y los hombres entran en una pausa de mujeres y se vuelven un poco más amables, mientras que las mujeres se hacen más duras. Entonces, a los sesenta y cinco es cuando se mezclan los poderes masculinos y femeninos; y los setenta y ocho es nuestra edad más perfecta, porque es cuando nos volvemos más Espíritu que cuerpo humano; y en la medida en que aceptemos esto en el 'Aquí', se detiene el envejecimiento entre los setenta y ocho y los ciento cuatro años, edad que solía ser la edad normal en que los seres humanos regresaban al Mundo Espiritual de donde todos provenimos.

—Todo el mundo sabe lo que yo estoy diciendo. Aquí, muy profundo en nuestro interior, en el Reino de Dios-Diosar. Y lo único que tenemos que hacer es relajarnos, confiar plenamente, y respirar con calma para que podamos deslizarnos en nuestra Sapiencia colectiva, Más Allá de las palabras, las etiquetas, y toda esa basura que transcurre en el interior de nuestras mentes.

—Y ustedes y su generación, avanzarán automáticamente mucho más lejos, y con mayor facilidad que mi generación. Ustedes verán a un presidente negro en los Estados Unidos. Verán a una mujer latina presidente del país. Cada generación de estrellas andando trae su propio y único polvo de estrellas. —Respiré profundo por un largo rato, boté el aire con fuerza—. Quizá ahora, que me siento mucho más anclado a mi espíritu, me gustaría en verdad ayudar a mi familia a sentir la Omnisciencia que está en la profundidad de cada uno de nosotros, una vez que activamos nuestro Vientre de la Creación en nuestro interior, como Jesús expresó de forma tan perfecta. —Respiré profundo una vez más.

—Está bien, papá —dijo Joseph—. Probemos a encontrar esos vórtices sin un mapa.

David no dijo nada. Estábamos todos sentados adelante, en la camioneta. Yo iba manejando, David iba en el asiento del pasajero junto a la ventana, y Joseph iba en el medio. Me estacioné, salí de la camioneta, apagué el motor, respiré profundo, me estiré y caminé un poco alrededor, relajándome. No iba a presionar a David, mi hijo mayor . Confiaría en Dios-Diosar, en que todo era como tenía que ser.

Cerré mis ojos y respiré profunda y deliberadamente, conscientemente consciente, relajándome y vaciando mi interior, y entonces comencé a escuchar un zumbido detrás de mi oreja izquierda, continuando por mi nuca hasta mi oreja derecha. Este zumbido había comenzado hacía unos meses. Era como si cada vez me convirtiera más y más en una Emisora Receptora de Dios-Diosar; o, con más precisión, podía sentir que me estaba sintonizando con la frecuencia de Jesús-*milagrar*. En ese momento, respiraba y respiraba, y cada vez se intensificaba más el zumbido, como ocurría cuando escribía en las madrugadas.

Me subí a la camioneta, siguiendo a los zumbidos, igual que hacía cuando escribía cada mañana. Giré a la izquierda, y otra vez a la izquierda, justo antes de llegar al pueblo mismo de Sedona, y empezamos a subir una loma. Adelante, sobre la meseta de la cima de la loma, había un pequeño aeropuerto. Me acerqué, pero perdí el contacto con el zumbido. Di una vuelta en U y regresé a donde habíamos comenzando a subir la loma.

—Aquí es —anuncié—. Lo habíamos pasado. ¿Pueden sentirlo? Se siente muy fuerte aquí.

—Creo que sí —dijo Joseph, mi hijo menor—. Se siente bien, ¿verdad?

—¡Exactamente! —respondí—. ¡Se siente muy bien y lleno de energía!

—Está bien, puedo sentirlo —dijo Joseph.

—¿Y tú, David? —le pregunté a mi hijo mayor—. ¿Sientes algo?

—No estoy seguro —dijo—. Creo que es sólo mi imaginación.

—Es un comienzo —dije—. Sólo respira con calma y mantente abierto, David. Al principio, tampoco estaba seguro si estaba sintiendo algo o era sólo mi imaginación. Tenemos que aprender a confiar en nuestros sentimientos, en vez de tratar de analizarlo todo con nuestras mentes. Papá me decía una y otra vez que un burro puede predecir, incluso mejor que un caballo, cuando viene una tormenta y qué tan fuerte será. ¿Recuerdas cuando escribí en *Lluvia de Oro* que las hormigas desaparecieron justo antes de que la tormenta de arena azotara a papá, a su madre y hermanas en Ciudad Juárez, al otro lado de la frontera de El Paso? Esos sentimientos de energía o de Espíritu, por los cuales solíamos regirnos todos los humanos antes de que nos lavaran el cerebro y comenzáramos a pensar de forma civilizada, mezquina y cerrada. Chavos, nada de esto es nuevo. Esto es tan antiguo, Aquí, en nuestro Vientre de la Creación, como estas lomas y rocas que nos rodean.

—¿Te dijo el abuelo lo del burro y las hormigas desde el Más Allá —preguntó Joseph.

—Oh no —dije—. El abuelo me dijo lo del burro, y lo de las hormigas mientras estaba vivo de este lado. Una y otra vez, me contaba historias de animales y plantas inteligentes. Como la flor que se cerraba por la noche y las rosas que crecían espinas para protegerse.

—Pero, papá —dijo David—, eso no hace que una planta sea inteligente. Crecer espinas es sólo parte de la evolución.

—¿Y no crees que la evolución es inteligente? Dios mío, la evolución es inteligencia en acción, en ejecución, en aprendizaje. Además, ¿te das cuenta que usaste la palabra *sólo* para restarle importancia a la evolución y con eso cerrar el tema? Por favor, David, tienes que darte cuenta que, simplemente, a todos nos han lavado el cerebro para convertirnos en un mundo pequeñito y egocéntrico en donde creemos que los seres humanos somos superiores al resto de la Creación, ¡y estamos llenos de mierda! Chingados, no hace mucho creíamos que la tierra era plana. Relájate, mijito. Vamos, intentemos esto juntos. ¿Está bien?

—Está bien —dijo David.

—Fantástico —sonreí.

Nos estacionamos, salimos de la camioneta, y comenzamos a pasar por encima de una cerca que se veía muy solemne con un letrero que decía NO PASE, pero pude darme cuenta que mis dos hijos estaban muy dudosos. Me detuve y no pasé por encima de la cerca.

—¿Qué pasa ahora? —pregunté un poco impaciente.

—Quizá no deberíamos —dijo David—. Quizá no quieren que la gente pase por encima de la cerca, porque está justo al lado de la pista de aterrizaje.

—Estoy seguro de que tienes razón, David. Pero, mira, caminaremos al lado de la pista, por los árboles y el pasto.

—Sí, pero, ¿qué tal que decidas que el vórtice está en medio de la pista de aterrizaje una vez que lleguemos ahí? ¿Qué vas a querer que hagamos, papá? ¿Salir en medio de los aviones que aterrizan?

¡Casi EXPLOTO! David estaba usando verdaderas extravagancias para expresarse.

—Mira —dije, tratando de calmarme—, ¡veremos qué hacer cuando estemos ahí! ¡No podemos pasar nuestras vidas preocupándonos sobre todas las posibilidades, incluso antes de que ocurran! ¡VAMOS! ¡SIGAMOS! ¡ESTO ES DIVERTIDO, CHINGADOS!

Muy a su pesar, los dos chicos pasaron conmigo por encima de la cerca de seguridad y empezaron a correr al lado de la pista entre los árboles. Avanzamos mucho, casi al final de la meseta, antes de comenzar a sentir la energía de la Madre Tierra ¡pulsando con poder bajo mis pies!

—¡Aquí es! —dije—. ¡AQUÍ MISMO! ¿Pueden sentirlo?

—Más o menos —dijo Joseph.

—No sé —dijo David.

—Pues bien, ¡Aquí es! Sólo cierren los ojos y pongan sus manos con las palmas hacia abajo, ¡y llénense de esta maravillosa sensación que nos envía LA ENERGÍA DE LA MADRE TIERRA! ¡La gente de los mapas tenía toda la razón! ¡Sedona verdaderamente tiene vórtices espirituales, maravillosos e intensos! ¡Órale! ¡Unamos nuestras manos y agradezcamos a la Madre Tierra y al Padre Cielo, enviando energía sanadora a todo el globo, dejándole saber a la Madre Tierra y al Padre Cielo cuánto los amamos y que estamos perfectamente conscientes de que ellos están vivos y requieren de nuestra energía sanadora!

Unimos nuestras manos, con la mano izquierda hacia arriba y la derecha hacia abajo, ¡y pude sentir una EXPLOSIÓN de poder ESTALLANDO en mi interior! Un halcón colirrojo pasó volando por encima de nuestras cabezas, ¡CHILLANDO! ¡Me sentía tan lleno de energía que podía explotar o salir corriendo cien millas sin parar!

Incluso David se reía y sonreía cuando regresamos a nuestra camioneta.

—Saben algo, muchachos —les dije a mis dos hijos—, esto me recuerda un poco cuando tenía trece años y papá compró nuestro segundo rancho en el valle de San Luis Rey, que estaba justo al lado de Camp Pendleton. Necesitábamos agua para nuestro ganado, y papá llamó a un viejo zahorí, un hechicero del agua.

Me reí. —Nunca lo olvidaré. Masticaba tabaco, tenía el cabello alborotado y largo, y una barba muy grande blanca. El tipo cortó una vara de un sauce en forma de horquilla y comenzó a caminar por la tierra, sosteniendo los dos extremos de la horquilla en cada mano, así —dije, enseñándoles a los muchachos—, con la punta larga de la horquilla señalando frente a él. De repente, la horquilla cobró vida y empezó a moverse hacia arriba y hacia abajo, el tipo dijo: 'Aquí hay agua'. Entonces le preguntó al palo qué tan profunda estaba el agua, y la punta de la horquilla se sacudía de arriba abajo y le contestaba qué tan profundo y qué tanta agua había.

—Yo no podía creerlo, pero él me dijo que podía hacer eso con un gancho de alambre para ropa: '¡Demonios, lo he hecho por tanto tiempo que puedo hacerlo con mi propio cuerpo; también soy muy bueno con terremotos'. —Y tenía razón. Cavamos un pozo, donde nos dijo que caváramos, y encontramos toda el agua que necesitábamos.

—¿Eso pasó, en verdad? —preguntó David.

—David —dije—, ve a la biblioteca y consúltalo. La radiestesia era algo común, especialmente antaño, antes de que usáramos toda esta basura nueva científica y costosa. Demonios, quiero decir, cielos, cuando lleguemos a casa, los voy a llevar al valle de San Luis Rey y les voy a enseñar el pozo. Estoy seguro de que sigue ahí y de que todavía tiene agua.

Nos subimos a la camioneta; durante la siguiente hora usamos Nuestros Trece Sentidos Naturales y seguimos sintiendo nuestro zumbido. Los dos chicos ahora lo sentían, y me ayudaron a localizar cinco más de los siete vórtices que promocionaban a lo largo del camino donde vendían los mapas.

—Compremos un mapa, papá —dijo emocionado Joseph— y veamos si concuerda con los lugares que encontraste.

—¡Que *encontramos*! —dije—. No que 'yo' encontré. No creo que hubiera logrado encontrarlos todos, si no hubiera sido porque ustedes estaban Jesús-*milagrando* conmigo.

—Papá —preguntó Joseph—, ¿por qué estás comenzando a usar la palabra *Milagrar* con *Jesús?*

—En realidad, no sé —dije—, supongo que cuando pienso en Jesús, pienso en un hacedor de milagros, y desde que esos dos tipos en Nashville me transportaron a un mundo de verbos, las cosas parecen fluir juntas sin ninguna separación. Además, quiero empezar a usar la palabra *Geniar* cuando hablo sobre Jesús-*milagrar*, porque, según mi antiguo diccionario Webster de inglés, *genio* significa 'deidad guardián, espíritu, habilidad natural'. De acuerdo a una antigua creencia romana, es un espíritu guardián asignado a cada uno de nosotros en el momento del nacimiento. Y mi abuela me dijo que todos venimos a la Tierra con un Ángel Guardián, por lo que todo parece encajar perfectamente: Jesusar, milagrar, geniar.

—¿Y qué pasa con Buda y las otras religiones? ¿También pueden milagrar?

—Claro que sí, por supuesto. Todos estamos verbando. Aquí, no hay separación. Sólo que a mí me criaron con Jesús.

Nos detuvimos y compramos un mapa; y quién lo iba a decir: señalaba los seis lugares que habíamos encontrado. Aun así, puede notar que a David le costaba un poco aceptar todo esto.

—Mira —le dije—, déjame demostrarte cómo funciona todo esto. Verás, estoy comenzando a comprender que todos estamos interconectados espíritu a espíritu, o como mi abuela solía decirme, de Ángel Guardián a Ángel Guardián. Y no sólo nosotros, los humanos, estamos conectados así, sino que también los árboles, las rocas, los animales y los peces. Nuestro Ángel Guardián es simplemente nuestra alma, espíritu, genio, que recibimos de Dios con su constante y Santo Aliento Sagrado. Entonces podría sencillamente decir, que ¡todos estamos interconectados aliento con aliento con la Creación Creando!

Pero podía notar que mis hijos no estaban entendiendo lo que estaba diciendo. Así es que respiré profundo, y fue cuando escuché a mi papá hablarme, y lo que me dijo tenía mucho sentido.

—Está bien —comencé—. Me acaban de decir qué debo hacer.

—¿Quien te digo lo que tenías que hacer? —preguntó David.

—Papá —dije.

—¿Qué dijo? —preguntó Joseph.

—Me dijo que dejara de hablarles y que les enseñara. Verán, todavía es temprano, así es que detengámonos en una de estas tiendas a lo largo del camino, donde no entra nadie. Vamos a entrar, y les apuesto que el sitio se va a llenar de gente en menos de quince minutos, particularmente si encuentro alguna mercancía que verdaderamente me llegue al corazón y al alma, porque, como dije, todos estamos interconectados espíritu con espíritu, es decir, a través de nuestro corazón y nuestra alma.

David no dijo nada.

—Ahí hay una tienda sin clientes —advirtió Joseph.

—No, esa tienda no me atrae verdaderamente —dije.

—¿Qué tal esa otra? —sugirió Joseph, señalándola.

—No, no exactamente. Espero que comprendan —dije—, estamos haciendo ahorita lo que el abuelo solía hacer en Las Vegas, yendo de casino a casino hasta encontrar uno donde se sentía bien; y luego, ¡boom! ganaba miles y miles de dólares. Una vez, a comienzos de los sesenta, lo vi ganarse sesenta y cinco mil dólares en una sola noche usando sus Herramientas de Genio, las cuales son Nuestros Trece Sentidos Naturales.

—Verán, esto que estamos haciendo no es nada nuevo. En los sesenta había un escritor llamado Carlos Castaneda, a quien conocí en UCLA antes de que se hiciera famoso. Él escribió sobre este tema en su libro *Las enseñanzas de Don Juan,* un indio curandero Yaqui y maestro de Carlos. Don Juan hizo que Carlos se arrastrara por la tierra, enseñándole a encontrar su propio Lugar Sagrado, lo cual, les dije, la gente solía hacer automáticamente. Y una vez que encontramos nuestro propio Lugar Sagrado, otras personas se sienten atraídas a ese lugar, porque sienten el Vórtice Viviente de la santidad sagrada de nuestra interconexión humana.

—Entonces, papá ¿nos estás diciendo que también hay más gente que hace este tipo de locuras? —preguntó David.

Me reí. —Sí, por supuesto, y todos vamos a comenzar a hacer esas locuras de nuevo. Verán, lo que nos ha ocurrido a los seres humanos es que colectivamente nos estancamos en nuestras mentes pensantes y perdimos el Paraíso, o sea, la conciencia de estar conscientes porque, nosotros, la gente civilizada, nos limitamos a los cuatro sentidos de nuestras cabezas y quedamos atrapados en la idea de que todo debe ser visto con nuestros ojos, escuchado con nuestros oídos, olido o probado para que exista, y entonces esta realidad que recibimos tiene que ser explicada en palabras. Por eso, incluso las cosas básicas, como el amor y Dios, son a menudo cuestionadas. No podemos oler el amor ni oler a Dios. No se puede ver el amor ni ver a Dios. No podemos escucharlos, ni probarlos —hice una pausa—. Está bien, ésa es la tienda, ésa que está sobre el terraplén, ahí arriba del camino, ésa me atrae mucho.

—¿No crees que será más difícil para la gente encontrarte ahí, apartado del camino, papá? —preguntó David.

—Una vez que estás en el espíritu, David, no hay 'ahí', mijito. Aquí, en el espíritu, 'Aquí' no hay distancia ni tiempo. Verás. Sólo relájate, y confía en la Conciencia Colectiva de nuestro Mundo Espiritual, que es nuestro duodécimo sentido.

—¿Entonces cuál es el trigésimo sentido? —preguntó Joseph.

—*Ser*, y ahí es cuando nosotros, los seres humanos, somos el Ser Supremo, que quiere decir que estamos Diosando. Está bien, no más por ahora.

Nos salimos del camino y subimos la leve cuesta hasta llegar al estacionamiento frente a la tienda. Nos estacionamos y entramos. No había clientes.

—¿Cómo va el negocio? —le pregunté al hombre detrás del mostrador.

—Muy lento.

—¿Usted diría que a esta hora del día, normalmente, sigue muy lento?

—Sí —dijo el hombre—. Quizá pasen un par de horas antes de que uno u otro cliente comience a aparecer.

—¡Fantástico! —dije—. ¡Exactamente lo que quería oír! Porque, usted verá, amigo, si verdaderamente me gusta algo de lo que usted vende, especialmente si fue fabricado por indios genuinos y no por un montón de aspirantes a blancos, y comienzo a interesarme, debido a mi atracción honesta hacia su mercancía y su tienda, pues va a provocar que otras personas sientan nuestro campo de energía, y su sitio se va a llenar de gente en menos de quince minutos. Verdaderos clientes que van a comprar sus cosas. ¿Qué le parece? —le pregunté—. ¿Podría lidiar con una avalancha de clientes?

—¡Ajá, seguro, claro! —dijo, echándole una mirada a su reloj—. ¡Estoy listo! Menos de quince minutos, ¿eh?

—Exactamente —respondí, y no había terminado de decir eso, cuando un carro se salió de la autopista, dirigiéndose rápidamente hacia la tienda.

—Oye, me gusta mucho este hermoso collar —le dije al hombre—. Te apuesto a que lo vendes en los siguientes minutos, porque me siento atraído verdaderamente hacia él, es como si estuviera hablándome. Lo hizo una vieja india. Su nombre es Agnes.

—Es una pieza bastante costosa —comentó.

—El dinero en realidad no importa —dije—. Lo que importa es la cantidad de Intención de Energía y Amor Enfocados, que está ocurriendo entre esta hermosa pieza de joyería y yo. Debe entender que cada uno de nosotros es como una Emisora Receptora, igual que esos vórtices que ustedes tienen por todo el pueblo. Mis hijos y yo no usamos un mapa para encontrarlos. Así como el ganado y los caballos, los perros y los gatos y las hormigas pueden presentir cuando viene una tormenta o un terremoto días antes de que ocurra, nosotros también, los seres humanos, podemos sentir el Espíritu. Y a través de la Intención Enfocada, un artista transmite sus sentimientos y pensamientos espirituales en el arte, la música o la joyería; y Agnes puso todo su corazón y su alma espiritual en esta pieza, y por eso la gente puede sentirlo, especialmente desde que yo...

Dejó de escucharme. Un segundo carro subía ahora por la cuesta. Ahora una docena de personas estaban entrando en la tienda, ¡y todos lucían muy felices! ¡MUY, MUY FELICES y llenos de energía! En otras palabras, ¡TOTALMENTE EN CONTACTO CON EL ESPÍRITU! Entonces apareció otro carro, y otro, y ahora había casi dos docenas de personas en la tienda, incluyéndonos a mis hijos y a mí.

—¡Mira, cariño! —le dijo una mujer muy atractiva a su esposo—. ¡Éste es exactamente el collar que había estado buscando!

Cuando el tipo detrás del mostrador escuchó esto, me guiñó el ojo.

—Está bien, ahorita nos vamos —le dije.

—Por favor, regresen cuando quieran —dijo con una gran sonrisa—. ¿Hay algo que les guste? —Negué con la cabeza—. Pues entonces amigo, por lo menos déjeme darle algo para sus hijos.

Nos dio unas esclavas sencillas de plata con pequeñas piedras turquesas que mis hijos habían estado mirando. Nos fuimos. Lo dejamos para que atendiera a sus clientes. Estaban comprando mercancía a diestra y siniestra. Nos subimos a la camioneta y arrancamos. No hablamos durante varios kilómetros. Comprendía perfectamente que mis hijos tenían mucho que digerir. Incluso para mí, esto había sido mucho.

—Miren—, dije después de avanzar unos cuantos kilómetros—, ¿recuerdan a Charlise, la sanadora de Oceanside que venía a darme masajes, especialmente cuando perdía el enfoque y la energía en mis escritos?

Ambos chicos asintieron.

—Pues bien, ella me contó que una vez vio una pieza de joyería muy hermosa en una tienda en Encinitas, ustedes saben, justo al sur de nosotros en Oceanside. Creo que era un collar, pero eso no importa. Lo que importa es que a ella realmente le encantaba, pero el precio estaba completamente fuera de sus posibilidades. Era algo así como ochocientos dólares. Entonces sólo preguntó si podía verla.

—Me dijo que tan pronto la tuvo en sus manos, supo que le pertenecía, y así, todas las semanas iba muy puntual a la tienda los jueves antes del trabajo y pedía que le enseñaran su pieza. Comenzó a llamarla 'su' joya. El dueño estaba perplejo, porque le había dicho que ahora muchas personas estaban admirando esa pieza de joyería más que ninguna otra en la tienda, pero que nadie la compraba. Compraban otras piezas.

—Así siguió durante todo un año, hasta que finalmente el dueño le ofreció la pieza a Charlise por algo así como quinientos dólares, pero seguía siendo demasiado para ella. Pasó otro año y finalmente, el dueño desesperado le preguntó a Charlise cuánto podía ofrecer. Ella le dijo que trescientos dólares.

—"Eso es menos de lo que me costó", me dijo que le había dicho, "y tengo que pagar la renta, la electricidad y...".

"Mire", —le dijo ella—, "realmente me encanta esta pieza, y nunca me había gustado tanto una antes. Si usted me la vende ahorita mismo por trescientos dólares en efectivo, le bendigo su lugar, y le prometo que su negocio se incrementará en un 100% en las ventas, ¡a partir de hoy!".

—Ella me dijo que él la miró con aire de sospecha, como si ella fuera una bruja o algo así, pero al final, dijo: "Está bien, quizá estoy lo suficientemente loco para hacer esto, pero debo añadir los impuestos y...".

"Ahh, no" —dijo—, "mis trescientos dólares incluyen todo. No tengo más dinero. Ésta es la compra más grande de mi vida, excepto por mi carro viejo que me costó unos quinientos dólares".

"¡Bueno, bueno, chingaos! ¡Confío en usted y pierdo dinero!", —le gritó.

—Ella le entregó trescientos dólares en billetes de baja denominación, pues era lo que tenía desde que había empezado a ahorrar el día que había visto por primera vez esa pieza de joyería, y me dijo, ¡que había salido de ese lugar sintiéndose absolutamente feliz!

—Una semana después, cuando ella fue a visitarlo, ¡el tipo estaba extasiado! Le dijo que sus negocios se habían incrementado en más de un 100%.

—Entiendan —le dije a mis hijos—, lo que ocurrió en esa tienda no es nada nuevo ni inusual. Mi papá, su abuelo Salvador, siempre decía que a algunos negocios nunca les sale nada bien. Como si un zorrillo se hubiera orinado sobre ellos dejando su apestoso aroma. Y otros negocios parecen benditos, como si los ángeles descendieran del cielo y dejaran su aroma sobre ellos. Mi papá siempre me decía que el olfato era el único sentido que nuestras mentes pensantes no podían tergiversar ni ignorar. Ah, el aroma de una deliciosa comida mientras se prepara, hace que se te haga agua la boca, ¡incluso antes de ver la comida! Y en el amor, el olfato es nuestra mayor atracción hacia la otra persona, mi papá me explicaba siempre. Así como los perros orinan para marcar sus territorios, así los humanos marcamos nuestro territorio con el aroma del corazón y el alma. Como dijo mi papá, cuando vio por primera vez a la abuela, sabía que sería su esposa para toda la vida, incluso antes de hablar con ella.

—¿Comienza a tener un poco de sentido todo esto? —pregunté—. Verán, lo que Charlise hizo fue poner su aroma espiritual en esa joya, de forma tan intensa, de alma a alma, que la gente podía sentirlo; y por eso a ellos también les encantaba esa pieza de joyería, pero también sentían y sabían, a través del aroma, que esa pieza ya tenía dueño. Las mujeres automáticamente colocan su aroma en su hogar y en su esposo, igual que los perros que orinan sobre su territorio. Las mujeres son Espíritu viviente y manifiesto. Ésa es la razón por la cual llevan sus hijos en el vientre. David, ¿empiezas a comprender un poco?

—Un poquito, creo —respondió—. Sólo que... a veces, papá, siento que nos enseñas a Joe y a mí cosas que son tan completamente fuera de lo normal, y... no sé si esto sea muy bueno para nosotros. Lo que quiero decir es que si comparto algunas de estas cosas con mis amigos, podrían pensar que estoy diciendo que sus mamás se orinaron sobre sus papás.

Joseph explotó de la risa. —Estoy de acuerdo con David —dijo—. Papá, nunca nos has enseñado sobre béisbol o fútbol. Nos has enseñado a cazar y a desollar un venado, y a secar su carne ahumándola en una fogata al aire libre. Muchos de nuestros amigos piensan que somos raros, papá.

—Ajá, pero muchos de ellos también piensan que eso es fantástico —añadió David—, y desearían que sus papás les enseñaran cómo hacer una fogata y vivir de la tierra.

—Bien, supongo que puedo estar de acuerdo con ambos —dije—. Demonios, digo, cielos, yo ni siquiera hablaba inglés cuando comencé a ir a la escuela, pero sabía que el estiércol seco de una vaca proporciona un fuego más ardiente y limpio que el del estiércol seco de caballo —dije sacudiendo mi cabeza—. Estaba tan alejado del mundo escolar, que podía detectar las huellas de los venados corriendo; pero, con un libro..., hasta que tuve veinte años, fue que logré leer al nivel de un niño de tercero de primaria. Así es que ustedes, son mucho más normalitos de lo que yo era.

—¡Gracias a Dios! —dijeron ambos al mismo tiempo, ¡estallando en carcajadas!

Mis muchachos y yo pasamos un tiempo fabuloso en el paseo hacia las Montañas Rocallosas en Colorado. Los paisajes eran para morir, quiero decir, para vivir, especialmente al norte de Durango. Luego regresamos a casa, y pensaba que el Mundo Espiritual iba ahora a dejarme descansar un poco, pero, ¡Dios mío que si estaba equivocado! No había hecho más que cruzar la entrada de mi casa, cuando todo el arte, la joyería, las flores, las plantas y los animales ¡comenzaron a hablarme! ¡A GRITARME! Era como si algo le hubiera ocurrido a mi cableado espiritual desde que mis muchachos y yo habíamos ido a Sedona. Como si de alguna manera todas mis conexiones se hubieran intensificado. ¡No bromeo! ¡Todo en el MUNDO ESPIRITUAL ESTABA AHORA VIVO y ansioso, al ver que alguien había DESPERTADO LO SUFICIENTE PARA ESCUCHARLOS y ahora andaban tras de mí!

Por ejemplo, Bárbara y yo fuimos a la casa de unos amigos en Encinitas, justo al sur de Oceanside, y una escultura negra de madera dura africana que estaba en su chimenea, me gritó: "Me trajeron a su casa ¡a través de la puerta de la cochera! ¡Y yo no soy una baratija! ¡Tengo poder sanador! ¡Llevo conmigo el corazón y el alma del gran sanador que me esculpió! ¡Diles que me hagan entrar a través de la puerta principal y me inviten a seguir al interior, y puede que yo quiera, pero puede que no! ¡En África, yo era REVERENCIADO!".

Le dije a los dueños de la casa (unos psicoanalistas que Bárbara y yo apenas conocíamos) lo que la escultura me estaba diciendo. Al principio no quisieron creerme, hasta que la pequeña estatua esculpida de gran cabeza, cuerpo muy delgado, con un pene monstruoso, me explicó con lujo de detalles la forma en que estas personas la habían encontrado en África y la habían comprado. Luego la pareja recordó, efectivamente, que habían metido la estatua a su casa a través de la cochera.

Tomamos la escultura de 60 cm de altura y la llevamos a través de la puerta principal, y de forma instantánea, incluso estos doctores ilustres y educados, pudieron sentir un cambio en la energía espiritual. Preguntaron si quizá deberían llevar la estatua a sus consultorios.

—Pregúntenle —dije—. Ella habla. Lo único que tienen que hacer es escuchar.

Y lo *hicieron*. Y la estatua respondió: "Sí, por supuesto", y les dijo que les ayudaría con su trabajo, con la condición de que enviaran una parte de sus salarios a la aldea de donde ella provenía. Estuvieron de acuerdo, hicimos una ceremonia a las cuatro direcciones. La estatua con la cabeza gigante y el pene monstruoso daba gritos de alegría cuando la trajimos de regreso a casa a través de la puerta frontal. ¡Fue hermoso! ¡Había recibido su respeto!

Después de esto, era difícil para mí pasar por cualquier tienda de arte, joyería, incluso algunas partes del centro comercial, pues todos los espíritus de los artistas sabían que "Aquí" había alguien que podía escuchar, y todos comenzaron a gritarme, incluso desde muy lejos.

De repente, comprendí por qué a la gente le gustaba ir a los museos y a las exhibiciones de arte. ¡El arte estaba VIVO y ansioso por comunicarse con nosotros! ¡Ésta es la razón por la cual todavía se sienten atraídos hacia las pinturas del cielo raso de Miguel Ángel y a la estatua del David porque, incluso ahora, siglos después, esas piezas de arte siguen HABLANDO con nosotros de ALMA A ALMA!

Después del incidente en Encinitas, y algunos otros similares en el centro comercial de nuestra localidad, Bárbara y yo decidimos hacer un viaje de fin de semana solos antes de que yo saliera de viaje una vez más. Recientemente, algunos de nuestros amigos nos habían recomendado que si deseábamos apartarnos de todo, fuéramos a un lugar llamado Two Bunch Palms, justo de este lado de Palm Springs. Nos dijeron que era un pequeño y hermoso refugio. Pero, híjole, si que era difícil de encontrar; y, encima de todo, bastante costoso. Decidimos rentar una cabaña de todas maneras. Ambos estábamos agotados, y las habitaciones eran particularmente hermosas, con mucha privacidad. Yo quería primero hacer el amor. Bárbara quería primero ir a nadar y relajarse en el jacuzzi.

—A veces pienso que ahora apenas nos conocemos —dijo—. Por favor, mi amor, vamos despacio.

—Está bien —dije.

Entonces fuimos a nadar a una piscina enorme que parecía una laguna, nos relajamos en el jacuzzi, y luego regresamos a nuestra habitación. Nos colocamos de frente, nos miramos directamente a los ojos, no dijimos nada; y lenta y suavemente, en silencio, comenzamos a tocarnos, a acariciarnos y a besarnos. Hicimos el amor suave, lenta y maravillosamente, como siempre; y con cada salvaje, intenso y ardiente orgasmo, parecíamos conectarnos más y más. Finalmente, caí rendido y cuando me desperté, estaba totalmente calmado y relajado. Era como si todo ese asunto loco del arte y las joyas hablándome fuera sólo un sueño lejano.

Ambos nos moríamos de hambre, por lo que decidimos ir al íntimo y precioso comedor y cenar con luz de velas y música. Apenas si hablamos mientras comimos. Estábamos completamente unidos de nuevo. Luego, tomados de la mano, caminamos bajo las estrellas. Todo el lugar olía a cactus y flores.

Cuando regresamos a nuestra habitación, la noche se convirtió una vez más en una velada romántica mientras hacíamos de nuevo el amor. En la mañana, nos despertamos sintiéndonos felices, tan, pero tan felices, que decidimos pedir el desayuno en la habitación y programar un masaje para cada uno.

Bárbara quería que yo pasara primero; la mujer iba por la mitad del masaje, y, con una voz tan suave que parecía hablar con ella misma, me dijo: —Esta mañana cuando desperté, recordé que soñé que hoy iba a conocer a un escritor y que él iba a conocer a Siete Guías Indios.

Siguió hablando, pero en verdad no la estaba escuchando mucho. Estaba disfrutando mucho del masaje, después de meses de trabajar y viajar sin parar. No obstante, una parte de mí la escuchaba, hasta que de repente comprendí lo que me estaba diciendo, y cuando mencionó que estos Guías Indios le darían al escritor instrucciones detalladas acerca de Nuestros Trece Sentidos Naturales, di un salto de la mesa de masajes.

—¿Cómo sabe sobre Nuestros Trece Sentidos Naturales? —le pregunté.

—No sé —dijo—. Acabo de escuchar por primera vez sobre eso esta mañana.

—¡Ahh mi Dios-Diosar! —dije—. ¡Yo soy ese escritor! ¡Tengo que irme!

—¿No quiere que termine su masaje?

—No —dije—, colocándome mi bata.

—¡También me dijeron que ESTOS TRECE SENTIDOS SON HERRA-MIENTAS! —me gritó mientras yo salía corriendo del spa.

En nuestra habitación, le dije a Bárbara que no sabía muy bien cómo explicar lo que la masajista me había dicho, pero que tenía que vestirme y salir.

—¿Salir a dónde? —preguntó.

—No sé —dije, mientras me vestía—, pero me voy y regresaré en unas cuantas horas. Quédate y disfruta tu masaje. ¿Está bien?

—Yo quiero ir —dijo—. Es nuestro día juntos.

—No, por favor quédate —le supliqué, mientras iba hacia la puerta.

—No, voy contigo —dijo—. ¡Viajas todo el tiempo! Y cuando estás en casa, no estás disponible.

—Sí, tienes razón. Pero tengo que hacer las cosas muy rápido.

—¡Voy contigo! —dijo, siguiéndome.

—¡CHINGAO! ¡Adiós! ¡Me voy!

—¡Yo también! —dijo, adelantándose y subiéndose a nuestro Saab.

Respiré profundo; solté el aire rápido; y me subí también al carro... y no habíamos terminado de salir de Two Bunch Palms cuando aparecieron Aquí los Guías Indios de los que mi masajista me había hablado. Iban montando a caballo y galopando a nuestro lado.

Tuve que acelerar para mantenerme al ritmo con ellos. No eran indios locales. Eran indios de las llanuras con su atuendo autóctono de guerreros, y sus caballos estaban pintados, bien alimentados y hermosos. Tuve que acelerar a 100 km/h para alcanzarlos. Volaban a través de los arroyos y los barrancos a cuatro metros y medio por encima del suelo, y entonces..., de repente... ¡mis Siete Guías Indios Sagrados desaparecieron! Frené en seco, di marcha atrás lo más rápido que pude.

—¿Qué ocurre? ¿Qué estás haciendo? —preguntó Bárbara.

—Perdí a mis Guías Indios.

—¿Cuáles guías indios?

—Los Siete Sagrados que iban corriendo a nuestro lado desde que salimos de Two Bunch Palms.

—¿Podían correr así de rápido?

—Iban a caballo ¡por favor, no más palabras, Barb! Las palabras son demasiado lentas y engorrosas.

Se rió mientras retrocedía lo más rápido que podía y casi me salí del camino un par de veces.

—¿Qué te parece tan divertido?

—Que tú, justamente tú, digas 'no más palabras'.

—Está bien, está bien, ¡por favor, no más, Barb!

Unos 180 metros atrás, vi de nuevo a mis Guías Indios. Habían tomado un camino de terracería a nuestra derecha. Salí del caminito pavimentado y me metí en el de tierra, y ahora tenía que ir ¡a 130 km/h para mantenerme a su ritmo! Bárbara me pidió que si por favor podíamos desacelerar. Le dije que *no,* mientras dejaba una nube de polvo a mi paso, tratando de mantenerme al ritmo con mis Guías Indios Espirituales.

¿Habría entendido bien lo que la masajista me dijo: que mis Guías me darían más instrucciones sobre cómo los seres humanos utilizaban sus Trece Sentidos como herramientas? ¡Mi corazón ESTALLABA! ¿Cómo había sabido todo esto la masajista? Yo no le había dicho nada, ni que era escritor ni sobre Nuestros Trece Sentidos Naturales. Supongo que, una vez más, mi papá me estaba demostrando a través de la gente Aquí en la Madre Tierra, que una vez que DESPERTÁBAMOS, el sueño de la vida ESTALLABA por completo, y, ¡que realmente éramos parte de la Creación Creando AQUÍ, AHORA, POR SIEMPRE!

Bárbara estaba muy atemorizada y de nuevo me pidió que por favor desacelerara. Estuve de acuerdo en que estaba conduciendo demasiado rápido para las condiciones del camino de tierra, pero también le dije que sabía que todo estaba ocurriendo como se suponía que ocurriera, y que yo tenía que alcanzar a los Guías Indios Sagrados que iban a caballo.

Entonces, un poco más adelante, en medio de la nada, Bárbara y yo vimos camiones y camionetas, entendimos que estaban filmando una película. Los dos nos reímos. Esto parecía una película de Fellini. Pero mis Guías Indios no iban hacia allá. No. Dieron la vuelta a la derecha hacia un pequeño valle, y de repente el pequeño camino de tierra llegó a su final.

Me estacioné al lado de los vehículos pertenecientes al equipo de filmación, salté de nuestro carro, y salí corriendo detrás de mis Guías Indios. Nunca en mi vida había logrado correr tan rápido y graciosamente, excepto quizá en mis sueños. Saltaba sobre rocas y barrancos, como si fuera un atleta olímpico, y mucho más Espíritu que carne y hueso.

Luego, un poco más adelante, mis Guías Indios Espirituales se detuvieron en un lugar en donde había un grupo de pequeñas rocas en posición vertical, en un círculo de unos seis metros de diámetro. Uno de mis Guías Indios desmontó de su caballo y caminó directo hacia mí. Era grande y viejo, con un porte de realeza. Me recordaba las fotos que había visto del Jefe Joseph de la tribu Nez Percé.

—Estás en la Pradera de las Pequeñas Rocas que Ríen —me dijo—. Tienes que despojarte de todos tus atuendos de hombre blanco.

—Está bien —dije. Me quité toda la ropa y para cuando Bárbara llegó, sin aliento, estaba completamente desnudo.

—¿Qué estás haciendo? —preguntó.

—Por favor, no más palabras —dije.

Doblé con cuidado mi ropa y la puse a un lado del pequeño círculo de piedras verticales, como me habían indicado, y entonces el anciano Guía Indio me dijo que me pusiera en cuatro patas y diera la vuelta dentro del círculo de las rocas que se ríen.

—Ahora olfatea la Madre Tierra como un perro —dijo—, hasta que encuentres tu lugar Sagrado; luego revuélcate en él, hasta que la Madre Tierra te cubra. Recuéstate, con la cara mirando al Padre Cielo, y serás bendito entre la Tierra y el Cielo. Tienes que quitarte todo ese olor de hombre blanco para prepararte a cruzar el gran océano y pedirle al rey que se ponga de rodillas, para que podamos todos perdonarlo.

—¿Cuál rey?

—Ya verás —dijo.

No hice más preguntas, me puse en cuatro patas y comencé a olfatear la Madre Tierra como un perro. Y olía bien y cálida, y Aquí, en este lugar, su aroma estaba lleno de sensualidad. De inmediato, tuve una erección, quería agacharme y hacerle el amor, pero recordé que debía recostarme, mirando hacia el Padre Cielo, una vez que encontrara mi Lugar Sagrado.

Debía lucir bastante cómico revolcándome y besando a nuestra Sagrada Madre Tierra, porque ahí fue cuando las pequeñas piedras verticales a mi alrededor comenzaron a reírse. Pero no les presté atención, me voltee y miré hacia el Padre Cielo. De repente, sentí que el suelo bajo mi cuerpo comenzó a acariciarme con diez mil dedos minúsculos, acariciando mi cabeza y mi cuello, y después bajando hacia mi espinazo. ¡Ah, me sentía tan bien que comencé a gemir! Llegó una brisa, acariciándome por todas partes, y las minúsculas yemas de los dedos de la Madre Tierra seguían acariciando mi cabeza y mi cuello, hacia arriba y hacia abajo de mi espalda, luego mis caderas y mis piernas, llegando a mis pies con TANTA INTENSIDAD ¡qué estaba a punto de gritar! Entonces sentí que venía el orgasmo, venía, ¡VENÍA! Comencé a reírme como tonto, y ahora todas las pequeñas piedras verticales a mi alrededor se estaban ¡RIENDO A CARCAJADAS!

¡Y yo también me reía! Me reía y me reía mientras tenía un orgasmo descomunal.

Lo siguiente que vi fue a cuatro de mis Guías Indios golpeando un enorme tambor, y a los otros tres Guías sacudiendo sonajas y entonando cánticos mientras danzaban alrededor del círculo de las pequeñas piedras verticales, que ahora tenían rostros humanos, ¡y se estaban destornillando de la risa!

¡EL MUNDO ENTERO COBRABA VIDA CON LA RISA!

Y las piedras verticales eran ahora totalmente HUMANAS, y nuestra Sagrada Madre Tierra estaba ronroneando como un gran felino, y nuestro Padre Cielo era una Sinfonía de música, ¡tal como la que había escuchado en las afueras de Phoenix!

Comencé a llorar, ¡estaba muy feliz! ¡TAN, TAN FELIZ!

—Gracias, gracias, ¡GRACIAS! —dije mirando al Padre Cielo.

—Gracias, gracias, gracias —dije, dando la vuelta y besando a nuestra Madre Tierra—. ¡Los amo a los dos con todo mi CORAZÓN Y MI ALMA!

Debí haberme quedado inconsciente, porque cuando me di cuenta, estaba despierto y tenía frío, y mis Siete Guías Indios se habían ido, y las rocas que se reían se habían convertido de nuevo en piedras normales. Me levanté y comencé a vestirme.

—¿Ya podemos volver al carro? —preguntó Bárbara.

Di la vuelta y vi que estaba sentada a la sombra de una gran roca, fuera del círculo de la Pradera de las Pequeñas Rocas que Ríen. Me había olvidado por completo de ella.

—No sé —dije—. Todavía puedo escuchar un poco la música, tengo que quedarme callado para poder escuchar. Debes entender que en esta ocasión fui iniciado por piedras porque soy hombre; y la última vez, cuando fui la madre de mi padre, Doña Margarita, fui iniciada por un viejo y enorme árbol de Yucatán, porque era mujer.

—¿Fuiste la madre de tu padre? —preguntó Bárbara.

—Sí, he sido mujer quince veces; y los hombres, ahora entiendo, vibran a la frecuencia de las piedras, mientras que las mujeres vibran a la frecuencia de los árboles.

—¿Te acaban de decir todo eso?

—No me dijeron, me mostraron. ¿No lo ves? Esto es una escuela de espiritualidad muy práctica. Ya, no puedo hablar más —añadí.

Bárbara no dijo nada más, y decidí ponerme mis Levi's y mis sandalias para sentirme más natural. La música se había convertido en un repunte de tambores constante, como los Latidos del corazón del universo cuando cuatro de los Guías Indios tocaron el gran tambor. Ascendí el pequeño valle, siguiendo los Latidos del corazón del tambor, cada vez más lejos, hacia ningún lugar.

Ahora escalaba. Aquí, había grandes formaciones rocosas a mi alrededor. De repente, me sentí SEDIENTO COMO NUNCA y miré hacia arriba, deseando agua, e INSTANTÁNEAMENTE, se formó una pequeña nube sobre mí en el cielo, el cual estaba azul en todas las direcciones, y empezó a llover directamente sobre mí.

Sonreí.

Me reí.

Bebí, bebí, bebí y bebí mientras quedaba completamente empapado.

—Gracias —le dije a Dios-Diosar—. Gracias, gracias, gracias, ¡GRACIAS! ¡Es el agua más dulce que jamás haya probado! —exclamé.

Seguí subiendo por el minúsculo arroyo que acababa de formarse con la lluvia. Más arriba, había una formación rocosa extraña con una tubería de metal hecha por el hombre, enterrada en la tierra, como un marcador o como una espada que hubiera sido enterrada en el corazón de esta extraña formación.

Me detuve.

Quedé perplejo.

¿Cómo había llegado un objeto de hierro hecho por el hombre hasta Aquí, en medio de la nada? Entonces noté, a mi derecha, a unos pocos metros, una piedra larga, plana y enorme, perfectamente equilibrada encima de dos rocas casi cuadradas. Casi parecía como las fotos de Stonehenge en Gran Bretaña. Verdaderamente, parecía una entrada enorme de piedra hecha por el hombre, hacia un enorme océano de pequeños peñascos de apariencia uniforme, cada uno de los peñascos redondeados debía medir aproximadamente un metro de diámetro. Todos estaban al otro lado de esta formación de piedra aparentemente construida por el hombre. Parecía como un montón de enormes huevos de dinosaurio.

Alcé los hombros.

A esto, no iba siquiera a *tratar* de encontrarle explicación.

También pude escuchar que el ritmo del tambor se detenía Aquí, y la Sinfonía de la Creación Creando comenzaba del otro lado de esta estructura de piedra. Riéndome y lleno de emoción, me puse en cuclillas, agarré la piedra plana encima de la estructura con mi mano izquierda, y luego salté a través de la entrada natural de piedra en el mar de peñascos, en forma de huevo, sintiéndome SALVAJE Y LIBRE, ¡y feliz! ¡TAN, TAN FELIZ!

—¡Espérame! —gritó Bárbara.

—¿Qué?

—¡Espérame! No puedo simplemente atravesar y saltar de roca en roca.

Tuve que hacer un gran esfuerzo para recordar a quién pertenecía esa voz, estaba tan lejos, ¡me había dejado llevar por los Latidos del tambor hacia la Sinfonía!

—¡HÁBLAME! —me gritó.

Me reí para mis adentros. —Está bien, puedo hacer eso —dije, balanceándome encima de uno de los peñascos, volteándome para mirarla. Ella estaba muy, muy "allá", en la lejanía, y no "Aquí". Sonreí para mis adentros de nuevo. Ahora podía verlo claramente. Todo era cuestión de diferentes tipos de música. —Mira, Barb, ¿recuerdas que siempre me has dicho que cuando jovencita te gustaba el programa de televisión de vaqueros con Roy Rogers y Dale Evans?

—Sí —respondió.

—Pues bien, en realidad nunca me gustaron. Me parecían demasiado lindos y enclenques. Siempre admiré a El llanero Solitario y a Toro, entonces, pues bien..., puedo ver que ahora soy Toro, Aquí mismo, ahorita mismo; y a donde voy, no puedo llevar ni siquiera a mi amigo El llanero solitario, muchísimo menos a Roy Rogers o Dale Evans. Así es que, cariño, te sugiero que ni siquiera trates de saltar a través de esta entrada de piedra, es mejor que regreses a nuestro carro. Volveré en un rato. Está bien, nos vemos. Me voy —añadí. Di la vuelta, salté al siguiente peñasco y, de repente, comprendí que no eran huevos de dinosaurio, como había pensado originalmente, sino *planetas,* ¡y yo había estado saltando de estrella en estrella, ¡a través de galaxias enteras!

—NO, ¡NO ME DEJES! —gritó ella, arrastrándose a través de la entrada de piedra tan rápido como podía—. ¡TE HE ESTADO APOYANDO TODOS ESTOS AÑOS! ¡MEREZCO ALGO MEJOR!

—Ay no —dije, agarrándome la frente—. Por favor, Barb, esto no tiene nada que ver con merecer o no merecer. ¿No entiendes que debo seguir? Sólo regresa, cariño.

—¡NO PUEDO REGRESAR! —gritó mientras luchaba por llegar a rastras hasta el segundo peñasco—. ¡¿No ves las grietas?!

—¿Cuáles grietas?

—¡Entre estos peñascos!

—Ah, ésas. Es sólo espacio abierto. No es nada.

—¡CLARO QUE SÍ! ¡PUEDO CAER EN ELLAS Y ROMPERME EL CUELLO!

Me agarré de nuevo la frente. —Por favor, cariño. Me voy. Haz lo que tengas que hacer. ¡Estoy siguiendo la sinfonía de la Creación Creando!

—¿Cuál sinfonía?

—Ay, Dios mío —dije, respirando profundo. No había forma de explicarle a Bárbara lo que estaba ocurriendo, especialmente no con palabras. Encogí los hombros y seguí saltando de peñasco en peñasco, como si fueran, efectivamente, planetas, y luego llegué ¡a un barranco de rocas colosales al final de nuestro universo!

Y yo, un ser humano, que era Uno con el Ser Supremo, no dudé, y SALTÉ sobre el barranco de piedras al final del universo, y rápidamente comencé a ascender más y más, ¡cada vez más y más lejos! Ahora podía ver galaxia tras galaxia en todas las direcciones, y la SINFONÍA que estaba siguiendo empezó a sonar cada vez más suave y leve, como si ahora fuera parte natural de la brisa y de esta ¡INMENSIDAD PLENA E INFINITA DE BELLEZA!

Sonreí.

Finalmente, estaba Aquí, caminando en armonía, como me había dicho Harry Walters.

Mis ojos se llenaron de lágrimas. ¡Me sentía tan bendecido! Hasta donde podía ver, Aquí era hermoso en todas las direcciones, igual que Harry y Jack me habían dicho allá en Nashville, Tennessee.

Entonces, no pude creer lo que escuché: ¡un alarido escalofriante!

—¡ME DEJASTE! ¡ME DEJASTE! ¡Y yo que no he sido más que FIEL, LEAL Y SERVICIAL!

Me agarré la frente, ¡los gritos seguían y seguían!

—Por favor —susurré—, no más palabras. Por favor, Barb, no más palabras.

Y como no escuchó mi respuesta, ¡empezó a gritar cada vez más fuerte! —¡AYÚDAME! ¡POR FAVOR, AYÚDAME! ¡Me iré de regreso al carro si SÓLO ME AYUDAS A SALIR DE ESTE MALDITO PEÑASCO!

Cuando escuché esto, me levanté para ayudarla, pero al instante, me resbalé y me golpeé la rodilla tan fuertemente que se desgarraron mis Levi's. ¡Y es muy difícil que se desgarren unos Levi's por lo resistentes que son!

Me detuve.

Temblaba.

Respiré profundo tratando de saber qué hacer.

—¡AYÚDAME! —gritó de nuevo—. ¡POR FAVOR, AYÚDAME! ¡Me iré de regreso a nuestro carro y te esperaré ahí, sólo ayúdame a salir de este MALDITO PEÑASCO!

No sé por qué, pero al escuchar la palabra *maldito,* me detuve en seco. Sequé las lágrimas de mis ojos. —No respondas —me escuché diciendo—. Sólo vete y déjala.

Estaba perplejo. ¿Cómo podía decirme a mí mismo algo tan horrible...? ¿O sería la Voz Sagrada de mi Ángel, de la que mi abuela me había hablado siempre? Pero eso no era posible, porque esto iba totalmente en contra de todo lo que había escuchado que los ángeles decían. ¡Se suponía que ellos fueran mucho más gentiles que nosotros, los seres humanos!

Respiré y respiré, y dije en mi propia voz: —No, voy a ayudarla. Siempre puedo regresar, Ángel Guardián.

Diciendo esto, comencé a descender para ayudar a Bárbara, y esta vez me caí tan rápido y tan duro, que toda la formación de rocas en el barranco ¡SE PRECIPITÓ Y ME GOLPEÓ EN LA CARA! ¡La sangre caía por mi mejilla izquierda! ¡No podía levantarme: me sentía tan aturdido!

—Está bien, está bien —dije en voz alta—. Lo entiendo. Tú, mi ángel, en términos muy claros, me estás diciendo algo extremadamente importante, y yo no estoy escuchando. Está bien, comprendo. Esto es como cuando Dios me puso una zancadilla allá en Wyoming porque yo no quería doblegarme ni estaba de acuerdo en convertirme en escritor. Pero ángel, yo creía que teníamos libre albedrío... Ah, ya veo. Tenemos libre albedrío en nuestro propio destino. No cuando interferimos con el destino de los demás. ¡HÍJOLE! Entonces, ¿me estás diciendo que no se supone que ayude a Bárbara, porque ella necesita ayudarse a sí misma y aprender a seguir sus propios Guías Espirituales? ¿Es eso lo que me estás diciendo? Ah, está bien, comprendo.

Saqué el aire de mis pulmones. Era muy difícil. Y al comprender esto, una gran paz me inundó, y de repente comprendí que desde que había hecho mi juramento en Wyoming, treinta años antes, en 1960, cuando decidí convertirme en escritor, le había entregado mi libre albedrío a Dios-Diosar.

En otras palabras, hacer un pacto con Dios-Diosar no era un juego de niños para nosotros los humanos porque Él/Ella en verdad nos necesitaba, por eso cuando asumíamos la responsabilidad, como había hecho Moisés, como todos los Grandes habían hecho a través de la historia humana, ¡TODOS LOS CIELOS HACÍAN ERUPCIÓN! Y este paso, lo teníamos que tomar o no tomar, cada uno de nosotros, por nuestra cuenta.

¡DESPERTAR ERA UNA OPCIÓN!

¡UNA DECISIÓN! ¡Y GRANDÍSIMA!

¡Y CADA PERSONA TENÍA QUE HACERLO POR SÍ MISMA!

Respiré y respiré; y sí, lo entendí. ¡Realmente, lo hice!

Todos éramos estrellas andando; y todos veníamos a través del universo, recogiendo polvo de estrellas para plantar Aquí en la Madre Tierra para Dios-Diosar, y, claro que sí, ¡teníamos libre albedrío y un DESTINO QUE TRAÍAMOS CON NOSOTROS DESDE LAS ESTRELLAS!

¡Órale! Esto era ¡REALMENTE, REALMENTE GRANDE, y explicaba tanto!

Entonces, el DESTINO había sido recopilado en parte por el polvo que reuníamos de las diferentes estrellas, haciendo que cada uno de nosotros fuera totalmente único, y encima de eso, cada generación traía su propia música de polvo de estrellas especial. Porque, en verdad, la música de mis padres no atraía a mi alma. Me gustaba, sin embargo no me hablaba. Mi generación de los sesenta escuchaba el ¡SONIDO DE UN TAMBOR COMPLETAMENTE DIFERENTE!

Respiré y respiré, y claro, ahora podía ver también que había sido lo suficientemente afortunado por haber sido criado por una abuela Yaqui que me había dicho que yo era una estrella andando con Sabiduría Sagrada, por eso, cuando comencé la escuela, mi educación mental no había logrado aislarme por completo en el centro de mi cerebro. No, yo había podido mantenerme en los centros de mi corazón y de mi alma: dos sistemas computacionales muy diferentes al del centro del cerebro.

Las lágrimas caían por mis ojos. Bárbara, por otro lado era tan inteligente que se había saltado varios grados, había ingresado a Berkeley a los dieciséis y se había graduado a los diecinueve, nunca había recibido una base de los centros del corazón y del alma, por lo que su centro del cerebro había recibido la mayor parte de su educación. Y por esa razón, las grietas la asustaban tanto, porque nuestro minúsculo centro mental del cerebro no tiene control sobre lo desconocido, por lo que entonces lo ¡DESCONOCIDO SE CONVIERTE EN UN LUGAR DE PURO TERROR!

Respiré muy profundo. Ay caray, ¡yo había sido criado sabiendo que lo desconocido era nuestro portal hacia el mundo de las maravillas! Por lo que yo realmente no podía ayudar a Bárbara, por mucho que la amara ni por mucho que ella me amara, porque el control no existía en el Mundo Espiritual. De hecho, ¡era el control del cerebro el que destruía a nuestro Espíritu siempre cambiante, siempre sapiente!

Al comprender esto, respiré de nuevo muy profundo y me puse de pie, ¡entregando por completo mi Espíritu hacia lo desconocido de mi Ángel Guardián y de Dios-Diosar! ¡GRITÉ!

—¡NO! ¡NO PUEDO AYUDARTE, BARB! ¡Tienes que ayudarte tú misma! Me escuchas, tienes que invocar a TU PROPIO ÁNGEL GUARDIÁN Y AYUDARTE TÚ MISMA! ¡ÉSE ES TU TRABAJO! ¡Y cada uno de nosotros, los seres humanos, tenemos que hacer eso por nuestra propia cuenta, o viviremos siempre sintiéndonos vacíos en el interior, durante todas nuestras vidas!

—Porque, cariño, todos hicimos un pacto, alma con alma, antes de venir a la Madre Tierra para ayudar a Dios con su Paraíso Sagrado eterno, ¡lo recordemos o no! ¡TÚ TIENES TU PROPIO DESTINO! ¡PÍDELE AYUDA A TU ÁNGEL! ¡Él/Ella te dirá! ¡Volveré! ¡Te lo prometo! ¡Sólo resiste! ¡Tú y tu propio ÁNGEL ESTÁN JUNTOS!

—¡ERES UN EGOÍSTA Y UN BASTARDO DESAGRADECIDO!

—De acuerdo, Barb—. Diciendo esto, me di la vuelta, sintiéndome totalmente unido una vez más con mi propio ángel, y Juntos escalamos hacia lo alto de la formación del barranco hasta los confines más extensos de nuestro Universo-Universar. Estaba calmado y muy feliz, completamente en paz con lo desconocido de Dios-Diosar. Comencé a silbar, ¡estaba TAN, TAN FELIZ! Pero luego más adelante, dejé de silbar.

¡Había llegado al final de nuestra galaxia!

Y Aquí, al final de nuestra galaxia, estaba el comienzo de otra galaxia con un pequeño pino en una grieta grande y profunda entre la galaxia de este barranco de rocas, y la otra galaxia en el otro barranco de rocas, que era mucho más grande.

Me detuve.

Respiré.

¡Esta grieta era enorme! No como la pequeña grieta de treinta o sesenta centímetros donde estaban los peñascos en forma de huevo. No, esta era probablemente de casi cuatro metros de ancho, no obstante, cada lado tenía una pendiente que iba hacia abajo, por lo que para caer en la parte más plana de la siguiente formación de la barranca, había, digamos, un espacio de seis metros. Respiré profundo durante un tiempo. Y el pequeño pino entre los dos barrancos se veía tan viejo y frágil, sin duda porque tenía muy poca tierra para alimentarse en esta grieta entre las dos galaxias del barranco.

Supuse que iba a tener que regresar. Aquí, era imposible continuar. Pero entonces, mientras tenía estos pensamientos razonables, ¡también tuve un DESTELLO de brillo que IRRUMPIÓ dentro de mí! ¡No solamente en mi mente, sino también en mis entrañas! Y vi que si saltaba en una de las pequeñas ramas del árbol, quizá, sólo quizá, ¡podía agarrar impulso, saltar y llegar al barranco más alto y más grande!

¡Me reí!

¡Me reí para mis adentros!

De repente, recordé a Tony Hawk —el muchacho alto y delgado, campeón mundial de patineta, cuya hermana Patricia, estaba casada con Steve, el hermano de Bárbara— que cuando era apenas un niño, me había preguntado si podía patinar desde encima de mi camioneta. Le dije que sí, pensando que bromeaba, pero no, él hablaba en serio. Se subió a mi camioneta y se lanzó, dando una voltereta en el aire antes de tocar tierra. ¡No tenía miedo! ¡Estaba completamente seguro de sus PODERES ANGÉLICOS!

Entonces, yo también me rehusé a escuchar esos pensamientos de miedo que transcurrían por mi mente, y más bien, me mantuve centrado en el destello que había recibido. Mientras mi corazón latía con fuerza, retrocedí y tomé impulso, sintiéndome confiado en que mi ángel y yo podíamos caer en la rama de este pequeño pino en apariencia frágil, y que si me aguantaba el tiempo suficiente, podía saltar de nuevo antes de que se rompiera y caer en el otro barranco más grande, sin caerme en la grieta de unos cuatro metros y medio de profundidad, en donde seguramente me rompería una pierna, quedaría atrapado, ¡o las ramas puntiagudas del pino me atravesarían hasta morir!

¡Corrí!

Ninguna parte de mí consideró siquiera la posibilidad de caer en la profunda grieta entre las dos formaciones rocosas. No, sólo me reí y grité: —¡BUENO, AQUÍ VAMOS ÁNGEL! ¡Y comenzamos a correr Juntos hacia el pequeño pino, y saltamos!

Caímos en la buena ramita, la cual se rompió de inmediato por debajo de nosotros, ¡pero dándonos suficiente apoyo para que pudiéramos saltar de nuevo! ¡Y milagro de milagros: caímos en la galaxia del barranco más grande!

¡Gritaba de alegría!

¡Daba alaridos de felicidad!

—¡SOMOS UN EQUIPO, ÁNGEL GUARDIÁN! —grité—. Juntos, ¡somos una maravilla! ¡Y somos ilimitados Más Allá de toda medida! ¡Ay, qué divertido! ¡ESTOY TONY HAWK–ANDO! ¡ESTOY MOHAMED ALI–ANDO! ¡ESTOY GENIO-JESUSANDO!

Con gozo infantil, comencé a bailar encima de la formación rocosa del barranco. Sí, por supuesto, claro que Pedro habría podido caminar sobre el agua al lado de nuestro gran hermano Jesús, si no hubiera perdido su fe ni hubiera mirado hacia abajo.

—¡Papá! —grité—. ¡Gracias! ¡Gracias! ¡GRACIAS! Sí, tú y yo ciertamente hemos avanzado mucho desde tu paso al Más Allá. Ah, qué bien me siento de no haber permitido que el miedo se apoderara de mí y de haber tenido la suficiente confianza en mi ángel y en mí mismo para ¡VOLAR sobre esa enorme e INFINITA GRIETA!

—¡Ay, papá —dije en voz queda—, es como si mis ojos finalmente comenzaran a abrirse y empezaran a ver. Todos somos realmente estrellas andando. Hijos de Dios-Diosar que atravesamos el universo reuniendo polvo de estrellas para traerlo Aquí a la Madre Tierra para ayudar a Dios-Diosar a plantar su Santo y Sagrado Jardín, tal como mi mamagrande siempre me dijo. ¡DIOS-DIOSAR NOS NECESITA! —añadí—. ¡Y NOSOTROS, COMO PAJARITOS WEE WEE, NECESITAMOS A DIOS-DIOSAR! ¡Gracias papá por haber regresado del Más Allá para enseñarme todo esto!

Comencé a silbar una vez más, sintiéndome muy feliz mientras escalaba más y más hacia la siguiente galaxia, y ahora los gritos de Bárbara se sentían tan lejos, ¡que también empezaron a sonar como si fueran parte de nuestra gran Sinfonía de la Creación Creando!

De repente me detuve, y me di cuenta que jamás podría regresar de la misma forma que había venido! ¡ES DECIR, NADIE PODRÍA HACERLO! ¡No una vez que saltáramos entre galaxias y que se hubiera roto la pequeña y frágil rama de nuestro Árbol de la Ciencia! Ni siquiera con la ayuda de nuestros ángeles podríamos saltar de regreso en un millón de años por encima de esa enorme grieta de más de cuatro metros de profundidad.

Me senté y respiré profundo varias veces por un largo rato. No iba a dejar que el pánico se apoderara de mí. No, no iba a escuchar esas palabras razonables y llenas de miedo que transcurrían por mi mente. Y ahora, además, mi rodilla sangraba donde mis Levi's se habían desgarrado, y comenzaba a entumecerse y a dolerme muchísimo.

Tuve que poner mis manos sobre mis oídos. Todas estas palabras de miedo y de duda estaban ACOSÁNDOME CON

DESESPERACIÓN y, ¡no podía detenerlas! Me estaban diciendo con mucha claridad que mis días de andar saltando por ahí ya se habían terminado y que bla, bla, bla, bla..: que había llegado demasiado lejos, ¡y que ahora nunca iba a poder salir de este barranco! Que me había quedado estancado Aquí en los confines del Universo-Universar para siempre jamás, así como me había quedado estancado en tercero de primaria por no haber aprendido a leer, creyendo que me quedaría en ese grado hasta que me salieran canas y ¡TODOS MIS DIENTES SE HUBIERAN CAÍDO!

¡Pero eso no había ocurrido! No, mis padres hablaron con el sacerdote y oraron, y luego supieron qué hacer. Sobornaron a mi maestro de tercero y me transfirieron a una escuela católica. Esta pesadilla que me estaba estrangulando AHORITA MISMO, AQUÍ MISMO, AL FINAL DEL UNIVERSO, podía también transformarse rápidamente, porque la vida era un sueño. ¡NUESTRO SUEÑO! Entonces lo único que tenemos que hacer nosotros, los seres humanos, es orar para que las puertas se abran y podamos tener la última palabra sobre el tipo de sueño que tendremos. Y yo había decidido tener un SUEÑO FELIZ Y MARAVILLOSO, ¡como una escalera o un elevador que aparecieran de repente de la nada y me ayudaran a salir de este barranco!

¡Me reí!

¡Me reí, me reí con CARCAJADAS SALVAJES Y LOCAS!

DE REPENTE, SÓLO SUPE que de alguna manera, de alguna forma, iba a salir de ese barranco y vería de nuevo a mi familia. ¡Joseph y David no perderían a su papá EN LOS CONFINES DEL UNIVERSO! Las lágrimas caían por mis ojos, y de nuevo recordé al flacucho de Tony Hawk, y recordé sus ojos. Tendría unos doce años cuando me preguntó si podía patinar desde el techo de mi camioneta, ¡y sus ojos se veían muy felices! ¡MUY, MUY FELICES!

—¡CHINGAO! —le grité a mi mente pensante—. ¡CÁLLATE Y VETE AL INFIERNO! ¡Y esta vez sí es al INFIERNO! ¡No te pedí tu opinión! ¡Tengo libre albedrío! ¡ASÍ QUE CÁLLATE Y VETE AL INFIERNO!

Pero mi mente era dura y no se callaba. De hecho, cada vez se aceleraba e intensificaba más. De repente, comprendí por qué Bárbara se había asustado tanto cuando estaba en la cima de esos pequeños peñascos planetarios donde se encontraba. Nuestra mente, nuestro cerebro, podía realmente, ¡REALMENTE ENGAÑARNOS!

—Está bien, cerebro —le dije a mi mente—, lamento haber sido tan brusco contigo. Eso fue totalmente injusto. Me has ayudado mucho a lo largo de los años, así que por favor ahora vete al cielo. Mi papá está Aquí, y puedes confiar en él porque, verás, soy realmente cobarde, que necesito que me dejes en paz, para que mi Ángel Guardián pueda traer entonces ¡TODAS LAS FUERZAS DEL CIELO PARA AYUDARNOS!

Al decir esto, sentí que mi cerebro se relajaba y me dejaba en paz.

Instantáneamente, todos estos DESTELLOS MARAVILLOSOS EXPLOTARON EN MI INTERIOR, demostrándome que sí, que por supuesto, todos estos años mi cerebro y mi corazón, mi alma y mi cuerpo habían estado trabajando ¡JUNTOS, BRINDÁNDOME UNA EXPERIENCIA FANTÁSTICA TRAS OTRA!

Me levanté, ¡sintiéndome Totalmente feliz! TAN, TAN FELIZ y lleno de confianza de nuevo. Me reí y traté de estirarme, pero me di cuenta que apenas podía mover mi rodilla herida. Se había entumecido por completo. Aún así, no sentí pánico. Aún así, esta vez no surgieron palabras de miedo y de duda en mi mente.

No, yo sabía ahora que de alguna manera lograría bajar de ese barranco. Porque podía ver y sentir con claridad que cuando un ser querido se iba al Más Allá como mi papá lo había hecho, ¡era hora de REGOCIJARSE! ¡Ahora teníamos a otro miembro de la familia en el Más Allá listo para ayudarnos en Este Lado! Y entonces estar Aquí en este barranco, al borde de la Creación Creando, era perfecto, completo, Santo y Sagrado, ¡y la única forma de volar!

¡Entonces lo vi!

¡Claro, por supuesto, era tan sencillo! Lo único que verdaderamente necesitaba era un elevador o una escalera. ¡Híjole! ¿Por qué no lo había visto antes? ¡No era broma! ¿Por qué no un elevador o una escalera? El tráfico pesado en Los Ángeles me había abierto el paso. Había escuchado la Sinfonía de la Creación Creando allá en Phoenix, ¡y era exactamente la misma Sinfonía que había escuchado cuando salté a través de la entrada de la formación rocosa!

—Está bien —dije en voz alta— es en serio. Estoy listo. ¿En dónde está el elevador o la escalera que me va a llevar de regreso a tierra firme?

Habiendo dicho esto en voz alta, escuché una voz clara y calmada en mi interior: "Sigue escalando la formación rocosa para que puedas bajar", dijo la voz.

Respiré profundo. Esto no tiene ningún sentido. Pero tampoco había tenido ningún sentido que tomara mi arma calibre doce aquella mañana. Obedecí: escalé cada vez más alto hasta que llegué a un lugar agradable con una vista espectacular que se extendía hasta el vasto y hermoso desierto en todas direcciones. Pero no podía ver cómo escalar el barranco podía ayudarme a bajar. Sin embargo, no lo cuestioné. Sólo respiré, respiré y respiré, disolviéndome realmente... y entonces fue cuando sentí que todas las rocas del barranco ¡COBRABAN VIDA y comenzaban a RESPIRAR bajo mis pies!

¡En serio!

Todo el barranco había cobrado vida y estaba respirando, tal como mi papá me había dicho que las piedras habían cobrado vida y habían comenzado a respirar para él y para los dos indios Yaqui cuando escapaban de la prisión en Arizona. Me había dicho que él y los Yaquis habían escuchado a los guardias y a sus perros sabuesos acercarse; y que los dos indios se habían puesto en cuclillas entre las rocas, habían comenzado a entonar cánticos, y habían desaparecido, convirtiéndose en piedra. Entonces él había comenzado a cantar y desapareció, convirtiéndose también en piedra, porque cuando los guardias y sus perros llegaron corriendo, no los encontraron.

Sonreí, recordando que esta historia que mi papá me había contado, había sido extraída por Putnam de *Lluvia de Oro*, y que mi madre me había contado casi la misma historia, y como ellos también habían extraído su historia del libro. En la historia de mi madre, ella tenía doce años cuando dos soldados renegados la iban persiguiendo para violarla y matarla, saltó de una cascada y se escondió entre los altos helechos.

—Recobrando mi respiración, le canté a los helechos —me había dicho—, y los helechos cobraron vida y comenzaron a respirar; y entonces fue cuando desaparecí y los soldados malos nunca pudieron encontrarme, porque mi madre nos había dicho siempre que cada vez que una parte de la Creación de Dios podía ver otra parte de la Creación de Dios cobrar vida y comenzar a respirar, ambas partes de la Creación De Dios estaban en ese momento VIVAS Y SEGURAS en el interior del Aliento Santo y Sagrado del Todopoderoso.

Recordando todo esto, respiré, y respiré un poco más, y vi claramente el dibujo de una escalera que me llegó como un DESTELLO, y no acababa de percibir ese dibujo, cuando todo el barranco viviente SE ILUMINÓ CON UNA LUZ MUY BRILLANTE... ¡y se convirtió en una ESCALERA!

¡Me reí!

¡Me reí para mis adentros!

Y mi Ángel y yo descendimos de la cima del barranco, un escalón, dos escalones, tres, cuatro, cinco, seis, siete y ocho... y ¡COMO PAJARITOS WEE WEE DESCENDIMOS LOS ENORMES ESCALONES DE ROCAS BRILLANTES QUE RESPIRABAN Y CANTABAN, tan fácilmente como comerse un pastel de manzana!

Una vez que mi ángel y yo llegamos a la parte de abajo del barranco sobre tierra firme, di la vuelta, y la escalera brillante de piedra que respiraba y cantaba, se convirtió de nuevo en el barranco rocoso.

—¡GRACIAS, DIOS MÍO! —grité.

—Gracias a ti —escuché a Dios-Diosar decirme.

¡Mi sonrisa se quedó congelada! ¡Esto era mejor que caminar sobre el agua! ¡EL CIELO REALMENTE ESTABA AQUÍ EN LA TIERRA A NUESTRO ALREDEDOR! ¡Aquí mismo! ¡Ahorita mismo! ¡Por siempre! ¡Una vez que entregábamos nuestro ser totalmente al Espíritu, sin ningún miedo ni duda en absoluto!

Luego, ya de regreso en tierra firme, una vez más pude escuchar los gritos de Bárbara, que sonaban débiles y cansados.

Respiré profundo: —¿Puedo ir ahora a ayudar a Bárbara? —pregunté.

—No —escuché decir a Dios-Diosar—. No puedes ayudarla. Puedes quizás guiarla.

—Ah —dije, y en un instante, comprendí por completo que "ayudar" menospreciaba la conexión de la persona con su propio reino de Dios; y por otro lado, "guiar" ayuda a una persona a aprender cómo usar las herramientas sagradas de Jesús-Geniar.

—Ah, está bien. Gracias, Dios-Diosar —dije.

—Con mucho gusto, mijito —dijo Dios-Diosar.

Sonreí. Dios se había referido a mí también como Su hijo.

Entonces mi ángel y yo nos acercamos a las enormes formaciones rocosas y regresamos por el arroyito recién formado con la lluvia hasta llegar donde Bárbara. Al llegar a la entrada sagrada de piedra, pude ver que ella seguía exactamente en el mismo segundo peñasco. No se había movido un centímetro. Era sorprendente. La pobre mujer temblaba como una hoja al viento y todo el maquillaje le corría por su rostro.

—Pensé que me habías dejado —dijo—. Estaba segura de que iba a morir.

—Nunca te dejé —dije—. Nunca te dejaría, cariño. Solamente tenemos que darnos espacio mutuamente, supongo que para experimentar y aprender.

—Ayúdame —dijo, con lágrimas cayendo por su rostro sobre los ya secos ríos de lágrimas y rímel.

—No, no puedo hacerlo —dije.

—¿Por qué no? —preguntó.

—Mira —dije—, puedo guiarte, como mis propios Guías me guiaron, pero no puedo ayudarte. Tienes que ayudarte tú misma.

—¡ODIO A TUS GUÍAS! —gritó.

Respiré profundo, pedí guía, y de inmediato me dijeron qué decir: —Sólo cierra tus ojos para que no mires ninguna de esas grietas —hizo lo que mi ángel me dijo que le dijera—. Muy bien. Ahora estira tu mano izquierda, un poco más, un poco más. Sí, muy bien. Y ahora colócala en el siguiente peñasco que está a tu lado. Muy bien. Ahora gira tu cuerpo.

—No puedo.

—Sí, tú puedes.

—NO, ¡NO PUEDO!

Respiré, enviándole todo mi amor: —Sí, tú puedes —dije suavemente—. Lo único que te detiene es el miedo a la muerte, y Aquí no hay muerte. Sólo es parte de... de la Creación Creando.

—¡EN ESTE MOMENTO, NO LE TEMO A LA MUERTE, PEDAZO DE IMBÉCIL! —gritó llena de ira—. ¡TEMO ROMPERME EL MALDITO CUELLO!

Me reí. Ella tenía razón—. Está bien —dije—, te escucho. Entonces sólo gira tu trasero, y tu cuerpo lo seguirá.

Y así, poco a poco, mi Ángel Guardián y yo logramos guiar a Bárbara para salir de los peñascos, roca por roca, y de regreso a la entrada sagrada de piedra.

—Muy bien —dije entonces—. Abre tus ojos y regresa a través de esa entrada, y estarás entonces en tierra firme.

—¡NO! —Gritó.

—¿Qué?

—¡MIS PIERNAS ESTÁN ACALAMBRADAS! ¡No puedo darme la vuelta!

Había hecho toda su travesía en los peñascos al revés y ahora para salir de los peñascos, tenía que darse la vuelta para arrastrarse a través de la entrada de rocas.

No sabía qué hacer, por lo que cerré los ojos, e instantáneamente mi ángel me dijo que le dijera de nuevo: —Sólo cierra de nuevo tus ojos —dije, abriendo mis propios ojos—, y retrocede, sintiendo tu camino poco a poco.

—¿Retrocedo?

—Sí, retrocede, sintiendo cada paso —dije.

Y así lo hizo: Bárbara regresó, sintiendo cada paso muy lentamente, primero su trasero, hasta salir de nuestra entrada de piedra sagrada hacia nuestra zona de tiempo sin tiempo del MÁS ALLÁ, DE NUESTRO MÁS ALLÁ.

Al ver el trasero de sus Levi's saliendo en reversa de nuestra entrada de piedra colectiva, exploté riéndome a carcajadas ¡y la entrada de piedra comenzó también a reírse! Y nuestra risa colectiva se extendió ¡Más Allá DE TODA LA TIERRA!

—¡¿Qué te parece tan gracioso?! —me gritó, una vez que estuvo en tierra firme.

—¡Tú! —dijimos—. ¡Saliste de trasero de la entrada sagrada! Y allá, en la Pequeña Pradera de Piedras que Ríen, los tipos de las preciosas piedritas me dijeron que en el futuro, veríamos cada vez más y más gente saliendo de trasero a través de la entrada sagrada de nuestro Más Allá colectivo, ¡y que eso no importaba! Primero la cabeza o primero el trasero, que de todas maneras, ¡era maravilloso! ¿Me entiendes? Liberales, conservadores... no importa. Religiosos, ateos... no importa. Lo que verdaderamente cuenta es que todos, todos, todos nos unamos en ¡NUESTRO PASADO FUTURO CON ARMONÍA Y ABUNDANCIA GLOBAL PARA TODOS!

Al escuchar esto, Bárbara hizo la cosa más espectacular. Con gran dignidad, se levantó con la frente en alto, ¡y me gritó en mi propia cara!: —¡QUE SE VAYAN A LA CHINGADA TÚ Y TUS ESPÍRITUS! ¡Ya no te vuelvo a seguir! ¡TENGO QUE VIVIR MI PROPIA VIDA!

¡Me encantó! ¡Estaba en el camino! Se dio la vuelta y arrancó.

—¿Vas de regreso al carro? —pregunté.

—¡NO MÁS PALABRAS! —Me gritó y me sacó el dedo mientras recorría el camino de regreso. Y ahora lucía regia y verdaderamente magnífica, ¡y ahí fue cuando ella comenzó a brillar!

Las lágrimas caían por mi rostro. Esto era exactamente lo que nuestro hermano mayor Jesús había venido a enseñarnos: que una vez que estuviéramos conectados con nuestro ángel, todos comenzaríamos a brillar, y que todos podríamos caminar sobre el agua, tan fácilmente como comerse un pastel de manzana. Oh, ahora podía ver claramente que Bárbara y su ángel estaban UNIDOS Y RADIANTES mientras regresaban a través del pequeño valle por el arroyo recién formado por la lluvia.

Respiré profundo un par de veces, y seguí detrás de Bárbara, pero a un ritmo mucho más lento. Todo a nuestro alrededor, nuestra Sagrada Madre Tierra estaba ¡RADIANTE DE BELLEZA! Era la primavera, ¡Y POR DOQUIER HABÍA FLORES SILVESTRES CON AROMAS DELICIOSOS, BAILANDO Y CANTANDO AL RITMO DE LA SINFONÍA DE LA CREACIÓN CREANDO!

Capítulo once

Iba escuchando la canción "On the Road Again", de Willie Nelson, y odiaba admitirlo, pero advertí que la letra se refería completamente a mi situación. ¡Me sentía totalmente libre viajando de nuevo! ¡Adiós a mis penas por sentirme incomprendido en casa! ¡Oh mi Dios-Diosar!, una gran parte de mí ESTABA OBTENIENDO ÉXITOS MÁS ALLÁ DE MIS SUEÑOS MÁS LOCOS y, sin embargo, otra parte de mí estaba fracasando en mi hogar, ¡donde RESIDÍAN, EN VERDAD, mi corazón y mi alma!

Era el año 1992. La edición de *Lluvia de Oro* de pasta blanda de Dell estaba siendo ahora publicada con una nueva cubierta fantástica, y Leslie Schnur, mi editora, me respaldaba con todo el poder de Random House. Me había tomado sólo unos treinta años convertirme, de la noche a la mañana, en un éxito total.

Dondequiera que iba, seguía obteniendo, no solamente críticas literarias fabulosas sino, además, artículos en primera plana con grandes y fabulosas fotografías. Incluso obtuve la primicia de la revista *People*. Todos quería saber cómo había sido capaz de aguantar doscientos sesenta y cinco rechazos antes de haber sido publicado; y también, cómo había tenido los huevos para comprar de vuelta los derechos de mi libro en Nueva York, consiguiendo la enorme suma de dinero que requerían, hipotecando la casa de mi madre, y cómo me había convertido en un tejano converso, al decidir irme con la editorial Arte Público Press de la Universidad de Houston, por nada de dinero. ¡Cada ciudad adónde iba, cada librería, cada biblioteca o centro educativo estaban ATESTADOS DE GENTE!

En Indianápolis, Indiana, una jovencita rubia me contó emocionada que había leído mi libro tres veces, y que había comprado nueve copias más para toda su familia porque *Lluvia de Oro* era exactamente el tipo de libro que ella quería que todos sus seres queridos leyeran una y otra vez. Me dijo: "Su libro nos enseña a todos cómo ser de nuevo familia, ¡pase lo que pase!".

En Chicago, Illinois, una hermosa y valiente mujer latina, cuyo esposo anglosajón trabajaba lavando ventanas en rascacielos, en esa fría ciudad de los vientos, abrió una librería con todos los ahorros de su vida sólo para vender mi libro; hizo que todo su vecindario se involucrara y terminó vendiendo más libros en un par de meses, que la mayoría de las librerías reconocidas del país. Además, en Chicago conocí a mi primer Arcángel en forma humana; brillaba con tal intensidad, que comencé a aprender a ver el brillo de las personas en mis audiencias. También comprendí por qué Bárbara brillaba cuando me dijo que ya no iba a seguirme porque tenía que vivir su propia vida.

¡Ahh!, desde el día en que mi papá se había ido, estaba aprendiendo tanto, y a una velocidad tal, que me producía sensaciones tanto emocionantes como temibles. En Chicago, también conocí a una mujer alta y robusta, llamada Mary González, y a su pequeño y gracioso esposo, Greg, ex cura jesuita. Algún día espero escribir un libro sobre esta pareja, ¡dos de los seres humanos más poderosos espiritualmente, que jamás he conocido!

Mary y Greg enseñaban a las personas a organizarse paso a paso, y a tomar las riendas de su destino en sus propias manos. Conocí a docenas de personas que trabajaban con ellos, y todos estaban muy llenos de energía y de buenos sentimientos, especialmente, un bato negro y delgaducho con orejas prominentes. ¡Era fantástico! Le dije que iba a ser presidente de los Estados Unidos. No me creyó, así que terminamos en una discusión.

—No lo entiendes —le dije, finalmente—. ¡Es un hecho! ¡Consumado! ¡Escrito en las estrellas! ¡Y realizarás tu mejor obra, una vez que hayas dejado la Casa Blanca!

Sólo se sonreía pensando, sin duda, que yo estaba loco. Pero no lo estaba. Podía verlo claramente, y también se lo dije a Mary y Greg. ¡Oh, Chicago era un lugar excitante! De hecho, quedé tan impresionado con la calidad de la gente que encontré, que me dieron ganas de sacar a mis dos hijos de la escuela y enviarlos a la escuela en Chicago por un par de meses, para que pudieran experimentar ese mundo lleno de gente fantástica ¡como Mary y Greg!

Luego fui a Portland, Oregon, y por todos los demonios, quiero decir, POR TODOS LOS CIELOS: ¡SE ARMÓ LA DE SAN QUINTÍN! Acababa de dar mi plática en una librería atestada de gente y las personas me aplaudían de pie con ovación ferviente, por lo que supuse que todo iba de maravilla, al igual que había ocurrido en el resto del país. Pero entonces tomó la palabra un tipo grande, apuesto, con apariencia de indio poderoso, que estaba parado en la parte de atrás de la librería.

—¡BUENO, HERMANO! —gritó con una voz fuerte y clara—. Ya nos soltaste tu rollo personal, pero ahora, ¿cuál es tu plan respecto a Cristóbal Colón? Los medios de comunicación nos dicen que este año vamos a celebrar los quinientos años del descubrimiento del Nuevo Mundo por Cristóbal Colón, y mi gente y yo decimos —como demuestran tu vida y tu libro— ¡QUE ESO NO FUE UN DESCUBRIMIENTO, SINO UNA INVASIÓN! ¡UNA MASACRE DE LA POBLACIÓN INDÍGENA Y UNA VIOLACIÓN DE TODOS NUESTROS RECURSOS NATURALES!

La sala entera quedó en silencio. Era una figura alta, grande e imponente, y yo no supe qué decir.

—No tengo un plan —dije, finalmente.

—Pues bien, ¡tienes que hacer algo! —dijo—. Hablas de Dios y de la verdad y de que cada uno tenemos que encontrar nuestro poder. Es decir, hermano, ¡AHORA NO PUEDES SENCILLAMENTE DARNOS LA ESPALDA Y PERMITIR QUE LOS MEDIOS DE COMUNICACIÓN NOS SIGAN ENGAÑANDO CON SU BASURA!

Respiré profundo un par de veces. Verdaderamente, no sabía qué decir. Entonces, empezó a hablar otro indio con la cara grande, robusto y más alto, acompañado de su esposa bajita y pequeña, vestida con un hermoso atuendo mexicano, pero lloraba tanto que no podía expresarse. Finalmente, su esposa habló por él: —Mi esposo leyó su libro *Lluvia de Oro* —dijo—. Y quiere que usted sepa que nunca antes había leído un libro en el idioma del hombre blanco que le hubiera llegado tan hondo.

—¡MI CORAZÓN! —gritó el enorme indio de ciento cuarenta kilos—. ¡Tu libro LE HABLÓ A MI CORAZÓN! —Se agarró el pecho con sus enormes, morenas y carnosas manos arrancándose el área del corazón, después me miró con muchísimo amor, mientras extendía sus dos manos hacia mí, entregándome su corazón.

¡Me quedé sin aliento! Las lágrimas EXPLOTABAN de mis ojos, ¡me conmoví hasta lo más profundo de mi ser! ¡Pude darme cuenta de que él quería decir más, mucho más! Pero no pudo. Su diminuta esposa colocó su pequeña mano morena sobre su hombro; y todo su cuerpo comenzó a temblar mientras lloraba y lloraba desnudando sus emociones, en carne viva, frente a todos, hacia mí y hacia mi libro.

La mayoría de mi audiencia era gente blanca, lo cual era usualmente el caso, y algunas de estas personas se sintieron tan incómodas con esta apertura de corazón tan natural, que parecía que se iban a marchar, sin embargo, otras personas lo aceptaron y también comenzaron a llorar. La sala entera se había convertido en un Lugar Santo y Sagrado. Todo el mundo brillaba, como aquel Arcángel maestro de escuela en Chicago (pero ésa es otra historia o quizá todo un libro).

—Mi esposo también quiere que usted sepa —continuó su esposa—, que su abuela es también la abuela de él, y que —también comenzó a llorar—, todos somos hermanos y hermanas, todos en la tierra, pues venimos del mismo...

—... ¡DEL MISMO AMOR DE ABUELA DE NUESTRA ABUELA TIERRA!— ¡dijo con una voz poderosa el hombre imponente!

—¡EXACTAMENTE! —gritó el primer indio grande y poderoso—. El amor de abuela de nuestra ¡Abuela Tierra, Y NOS FUE ARREBATADO!

Este tipo siguió gritando, y de repente vi, que una media docena de estos indios morenos de la audiencia, estaban brillando, igual que el Arcángel en Chicago; y este Arcángel de ascendencia mexicana también tenía la piel morena. De repente, lo vi con claridad: ¡alguna vez, todos habíamos sido indígenas sobre la tierra, y los indígenas siempre habían estado conectados con sus Ángeles! ¡Ahh, verdaderamente debíamos regresar a nuestras raíces indígenas! ¡Todos nosotros! A lo largo y ancho del globo, para que pudiéramos comenzar a ¡BRILLAR de nuevo con el Espíritu!

—Mira —dije finalmente—, la verdad es que no sé qué decir ni qué hacer respecto a Cristóbal Colón. Lo que ocurre es que nunca había pensado mucho en Colón, por lo que, respecto a esta celebración de los quinientos años..., pues, lo siento pero, para mí, todo este asunto de Colón es solamente un ardid ridículo de los medios de comunicación siempre ansiosos y desesperados para tener algo que decir en el noticiero de las once de la noche.

Unas cuantas personas se rieron, como esperaba que sucediera, pero el primer indio grande no dio marcha atrás. ¡Ahí fue que le echó ganas! —¡EXACTAMENTE! —gritó—. ¡Por eso es que tienes que hacer algo, hermano! ¡Porque los medios seguirán gobernando TODO NUESTRO MUNDO con su información sensacionalista y selectiva y con sus VERDADES DISTORSIONADAS!

—¡ERES IMPORTANTE! —me gritó, con sus ojos ardiendo de pasión—. ¡Los medios te escuchan! ¡Tienes que decir algo o HACER algo! ¡NO ES JUSTO! ¡Estos últimos quinientos años han destruido COMPLETAMENTE a nuestra gente, y también a nuestra Abuela Tierra! ¡Colón no puede pasar a la historia como un héroe! ¡ÉL NO ERA UN BUEN HOMBRE! ¡Llegó aquí con su corazón lleno de codicia y de maldad, buscando beneficios fáciles y rápidos! ¡Y toda la influencia europea siguió SU EJEMPLO, Y LO SIGUE HACIENDO HOY EN DÍA!

Ahora muchas personas aplaudían: blancos, negros y morenos, animándolo frenéticamente. No obstante, pude notar que unos cuantos se retorcían en sus asientos. Respiré profundo varias veces. Podía sentir el escalofrío subiendo a lo largo de mi columna. Había estado escuchando cosas como ésta, de costa a costa, durante las últimas semanas, pero nunca con esta intensidad. ¡Dios-Diosar, mi corazón LATÍA con tal intensidad que quería irme y esconderme! Seguí respirando; y cuando finalmente terminó de hablar, dije:

—Mira, entiendo lo que dices, amigo hermano, pero honestamente, no sé qué responderte, mucho menos qué hacer. ¿Tienes alguna sugerencia sobre lo que puede o debería hacerse?

—¡Sí! —respondió rápidamente, como si fuera lo que tenía en mente desde un principio—. ¡Quiero QUE SE SEPA LA VERDAD! ¡QUIERO QUE ESTA VEZ LOS MEDIOS NO TERGIVERSEN LOS HECHOS! Quiero, quiero... —miró hacia el techo. El hombre de apariencia imponente estaba al borde de las lágrimas. Levantó hacia los cielos sus brazos grandes y musculosos—.... nosotros, nosotros..., necesitamos, mi gente y yo, ¡NECESITAMOS QUE NOS DEVUELVAN LOS CIELOS!

Entonces, no sabiendo qué más decir, me miró directamente a los ojos con desesperado anhelo: —Señor Villaseñor —dijo, ahora con voz calmada—, haz que nos devuelvan nuestro Abuelo Cielo, los ríos y lagos puros y cristalinos de nuestra hermosa Abuela Tierra, ¡para que podamos volver a escuchar el canto de las aves y ver volar a nuestras águilas! Por favor, señor Villaseñor, ¡pídales que nos devuelvan a nuestro Abuelo Cielo y a nuestra Abuela Tierra para nuestros hijos, ¡y para los HIJOS DE NUESTROS HIJOS! ¡Por favor, ellos te escuchan, señor Villaseñor!

Esta vez nadie quería salir de la sala. Todos llorábamos juntos, unidos en una honestidad tan desnuda y conmovedora que ¡nuestra Alma Colectiva estaba AHORA FINALMENTE ABIERTA!

Contuve la respiración.

Respiré.

Estaba conmovido en lo más profundo de mi corazón y de mi alma.

—Está bien, ahora verdaderamente veo lo que quieres decir —dije—. Comprendo. En verdad, comprendo. Porque sin nuestro cielo, nosotros, el pueblo, no tenemos esperanza. Nosotros, el pueblo, no podemos orar, porque estamos perdidos. Necesitamos un cielo abierto y claro para que nuestros corazones puedan cantar, una vez más, con el canto de nuestras aves, y así podamos remontarnos ¡por los CIELOS CON NUESTRAS HERMANAS ÁGUILAS!

—¡Sí! —gritó—. ¡EXACTAMENTE! ¡LO HAS DICHO EN FORMA PERFECTA! ¡EN VERDAD, entiendes! ¡ESTAMOS PERDIDOS! ¡TODOS

NOSOTROS! ¡No solamente los nativos! ¡TAMBIÉN ESTÁN PERDIDOS TODOS NUESTROS HERMANOS Y HERMANAS BLANCOS Y NEGROS!

—Está bien, amigo —concluí, recuperando mi respiración y secando mis ojos—. Te diré lo que vamos a hacer esta noche. ESTA NOCHE —grité—, ¡voy a soñar... voy a soñar al respecto! VOY A SOÑAR MUY INTENSAMENTE. Pero..., pero debes entender, que mi libro trata de mi familia, y que solamente sé lo que conozco personalmente, por lo que no puedo prometerte nada —añadí.

Comenzó a calmarse. Pude ver que había llegado a su corazón y de nuevo brillábamos juntos: ¡corazón a corazón y alma con alma!

—Está bien —dijo—, pero, ¿soñarás con todas las fuerzas, como cuando escribiste tu libro *Lluvia de Oro?* Todavía no lo he leído —añadió—, pero mi gente está hablando de él. ¡Dicen que es un GRAN LIBRO! Y salió publicado en 1992, en el aniversario de los quinientos años de este supuesto descubrimiento, así es que vas a tener que salir con algo —gritó—, ¡IMPORTANTE!

Hubiera querido que mi corazón fuera más valiente, pero no lo era. Una vez más salió corriendo buscando escondite. —Mira—dije de nuevo—. No puedo prometerte nada, mucho menos algo importante, pero voy a soñar con mucha intensidad al respecto esta noche. De hecho, te diré que...—. Respiré un par de veces más. Me estaba comenzando a doler la cabeza de la intensidad de las circunstancias—. Le pediré a mis dos abuelas que vengan esta noche a ayudarme. ¿Qué te parece?

La gente comenzó a aplaudir; entonces, el enorme y apuesto indio atravesó la multitud sonriendo y me dio un gran abrazo. Todos aplaudieron: blancos, morenos, negros, amarillos, anaranjados, morados, todos, ¡y fue maravilloso! Nos entregamos los corazones mutuamente, como el enorme indio de ciento cuarenta kilos, con su pequeña esposa mexicana, nos había demostrado tan bien, enseñándonos cómo debía hacerse.

—Gracias por el impulso que me diste —le dije al enorme indio—. Estoy cansado, verdaderamente agotado. Pero, ¿quién sabe? —añadí—. Siempre podemos ir un poco más lejos.

—Estaré contigo esta noche —me dijo, abrazándome—. Le pediré a mi anciana abuela que venga y te ayude también. Hace años que se fue, pero sigue conectada fuertemente con todos nuestros Espíritus locales.

—Bien —dije—. Necesitaré su ayuda. Necesitaré toda la ayuda que pueda obtener.

—Pues es un hecho —dijo—. Está escrito en las estrellas y concluido a la perfección. —Y él también, agarró su propio pecho, arrancando su corazón de su cuerpo y entregándomelo.

Una pequeña rubia gritó: —¡Te enviaré a mi abuela! Todavía no está muerta, ¡pero es muy vieja!

Todos rieron y se formaron en fila para abrazarme.

Un tipo, un blanco de apariencia muy agradable de unos cuarenta y tantos años, me dio un abrazo muy apretado y susurró en mis oídos: —También espero con ansias ver con lo que sales esta noche. Colón también hizo cosas buenas, tú sabes. Y recuerda, en esa época, hacía falta tener muchos huevos para cruzar ese océano.

—Gracias —dije—. Aprecio mucho que me lo recuerdes.

—Saluda a tu abuela doña Margarita de mi parte esta noche —añadió con una sonrisa, pronunciando el nombre de mi abuela en perfecto español—. Estoy usando la versión en español de *Lluvia de Oro* en mi clase. Tu abuela me recuerda a mi propia abuela irlandesa. Nos han engañado a todos. No solamente a los indios americanos y a los africanos negros. Tu libro también enseña esto.

—Gracias —dije de nuevo, y la gente seguía viniendo y viniendo, estoy seguro de que di más de doscientos abrazos y firmé más de ciento cincuenta libros, como ahora me había estado ocurriendo por más de tres semanas.

Por toda la nación, pero especialmente en el suroeste, *Lluvia de Oro* se estaba convirtiendo rápidamente en algo más que un libro. Se estaba convirtiendo en un evento, ¡conmoviendo los corazones de la gente y tocando sus mismas almas! Y pensar que me había tomado dieciséis años escribirlo y lograr que se publicara, y que casi había renunciado y me había ido a pique más de una docena de veces. Ahora le agradecía a Dios no haberlo hecho. ¡Ahh, QUÉ BENDECIDO ME SENTÍA!

Esa noche los dueños cerraron la librería y me acompañaron a pie hasta mi hotel. Estaba casi sonámbulo del agotamiento. Hacía semanas que dormía menos de dos o tres horas por noche. Atravesé el vestíbulo del viejo y suntuoso hotel donde me estaba quedando y me fui a mi habitación del segundo piso con vista al sureste. Me bañé, me estiré, hice algunos ejercicios de respiración profunda, le pedí guía a Dios-Diosar y me fui a dormir, deseándoles las buenas noches a mis abuelas, a mi padre y a mi hermano, todos en el Más Allá.

Estaba profundamente dormido cuando escuché las risas.

Eran como unas risas lejanas, como un parque lleno de niños felices.

Seguí durmiendo fascinado con el sonido de los niños felices y juguetones; luego comencé a ver un cielo lleno de estrellas. Me encantó y seguí durmiendo; entonces vi una nubecita blanca y tupida justo encima de la cima de un cerro cubierto de pinos. Podía escuchar que cada vez se iban acercando más los sonidos de los niños felices, sus risas y sus gritos, como si estuvieran detrás de la nubecita blanca.

Me di la vuelta, seguí durmiendo y comencé a ver un cielo nocturno muy vasto, limpio y puro, lleno de hermosas estrellas. Ahh, verdaderamente, me encantaba escuchar el sonido de esos niños felices. Todo mi corazón y mi alma se llenaron de buenos sentimientos. Entonces, encima de la nubecita tupida, alcancé a ver unas siluetas blancas fantasmales surcando el magnífico cielo. Las siluetas eran grandes y verdaderamente hermosas, mientras volaban en forma de V con sus ¡GRANDIOSAS ALAS BLANCAS, ALAS GLORIOSAS, ENMARCADAS POR UN CIELO SEMBRADO DE ESTRELLAS!

Entonces vi que estas siluetas blancas fantasmales eran Gansos Blancos, volando en forma de V detrás de la nubecita. Graznaban y chillaban, ¡felices como un parque lleno de niños!

Me reí, y mi risa se unió a la de ellos... y cuando me di cuenta, yo también volaba en medio de ellos, ¡y era maravilloso! Podía ver cada pluma, cada pico, cada ojo, cada movimiento de cada cabeza, mientras estas magníficas aves blancas y yo volábamos juntos sobre las montañas de un bosque. Ahh, ¡sabía que no estaba en mi cama y que realmente, realmente, estaba volando en medio de estos gansos y me sentía muy feliz!

¡TAN, TAN FELIZ! ¡GRAZNANDO Y CHILLANDO CON ESTAS MAGNÍFICAS AVES BLANCAS! ¡AHH, SE SENTÍA INCREÍBLE volar junto a este parque de Gansos Blancos felices, chillando, a sólo un par de cientos de metros sobre la tierra! Podía ver las copas de los árboles mientras sobrevolábamos los pinares de la montaña, acercándonos a una gran pradera exuberante, muy verde, en donde había un pequeño arroyo zigzagueante y resplandeciente y un par de estanques pequeños en el extremo opuesto.

¡De repente, comprendí que no era un sueño!

No, Dios-Diosar me había sacado de mi forma humana y me había convertido ¡en un Ángel Ganso Blanco!

Sí, por supuesto, así fue como conocí al Arcángel de Chicago. Conocerlo me había preparado para esto. Ahora todo tenía perfecto sentido. Las locuras en la autopista a la hora de tráfico pesado en Los Ángeles también me habían preparado para esto. La barranca rocosa que se había convertido en escalera, obviamente, me había preparado para esto sacándome del sueño y colocándome en el Mundo Completamente Sólido del Más Allá, porque Aquí, ¡realmente, realmente, estaba volando sobre la Abuela Tierra con una bandada de Gansos Blancos felices, muy felices! ¡Yo estaba graznando, chillando y riéndome con ellos! Y pude ver que las hembras y los polluelos volaban en el centro conmigo; y los machos más grandes y fuertes volaban al frente, cortando el viento para toda la bandada.

Una de las gansas madres, voló a mi lado girando su rostro humano hacia mí y me dijo que los Gansos Blancos habían vivido en paz y armonía por más de veinte millones de años, porque los machos grandes y fuertes volaban al frente, cortando el viento, para que las mujeres y los niños pudieran usar 30% menos de energía y mantener el ritmo, no para guiar.

—No —dijo—, los machos grandes y fuertes nos siguen al frente.

—¿Los siguen al frente? —pregunté sin comprender.

—Sí, somos nosotros, las hembras y los niños, ¡quienes dirigimos con Nuestro Canto de Amor y Felicidad, graznando y chillando!

Me desperté.

¡Ahora entendía TODO!

¡Era nuestro espíritu de risas felices, muy felices, lo que GUIABA AL MUNDO!

Era nuestro espíritu de risas infantiles felices, muy felices, lo que había aprendido en la Pequeña Pradera de Rocas que Ríen, ¡el que me había otorgado los poderes para ayudar a manifestar la escalera en el barranco!

¡Ahh, era nuestro espíritu de risas felices, muy felices, lo que hacía que los seres humanos encontráramos nuestro EQUILIBRIO, ARMONÍA Y PAZ POR TODO EL GLOBO!

¡Así recuperaríamos a NUESTRO ABUELO CIELO!

¡Así limpiaríamos nuestros ríos y lagos, y ayudaríamos a que nuestra Abuela Tierra SE SANARA A SÍ MISMA!

¡Y era TAN FÁCIL! ¡Y TAN, PERO TAN DIVERTIDO!

Entonces me dijeron que me levantara y lo escribiera mientras seguía fresco en mi mente. —Esperen —dije—. Estoy agotado. No he dormido bien en casi tres semanas.

—¡NO TE LO ESTOY PIDIENDO! —gritó una voz poderosa en mi interior—. ¡TE LO ESTOY EXIGIENDO! ¡LEVÁNTATE Y COMIENZA A ESCRIBIR!

—Espera un momento —dije—. ¿Quién es? Nunca había escuchado esta voz antes.

—Es la voz de tu abuela Margarita, la madre de tu padre, que murió exactamente dos años antes, el mismo día y a la misma hora que tú naciste; y... ¡ME VAS A ESCUCHAR! ¿ME OÍSTE?

—Sí, pero...

—¡AQUÍ, NO HAY 'PEROS'! —gritó, y pude escuchar a mi papá riéndose en el fondo, obviamente disfrutando mi situación—. Porque exactamente como tú escribiste en Nuestro Libro Sagrado lo que le dije a tu padre cuando se me puso de holgazán, ¡ahora te lo digo a ti! ¡SOY LA GARRAPATA EN TU CULO ESPIRITUAL POR TODA LA ETERNIDAD!, cada vez que vea que te me pones de holgazán o muy cómodo. ¿Acaso dije que no había dormido por semanas y que estaba muy cansada cuando a los cincuenta años llegó mi hora de dar a luz a tu padre, mi decimonoveno hijo? No, hice lo que tenía que hacer, como estamos acostumbradas las mujeres desde el comienzo de los tiempos, así que, ¡LEVÁNTATE Y ESCRIBE! ¡¿ME ESCUCHAS?! ¡¿O voy a tener que comenzar a fastidiarte el culo hasta que te sangre y te rasques como un perro arrastrándose por la tierra y la grava?!

—Está bien, está bien —dije—. ¡Ya me levanto! ¡Ya me levanto!

—Bien, porque nosotras, las abuelas, no queremos que te olvides de esta Visión que acabamos de darte. ¡LEVÁNTATE!

—¡En ésas estoy!

Así que me levanté y escribí toda la noche; y al amanecer, salí corriendo a la calle, diciéndole a todo aquel que me encontraba, ¡que la armonía y la paz mundial eran un hecho consumado! Que nada podría detenerlas, porque los seres humanos estábamos siendo guiados por nuestras abuelas, para convertirnos en nuestro propios Ángeles en forma de Gansos Blancos por todo el globo, ¡y que las abuelas eran duras y tenaces! Eran la garrapata de nuestro culo espiritual, por lo que o nos convertíamos colectivamente en una ¡CONCIENCIA TOTALMENTE NUEVA o tendríamos que sufrir unas HEMORROIDES MUY DOLOROSAS!

¡Algunos salían corriendo!

Otros escuchaban cortésmente, pero se alejaban de mí tan pronto podían.

Sin embargo, unos cuantos se quedaron y escucharon con atención, y me dijeron que, de alguna manera extraña, todo esto tenía mucho sentido para ellos, incluso la parte de las hemorroides.

En el avión, tenía una audiencia asegurada, así que hablé ante todo aquel que escuchara, y sólo unos pocos me ridiculizaron y me dijeron que jamás habría paz en la Tierra, que mirara la historia y dejara de perder mi tiempo con sueños locos.

Otros preguntaron qué droga me estaba tomando, porque les gustaría conseguirla.

Ésa noche, en otra ciudad, en otra habitación de hotel, ¡de nuevo me golpeó en la frente como un relámpago!

¡Aquí, no hay accidentes!

AQUÍ, en este lugar sagrado donde yo vivía ahora, podía percibir que esto era exactamente lo que había aprendido a la hora del tráfico pesado en Los Ángeles. Sólo hace falta una persona o un porcentaje muy pequeño de seres humanos para mover NUESTRA CONCIENCIA ENTERA de la posición occidental de codicia y miedo a un ¡MUNDO DE MILAGROS Y ABUNDANCIA PARA TODOS!

—Claro, por supuesto —dije—. Lo único que tenemos que hacer todos, como pájaros Wee Wee, es movernos en dirección al este con paz y armonía en nuestras almas, perdón en nuestros corazones, ¡para lograr equilibrar los últimos siglos de codicia y conquistas!

Dejé de hablar.

De repente, comprendí quién era el rey del otro lado del gran océano, del que mi Guía Indio me había hablado en el desierto en las afueras de Two Bunch Palms.

—Claro —dije—. Un grupo iremos a España a plantar la bandera de paz y armonía de los Gansos Blancos y ¡perdonaremos al rey de España por la codicia y la violencia de su país, sobre todo el globo!

¡Ahh, di un salto! ¡Estaba muy feliz!

¡TAN, TAN FELIZ! ¡Ahora todo tenía perfecto sentido!

Los dos tipos en Nashville me habían abierto las puertas; la EXPLOSIÓN en Phoenix me había puesto en mi camino; luego la iniciación espiritual en la Pequeña Pradera de las Rocas que Ríen me otorgó la Voz de la diversión y la risa; y el barranco que había COBRADO VIDA convirtiéndose en una escalera al final del Universo-Universar ¡me demostró que los MILAGROS eran la norma!

Así que era elemental que Pedro hubiera podido caminar sobre el agua.

Obvio, por supuesto que el tráfico de Los Ángeles a la hora pesada, defensa contra defensa, pudiera comenzar a avanzar a ochenta, noventa y cien kilómetros por hora, con la suavidad de la miel, ¡una vez que abrimos nuestros corazones con amor y abundancia para todos!

¿Por qué no? Después de todo, ¡Los Ángeles era nuestra Ciudad de Ángeles!

Me detuve.

Contuve la respiración.

Respiré profundo y sequé las lágrimas de mis ojos. Todo esto había comenzado cuando mi papá anunció su paso al Más Allá la víspera de Año Nuevo, ocurriendo así efectivamente, sin que él sintiera miedo alguno, el 15 marzo de 1988. En verdad, podía ver con claridad que todas estas experiencias me habían ocurrido como preparación para este ¡VIAJE HISTÓRICO A ESPAÑA!

Ahora comprendía, que hasta la cosa más pequeña que me había ocurrido desde mi nacimiento, había sido para prepararme...

—no sólo para tener esta Visión de los Gansos Blancos —dije en voz alta—, ¡sino también para tener los huevos y la confianza para llevarlo a cabo!

—¡Acepto, papá! —añadí.

—¡ACEPTO, ÁNGEL GUARDIÁN! —grité.

—¡ACEPTO, DIOS-DIOSAR! —grité—. ¡ES UN HECHO! ¡CONSUMADO! ¡QUE YA ESTABA ESCRITO EN LAS ESTRELLAS!

No podía dejar de reír a carcajadas, ¡de lo feliz que estaba! ¡TAN, TAN FELIZ! Estuve completamente de acuerdo, sin condición alguna, a realizar la misión para la que había sido enviado Aquí, a la Madre Tierra, por Dios-Diosar, para su Santo y Sagrado Jardín eterno; ¡y me sentí muy, muy, muy bien en lo más profundo de mi ser!

¡Todos tenemos una misión que cumplir!

¡Todos venimos de las estrellas con NUESTRO PROPIO POLVO DE ESTRELLAS!

Capítulo Doce

Al llegar a casa en Oceanside, le dije de inmediato a mi familia lo que había ocurrido en Portland y les conté sobre el Arcángel resplandeciente en Chicago; luego concluí con el anuncio de que quería que todos fuéramos a España, a celebrar allá el Día de Acción de Gracias de los Estados Unidos, y perdonar al rey Juan Carlos por las agresiones de su país sobre todo el planeta.

—Oigan —le dije a Bárbara y a nuestros hijos—, esos dos grandiosos y macizos indios me hicieron pensar en que la única ocasión, que yo sepa, en que en tiempos modernos hemos reconocido y celebrado algo bueno del trabajo comunitario entre indios y blancos europeos, ha sido el Día de Acción de Gracias, nuestro primer evento de beneficencia en donde los indios recibieron a los colonos perdidos, los alimentaron y los ayudaron a sobrevivir durante ese primer y duro invierno.

—Así que quiero que vayamos todos a España este año, y celebremos allá el Día de Acción de Gracias, para llevarlo luego al resto de Europa y del mundo, y establecer un día global de Acción de Gracias en donde, nosotros, seres de todas las distintas religiones y culturas, podamos comer juntos en paz y armonía durante un día al año, como una gran y feliz familia, y agradecerle a Dios por este hermoso planeta.

—Y me dijeron que al hacer esto, antes de cincuenta y dos años, los Estados Unidos sería famoso en todo el mundo, como el país que admitió abiertamente su propia mierda, la limpió, regresó a sus raíces indígenas, ¡y llevó la celebración de dar gracias al GLOBO ENTERO! No pidiéndole cosas a Dios, como los niñitos consentidos en que nos hemos convertido, sino, más bien, dando gracias y gracias y gracias como adultos, y sintiéndonos agradecidos, individual y colectivamente, por cada árbol, roca, insecto, bocanada de aire fresco y trago de agua limpia.

—Allá, en Portland, escribí en una noche un librito de este tema, llamado *Snow Goose Global Thanksgiving (Día de Acción de Gracias Global de los Gansos Blancos)*. Necesito digitar el libro y transcribir una parte a un anuncio de una página para nuestro periódico local, invitando a todos nuestros hermanos y hermanas a venir con nosotros a España. Entonces —dije, sonriendo—, ¿cómo les parece todo esto? Suena bien, ¿eh?

Pero pude notar que David y Bárbara estaban más que un poco dudosos. Joseph, no. Él estaba emocionado.

—¿Papá y esos indios de Portland vendrán con nosotros? —preguntó.

—Eso espero. Ellos fueron los que hicieron que todo esto comenzara. Llamé a la librería donde di mi charla y les pregunté si, por favor, podían ponerme en contacto con esos dos indios grandes y su tribu, porque con el anuncio en nuestro periódico local, y todas las charlas que todavía tengo que dar por todo el país, podríamos terminar con cientos, si no miles, de personas acompañándonos.

—Les digo que puedo ver Aquí, en mi corazón y en mi alma, que antes de cincuenta y dos años, los dos puntos de las iniciales de nuestro país *U.S.* se borrarán, para que simplemente queden las letras *US*, que significa nosotros, la gente, en inglés. Así es como los Estados Unidos pasará a la historia, y dentro de unos años seremos recordados como la nación de US, de nosotros, gente de todas partes del mundo que comimos juntos en paz y armonía, como aquel primer Día de Acción de Gracias en Plymouth, Massachusetts, en donde, por supuesto, tendremos que ir el próximo año y conseguir su apoyo.

—Pero no ahora. Este año, para empezar a echar a andar el asunto, iremos a España para Acción de Gracias y plantaremos una bandera de Gansos Blancos de paz en la tierra, perdonando a

338

España por su agresión sobre la Abuela Tierra. De hecho, David, tú eres muy bueno dibujando, así es que, ¿podrías por favor dibujar unos gansos volando en formación V para nuestro librito y nuestra bandera? Y, Joseph, tú eres muy bueno en música, ¿podrías crear una canción para nosotros que tenga la alegría de un parque lleno de niños felices, riendo y gritando? ¿Sí?, ¿podrían comenzar con eso ahorita mismo?

—Y, Bárbara, podrías por favor llamar ahorita mismo a la Embajada de España y pedirle al embajador que le diga al rey Juan Carlos que vamos para allá. Un grupo de nativos, de mestizos, de blancos, negros, mulatos, amarillos y morados de todos los Estados Unidos y... y de Latinoamérica, todos vamos a verlo personalmente para el Día de Acción de Gracias, para perdonarlo a él y a toda España por sus agresiones. Así podremos tener juntos una gran cena con pavo, o quizá paella, ya que es el plato nacional de España.

Pude ver que Bárbara dudaba.

—Barb —dije—, no pienses. Sólo inténtalo. ¿Por qué no? ¡Tenemos que comenzar de algún modo! ¡En algún lado!

David se fue a la habitación contigua y comenzó a dibujar, y Joseph se sentó frente al piano y comenzó a trabajar en una canción. Bárbara llamó a la Embajada de España y me dijo que el tipo que respondió el teléfono le había dicho que nuestra solicitud era imposible, que necesitábamos permisos y que eso tomaba meses; que estábamos a finales de septiembre y que nuestro Día de Acción de Gracias de los Estados Unidos era en noviembre.

—¡Dame el teléfono! —exigí. Sólo llevaba en casa unas cuantas horas y en tres días me iría de nuevo.

—¡¿Pidieron ustedes permiso —le dije al hombre en el teléfono—, cuando vinieron a AMÉRICA A CONQUISTAR?! ¡Y nosotros NO VAMOS A CONQUISTAR! ¡Vamos en nombre de la paz del mundo! Así es que dígale a Juan Carlos que se prepare, para que podamos perdonarlo a él y a toda España ¡y plantar nuestra bandera de la paz de los Gansos Blancos! ¿Qué? ¿Que cuántos somos? Todavía no sé. Estoy en mi gira literaria, estoy invitando a todas las personas de todas las ciudades y pueblos a donde voy; además de mi propia familia, más de cien, contando a los primos.

—¿Que cómo se llama mi libro? Mire, sólo tiene que ver el *New York Times*, el *Washington Post*, la prensa de Denver y la revista *People*; y dígale a Juan Carlos que soy real, ¡y que VAMOS PARA ALLÁ! ¿Qué? No, ¡absolutamente no! ¡No le pienso enviar una copia gratis de mi libro! ¡VAYA Y COMPRE UNO, pendejo! ¡Sus violaciones y PILLAJE SE ACABAN AQUÍ!

Colgué el teléfono, y cuando me di la vuelta, vi que nuestros hijos habían regresado a la habitación y junto con Bárbara me estaban mirando fijamente.

—¿Qué pasa?

—¿Por qué te enojaste tanto? —preguntó Bárbara.

—¡Ese pendejo quería un montón de copias gratis! Y luego dijo que después de leer mi libro, podría considerar otorgarnos los permisos. ¡Dios mío, España nunca esperó un permiso para venir a instalarse aquí en América! ¡De hecho, las naciones nunca lo hacen! Pero tienes razón, no tenía que haberme enojado tanto. Lo llamaré de nuevo y le diré las cosas con más suavidad. O quizá sólo le enviaré una copia del anuncio de una página que va a salir en nuestra prensa local, ahí se explica todo.

Bárbara seguía mirándome fijamente.

—¿Qué más? —pregunté.

—Cariño, que las rocas de un barranco se vuelvan escaleras es una cosa —dijo en voz calmada—, ¿pero no crees que estás llevando este asunto demasiado lejos?

—No —respondí, respirando largo y profundo—. ¡UN MILLÓN DE VECES, NO! ¿Llevó Moisés las cosas demasiado lejos cuando le exigió a los faraones que liberaran a su pueblo y abrió en dos el Mar Rojo? ¿Llevó Gandhi las cosas demasiado lejos cuando le hizo frente al Imperio Británico? Barb, ése ha sido precisamente nuestro problema a lo largo y ancho del mundo —continué, con lágrimas brotando por mis ojos—. ¡NO LLEVAMOS LAS COSAS LO SUFICIENTEMENTE LEJOS! ¡Debiste haber estado Aquí cuando ese indio de ciento treinta kilos allá en Portland se tocó el pecho, ARRANCÁNDOSE EL CORAZÓN DE SU CUERPO Y ENTREGÁNDOMELO!

—Y ése otro tipo que me dijo: "Señor Villaseñor, ¡pídales que nos devuelvan nuestro cielo!". ¡NO, BARB, NO ESTOY LLEVANDO LAS COSAS DEMASIADO LEJOS! ¡Esto es sólo el comienzo! Nosotros, todos nosotros, en el mundo entero, tenemos que madurar y hacernos responsables, ¡y dejar de pedirle a Dios-Diosar que haga las cosas por nosotros! ¡Tenemos que comenzar a preguntarle a Dios QUÉ PODEMOS HACER POR ÉL! ¡Entonces podremos plantar de nuevo el Paraíso juntos, globalmente!

—Yo mismo voy a mandar a publicar un anuncio de una página completa en nuestro periódico local invitando a todo aquel que esté interesado del Condado Norte de San Diego ¡a venir a España con nosotros! Sólo me quedan tres días antes de continuar mi gira. ¡Tengo que actuar rápido! Mi abuela jamás renunció, ¡y dio a luz a diecinueve hijos! ¡Catorce de ellos vivieron! Once fueron torturados y asesinados, algunos ante sus propios ojos; y ella nunca, nunca renunció ni perdió la fe en la ¡BONDAD ETERNA DE DIOS Y LA HUMANIDAD! ¡Tampoco pienso renunciar! Ha llegado la hora de que nos pongamos de pie como esos indios grandes en Portland y digamos: ¡DEVUÉLVANNOS NUESTRO CIELO!

No podía parar de llorar.

—Está bien, está bien —dijo Bárbara—. Te escucho, cariño, y personalmente, estoy de acuerdo con lo que estás diciendo, pero apenas si duermes. ¿No piensas que quizá deberías descansar un poco? Llevas mucho tiempo sin parar, estoy preocupada por tu salud.

—Está bien, seguro, eso tiene sentido —le dije.

Bárbara y mis hijos me abrazaron y me fui a dormir. Dormí todo el día y toda la noche. Cuando me desperté, al día siguiente, me sentí mucho mejor. Subí de inmediato al segundo piso a escribir el anuncio de la página que iba llevar a nuestro periódico local. El teléfono sonó. La publicista de mi editorial de Nueva York me dijo que había conseguido que apareciera en un programa nacional de entrevistas para la televisión en Los Ángeles, a la mañana siguiente. Me preguntó si podía hacerlo con tan poco tiempo de anticipación. Le dije: —Sí, por supuesto —y colgué, pensando que invitaría a toda la nación a venir a España con nosotros, y así quizá miles y miles de personas de todo el país podrían cruzar el gran océano hasta España.

Todo estaba saliendo perfecto, como me había dicho ese viejo indio con regios atuendos en la Pequeña Pradera de las Rocas que

Ríen. Dios mío, Dios-Diosar, Aquí, en este Lugar Santo y Sagrado de Vivir la Vida, ¡NO HABÍA ACCIDENTES! No. ¡Todo, todo, todo era PARTE DE LA CREACIÓN CREANDO POR SIEMPRE!

Llevaba dos semanas de viaje. Mi última parada era en Sacramento. Comencé mi charla preguntándole a la gente con voz poderosa: —¿SON USTEDES GENIOS? —Luego pregunté—: ¿se pueden imaginar cinco mil AÑOS de paz y armonía en el mundo? —Cuando terminé, invité a todos a venir a España con nosotros. —Vamos a reunirnos con Juan Carlos, el rey de España, y cambiar EL CURSO DE LA HISTORIA HUMANA, ¡y lo único que tenemos que hacer todos es comenzar a GENIAR juntos para que podamos conseguir este milagro de MILAGRAR!

Entonces, les conté la historia de los dos indios grandes en Portland, y cómo todos me habían enviado sus abuelas para que me ayudaran durante el sueño, incluyendo una niñita rubia cuya abuela todavía no había muerto pero, según ella, era bastante vieja.

¡La gente se reía estrepitosamente!

El productor de uno de los nuevos equipos de televisión que cubría mi charla se me acercó cuando terminé.

—Hola, mi nombre es Adrian Woodfork. Soy el productor que cubre nuestros eventos. Dígame, ¿habla en serio? ¿De verdad piensa ir a España a plantar una bandera de paz y perdonar al rey Juan Carlos? —preguntó.

—Por supuesto —le dije.

—¿Cuándo se va?

—Oh, supongo que el domingo antes del Día de Acción de Gracias, lo cual nos daría unos cuantos días antes de la ceremonia de la bandera para el jueves.

—Me gustaría ir con usted —dijo—, y llevar un equipo de filmación conmigo.

—¡Me encanta la idea! ¡FANTÁSTICO! Adrian Woodfork, ¿no es así?

—Sí, Adrian Woodfork —dijo. Era negro, medía casi dos metros, con una hermosa presencia, en cierto modo, gentil.

—Bien, Adrian, ven a vernos el sábado a Oceanside y planea pasar la noche con nosotros. Tendremos una deliciosa comida mexicana, ¡y fantásticas margaritas hechas con limones frescos y buen tequila!

—Suena bien —dijo—. Pero tengo que hablar con mi canal, para ver si cubren nuestros gastos —añadió.

—Está bien, entonces hazlo —dije.

—¿Sabe Juan Carlos que vas para allá? —preguntó.

Me reí. —¡Ah, claro! El tipo con el que hablamos en la Embajada de España, en Washington, casi se muere del susto con lo que le dijimos. Ha llamado dos veces diciéndonos que no podemos ir, pero le dije que no dependía de él. DEPENDÍA DE NOSOTROS. ¡De toda la gente en el mundo entero de la que ellos habían abusado y masacrado en nombre de LA CODICIA Y LA IGLESIA!

Me miró perplejo: —¿Quieres decir que de verdad se lo dijiste a alguien en la Embajada de España?

—¡Sí, por supuesto!, ahora sé a quién me recuerdas un poco —le dije al productor de televisión—. Me recuerdas a *El principito*. Es un libro de niños, pero no realmente para niños. ¿Lo conoces?

Todo su rostro se iluminó. —¿¡Que si lo conozco! ¡Es uno de mis libros favoritos de toda la vida!?

—Pues bien, desde que te vi por primera vez, tuve la sensación de que ése es quien verdaderamente eres. Tienes un cierto brillo a tu alrededor. ¿Sabes a lo que me refiero?

—¡Sí! —dijo con gran alegría—. Así es como siempre me he sentido en mi interior, como el niñito de ese libro.

No podíamos dejar de sonreír. Nos habíamos electrificado mutuamente y ahora ambos brillábamos.

Finalmente, dije: —¿Te importaría si no te llamo Adrian, sino más bien Principito?

—¡OH, NO! ¡ME SENTIRÍA HONRADO! —dijo.

Nos abrazamos, y cuando iba en el avión de regreso a casa, distribuí copias del artículo del periódico del *Sacramento Bee*, sobre nuestro futuro viaje a España para la primera ceremonia oficial de la bandera en 1992. Y luego, no sé por qué, le dije a todo aquel que me escuchaba a bordo, que regresaríamos a España en el 2012 a reactivar el Campo de Energía, cincuenta y dos años después de los sesenta.

—Los sesenta —añadí—, fue la primera onda de cambio mundial de frecuencias musicales vibratorias, ¡sacándonos colectivamente de veintiséis mil años de energía masculina agresiva y entrándonos a veintiséis mil años de energía armoniosa femenina!

No podía creer lo que salía de mi boca, sin embargo, lo que dije tenía mucho sentido para mí.

Unos cuantos días después, me invitaron a Nuevo México a un evento muy grande y formal, en donde conocería al gobernador y recibiría un premio muy importante. Estaba muy nervioso. Le pedí a mi hermana Teresita que viniera conmigo. Lo hizo. El día antes del evento, rentamos un carro y nos fuimos al norte de Santa Fe a visitar a algunos de sus amigos artistas. No estaban en su casa, por lo que mi hermana dio una caminata por una pequeña loma cercana, mientras yo tomaba una siesta en el carro.

De repente, regresó llorando y tan alterada que no podía hablar. De vuelta, en la habitación del hotel, finalmente se calmó lo suficiente para decirme lo que había ocurrido.

— Iba caminando del otro lado de la pequeña loma —dijo—, cuando comencé a escuchar voces de personas gritando y llorando. Miré a mi alrededor y no había nadie, entonces parpadeé y miré de nuevo, y justo frente a mí, vi un montón de conquistadores con escudos formando en fila a unos indios encadenados entre ellos, ¡y los forzaron a ver cómo mataban a sus esposas y niños ante sus propios ojos!

—¡LO VI, HERMANO! ¡REALMENTE, LO VI! ¡Yo era una de esas mujeres! ¡Nuestra Madre Tierra no olvida! ¡Ella es una MADRE REAL, VIVA Y PALPITANTE! ¡Y está llorando de dolor, sintiendo todas esas cosas horribles que nosotros, sus hijos, nos hemos hecho mutuamente!

Tomé a mi hermana en mis brazos. Estaba temblando, estremecida, con espasmos ante sus emociones. De repente, recordé a Juan Corona y lo vi en la orilla del río escuchando los gritos de las mujeres y los niños que los buscadores de oro habían asesinado. Como un poseído, Juan Corona levantó su machete golpeando a un estadounidense tras otro, ¡con todo su poder! ¡Oh, toda nuestra Madre Tierra estaba cubierta DE SANGRE Y ACECHADORES RECUERDOS!

—Hermano —Teresita decía—, todo era tan claro y real como verte a ti frente a mí. ¡Nuestra Abuela Tierra está bendiciendo nuestro viaje a España! ¡Ella dice que es hora de que toda la humanidad comience a vivir en nuestro Lugar Sagrado natural de amor, armonía y paz PARA TODOS!

Seguí abrazando a mi hermana: juntos lloramos y lloramos; esa noche, no tuve dificultad en hablar en el evento de gala. Primero, hablé de *Lluvia de Oro;* les conté sobre mi visión en Portland y luego sobre la visión de mi hermana justo al norte de Santa Fe.

—¡Nuestra Abuela Madre está llorando de dolor! —dije—. Ella quiere que todos nosotros nos pongamos de pie, como ese indio grande allá en Portland, nos toquemos nuestros pechos, Y ARRANQUEMOS NUESTROS CORAZONES, ENTREGÁNDONOS SÓLO AMOR, AMOR Y MÁS AMOR MUTUAMENTE, ¡y a ella y al Abuelo Cielo! ¡Y PODEMOS HACERLO! ¡PODEMOS! ¡Celebrando un Día de Acción de Gracias y de aprecio por todo lo que tenemos, en vez de querer siempre más y más, como niños consentidos! ¡En verdad, todos somos UNA SOLA RAZA! ¡UNA FAMILIA extendida por el mundo, y todos somos buenas personas una vez que superamos la codicia, los estereotipos, los reproches y las acusaciones!

—Nadie vio más violaciones y asesinatos, ni pasó más hambre que mis padres durante la Revolución Mexicana y, sin embargo, nunca se amargaron ni se dejaron derrumbar. ¿Por qué? Porque sus madres indias siempre los llevaban a la cama con el proverbio más importante de los indios mexicanos: ¡Y la vida, en verdad, en verdad, es OTRO MILAGRO CADA DÍA! ¡Así que vengan con nosotros! ¡Vamos a España y luego regresaremos el 2012, pero a toda Europa, no solamente a España! Seremos tantos, con EL AMOR DE LA ABUELA GUIÁNDONOS Y LA FUERZA DEL ABUELO SIGUIÉNDONOS AL FRENTE, que toda nuestra Conciencia Colectiva Global se DESPERTARÁ y finalmente, veremos que Aquí, en nuestro corazón de corazones, todos somos hermanos y hermanas, y tenemos una misión que cumplir: ¡SANAR A NUESTRA ABUELA TIERRA Y A NUESTRO ABUELO CIELO! ¡VAMOS JUNTOS A MILAGRAR COMO UNA FAMILIA UNIDA!

Recibí una ovación ferviente, y muchas personas dijeron que querían venir con nosotros a España, pero muchos dijeron no tener dinero para comprar el boleto de avión. Y, ¿qué salió de mi boca, antes de que siquiera pudiera pensar?

—No se preocupen —dije—. Pagaré todos sus boletos con mi tarjeta American Express. Según dicen, no tiene límite.

Autografié libros por más de una hora. Más tarde, mi hermana y yo íbamos saliendo por la puerta y atravesando el vestíbulo del hotel, cuando una mujer alta, rubia, muy bien vestida y con muchas joyas indias, se nos acercó corriendo.

—¡Quiero ir con usted a España! —dijo—. ¡Suena muy emocionante!

—Buenas noches —dijo mi hermana, que siguió caminando y me dejó solo con la mujer.

—¿Por qué? —le pregunté a la mujer, mientras observaba a mi hermana dirigirse a los elevadores.

—¿Por qué qué? —dijo.

—¿Por qué quiere venir a España con nosotros? No es una fiesta. Es una Jornada Sagrada.

—Sí, yo sé —dijo, mientras su pecho subía y bajaba cada vez que tomaba aliento—. ¡Me encantan los indios! ¡Me gusta todo lo de ellos: sus costumbres, su joyería y sus ropas coloridas!

En mis entrañas, sabía que esta mujer delgada y hermosa no era como el dueño de aquella tienda en Sedona, que promovía la venta de joyas hechas por los indios. No obstante, no quería emitir un juicio tan rápidamente, así que respiré profundo, intentando callar todos los instintos ¡qué EXPLOTABAN en mi interior!

—Está bien —dije—, llame a mi oficina y hable con..., ¿de dónde es usted?

—¿Se refiere que a dónde nací?

—Sí.

—En Nueva York, pero llevo viviendo aquí casi cinco años.

Vine a visitar a unos amigos de la Costa Este que se mudaron, pensando que eran unos tontos al venir a un desierto cultural como éste, pero me di cuenta lo equivocada que estaba y me enamoré de la cultura indígena. Comencé a fabricar joyería indígena y abrí una tienda en el centro de Santa Fe.

—Ya veo, ya veo —dije, comprendiendo que había dado justo en el clavo—. ¿Entonces ésa es la razón por la que usted quiere venir con nosotros a España, porque ama a los indios?

—Sí —dijo—. Pero usted no suena muy feliz con la idea de incluirme.

Contuve mi respiración.

Cerré mis ojos.

No sabía muy bien qué hacer, pero mi corazón comenzó a ¡RETUMBAR como un enorme tambor de guerra! —Mire —dije—, ¿puedo ser perfectamente franco con usted?

—Bueno, sí, por supuesto.

—No quiero que venga con nosotros a España.

Estaba perpleja. —¿Por qué no?

—¿Usted vende joyas hechas por los indios en su tienda? Y no me refiero a una pieza que mantenga en la parte de atrás de la tienda. Le pregunto si usted vende joyas hechas por los indios en su tienda y dice con orgullo "Fabricado por indios". Mire, cuando la veo, con su ropa fina, su joyería hermosa y su maquillaje, sólo veo a otra mujer blanca embaucando a mis hermanos y hermanas indios. No fue suficiente robarles sus tierras y matar a sus búfalos. No, ahora usted llega al Oeste con toda esta basura del amor y les roba su arte, después abre una tienda para vender su propia mercancía, robándoles el pan y la mantequilla de sus mesas, ¡y usted dice y pretende que los ama!

—¿Por qué cree que mi hermana se fue tan pronto la vio? ¡Piense! ¡Sea honesta! ¡Deje de hablar mierda! ¿Ya empezó a planificar lo que iba a ganar en nuestro viaje?

Quedó perpleja. —No tenía idea de que usted fuera tan colérico —dijo—. Quiero que sepa que de verdad tengo amigos indios.

—Sí, claro, por supuesto, sígase mintiendo todo lo que pueda —dije—. Pero, créame, una noche se va a despertar y lo que verá en el espejo no le gustará. ¡Buenas noches! ¡Que Dios la bendiga! ¡Adiós!

Me di la vuelta y me dirigí a los elevadores, respirando profundo a mi paso. Ay, mi Dios-Diosar, será que algún día aprenderé a ser un poco más diplomático. Al subir en el elevador, comencé a reírme. Demonios, digo, cielos, ¡*había* sido diplomático! No le dije que pude percibir su olor barato y asqueroso desde el momento en que se me acercó. Comencé a reírme a carcajadas. Sí, claro, ¡cada día me volvía más y más diplomático!

—¿Que hiciste qué? —Bárbara me preguntó perpleja cuando llegué a casa.

—Le dije a todos, incluso al camarógrafo, que vinieran a España con nosotros y que no se preocuparan por el dinero, que yo cubriría el boleto de avión y la habitación del hotel con mi tarjeta American Express.

—¿Y qué tal que cientos de personas acepten tu oferta? —dijo Bárbara—. ¡No podemos pagarlo! ¡Nos quedaremos sin dinero hasta que termines tu siguiente libro!

—Pero tenemos dinero ahorita mismo —dije.

—Aun así, ¡eso es para mantenernos hasta que termines tu libro!

—Está bien, está bien, entonces terminaré mi libro tan pronto regrese.

—Pero hace unos días dijiste que todavía te faltaba por lo menos un año más de trabajo.

Es cierto —dije—. Bueno, mira, hablaré con mi papá, con mi Ángel Guardián y con los Grandes Maestros y les pediré que me ayuden con mi escritura. Relájate, cariño, relájate. Todo es como se supone que debe ser.

Adrian Woodfork, el Principito, llamó. Sonaba muy molesto y me dijo que el canal de televisión les había dado los días de permiso a él y a su camarógrafo, pero no cubrirían sus gastos.

—Mi esposa y yo esperamos un hijo —dijo Adrian—, por lo que no podemos pagar mi boleto en esta ocasión. Tú tienes hijos. Sabes los gastos adicionales que eso involucra.

—No te preocupes —le dije al Principito—. Cubriré tus gastos y los de tu camarógrafo.

—¿Estás seguro?

—Sí, usaré mi tarjeta de American Express. Nosotros, todos nosotros, tenemos que tomar en cuenta el gran panorama de las cosas —añadí—, y no podemos permitir extraviarnos de la senda, ante las trivialidades de la vida.

—Quizá sea mejor que lo pienses —sugirió—, y lo consultes con tu esposa.

—¡Pura mierda! ¡Estoy harto de pensar y hablar, Principito! ¡Tenemos el mundo entero en nuestras manos! Sólo trae tu trasero aquí. ¿Está bien?

—Está bien —aceptó, y sonaba mucho mejor.

Entonces, comenzamos a reunirnos todos desde el sábado en el rancho de Oceanside, donde comimos una deliciosa comida mexicana y tomamos muchas deliciosas margaritas; y luego, el domingo, nos fuimos al aeropuerto de Los Ángeles y, con la precisión de un reloj, el tráfico se abrió ante nosotros para que llegáramos al aeropuerto con tiempo de sobra.

Nunca había comprendido realmente la cantidad de agua que hay entre el continente americano y Europa. Claro que lo había visto en los mapas, pero volar a través de toda esa cantidad de agua fue verdaderamente sorprendente. Una vez más, tenía una audiencia asegurada, por lo que pegué recortes de periódico en todos los baños del avión, la gente comenzó a hacerme preguntas y terminé dando una charla gratis. Antes de aterrizar, unas cuantas personas más se habían unido a nuestro grupo.

Pero, más tarde, en el aeropuerto de Madrid, no había nadie de la embajada española esperándonos, a pesar de que les habíamos dicho que iríamos y llevaríamos un productor de televisión y un "equipo completo de cámaras", refiriéndonos a nuestro gran camarógrafo. Me preguntaba, ¿no estaba el rey de España preparándose para que lo perdonáramos, perdonáramos a su país, y así cambiar el curso de la historia de la humanidad?

Algunos estaban desilusionados pero, demonios, digo, CIELOS, era domingo, todavía faltaban cuatro días para el jueves, el día de la celebración de Acción de Gracias de los Estados Unidos.

Nuestro hotel era muy viejo y las habitaciones eran pequeñas. El lunes por la mañana, el grupo quería hacer un recorrido turístico. Nunca había estado en España, y por lo tanto decidí apuntarme al plan. Me encantó. La ciudad era antigua y tenía callecitas hermosas y serpenteantes, como en las películas.

Bárbara, que había realizado un excelente trabajo al conseguirnos un paquete muy barato para nuestro vuelo y hotel, obtuvo también entradas con descuento para que fuéramos a un museo de arte famoso, muy antiguo, llamado El Prado, o algo así. Estaba distraído. No estaba prestando mucha atención. El rey no estaba devolviendo nuestras llamadas, estaba seguro de que él sabía que estábamos en la ciudad, pues le habíamos enviado los recortes del periódico.

En el museo, seguía a nuestro grupo viendo una pintura famosa tras otra. Después llegamos a una serie de cuadros ¡TAN INCREÍBLES, QUE QUEDÉ COMPLETA Y TOTALMENTE FASCINADO! Eran tres cuadros enormes de una jovencita hermosa con largo cabello rubio que corría de derecha a izquierda a través de un bosque de árboles altos, delgados, sin ramas ni hojas, excepto casi en la cima; soldados armados a pie con enormes sabuesos y un caballero que iba a caballo, con arcos y flechas y largas espadas, perseguían a la adolescente delgaducha y desnuda, mientras el caballero tenía una ¡LANZA ENORME Y AMENAZADORA!

Ella iba corriendo descalza, totalmente aterrorizada... y los hombres, ¡no eran chiquillos! No, eran soldados recios, y lucían muy serios y determinados, como si, de alguna manera, consideraran a esa chica delgaducha y frágil más peligrosa que un león o un enorme oso. Parecían ignorar por completo su temor y su inocencia. En el segundo cuadro le lanzaban flechas por la espalda; y en el tercero, el caballero estaba a punto de tirar su lanza sobre su pequeño cuerpo porque, obviamente, las flechas y las espadas no eran suficientes ¡para esta joven virgen, maravillosa y hermosa!

Mi grupo continuó, pero yo me quedé inmóvil.

El cuadro tenía varios siglos de vida y, sin embargo lucía ultra-moderno en la aplicación de los colores, los árboles largos y delgados, y el odio y el miedo absolutos que estos hombres armados manifestaban hacia esta hermosa e inocente niña. Mis ojos se llenaron de lágrimas; recordé la historia que mi papá me había contado una vez cuando su hermana Emilia, hermosa, delicada, delgada y pelirroja, había sido violada y golpeada tantas veces durante la Revolución Mexicana, que había quedado ciega a los trece años.

Como un rayo vinieron a mi memoria las violaciones y las masacres que mi madre había presenciado en su pueblo; y cómo a los nueve años había ayudado a su madre a esconder a sus hermanas mayores de catorce, dieciséis y diecisiete años, bajo el excremento de las gallinas, para que no las encontraran y no pudieran violarlas y matarlas. Y luego, cuando tenía diez años, mi mamá también tuvo que esconderse bajo un montón enorme de excremento de gallina para que no la encontraran y la violaran. Una y otra vez, mi papá me había dicho, desde que era muy pequeño, ¡que las madres y las hijas NUNCA GANABAN GUERRAS! ¡Eran los hombres estúpidos y sin corazón que creían que las guerras se ganaban!

¡Y este cuadro lo decía todo!

¡Este cuadro, en realidad, contaba la historia, en resumidas cuentas, de los últimos diez mil años en que los hombres han ABUSADO Y ATERRORIZADO A LAS MUJERES, A LO LARGO Y ANCHO DE LA TIERRA!

Esta pintura representaba la razón por la cual, incluso la Biblia, un buen libro, un libro sagrado, seguía culpando a las mujeres, y había convertido a Dios en un ser masculino y a las mujeres en el producto de la costilla de un macho, ¡PURA MIERDA! ¡Dios era todo, por lo que Dios-Diosar era TANTO MASCULINO COMO FEMENINO!

¡Ay, esta pintura era tan horrible! ¡TAN ESPANTOSA! ¡TAN CRUDA! ¡TAN REVELADORA! Luego pasó algo increíble: una chica muy hermosa de unos veintitantos años se acercó a observar los mismos tres cuadros que yo estaba observando, y... sonreía.

¡Me quedé perplejo!

¡¿Por qué una jovencita, sonreiría ante una pieza de arte tan terriblemente aterradora?! En ese momento, la obra de arte comenzó a hablarme. "Quedarás muy sorprendido", me dijo el cuadro.

"¿Quién eres?", pregunté mentalmente.

"El artista", me dijo el cuadro.

"Está bien. Continúa. Escucho".

"Pregúntale por qué sonríe", me dijo el pintor. "Ándale, pregúntale. Quedarás atónito".

—Excúseme —me dirigí en español a la hermosa chica de cabello oscuro—, veo que sonríe ante esta serie de tres cuadros, y me pregunto qué es lo que a usted la hace sonreír.

—¡Ah! —respondió muy emocionada—, soy estudiante de arte y es la primera vez que logro ver esta maravillosa pintura. ¡Es mundialmente famosa!

—¿Lo es? —dije—. Está bien, ¿pero por qué sonríe?

—Porque, como le dije, soy estudiante de arte a punto de graduarme —añadió con alegría—. Si ve estos tonos rojos aquí y allá, en esa época no poseían la forma ni los medios modernos de conseguir un rojo tan vibrante; además, las hojas de los árboles son tan reales, con tanto detalle, que toda esta pintura parece un milagro de composición, ejecución y material.

—Está bien —le dije, viéndola tan feliz y maravillada ante su conocimiento—. Pero, de todas maneras, me pregunto: ¿por qué está sonriendo? ¿Qué piensa sobre los personajes del cuadro?

—¡Ah, también son magníficos! —declaró—. Su cabello, la forma en que fluye con tanta naturalidad, el movimiento de sus cuerpos, tan exacto, tan perfecto y...

Siguió y siguió hablando, y yo la escuchaba, sin creer que pudiera continuar sin tratar por un segundo el tema de lo que estaba ocurriendo en los tres cuadros.

—Excúseme —le dije, finalmente, interrumpiéndola—, no es mi intención ofenderla, pero sería posible que por un momento dejara a un lado todo su conocimiento sobre el arte y solamente observara a las personas, a todas las personas en estos tres cuadros, y viera lo que están haciendo. La chica está siendo perseguida por hombres armados de derecha a izquierda. Es muy joven, está desnuda e indefensa, sin embargo, ¿qué es lo que están haciendo estos hombres armados, con sus perros enormes, y qué es lo que está tratando de hacerle el caballero armado?

La chica abrió la boca, sus ojos se agrandaron, se cubrió el pecho con sus brazos abiertos, ¡y se quedó sin aliento ante el HORROR! ¡AY DIOS MÍO! —gritó en español—. ¡Están tratando de matarla! ¡Es terrible! —las lágrimas comenzaron a brotar por sus ojos.

—¿Y usted nunca había visto esto antes? —le pregunté.

Negó con movimientos fuertes de cabeza. —No, por supuesto que no —dijo—. Mis padres son maestros y, desde que puedo recordar, me han enseñado a ver y a valorar el arte, la música y... ¡ay, ESA POBRE NIÑA! Y esos hombres armados con sus grandes sabuesos y...

La chica no podía dejar de llorar.

—¿Quiere que la abrace? —le pregunté.

Comenzó a decir que no, pero luego se me acercó. —Sí, por favor— dijo.

La tomé en mis brazos, mientras ella lloraba y lloraba. Las personas de mi grupo regresaron, sin duda para saber qué me había ocurrido, y cuando me vieron abrazando a una chica joven y hermosa que no podía parar de llorar, seguro se preguntaron qué habría hecho yo ahora. Pero les hice señas de que se fueran y seguí abrazando a la niña y, entonces, por primera vez en mi vida, logré entender por qué las monjas, mujeres buenas e inteligentes, pueden convertirse en seres tan malvados y crueles; y cómo los sacerdotes, hombres idealistas, ¡pueden afianzarse tanto a sus formas de vida que se convierten en MONSTRUOS! ¡Esta chica había sido completamente EDUCADA LEJOS DE SU CORAZÓN Y DE SU ALMA! ¡Su mentalidad, su cerebro crítico, se habían convertido en la única forma de VER EL MUNDO!

Le entregué mi pañuelo blanco limpio, que mi madre me había enseñado a llevar siempre conmigo. Me agradeció y se secó los ojos.

—Jamás volveré a ver el arte de la misma forma —dijo—. Ahora comprendo que toda mi vida había observado el arte como una alumna, desde un punto de vista intelectual, e incluso mi amor por el arte ha sido, ¡AHH DIOS MÍO, ESTO ES TAN REVELA-DOR ¡gracias, MUCHÍSIMAS GRACIAS!... Eva Magdalena de Chávez —añadió, extendiéndome su mano.

—Víctor Villaseñor —dije, tomando su mano—. Encantado de conocerla. Soy de California. Vinimos con un grupo a visitar al rey de España, para así perdonarlo a él y a toda España por sus agresiones sobre todo el mundo.

—Entienda, es el miedo que los hombres sienten hacia las mujeres, como esta pintura representa de forma tan perfecta, lo que ha influenciado en las religiones y los gobiernos del mundo entero, separándonos deliberadamente de nuestros corazones y de nuestras almas, para que no podamos ver lo que en realidad estamos haciendo —respiré profundo—. ¿Me hago entender?

Se encogió de hombros. —No sé. Bueno sí, de alguna manera, ahora que veo esta pintura de una forma tan distinta. Por favor, siga.

—Bueno, verá, nuestro grupo vino a España este año para ayudar a cambiar el flujo de la historia masculina basada en el miedo, y no solamente salvar, sino *empoderar* a todas las jóvenes inocentes, como la que está en el cuadro, incluyendo a Eva, allá en el Paraíso. Necesitamos equilibrar nuestra idea de un Santo Creador masculino y femenino, porque solamente habrá paz en la Tierra cuando veamos a Dios también como Nuestra Madre. Y, ¿cómo hacemos este milagro de milagros? Muy simple, teniendo un día de agradecimiento. No pidiéndole a Dios lo que él o ella pueden hacer por nosotros sino, más bien, pidiéndole a Nuestro Padre Sagrado, Madre Bendita, lo que podemos hacer para ayudarlo o ayudarla. Venga con nosotros el jueves a celebrar nuestra cena de Acción de Gracias aquí, en Madrid, por la armonía y la paz mundial. Traiga a su familia, amigos y compañeros de estudios.

—¿En dónde será?

—Todavía no sé muy bien. Estaba esperando que el rey nos ayudara y nos diera una idea. Estoy comenzando a pensar, no, a sentir, que debimos habérselo pedido a la reina o, mejor aún, a las madres de los dos. Esta es la tarjeta de nuestro hotel. La mayoría de nosotros nos quedamos ahí. Llámenos, ¿bueno?

—Claro que sí —dijo ella, usando mi pañuelo blanco de lino para secarse las lágrimas de sus grandes y hermosos ojos—. ¡Nunca lo había visto antes! ¡Dios mío, ¿cómo pude haber sido tan ciega?!

—No se juzgue tan duro —le dije—. Todos hemos sido programados para ver la realidad de una cierta manera. Aquellos que no pueden entenderlo, obviamente son los más programados de todos. Lo sé, yo estuve así la mayor parte de mi vida. Sólo respire suave y con calma y comprenda que este mundo entero es el Paraíso, aquí mismo, ahorita mismo, y todo está vivo en el interior del Aliento Sagrado, Viviente y Amoroso de Dios. Ésa es la razón por la cual el artista no pintó árboles reales. Deliberadamente, le quitó la vida a los árboles para mostrarnos que vivimos en un mundo de patrones y diseños y de fantasía, dos o tres lugares sustraídos de Vivir la Vida.

—¿Es usted crítico de arte?

—Oh no, para nada. Apenas si sé algo sobre arte. Sólo que, bueno, el arte me habla.

—¿Le habla?

—Sí, el arte está vivo en la medida en que el artista haya puesto su corazón y su alma en su obra, y este artista me ha estado explicando todo esto.

—Ya veo —dijo con un tono de voz diferente. Supongo que exageré un poco—. Le pediré… a un amigo que lo llame, y tal vez nos unamos a ustedes. Entienda que es inapropiado que una dama llame a un hombre a su hotel.

—Ah, sí claro —le dije, pero sabía que no llamaría. Le tomaría, literalmente años a su cerebro pensante procesar lo que acababa de ocurrir.

Ésa noche, me sentí tan abrumado por lo que acababa de ocurrir con esa joven estudiante de arte, que tuve dificultad para conciliar el sueño. ¿Significaba esto que España y Europa estaban tan afianzadas en su forma de ver las cosas, que había muy poca o ninguna esperanza para ellos de verlas fuera de su visión de siglos de guerras políticas y religiosas, y siquiera CONSIDERAR LA POSIBILIDAD, sólo la posibilidad, de armonía y paz mundial por cinco mil años? ¿Sería ésta también la razón por la que el rey no respondía nuestras llamadas ni telegramas? Nunca olvidaré los ojos grandes y hermosos de la chica, cuando finalmente vio lo que estaba ocurriendo en ese cuadro. ¡Había quedado ATERRORIZADA!

Al día siguiente, unos cuantos decidimos dar una vuelta por la ciudad en un autobús sin techo, y la respuesta me llegó rotundamente clara. Nuestro guía turístico era un hombre de unos treinta y algo de años, alto y apuesto. Hablaba inglés bastante bien y usaba un megáfono para dirigirse a nosotros, un grupo de unas treinta personas. Tenía un aire contundente de arrogancia, mientras nos contaba la historia de España y cómo ellos habían sido grandes agricultores, pescadores y guerreros. Desde el comienzo de los tiempos, su pueblo había sido una importante civilización incluso antes de los griegos y los romanos. Luego nos contó cómo los bárbaros insignificantes, moros de corta estatura, habían invadido España desde África del Norte, trayendo con ellos sus métodos paganos, incultos e ignorantes, pero que nunca habían logrado destruir el verdadero y noble espíritu del gran pueblo español.

No podía creer toda esta información errónea y las verdades a medias que nos estaba diciendo, entonces, finalmente, uno de nuestros compañeros, no perteneciente a nuestro grupo, le dijo a nuestro guía que siempre había creído que habían sido los moros los que habían traído los acueductos y las matemáticas a España, promoviendo una mayor educación .

Pues bien, nuestro guía casi se le lanza encima, diciendo: —Es el mundo angloparlante el que siempre ha distorsionado la verdadera historia de España, debido a la envidia de Inglaterra hacia nosotros. Si no hubiera sido por la gloriosa mano derecha de España, ¡gran parte del MUNDO CONOCIDO todavía seguiría lleno de paganos y de salvajes ingenuos! ¡España sola es responsable de haber educado a la mayor parte del globo! ¡Ésa es la VERDAD! ¡Y todos, excepto ustedes, los angloparlantes, ¡lo saben! Ahora, para continuar... —dijo, en un tono menos agresivo—, como les iba explicando, ¡para que puedan comprender la verdadera grandeza de España...!

Siguió hablando, pero estaba demasiado perplejo para seguir escuchando. Dios mío, ahora todo comenzaba a tener sentido. Ahora ya no me extrañaba que esa muchacha no hubiera sido capaz de ver los abusos en las tres pinturas, y no me extrañaba que nuestro maestro de español en la preparatoria, nos hubiera dicho que había sido bueno que los europeos hubieran esclavizado a los negros y erradicado a la mayoría del pueblo indígena del continente americano, porque los nativos del mundo no poseían una inteligencia que aportase algo a la civilización, por lo tanto, lo mejor que pudo ocurrir fue esclavizarlos o deshacerse de ellos.

Todo esto había sido muy bien documentado en mis libros *Burro Genius* y *Crazy Loco Love,* el racismo directo y monstruoso que he encontrado en nuestro sistema educativo estadounidense, un racismo que casi llegó a destruirme; no obstante..., también expliqué que si no hubiera sido por esos terribles abusos, ¡no me hubiera rebelado con tanta irreverencia hasta convertirme en escritor!

Ahora podía comprender claramente que el rey de España no vendría a vernos. No podía. Él, al igual que esta jovencita y mi antiguo maestro de español, estaba atrapado en una prisión de ignorancia, con siglos de antigüedad.

Sólo un rey muy valiente e ilustrado habría aceptado vernos. ¡Ahh, ahora podía comprender cómo España, con sus soldados y sacerdotes, había sido capaz de masacrar sin merced aldeas enteras de mujeres y niños en el Nuevo Mundo. Esas tres pinturas lo explicaban; y este guía alto, arrogante, ignorante, ruin y sin corazón era una más de esas víctimas con el cerebro lavado, como los soldados y el caballero de las pinturas.

A este guía, yo no iba siquiera intentar decirle algo, como lo había hecho con la estudiante de arte. Mi Dios-Diosar, cuando casi se le lanza encima al turista que iba con nosotros, que sólo le hizo una pregunta muy sencilla. Él tenía en su mirada enloquecida, la misma mirada de los soldados de las tres pinturas. ¡Estaba listo para matar, para masacrar en nombre de España! ¡Tuve que bajarme de ese autobús de inmediato!

Esa noche, todos querían salir a cenar, pero yo dije que *no*, pues necesitaba estar solo. Estaba tan confundido, dividido y perdido en mi interior, que no podía escuchar la Voz de mi Ángel Guardián ni la de mi papá. Me sentía vacío, agotado, insensible, y no tenía absolutamente la menor idea de qué iba a hacer para nuestra ceremonia, la cual se iba a llevar a cabo el jueves.

¡Ahh, QUÉ TONTO E INGENUO HABÍA SIDO AL SOÑAR que lo único que tenía que hacer era aparecerme en España, ver al rey, y cambiar el curso de la historia humana de la noche a la mañana.

¡Había perdido todas las esperanzas!

¡Me sentía totalmente impotente!

¡Me sentía PENDEJO Y ESTÚPIDO!

¡Éste era el fin, no había nada más que hacer! El rey Juan Carlos no iba a venir a vernos, muchísimo menos a pedir perdón en nombre de España.

¿Qué era lo que yo había estado pensando?

Tenían razón en la Embajada de España. Necesitábamos permisos y eso se tomaría años. ¡No, se tomaría siglos!

¿Qué cara iba yo a ponerles a mis dos hijos, a Bárbara y a todas las personas que habían venido con nosotros y que dependían de mí?

Comencé a llorar, sentí náuseas.

CAPÍTULO TRECE

Todos salieron a cenar temprano y yo me fui al cuarto de hotel. Era una habitación pequeña ubicada en una esquina, con dos camas minúsculas y una ventana muy pequeña que daba al noreste. Todavía no estaba completamente oscuro, pero aún así mi habitación tenía muy poca luz. Dormía con mi hijo Joseph. Bárbara y yo no dormíamos juntos desde nuestro regreso de Two Bunch Palms. Mi experiencia con los Siete Guías Indios verdaderamente nos había colocado en dos sendas distintas. Y yo no sabía si sería posible continuar por dos sendas tan distintas, y seguir juntos de todas maneras. ¡Todo lo que estaba ocurriendo era demasiado nuevo y absorbente!

Respiré muy profundo, solté el aire y me acosté con la ropa puesta en mi catre tipo ejército. Las lágrimas caían por mi rostro. Siempre he sido una persona que llora muy fácilmente pero, desde la muerte de mi padre, era como si llorar se hubiera convertido en mi forma de vida, así como estoy seguro que le ocurría al indio aquel de ciento cuarenta kilos, allá en Portland, a quien le caían las lágrimas como ríos por su rostro, cuando se había arrancado su corazón del pecho con ambas manos para entregármelo.

¡Ay, me sentía totalmente perdido!

¡No tenía idea de qué era lo que iba a hacer! Y todo el mundo venía a mí, en busca de guía. ¿En dónde "haríamos" nuestra ceremonia? ¿En dónde plantaríamos nuestra bandera de la paz? ¿Qué palabras diría? ¿Vendría o no el rey? ¡Ay, realmente, realmente necesitaba ayuda! ¡Cómo me gustaría que mi abuela, doña Margarita, y todas las Abuelas Gansas Blancos, vinieran ahora a hablar conmigo una vez más.

—O quién sabe —dije en voz alta—, a lo mejor llueve. Eso es, claro. Si llueve el jueves, tendré que cancelar todo.

¡Comencé a reírme a CARCAJADAS! ¡Ésta era una idea típica de Charlie Brown! ¡Carlitos, el de las tiras cómicas de "Peanuts", era mi personaje favorito! ¡Y Aquí, yo creyendo que me estaba iluminando! Ah, podía ver que seguía dudando en mi pobre mente, como Santo Tomás, cuando me sentía presionado. Todavía me quedaba un largo camino antes de comprender verdaderamente a Papito Dios y al Mundo Espiritual, como mis dos *mamagrandes*. Estas fabulosas mujeres habrían sabido exactamente qué hacer con todos esos milagros que me habían estado regalando recientemente.

Qué importaban realmente los barrancos y las autopistas, y todos esos asuntos milagrosos que había recibido, a menos que pudiera AHORITA MISMO, AQUÍ MISMO, saber cómo poner en acción nuestros trece sentidos, nuestras Herramientas Naturales para Genio-Jesusar y lograr esta misión.

¡Ahh, YO ERA UN FARSANTE!

¡ERA UN ABSURDO!

Sí, claro, la roca de un barranco se convirtió en escalera. ¿Y, qué?

¿A quién le importaba un bledo que yo llegara milagrosamente del punto X al punto Y en las autopistas de Los Ángeles, durante la hora de tráfico pesado, en una cuarta parte del tiempo normal?

Entonces, detuve todos mis pensamientos y respiré profundo.

—Esto es en serio —dije en voz alta—. Después de todo, mi *mamagrande* Doña Guadalupe, me enseñó que todos somos estrellas andando, y que Dios-Diosar, Santo Padre, Madre Sagrada, depende de NOSOTROS para ayudarle a plantar su eterno Jardín Sagrado. Así que, en verdad, a menos que me recupere y atraiga todos esos regalos milagrosos que he estado recibiendo últimamente, y demuestre que los milagros son de verdad nuestra norma, nuestro pan de cada día, nuestra forma de vivir, y que el Todopoderoso está AQUÍ MISMO, AHORITA MISMO, CON NOSOTROS PARA SIEM-PRE, ¡entonces, de veras, soy un completo farsante!

¡Mi corazón ESTALLABA!

Finalmente, ¡había tomado el toro por los cuernos y lo había dicho en voz alta!

¡Le había hecho frente a las cosas y había expresado todo en palabras! Y ahora podía ver claramente que, en realidad, sí necesitamos las palabras; tenemos, verdaderamente que alinearnos con las palabras, antes... ¡antes de poder ir MÁS ALLÁ de las palabras!

Al decir esto, habiendo puesto todo en palabras, como había hecho cuando hice mi juramento ante Dios de que me convertiría en un escritor tan bueno o mejor que Homero, allá en los bosques de Wyoming, pude darme cuenta que ese jovencito de la primavera de 1960, ¡ya no existía!

¡Así como ya no existían los sesenta!

Y yo estaba vacío, perdido y además, ¡CAGADO DEL MIEDO!

Las lágrimas seguían fluyendo por mi rostro. Ya no tenía lo que se necesitaba para lograrlo.

—Querido Señor Dios-Diosar —dije—, ¡necesito ayuda! ¡MUCHA AYUDA! ¡ES EN SERIO!

Debí haberme quedado dormido, porque cuando me di cuenta, me despertó el aroma maravilloso de flores silvestres, y tuve la sensación extraña de que no estaba solo. Abrí mis ojos, y del otro lado del pequeño cuarto, al lado de la ventana estrecha y diminuta, estaba de pie un hombre resplandeciente. Pero no brillaba como el Arcángel en Chicago. No, ¡BRILLABA CON UN PODER TAN SUBLIME, QUE LA LUZ QUE EMANABA ILUMINABA TODA LA HABITACIÓN!

No supe qué pensar, mucho menos qué decir o hacer.

Quizá se trataba de un sueño. ¡Sí, debía ser un sueño!

Respiré, y respiré aún más. Percibiendo el aroma celestial de las flores silvestres, y mientras respiraba, vi que la Luz de este hombre expandía su brillo. Era como si mi respiración de alguna manera se conectara con la Luz resplandeciente de su brillo. Comencé a sentir calidez, como cuando uno siente el calor del Padre Sol; pero era diferente al sol, pues esta Luz brillante, resplandeciente y cálida, no le hacía daño a mis ojos. No, era una Luz brillante y cálida, a la vez suave y gentil.

DE REPENTE, SUPE CON CADA CÉLULA DE MI SER que se trataba de JESUCRISTO MISMO, ¡era él quien estaba al otro lado de la habitación!

¡ME QUEDÉ SIN ALIENTO!

¡ME FROTÉ LOS OJOS!

Miré de nuevo y pude notar que Jesús flotaba a unos sesenta centímetros del piso, y que afuera, detrás de él en la ventana, la oscuridad era total. ¡Era ÚNICA Y EXCLUSIVAMENTE SU BRILLO EL QUE LLENABA TODA LA HABITACIÓN CON CALIDEZ, LUZ Y EL AROMA CELESTIAL DE LAS FLORES SILVESTRES!

Me sostuve recostado sobre mis codos, seguí respirando y percibiendo este aroma de flores, y vi que Jesús no era muy alto ni tenía una apariencia inusual. Era moreno, tenía una barba cerrada castaña oscura y el cabello largo y ondulado. Sus ojos sí eran especiales. Eran grandes, de color café y cristalinos, como un estanque profundo y pacífico, y tan LLENOS DE AMOR que mi corazón no estallaba. No, mi corazón estaba en paz.

Sonreí.

Él sonrió.

Ni en mil años me hubiera imaginado que Jesucristo mismo hubiera venido a mí en mi hora de necesidad. Y, no obstante..., Aquí estaba, ofreciéndome su calidez, su brillo sutil, su Luz y ese aroma celestial de flores silvestres.

Me reí, él se rió, y supe con todo mi ser que Jesús había estado siempre Aquí conmigo, con ustedes, con todos nosotros, ¡POR SIEMPRE JAMÁS!

Después de todo, había sido él quien dijo que el Reino de los Cielos está en nuestro interior, por supuesto, que eso significa que él está siempre, por siempre jamás, Aquí mismo, ahorita mismo, ¡con todos y cada uno de nosotros!

Claro, asimismo como Harry y Jack me habían dicho en Nashville: un *ser humano* era un verbo, y *Ser Supremo* también era un verbo, por eso todos nosotros estamos verbando Juntos con Dios-Diosar, con cada Aliento Sagrado que, nosotros, como pájaros Wee Wee, ¡inhalamos en un parque de niños felices, riendo y gritando de felicidad! ¿Cómo podría ser de otra manera? ¡Somos parte de la fabulosa SINFONÍA DE LA CREACIÓN CREANDO!

Lágrimas de alegría caían de mis ojos. ¡Ahora todo tenía mucho sentido! Me vi en retrospectiva, allá en Wyoming, en la primavera de 1960, ¡rodeado de verdes lomas y montañas con la cima cubierta de nieve a la distancia!

¡Nunca he estado solo! ¡Ni en ése entonces! ¡Ni ahora! ¡Nunca! Había sido un tonto en dudar al igual que Tomás.

Jesucristo, mi hermano mayor, siempre ha estado conmigo, hablándome, guiándome, amándome, a través de mi papá, a través de mi Ángel Guardián.

Lo que había ocurrido, ahora, y en aquel momento, era que mi pequeño y precavido "cerebro pensante" había tomado el mando, y ahora podía ver claramente que nuestro Mundo Espiritual de Dios-Diosar venía a nosotros cuando nuestros corazones y nuestras almas entraban en acción e iban mucho más allá de las palabras; más allá de los pensamientos, ¡más allá de las reglas impuestas por el hombre, de las leyes, fronteras, naciones, política y religiones!

Simplemente, ¡DIOS-DIOSAR ERA PURO AMOR!

¡PURA LUZ!

¡CALIDEZ PURA QUE TE IMPREGNABA LAS ENTRAÑAS!

Y ésta era exactamente la razón por la que Dios-Diosar había enviado a Su Hijo dos mil años antes, y lo estaba enviando de nuevo, ahorita mismo, Aquí mismo, para ayudarnos a convertirnos en GANSOS BLANCOS AMOROSOS Y CÁLIDOS, VOLANDO EN FORMACIÓN DE V, CON LOS NIÑOS Y LAS MUJERES GUIÁNDONOS, Y LOS FUERTES MACHOS SIGUIÉNDOLOS AL FRENTE!

¡Ahh, ahora veía claramente, que nosotros, como pájaros Wee Wee, como Niños Gansos Blancos, lo que tenemos que hacer es respirar, reír y jugar, para darle vida e iluminar nuestra Conexión con Dios-Diosar!

Lágrimas de felicidad caían por mi rostro. ¡Ya no me sentía confuso ni perdido!

No, una vez más me sentía Completo, cálido y bien, y entonces vi a Jesús hacerse cada vez más y más oscuro, y su túnica cambió también de color, y ahora era una negro africano con una túnica de un color rojizo muy sencillo. Luego, Jesucristo, empezó a aclararse cada vez más, y su túnica cambió de color de nuevo, y era asiático, con cabello largo negro y liso, y una túnica de un amarillo brillante. Después comenzó a cambiar y a cambiar, y era rubio, de apariencia europea, y su túnica era de un tono azul pálido.

¡INSTANTÁNEAMENTE COMPRENDÍ TODO!

¡JESÚS-GENIAR acababa de llevarme A TRAVÉS DE TODA LA HUMANIDAD en color, ropaje y características faciales!, para demostrarme que ¡ÉL era NOSOTROS! ¡CADA UNO DE NOSOTROS!

Contuve la respiración.

Respiré.

Jesucristo regresó entonces a su color de piel original, moreno claro; me miré y vi mis propias manos y brazos, y de repente comprendí que su piel Santa y Sagrada tenía exactamente el mismo color que el mío.

¡¿Es decir, Jesús era yo?!

¡Ahh, mi Dios-Diosar, ASÍ ERA! ¡Realmente, ASÍ ERA!

Mirándome, me ofreció la sonrisa más gentil y hermosa que hubiera visto; luego se tocó su pecho, convirtiéndose en parte en el enorme indio de ciento cuarenta kilos allá en Portland, y ahh, mi Señor Dios-Diosar, él también sacó de su cuerpo su corazón palpitante ¡Y EXTENDIÓ SUS DOS MANOS, ENTREGÁNDOME SU CORAZÓN SANTO Y SAGRADO!

¡Las lágrimas EXPLOTABAN de mis ojos!

¡Ahh, era ABSOLUTAMENTE MARAVILLOSO!

¡JESÚS me estaba entregando, a MÍ, A USTEDES, A TODOS NOSOTROS, SU CORAZÓN SANTO Y SAGRADO!

Por consiguiente, eso significaba que Jesús nos amaba y creía en nosotros, en lo que estábamos haciendo, y que él había venido a nosotros en muchas formas por todo el mundo, para unirnos como UN SOLO PUEBLO, UNA RAZA, UNA FAMILIA, ENSEÑÁNDONOS A AMAR Y A PERDONAR, ¡como lo había hecho incluso mientras los clavos atravesaban su carne!

Y ahora comprendía por qué mi papá siempre me había dicho, que su madre le decía que habían sido los hombres que habían creído que Jesucristo había venido a la Tierra a salvarlos de sus pecados. ¡NO LAS MUJERES! Porque las mujeres sabían con cada célula de su ser, que Jesús había venido a la Tierra a darles ¡CORAZÓN, AMOR Y LUZ, Y CALIDEZ A LA HORA DE DAR A LUZ!

Respiré profundo y sentí, vi que Jesús me estaba diciendo que yo también tenía que perdonar a nuestro guía turístico. Porque él tampoco sabía lo que hacía y estaba perdido, era un niño asustado muy en lo profundo de su Vientre de la Creación, como cientos de millones de personas en todo el mundo, sólo esperando que los toque la LUZ Y LA CALIDEZ DE JESÚS-GENIAR: ¡a nosotros, a ustedes, a mí, como pájaros Wee Wee!

Me levanté de la cama y atravesé la habitación: Jesús no se movió ni desapareció. ¡Solamente me envió su amor con su Sagrado Corazón extendido en sus Santas manos!

—Gracias, Señor Dios Jesús —dije.

—Gracias, hermanito— me dijo.

Sonreí y continuamos de pie cara a cara, ¡Aquí mismo! ¡Ahorita mismo! Por siempre y para siempre, y tenía la sonrisa más hermosa y gentil que yo hubiera visto.

Una vez más, ¡supe exactamente lo que tenía que hacer!

Simplemente, entregarme y relajarme, como había hecho en Los Ángeles durante la hora de tráfico pesado.

Simplemente, entregarme y dejar que la Luz y la calidez de Jesús-Geniar me llegaran sin ninguna resistencia... ¡ahora sabía exactamente lo que tenía que hacer!

De repente, me sentí agotado y tuve que acostarme.

Jesús desapareció y la habitación quedó oscura de nuevo, excepto por la tenue luz de la calle que llegaba a través de la pequeña y estrecha ventana, crucé la habitación y me acosté. Dormí tan profundamente que no escuché llegar a mi hijo Joseph esa noche.

En la mañana, incluso antes de despertarme, pude escuchar nuestra Canción de los Gansos Blancos como un parque lleno de niños felices gritando, ¡mientras volaban a través de nuestro cielo en formación de V justo por encima de nuestra Abuela Tierra!

Al escuchar nuestra Canción de Gansos Blancos, como pájaros Wee Wee, me levanté y convoqué una reunión, sin detenerme en miramientos. La gente podía pensar lo que quisiera. Yo mismo, ya no estaba "pensando". ¡Estaba totalmente, totalmente ENTREGADO!

—Ayer, ¡estaba PERDIDO! —Le dije a nuestro grupo cuando se reunieron en el vestíbulo del hotel—. ¡Ya no sabía qué hacer! ¡Era como si hubiera perdido la energía para mantenerme en la Visión que había recibido en Portland, de parte de nuestras Abuelas Gansas Blancas! Pero, entonces, anoche, Jesucristo vino a mi habitación—. Observé a las personas para ver cómo recibían lo que estaba diciendo. Unos cuantos estaban tranquilos, pero muchos parecían agitados. A pesar de esto, no dejé que me alterara. No, sólo cerré mis ojos y seguí hablando.

—JESÚS VINO A MÍ ANOCHE CON TAL PODER QUE ILUMINÓ TODA MI HABITACIÓN, Y DE REPENTE, ¡LO SUPE TODO DE NUEVO! Simplemente, sin rey o con rey, nosotros, como pájaros Wee Wee, nuestros propios Ángeles Gansos Blancos, ¡vamos a plantar nuestra Bandera del Perdón y la Paz, y celebrar nuestra cena de Acción de Gracias!

—¡Hace dos mil años, Jesús no esperó ni que sus compatriotas judíos ni los romanos aprobaran su Santa Obra! Y Gandhi no esperó a Inglaterra, ni Martin Luther King esperó a los Estados Unidos, ¡ASÍ QUE NOSOTROS TAMPOCO VAMOS A ESPERAR A ESPAÑA!

¡Al demonio, quiero decir, AL CIELO CON SUS PERMISOS! Las leyes y los gobiernos jamás, jamás han sabido ¡DE LO QUE SE TRATAN REALMENTE LAS COSAS! De lo que realmente se han tratado siempre las cosas, y seguirá siempre siendo todo respecto a ¡USTEDES, YO, NOSOTROS, COMO PÁJAROS WEE WEE, EL PUEBLO!

—Y cuando nosotros, como pájaros WEE WEE, EL PUEBLO, TOMEMOS LA RESPONSABILIDAD Y GUIEMOS, ¡nuestros líderes nos SEGUIRÁN AL FRENTE! Porque cada uno de nosotros, las personas ordinarias del mundo, hicimos un pacto Santo y Sagrado con Dios-Diosar, antes de atravesar el cielo reuniendo polvo de estrellas, para plantar Aquí en nuestra ABUELA TIERRA PARA EL JARDÍN ETERNO DE DIOS-DIOSAR!

—¡El rey Juan Carlos no es nadie comparado con lo que somos cuando nos Enfocamos con Determinación! Porque todos unidos, nosotros, como pájaros Wee Wee, nuestros propios Ángeles Gansos Blancos, somos UNA RAZA, UNA FAMILIA, ¡Y SOMOS LA FUERZA DE LUZ Y AMOR DE LA CREACIÓN CREANDO!

Hubo un centello de una cámara. Alguien estaba tomando fotos de nosotros, y no pertenecía a nuestro equipo de televisión de Sacramento. Pero lo ignoré y continué.

—¡Jesús tomó CON AMBAS MANOS SU SAGRADO CORAZÓN Y ME LO ENTREGÓ! ¡Al igual que en esas santas imágenes que las monjas suelen entregarnos en la escuela católica! —las lágrimas salían a borbotones por mis ojos—. ¿Me escuchan? Jesucristo tomó con sus dos manos SU CORAZÓN Y ME LO ENTREGÓ, ¡AL IGUAL QUE ESE GRAN INDIO ALLÁ EN PORTLAND! Esto significa que Jesucristo nos apoya, ¡Y QUE LA PAZ Y LA ARMONÍA DEL MUNDO YA SON UN HECHO! ¡UN HECHO CONSUMADO! ¡ESCRITO EN LAS ESTRELLAS! ¡Y establecido en nuestro Reino Colectivo de Diosar!

¡La gente aplaudió!

¡De repente, pude ver que nosotros como grupo, acabábamos de SALTAR a una nueva Conciencia! ¡A un Sueño completamente nuevo de Ser! Y nosotros, como pájaros Wee Wee ¡éramos ahora la bandada de Gansos Blancos con la que yo había volado en Portland!

Miré a mi alrededor. ¡Todos RESPLANDECÍAMOS y teníamos enormes alas blancas!

La cámara en la parte de atrás seguía DESTELLANDO. Vi dos hombres en trajes oscuros tomándonos fotos. Luego no pude creer la pregunta que alguien hizo.

—¿En verdad Jesús se le apareció en su habitación? —preguntó alguien de nuestro grupo en un tono de duda despectiva.

Comencé a enojarme, pero, acto seguido, me vi de nuevo en la Pequeña Pradera con las Rocas que Ríen, desnudo sobre la tierra, con una erección, mientras miraba al Padre Cielo. ¡Comencé a reírme! ¿Qué tan ridícula podía LLEGAR A SER UNA PERSONA ILUMINADA?

—Sí —dije, riéndome con gusto—. Jesús realmente se me apareció en la habitación.

—¿Y qué aspecto tenía? —preguntó alguien más en el mismo tono.

No pude dejar de reírme, estaba muy feliz. ¡TAN, TAN FELIZ!

—No tan inusual —dije—. Piel morena, barba y cabellos oscuros; entonces, ocurrió algo muy interesante, mientras yo seguía respirando, su Luz comenzó a expandirse y a contraerse con mi respiración —comencé a llorar—. Ahora puedo ver que mi madre no me estaba contando un cuento de hadas cuando me dijo que se había convertido en un helecho, cuando había visto que los helechos respiraban allá en su Sierra. Hablaba en serio. Entiendan, cada uno de nosotros es una estrella andando, viva y palpitante; y Dios nos necesita para plantar su Jardín Sagrado con el polvo de estrellas que trajimos de las estrellas. En verdad, pude ver que mi respiración ayudaba a brillar a Jesús; cuando lo entendí, Jesús se hizo cada vez más oscuro y se elevó unos sesenta centímetros del piso de mi habitación hasta convertirse en un africano negro; luego se aclaró cada vez más y se convirtió en un asiático... luego en un europeo blanco. Entiendan que Jesús vino para todos nosotros hace dos mil años. No sólo para los judíos.

—¿Estas otras personas también lo crucificaron?

—Oiga, yo no lo sé todo —dije—. Dígame usted. Usted también tiene su propio Reino de Dios en su interior, tanto como yo, pues para mí ése no es el punto ahorita mismo. Lo que Jesús quería que yo supiera esencialmente es que cree en lo que estamos haciendo.

—Está bien, no más preguntas. El punto es que es una bendición que Juan Carlos no viene, porque Jesús me dijo que nosotros, como pájaros Wee Wee, regresaremos por decenas de miles en el 2012, porque él, Jesús, viene a la Madre Tierra cada veintiséis mil años, exactamente dos mil años antes de que nuestra Tierra se agite en su danza y cambie de un tipo de energía a otro tipo de energía, PARA AYUDARNOS A CAMBIAR de la energía masculina a la energía femenina y de la energía femenina a la masculina.

—¿Jesús le dijo todo eso?

Solté el aire. —Mire, en el Mundo Espiritual, las palabras se quedan cortas. Fue más como... como que con su Santo Aliento, Jesús me estaba trasmitiendo información diez mil veces más rápido que las palabras. Recibí volúmenes de comprensión. No opiniones. La mayoría de la gente solía saber todo de esta manera, pero lo han olvidado, por eso es que mucha gente ahora cree que viene el día del Juicio Final y el fin del mundo, por consiguiente, creen en un Dios lleno de ira, que hemos cometido unos pecados terribles y que Jesús vino a salvarnos.

—Deben comprender que Jesús me hizo saber que nunca cometimos ningún pecado terrible y que nunca perdimos el Paraíso.

¿Cómo podría ser, si somos parte de Dios-Diosar con cada aliento? Sólo estamos viviendo, aprendiendo y creciendo en el camino. Todo es perfecto y maravilloso, y Dios-Diosar nos ama de una manera total, y el día del Juicio Final es el día en que dejaremos de juzgarnos mutuamente.

Me detuve y respiré profundo y largo. Me di cuenta que lo que acaba de decir había causado mucho impacto en las personas; como si ya no dudaran de que Jesús hubiera venido a verme. Algunas personas tenían lágrimas en sus ojos. Lucían muy felices.

—Jesús también me dijo que Nuestros Seis Planetas Hermanos ya han pasado por todo esto y están esperando que salgamos del oscurantismo de las ideas y la culpa, que sepamos que la vida es sencilla y llena de amor, una vez que la vemos a través de nuestros Ojos del Corazón.

—¿Cuánto duró la visita de Jesús?

Esta pregunta tenía un tono de voz sincero.

—Segundos —dije—, o quizá horas, porque comprendan que los segundos no se limitan a sólo segundos, una vez que estamos en la Presencia Presente de Dios-Diosar. Los segundos son como horas, años, como siglos enteros. De hecho, un segundo es Infinito, una vez que se permiten *estar* completamente en el Momento Sagrado Presente del Ser con el Ser Supremo.

—Poco después, me fui a dormir. Esto es lo que recomiendo que hagamos todos. Tomemos una siesta, para que podamos prepararnos en el sueño para nuestra ceremonia. Porque Aquí, en este Lugar Sagrado, Aquí no hay accidentes; y cada uno de nosotros que estamos Aquí, ahorita mismo, estamos viviendo en un estado sagrado del ser con nuestro Ser Supremo.

Sequé las lágrimas de mis ojos. —Entonces, ¡que el rey de España NO VINO! BUENO, PUES ¡JESUCRISTO SÍ VINO, y me dijo que estaría con nosotros en nuestra ceremonia entregándonos su SANTO Y SAGRADO AMOR, JUNTO CON DIEZ MIL ÁNGELES!

Me detuve.

Respiré.

Me preguntaba si los demás podían ver nuestras alas y nuestro brillo. Aunque también comprendí que en realidad no importaba.

—Está bien, por favor, no más preguntas —dije—. Pero, ¡yo sí tengo algunas preguntas! Primero que todo, ¿en dónde haremos nuestra ceremonia? —pregunté.

Bill Cartwright, mi viejo amigo con quien había subido al Cañón del Cobre en México, para mis investigaciones de *Lluvia de Oro,* cuando yo tenía los dos brazos rotos, habló: —¿Qué tal en un parque? —dijo —. Pasamos por uno cuando dimos la gira en el autobús sin techo. Creo que Helen y yo caminamos por el mismo parque esta mañana—. Helen era la esposa escocesa de Bill, de una belleza sorprendente.

—¿Qué le parece eso al resto de ustedes? —pregunté—. ¿Había niños corriendo y jugando? Necesitamos niños riendo y gritando: son parte de nuestra Canción de Gansos Blancos.

—Sí —dijo mi hijo Joseph—. Intenté jugar fútbol con unos niñitos en el parque y eran mejores que yo —dijo riendo—. ¡Sólo niñitos! Pero me fue bien en ajedrez, incluso contra algunos de los adultos. Se siente muy bien estar en ese parque, papá.

—Y podemos llegar fácilmente a pie —añadió Bill.

—Y —dijo Bárbara, riendo—, hay unos restaurantes buenos en el camino, y así podremos hacer reservaciones para celebrar después nuestra cena de Acción de Gracias.

—¡Bien hecho, Barb! —gritó Steve el grandote, hermano de Bárbara—. ¡Eso facilita las cosas!

—Está bien, entonces será en el parque —dije—, nos encontraremos todos aquí, un par de horas antes del atardecer, para que tengamos tiempo de caminar juntos y realizar nuestra ceremonia. Una cosa más —escuché a mi Ángel Guardián que me decía qué debía decir—. Inviten a todos sus seres queridos del Más Allá para que se unan a nosotros —las lágrimas llegaron a mis ojos—. Éste es un esfuerzo grupal, de Este Lado y del Más Allá.

Sonreí.

Me reí.

Todo era tan fácil, ahora que ya estaba totalmente fuera de mi "mente pensante".

—Gracias, Señor Jesús-Geniar —dije en voz alta, me di la vuelta y me dirigí a mi habitación para acostarme y descansar.

—¡Tenemos velas! —escuché a mi primo Benjamín decir mientras yo iba por el pasillo—. ¡Y, personalmente, me alegra de que el rey no venga! ¡Nos estamos divirtiendo mucho, y él probablemente arruinaría todo con su ESTIRADO TRASERO REAL!

Escuché a la gente reír mientras subía por las escaleras, saltando los escalones de dos y tres a la vez. ¡Me sentía muy feliz! ¡Lleno de energía! ¡Todo estaba saliendo perfecto! ¿Y cómo podría ser de otra manera? ¡JESÚS ESTABA GENIANDO CON NOSOTROS, CON CADA ALIENTO!

Nos reunimos en el vestíbulo del hotel dos horas después. Nuestro grupo consistía de cuarenta y dos personas. Muy pocos de los cientos y cientos que me dijeron que se nos unirían se presentaron. Y sólo vino una pareja de las docenas de personas que en el vuelo dijeron que vendrían. Nuestro grupo consistía en su mayor parte de la familia: Bárbara y su hermano, Steve, nuestros dos hijos; mis tres hermanas, Linda, Teresita y Tencha; nuestros primos, la familia León de parte mi padre, originarios de Corcoran, California; Bill Cartwright y su esposa, Helen; y los amigos de mi hermana Teresita: Slow Turtle y Carmen de Nuevo México. Además, había todo un grupo que había conocido durante mis diferentes charlas, y, por supuesto, el Principito y su camarógrafo, Jim.

Finalmente, estábamos todos presentes y salimos como en una EXPLOSIÓN del hotel, caminando y bailando a través de las calles de Madrid, atestadas de gente. Muchos se detenían para mirarnos. Podían sentir nuestra energía; ¡y nos brindaban sonrisas grandes y felices! ¡No podían evitarlo! ¡NUESTRA ALEGRÍA ERA CONTAGIOSA!

Además, algunos de nosotros estábamos vestidos según la tradición de los indios norteamericanos: de cuero, plumas y bandas en la cabeza; y otros, como yo, llevábamos vestuario de vaqueros, con grandes sombreros Stetson. Otros, más bien, lucían conservadores; y otros más, parecían hippies coloridos recién salidos de los sesenta. Bill comenzó a cantar una vieja canción de los

Beatles y les decía a todos en la calle: "¡*Hello*, amigo! ¡Vengan con nosotros! ¡Estamos dónde las cosas están ocurriendo!".

Todos sonreíamos, reíamos, y nos sentíamos tan conectados con la emoción pura de la aventura, que menos mal que no estábamos consumiendo alcohol ni drogas, porque si nos hubiéramos sentido todavía mejor, ¡nos habrían arrestado!

En el parque, descubrimos que todas las zonas verdes estaban ocupadas, así que elegimos un terreno baldío, les pedí a todos que invitaran a las personas a nuestro alrededor, a que se unieran a nuestra celebración de agradecimiento a Dios-Diosar ¡por NUESTRO MARAVILLOSO PLANETA!

Yo observaba. ¡Qué hermoso! Las personas de nuestro grupo comenzaron a actuar con casi la misma locura mía. Pero me dijeron que la mayoría de las personas a nuestro alrededor respondían con recelo.

Está bien —dije—. Tranquilos. Todo está perfecto y como debe ser.

Después, un apuesto borracho de una treintena de años, se nos acercó tambaleando. A metros, podíamos oler el alcohol. Nos dijo que nos amaba, que quería unirse a nosotros, que nuestra idea era perfecta: celebrar con amigos y agradecerle a Dios. Nos ofreció un trago de su botella casi vacía. Le dijimos que *no*, por lo menos, hasta que termináramos nuestra ceremonia.

Los cuarenta y dos formamos un círculo, además de nuestro borracho y un par de otras personas que se nos unieron. Luego, al vernos formar un círculo, algunos niños comenzaron a acercarse, sintiendo, supongo, nuestra felicidad, nuestra energía divertida, pero sus madres cautelosas, rápidamente los alejaron de nosotros. Una pequeña, de unos tres años, logró soltar a su madre y se devolvió corriendo hacia nosotros. Una adolescente de nuestro grupo se agachó para hablar con la niña, hasta que se la entregó de regreso a su preocupada madre quien se la llevó de nuevo.

—Excúsame —dijo Bill, acercándose—, pero nos están observando.

—Sí, lo sé. Las personas se están acercando para vernos.

—No, no me refiero a ellos —dijo Bill—. Sino a esos dos tipos allá, que parecen policías. Son los mismos que nos tomaron fotografías en nuestra reunión de esta mañana del hotel. Ya llevan dos días observándonos.

—Muy bien —dije—. Excelente. Entonces, esto también es parte del plan de Dios, por qué no vas y los invitas a que se unan a nosotros.

—No creo que sea una buena idea —dijo Bill.

—Claro que sí. ¿Por qué no? ¡El mundo entero está invitado!

—De acuerdo —aceptó Bill, y se dirigió hacia ellos.

Todo ese tiempo, nuestro productor de televisión, el Principito, y su camarógrafo grande y guapo (muy parecido al actor Burt Lancaster) filmaban esto y aquello. Nuestro productor parecía tener un ojo excelente. Estaban pasando tantas cosas a un mismo tiempo que pude entender cómo un camarógrafo, a través del lente de su cámara, podía perderse fácilmente, si alguien fuera del punto de vista de la cámara no se mantenía enfocado en la situación general.

Bill regresó. —Tienen placas —dijo—. Me dijeron que eran el equivalente a nuestro FBI.

—¿Se unirán a nosotros? —pregunté.

—Dijeron que *no*, que no pueden, pero que seguirán observándonos.

—Está bien, no hay problema —dije, no sintiendo el más mínimo miedo ni preocupación. Después de todo, estábamos siendo guiados por Jesús-Geniar.

—¡MUY BIEN! —dije ahora, cerrando mis ojos y hablando en voz alta y poderosa—. ¡AHORA VAMOS A RETROCEDER EN LA HISTORIA a la época en que TODOS, TODOS, TODOS ÉRAMOS INDÍGENAS, A LO LARGO Y ANCHO DE LA MADRE TIERRA, éramos LIBRES DE CORAZÓN Y NUESTRAS ALMAS ESTABAN VIVAS!

—¡Respiren! Respiren muy profundamente —le dije a todos, abriendo mis ojos—, y ayúdennos a iluminar nuestra Conexión con Dios-Diosar, Jesús-Geniar, para que así podamos escuchar ¡la música de la Creación Creando! ¡Aquí mismo! ¡Ahorita mismo! ¡Todo a nuestro alrededor! ¡Y comprendan con cada célula de su ser que SOMOS ESTRELLAS ANDANDO! ¡QUE ATRAVESAMOS EL UNIVERSO RECOGIENDO POLVO DE ESTRELLAS para plantar Aquí en la Madre Tierra, para el PARAÍSO SAGRADO Y ETERNO de Papito Dios!

—Ahora, extiendan su mano izquierda hacia el Padre Cielo, y su mano derecha hacia la Madre Tierra; luego tomen la mano de la persona que está su lado, a su izquierda y a su derecha, imagínense que son tan grandes, que su cabeza llega hasta las estrellas, ¡y nuestro planeta Tierra no es más que un grano de arena en la gran playa de la CREACIÓN CREANDO!

—Eres un hueso hueco, un hueso de búfalo, como me dijo un indio Lakota. Eres un instrumento para Recibir y para Dar, cuanto más rápido das, más rápido recibes. Ahora cierren sus ojos y con su mano izquierda hacia arriba, reciben del universo entero, ¡desde la estrella más lejana! Y con su mano derecha hacia abajo, están entregando con tal velocidad y abundancia, ¡que nosotros, como pájaros Wee Wee, nuestros propios Ángeles Gansos Blancos, ahora inundamos a nuestra Madre Tierra con NUESTRO AMOR COLECTIVO!

—Pues nosotros, seres humanos, cuando estamos en unión con nuestro Ser Supremo Aquí, ¡no hay separación! ¡Somos ILIMITADOS! Así que en cuanto más rápido y más damos, y damos y damos, ¡más rápido y más recibimos, recibimos y recibimos! Y no nos quedamos con ¡nada, nada, nada! ¡Pues somos Seres-Almas de Luz! ¡GIGANTES elevándonos, como hizo Einstein, hacia el Padre Cielo y hacia la estrella más lejana, inundando a nuestra Madre Tierra con NUESTRO AMOR Y LUZ, CON TODOS LOS PODERES DE NUESTRO UNIVERSO-UNIVERSAR!

—¡Ahora abran sus ojos y repitan!

—Con nuestra mano izquierda extendida hacia arriba y nuestra mano derecha extendida hacia abajo somos un hueso hueco, un hueso de búfalo, un INSTRUMENTO GIGANTESCO, para Recibir de nuestro universo entero y para Dar a nuestra minúscula Madre Tierra, no mayor que un grano de arena en la playa de la Creación Creando. ¡La inundamos con NUESTRO AMOR! ¡Con NUESTRA LUZ! ¡Le agradecemos a nuestro Creador Todopoderoso a lo largo y ancho de TODO NUESTRO GLOBO! ¡DE TODO NUESTRO UNIVERSO!

—¡Gracias, Dios-Diosar! ¡GRACIAS SANCTUM SANCTORUM! ¡Gracias, gracias MADRE BENDITA, SANTO PADRE! ¡Gracias! ¡Gracias! ¡En todos los nombres que se usen para referirse a ti en el mundo entero! Porque así como los mares del mundo son realmente un solo océano y están al mismo nivel, así también tú eres

NUESTRO MISMO SEÑOR DIOS con diferentes nombres, exactamente el mismo Dios-Diosar, ¡una vez que salimos de nuestras "mentes pensantes" y logramos el acceso a nuestros "Corazones Intuitivos" y a nuestras "Almas Psíquicas y Omnisapientes"!

—¡Repitan! ¡Repitan! ¡Gracias, DIOS-DIOSAR! ¡Gracias, SANCTUM SANCTORUM! ¡GRACIAS, SAGRADA MADRE, BENDITO PADRE!

¡Nuestro círculo de humanos repetía y repetía todo!

—BIEN —dije—. ¡MUY BIEN! Entonces, querido Dios-Diosar, ¡ahora nos comprometemos a darte nuestras gracias individuales todos los días! Y no solamente una vez, sino cinco veces al día, como las estrellas andando de cinco puntas que somos y los cinco dedos que tenemos en nuestras manos. ¡Y nos comprometemos a reunirnos por todo el globo dando las gracias en cada sagrado momento, cada día, cada estación, cada año!

—¡GRACIAS, MADRE SAGRADA, PADRE BENDITO ALLAH-GO-HAAA-WAAAA-KEEE-LEEE! Sólo canten cualquier nombre para el Todopoderoso que venga de sus almas —dije—. ¡ÉSTA ES SU CANCIÓN! ¡ES SU CONEXIÓN DIRECTA CON DIOS-DIOSAR, CON PAPITO MAMITA DIOS!

¡Las personas comenzaron a usar los nombres más dulces que había escuchado en mi vida para referirse a Diosar! ¡Definitivamente, estábamos yendo mucho más allá de las etiquetas que se habían usado para Dios-Diosar! ¡Habíamos entrado de nuevo en el mundo de los ángeles cantando! Y al comprender esto, pude ver diez mil ángeles flotando sobre nosotros, y comprendí que ellos eran TODOS NUESTROS SERES QUERIDOS DEL MÁS ALLÁ, incluyendo a mi papá y a mi hermano, Joe.

Mi hermanita, Teresita Paloma, se adelantó y comenzó a cantar una oración y a bailar una danza muy sencilla. —¡Madre cierva —cantaba—, madre zorra! ¡Madre ardilla, madre coneja! ¡Madre codorniz, madre paloma! —indicándonos que nos uniéramos a ella en su canto y en su danza. Era hermoso y global.

¡Comenzaron a descalzarse y a dar vueltas, a bailar y a reír como en un parque de niños felices!

¡Me subí la camisa y comencé a golpear mi barriga mientras bailaba, y otros también comenzaron a golpear sus propios cuerpos haciendo ruido!

Alguien colocó su dedo en su boca y le dio un tirón, ¡ocasionando un sonido muy fuerte de pura belleza!

Un desconocido llegó con un tambor y otro con una guitarra. Se nos unieron. La música, nuestro octavo sentido, nos estaba ahora uniendo cada vez más y más, ¡y los hombres que nos observaban cada vez se acercaban también más a nosotros!

Entonces mi hermanita menor, Teresita, la bailarina de nuestra familia, comenzó a bailar con tanta energía, que muchos de nosotros nos hicimos a un lado fascinados, ¡viéndola mientras se contorsionaba, daba vueltas giraba, brincaba y saltaba!

En ese momento fue cuando Bill Cartwright gritó: —¡MIREN! ¡OCAS AFRICANAS!

Miramos hacia el cielo y Aquí llegaron Siete Grandes Gansos, volando sobre nosotros, CACAREANDO Y CHILLANDO; ¡y vi cómo se convertían en mis Siete Guías Indios galopando a través del cielo!

¡Me quedé asombrado!

¡Finalmente, estaba ocurriendo!

¡Finalmente, de verdad, realmente estaba ocurriendo!

Nuestra energía Colectiva de Amor estaba AHORA DANDO LA VUELTA ALREDEDOR DE NUESTRO PLANETA, CON ESTOS SIETE GUÍAS INDIOS GALOPANDO HACIA EL ESTE, A TRAVÉS DE NUESTRO PADRE CIELO! Y, nosotros, como pájaros Wee Wee, nuestros propios Ángeles Gansos Blancos, estábamos fundiéndonos de regreso en nuestro Pasado Futuro Colectivo donde, una vez más, nuestros lagos y ríos estaban puros y nuestros cielos estaban limpios y nuestras aves cantoras cantaban y nuestras águilas ¡SE REMONTABAN POR LOS CIELOS!

¡ERA UN HECHO!

¡UN HECHO CONSUMADO!

¡EL CIELO ESTABA AQUÍ EN LA TIERRA, CON NOSOTROS, UNA VEZ MÁS!

¡Y nuestra Madre Tierra era minúscula! No más grande que un grano de arena en la playa de la Creación, y nuestros Siete Gansos Africanos, Guías Indios Norteamericanos, galopaban en un DESTELLO DE LUZ Y AMOR alrededor de nuestra minúscula Madre Tierra, una y otra vez; y Nuestra Sagrada Abuela Tierra se regocijaba, ¡y todas las tierras erosionadas y destruidas de nuestra Madre Tierra se convertían instantáneamente EN JUNGLAS VERDES Y EXUBERANTES!

¡Por doquier, madres e hijos saltaban, reían, jugaban, cantaban, guiando a la humanidad, mientras los machos grandes y fuertes LOS SEGUÍAN AL FRENTE!

¡HABÍAN LLEGADO LA ARMONÍA Y LA PAZ MUNDIALES!

¡ARMONÍA Y PAZ MUNDIAL, Y ABUNDANCIA PARA TODOS, Aquí, ahorita mismo, tal como había ocurrido en nuestros Seis Planetas Hermanos!

Me sentí mareado.

Tuve que sentarme.

Estaba en el suelo y... no recuerdo mucho después de esto, excepto que alguien me dijo que todavía teníamos que plantar nuestra Bandera de la Paz.

—Vayan ustedes —dije—. Háganlo. Ustedes tienen su propio Reino de Dios.

Todos reían, estaban fascinados, se agruparon en un círculo sagrado y realizaron una ceremonia, plantando nuestra bandera de Gansos Blancos que mi hijo David había diseñado. La gente colocó sus tesoros personales alrededor de la bandera.

¡El Padre Sol comenzaba a ocultarse, y TODO ERA TAN HERMOSO!

Alguien comenzó a cantar "Amazing Grace".

Entonces, alguien más contó la historia original del primer Día de Acción de Gracias en Plymouth, Massachusetts.

Alguien más propuso que en realidad era de esto de lo que se trataba, retroceder al Padre Tiempo y a la Madre Espacio a cuando ¡NOSOTROS éramos TODOS INDÍGENAS A LO LARGO Y ANCHO DEL MUNDO! ¡Ésta era nuestra oportunidad de comenzar una vez más con EL CORAZÓN Y CON EL ALMA!

¡Me encantó!

¡Ya nadie me necesitaba!

Todos se empezaron a hacer cargo, y el Padre Sol se tornaba en hermosos colores rosa, escarlata, anaranjado y lila, con rayas de amarillo brillante.

Salimos del parque hacia la calle del restaurante en donde Bárbara y mi hermana Linda habían hecho reservaciones. Estábamos en el restaurante tomándonos una copa de sangría, vino tinto con rebanadas de naranja, limón y especies, cuando Bill vino corriendo hacia mí.

—¡Ése era el rey! —dijo Bill con una enorme sonrisa.

—¿Quién era el rey? —dije, sorbiendo mi bebida.

—El borracho —respondió Bill—. Yo le apreté las manos. Esas manos no han trabajado un día en su vida, ¡y sus uñas estaban perfectamente arregladas!

—Y, qué, quizá era un abogado que andaba en una borrachera de todo el fin de semana.

Bill se rió. —Jesús te visita y no se supone que nosotros lo cuestionemos, pero el rey viene y tú lo cuestionas. ¡PURA MIERDA! ¿Viste cómo los agentes del FBI se acercaron a él cuando nos íbamos? No dijeron una palabra. Nos escucharon y enseguida nos siguieron.

—¡No me digas! Entonces, ¿de verdad crees que ese borracho pudo haber sido el rey?

—Sí, así lo pienso —dijo Bill, brindando con su copa de vino.

—¡Maldito sea! Digo... ¡Bendito sea! ¡Híjole! —dije riéndome a carcajadas—. ¡Gracias, Dios! ¡Gracias, Jesús! —Me tomé toda mi copa de sangría, e instantáneamente mi copa quedó llena de nuevo—. ¡Ándale, ¡esta mierda si es buena! Digo, esta cosa, Jesús —dije. No podía dejar de reír—. Ése borracho, Dios mío, ¡es FANTÁSTICO!

Se me subieron un poquito las copas, por lo que me puse de pie y me senté en una esquina. Quería observarlos a todos. ¡Era tan hermoso! ¡Todo el mundo estaba tan feliz! ¡TAN, TAN FELIZ! Y yo podía ver y percibir que NUESTRA FELICIDAD era realmente, verdaderamente, contagiosa, porque el lugar entero ¡ESTABA VIVO DE ALEGRÍA! Luego leí un aviso sobre el bar que decía: "Hemingway se emborrachó aquí".

¡Exploté de la risa!

Ándale, supongo que el bueno de Hemingway, fue la gran cosa aquí en España. También me di cuenta que los grandes jamones que colgaban de los ganchos, al lado de la fotografía de Ernest Hemingway, todavía tenían pezuñas, un poco de piel y cuero peludo. ¡Me fascinó! ¡España no trataba de ocultar la muerte, la matanza y el consumo de carne con envolturas limpias de plástico!

Me trajeron un plato de paella que tenía un aroma delicioso. ¡Híjole si tenía hambre! Entonces, me di cuenta que nuestros dos agentes del FBI estaban tomando vino con nuestro grupo, pero no estaban comiendo. Me levanté y me acerqué a ellos.

Después de presentarme, les pedí que se sentaran y comieran con nosotros.

—No podemos, —dijo el mayor, un cuarentón. El otro estaba en la treintena.

—¿Por qué no?

—Porque sería comprometedor para nosotros —dijo el señor cuarentón—. Ambos se veían en muy buena forma y eran muy apuestos—. Imagínense, podemos tomar alcohol e incluso consumir drogas, si tenemos que hacerlo con el fin de infiltrarnos en un grupo de sospechosos, pero no podemos comer con ustedes.

Comencé a reírme tan fuerte que casi derramo mi copa.

—¡Hombre, tiene que estar bromeando!

—Oh no, es nuestro código de conducta —dijo muy seriamente.

—¡Pero se van a poner una borrachera de madre si no comen algo!

El señor treintañero habló. —¡Oh no, señor! —dijo con mucho orgullo—. Nosotros, como su FBI, ¡hemos sido entrenados para aguantar mucho alcohol!

—Está bien, está bien —dije, todavía riéndome—. ¡Aunque tengo que decirles, que ésta es una de las cosas más locas que jamás he escuchado! ¿Pueden tomar alcohol e incluso consumir drogas para infiltrase, pero comer no?

—Exactamente —dijo el señor cuarentón.

Así que seguimos comiendo, tomando, hablando y riéndonos; y estaba tan borracho, que sentí que realmente tenía que hacer una última y profunda declaración, que resumiría, de alguna manera, todo el evento de nuestra venida a España.

—¡DISCÚLPENME! —dije, subiéndome a una silla, justo abajo de la fotografía de Hemingway—. Quiero decir ¡UNA ÚLTIMA COSA!

Nadie me prestaba atención. Bill y algunos otros, comenzaron a golpear sus platos y sus copas con sus cuchillos para callar a la gente. Finalmente, todo el lugar quedó en silencio.

—Primero que todo, verdaderamente, realmente, ¡quiero agradecerles a todos por haber venido! —dije, con las lágrimas cayendo por mi rostro—. ¡Cada uno de ustedes es ahora oficialmente un Ángel Global Loco Ganso Blanco! Porque... porque... —ya no sabía cómo poner mis sentimientos en palabras, y el treintañero del FBI comenzó de nuevo a tomarme fotos. ¡PERO NO ME IBA A DEJAR INTIMIDAR! ¡HABLARÍA DESDE MI CORAZÓN, CON TODA MI ALMA!

—La paz y la armonía mundial, LA PAZ Y LA ARMONÍA MUNDIAL SON... ¡BUENA MIERDA! —grité, perdí el equilibrio y me caí de la silla.

Tuvieron que agarrarme y, más tarde, Bárbara me dijo que ésas fueron las palabras que cambiaron la situación de una forma dramática, porque nuestros dos supuestamente serios tipos del FBI, se unieron a nosotros con risas y alegría, diciendo que con esta declaración, podían ver definitivamente que nosotros estábamos mucho más allá de la política y la religión. Que ellos también estaban totalmente de acuerdo, ¡LA PAZ Y LA ARMONÍA MUNDIAL ERAN UNA BUENA MIERDA EN CUALQUIER IDEOLOGÍA!

En ese momento, nuestros dos tipos del FBI dejaron que los abrazara como nunca había abrazado a nadie, y cuando les pregunté qué tipo de armas llevaban me dijeron que eran Sauers.

—¡Ahh, alemanas de 9 mm! —dije—. Son excelentes armas. No tienen que accionar el gatillo con una Sauer, como hay que hacer con la mayoría de las armas automáticas. Sólo hay que apretar el gatillo como con un revólver.

—¿Ah, sabe de armas?

—¡Por supuesto! ¡Crecí en un rancho, cazando, pescando y montando a caballo!

—¡Yo también!

—¿Puedo ver su Sauer?

—Por supuesto, dijo el más joven, sacando su 9 mm y entregándomela.

La tomé. —¿Está cargada?

—Claro que sí. Ningún agente federal llevaría un arma sin cargar.

—Es hermosa —dije—. ¡Y muy bien balanceada! ¿Confía en mí lo suficiente para entregármela?

—Llevamos ya días escuchando tus palabras y las palabras de tu gente —dijo—. ¿De qué podríamos desconfiar? ¡Nos has convertido en creyentes a mi compañero y a mí! ¡La paz y la armonía mundial son BUENA MIERDA!

Le di su arma y un buen abrazo.

—¿Les gusta el flamenco? —preguntó el otro.

—Sí —dije—, especialmente a mi hermanita, la bailarina de nuestra familia.

—¡Vamos, los llevamos en nuestros carros! ¡Es casi medianoche! El último espectáculo va a comenzar. Llamaré y les diré que ustedes son invitados del rey para que no empiecen hasta que lleguemos.

—¡No me digas! ¡Somos invitados del rey!

—¡Por supuesto! ¿Cómo crees siquiera que les permitieron bajarse del avión y poner un pie sobre nuestra tierra, si no hubiera sido porque el rey se divirtió tanto recibiendo tu EXTRAVAGANTE CORRESPONDENCIA?

—¡Ándale! ¿Entonces ese borracho realmente era el rey?

—No, por supuesto que no. Y tampoco era su sobrino Raúl —dijo, guiñándome el ojo.

Nos amontonamos en sus carros y en una media docena de taxis. Colocaron unos conos encima de sus carros, más bien pequeños, encendieron las sirenas y comenzaron a acelerar a través de las calles llenas de tráfico, con sus luces rojas intermitentes, y ordenando el tráfico hacia los lados. No podía creerlo, cuando el tráfico se congestionaba y tocaba ir muy lento, se subían a las aceras, les tocaban la bocina a los peatones, atravesaban parques llenos de árboles, iban en caminos peatonales a 80 km/h, ¡hasta que llegaron frenando en seco a un lugar que parecía un castillo!

—¿Es el castillo del rey? —pregunté.

—No, ¡es nuestro Auditorio Nacional de Flamenco! ¡Dense prisa! ¡Están esperándonos para comenzar el espectáculo!

No podía dejar de reírme.

Y Aquí entramos, acompañados por dos agentes del FBI, diez mil ángeles y ¡EL PROPIO JESÚS-GENIAR!

NOSOTROS, COMO PÁJAROS WEE, WEE, ÁNGELES GANSOS BLANCOS, ¡LO HABÍAMOS LOGRADO! ¡LA ARMONÍA Y LA PAZ MUNDIAL ERAN UN HECHO!

¡TERMINADO!

¡CONSUMADO!

¡Y NUESTRO PASADO FUTURO COLECTIVO! ¡AQUÍ MISMO! ¡AHORITA MISMO! ¡POR SIEMPRE!

¡AMÉN A LOS HOMBRES!

¡AMÉN A LAS MUJERES!

¡AMÉN A LOS NIÑOS!

EPÍLOGO

Cuando regresé de España, estaba agotado. Hubiera podido dormir durante una semana. Pero tenía que continuar con mi guía literaria, para la edición de bolsillo de *Lluvia de Oro*. Dondequiera que iba, los lugares estaban repletos de gente. Comencé a incluir en mis charlas el Sueño de la Visión que tuve en Portland y nuestro Viaje Soñado a España. A todos les encantaba. Les pedía que invocaran a sus propias abuelas cuando fueran a dormir por la noche, para que todos juntos pudiéramos entrar a una nueva Conciencia de Sueño Colectivo, con una nueva forma de ver la Vida. Los hombres "siguiendo al frente" y las mujeres y los niños guiando con su ¡CANCIÓN DE GANSOS BLANCOS GRITANDO DE ALEGRÍA Y DE RISA!

El año siguiente, mi familia cercana, algunos de los amigos y parientes, fuimos a Plymouth, Massachusetts, donde tuvo lugar el primer Día de Acción de Gracias entre los Colonos y los Indios. Queríamos que el pueblo de Plymouth nos apoyara para que pudiéramos llevar al mundo, oficialmente, la celebración del Día de Acción de Gracias de los Estados Unidos.

En el avión, me senté al lado de un hombre enorme, en sus treinta, con apariencia poderosa. Comenzamos a hablar. Le dije que íbamos a Plymouth, Massachusetts, con la meta de sembrar la armonía y la paz mundial.

Me preguntó de dónde habíamos sacado tal idea. Le conté de mi sueño en Portland y de nuestro viaje a España. Pero mientras más hablaba, más me daba cuenta de que no estaba muy feliz con lo que le estaba diciendo. Efectivamente, las venas de su cuello grueso y musculoso comenzaron a abultarse y a estrecharse más y más. Finalmente, ¡explotó!

—¡ESO ES RIDÍCULO! —dijo—. Formo parte de las fuerzas especiales de la Marina de los Estados Unidos, y si usted tuviera la más mínima idea de adónde voy y por qué, vería que jamás habrá paz en la Tierra. ¡Es muy irresponsable de su parte ponerle a la gente esa idea en sus mentes!

Su arranque me tomó por sorpresa. Pero no entré en pánico. Cerré mis ojos y respiré muy profundo; pensé en decirle que sería muy irresponsable de mi parte *no* hablar ni decir lo que digo, porque había llegado la hora, en la historia de la humanidad, en que nos moviéramos colectivamente hacia nuestros corazones y fuera de nuestras mentes.

Pensé en preguntarle si era cristiano, y en decirle que había visto al mismo Jesucristo en España, y que él nos había apoyado. Pensé en decirle que había tenido un sueño en que volaba, que todos teníamos sueños en donde volábamos; que en nuestros sueños volando, el Portal de los Milagros se abría; que los Ángeles Gansos Blancos, que somos nosotros mismos, me habían dicho que llevaban viviendo en paz y armonía durante más de veinte millones de años porque los machos grandes y fuertes como él, "los seguían al frente" y que era la hora de que las mujeres y los niños tomaran de nuevo el mando. Pero, entonces comprendí. Nada de esto tendría sentido para él. Era un soldado de combate y, obviamente, uno muy bueno.

—Mire —dije—, escribí un libro llamado *Lluvia de Oro,* que ha sido un éxito de ventas en todo el país. No es un libro de ficción, cuenta la verdadera historia de mi linaje mexicano. Mi papá fue el decimonoveno hijo de una india mexicana que lo parió a los cincuenta años. Catorce hijos vivieron. Sin embargo, en tres años de Revolución Mexicana, sólo quedaron tres. Once fueron violados y asesinados. La Revolución Mexicana duró diez años. Fue antes de la Primera y la Segunda Guerra Mundial. De dieciséis millones de personas, más de un millón murieron en combate y otro medio millón murió de hambre.

Respiré profundo. —En este último siglo, hemos enloquecido con todas esas guerras sobre el globo, y esto tiene que terminar. Es tan simple como eso. No podemos seguir como vamos. No soy uno de esos pretenciosos fanáticos de la Nueva Era. Tomo alcohol. Soy cazador. Estuve en el ejército y tenía la mejor puntería de todo el batallón. El futuro, realmente, es cuestión de que las mujeres y los niños tomen el mando para un cambio. No los hombres. No las naciones. Sino las mujeres y los niños, que nunca, jamás, han ganado una guerra en ninguno de los dos lados... ¡y usted lo sabe! —añadí.

Sus ojos se estaban hinchando. Parecía que se fuera a levantar de su asiento y estrangularme. Su quijada comenzó a temblar, pero aún así, no entré en pánico, sino que lo miré con calma, enviándole amor. Al final, después de lo que pareció una infinidad de tiempo sin tiempo, respiró profundo y largo, y exhaló con fuerza.

—¿Sabe algo? —dijo—, mi esposa y yo tenemos una niña pequeña. Tiene tres años. Así que espero estar equivocado, y que todo lo que usted dice sea cierto. ¿Habrá una ceremonia del Día de Acción de Gracias el próximo año en Oceanside?

—Sí —dije.

—Ahí estaremos. Mi esposa, mi hijita y yo —las lágrimas brotaban por sus ojos—. ¡Hombre, usted está loco! ¿Lo sabe? ¡ABSOLUTAMENTE LOCO!

—Sí, lo sé, ¡y se siente bien estar locamente enamorado de la paz y la armonía para todos en el globo!

Me extendió su enorme mano, nos dimos un fuerte apretón, nos miramos directamente a los ojos; después me di la vuelta en mi asiento y decidí dormir.

Al día siguiente, todo nos salió perfecto en Plymouth. El ayuntamiento del municipio estuvo encantado de apoyarnos en nuestra idea de llevar la celebración al mundo. De hecho, celebraron con nosotros la cena del Día de Acción de Gracias y nos entregaron un farol de bronce con cristal en los cuatro lados, para poner en su interior una vela encendida, y así poder llevar LUZ a la oscuridad mientras nos dirigíamos al este, perdonando todas las agresiones de los últimos quinientos años del movimiento occidental.

En 1994, tuvimos nuestra tercera celebración global del Día de Acción de Gracias de Gansos Blancos en el rancho de Oceanside, y Bill Cartwright celebró una en Dunsmuir, California del Norte. El apuesto y alto oficial de la marina vino con su esposa y su hija y estaba tan feliz que me dejó abrazarlo. Vinieron más de quinientas personas a nuestra cena comunal, y Bill, con la ayuda de su Club de Rotarios, recibió casi doscientas. En ambos lugares, prendimos velas una hora antes del atardecer, nos dirigimos hacia el este y enviamos amor, paz y armonía a todo el globo, como Supermán en esa vieja película en que le dio la vuelta a la Tierra con tal velocidad, que regresó el tiempo y le devolvió la vida a su novia Lois Lane.

Llamé a Bill y le dije que todos se habían ido a sus casas sintiéndose en las nubes, que dar gracias nos dejaba con un sentimiento tan agradable, que se habían llevado sus velas a sus casas para su propia celebración del Día de Acción de Gracias el jueves siguiente.

—¡Aquí ocurrió lo mismo! —dijo Bill muy emocionado—. Los niños usaron alas blancas, se pusieron en formación de V dirigiéndose hacia el este y le enviaron su amor a todo el mundo. ¡Fue hermoso! Unas ocas blancas volaron por encima de nosotros, haciendo sonidos similares a los de ¡los gansos africanos en España! ¡Los gansos saben, y están esparciendo la noticia entre todos los pájaros del mundo por nosotros! ¡Tenías razón! ¡LA ARMONÍA Y LA PAZ DEL MUNDO SON COSA SEGURA, AMIGO!

No podía dejar de reír. Al año siguiente, Bill hizo su celebración de nuevo y nosotros tuvimos más de mil personas en el rancho, incluyendo un egipcio, dos chinos; así como Michelle, una maestra que conocí en uno de mis viajes, y una muy buena amiga de ella de Indiana. Las dos ayudaron a mis hermanas con la fiesta anual para la elaboración de los tamales y se quedaron para nuestra celebración global de los Gansos Blancos. Estaban fascinadas, y Michelle estuvo de acuerdo con que era algo muy natural difundir la noticia de los Gansos Blancos entre todas las mujeres del mundo.

La primavera siguiente, Michelle y su amiga, me invitaron a Indiana a dar una charla frente a una asamblea de dieciséis denominaciones eclesiásticas distintas. La mitad de los líderes de las iglesias eran hombres negros y, al comienzo, estaban muy recelosos conmigo. Les encantó la Visión de mi Sueño de Gansos Blancos en

Portland y nuestro viaje a España, y la de conmemorar un día de gratitud agradeciéndole a Dios-Diosar, como seres humanos unidos por todo el mundo. Pero las mujeres guiando a los hombres mientras estos las "seguían al frente" no tenía ningún sentido para ellos, particularmente, porque la Biblia dice esto, lo otro y aquello respecto a los hombres.

—¡Los tiempos están cambiando! —les dije a los líderes de las iglesias—, ¡ha llegado el momento en que traigamos de nuevo el equilibrio a nuestro planeta! Miren, ¡tenemos un día para celebrar la independencia! Un día para celebrar, a mediados de invierno, con intercambio de regalos; un día para celebrar la primavera con la Pascua y la fertilidad de los conejos; y tenemos muchos días para celebrar a nuestros presidentes, a los veteranos de guerra, el Día de las Madres y el Día de los Padres, ¡PERO NO TENEMOS UN DÍA PARA CELEBRAR LA ARMONÍA Y LA PAZ MUNDIAL!

—Entonces, yo digo que llevemos nuestra CELEBRACIÓN DEL DÍA DE ACCIÓN DE GRACIAS DE LOS ESTADOS UNIDOS, un día en que los europeos y los indios americanos se unieron en una mesa y comieron en PAZ Y ARMONÍA JUNTOS, que le quitemos los dos puntos a las iniciales de *U.S.*, para que se convierta simplemente en la palabra *US*, (nosotros en inglés) ¡y lo convirtamos en algo global! Porque en una época, ¡TODOS ÉRAMOS INDÍGENAS, LIBRES DE CORAZÓN Y VIVOS EN EL ALMA! Y, debemos dar un giro a la "historia del hombre" hacia la "historia de la mujer", ¡para lograr EQUILIBRAR al planeta! Y lo conseguimos con un día de fiesta, música y risa, celebrando paz y armonía, como ¡UNA RAZA, UNA FAMILIA, Y DÁNDOLE GRACIAS AL SANTO CREADOR! ¿Pueden verlo? Es esencial que vayamos ¡MÁS ALLÁ DEL DOMINIO BASADO EXCLUSIVAMENTE EN LO MASCULINO!

¡LAS 16 DENOMINACIONES ECLESIÁSTICAS QUEDARON FASCINADAS!

En 1995, estaba dando una charla en la ciudad de Washington, y les conté sobre la Visión del Sueño de Gansos Blancos en Portland por la armonía y la paz del mundo; luego invité a todos los de la audiencia a que vinieran el domingo a nuestro hogar, en Oceanside, antes del Día de Acción de Gracias, para una cena informal compartida con música y alegría.

Después de la charla, se me acercó un hombre y me dijo que era el presidente saliente de la Universidad de la Paz en Costa Rica, y que había estado asistiendo durante años a lo largo de todo el mundo a reuniones con presidentes, diplomáticos y ganadores del Premio Nobel. Todos tenían grandes conversaciones y teorías, pero ninguno había logrado implementar un plan definitivo sobre cómo traer paz a nuestro planeta.

—Y aquí llega usted, siguiendo su propio ritmo —dijo, riéndose—, y lo dice de una manera tan simple: "Todos están invitados a mi casa a una cena informal compartida, para dar gracias todos juntos por este fabuloso planeta que tenemos. ¡Es gratis! ¡Sólo tienen que traer un plato elaborado con amor para doce personas! Tendremos música y velas al atardecer, y le enviaremos amor y luz a todo el mundo, dirigiéndonos hacia el este, hacia un nuevo día, un día de milagros, un día de paz y armonía, porque somos una sola raza, ¡una sola familia en todo el mundo!".

No podía dejar de reírse. —Usted no hace preguntas. ¡No, usted sólo lo hace! ¡Es maravilloso! Me gustaría que viniera a Costa Rica para dar una charla en nuestra Universidad de la Paz.

—Claro que sí. Llame a mi hermana Linda, que maneja mi oficina, para planificarlo. Oiga —añadí—, no hay nada que pueda detener nuestro Sueño Colectivo de armonía y paz en el mundo. Está en nuestros corazones. Es parte de nuestro ADN, de nuestra memoria celular, sólo que la hemos dejado fuera de servicio por unos cuantos miles de años, pero, y éste es un gran "pero", todo esto se logra sin hablar de política, religiones ni deportes. No hay problemas que resolver. No hay causas que perseguir. No hay que pensar. ¡Solamente debemos estar totalmente Aquí, ahorita mismo, dar gracias con el corazón y apreciar desde el alma! ¡Así andamos por las nubes de forma natural!

—¿Entonces, usted no tiene la menor duda de que podemos lograrlo?

—¡Absolutamente, ninguna! ¿No puede sentirlo muy adentro, una vez que se sale de su mente? ¡TODOS ÉRAMOS INDÍGENAS en una época en el mundo, éramos LIBRES DE CORAZÓN Y TENÍAMOS EL ALMA VIVA! ¡Venga, deme un fuerte abrazo! ¡Así es! ¡Bien fuerte! Y relaje su trasero, hombre, porque donde su trasero va, ¡su cerebro lo sigue! ¡Usted ha visto gente así! —dije riéndome—. ¡Trasero tenso, cerebro tenso!

Al principio, le costó un poco al viejo; él era muy solemne, pero, al igual que el enorme oficial de la marina del avión, también me abrazó relajando su trasero; y no podía dejar de sonreír, de mover su cabeza y reírse. —¡Es tan sencillo! —dijo—.¡TODOS! ¡TODOS USTEDES! ¡Los invito a mi casa a una fiesta y cena con música y abrazos! ¡Inviten a quien quieran! ¡Somos una sola raza! ¡Una familia! ¡Es un día de paz, armonía y gratitud con el TRASERO RELAJADO!

—¡Sí, eso es! —dije—. ¡Con las mujeres y los niños y guiándonos!

—¿Los hombres no forman parte de eso? —preguntó.

—¡Por supuesto que sí! Ellos siguen al frente, cortando el viento para que las mujeres y los niños puedan usar 30% menos de energía y mantener el ritmo. Si los hombres guían, especialmente los más fuertes, van demasiado rápido, y las mujeres y los niños morirán. Es un Sueño Colectivo, completamente nuevo de ¡ARMONÍA, PAZ Y ABUNDANCIA MUNDIALES PARA TODOS!

Un par de años después, estaba dando una charla a un grupo de niños en preescolar. Acababa de terminar la trilogía sobre mis padres: *Wild Steps of Heaven*, *Lluvia de Oro* y *Trece sentidos*, y acababa de publicar mi primer libro para niños, además de un libro para jóvenes adultos llamado *Walking Stars*. Le dije a los niños que todos ellos son genios, estrellas andando; y que su intuición, esa vocecita que tenían dentro, es la voz de su genio, el Ángel Guardián, el Reino de Dios que cada uno tenemos en nuestro interior. Les expliqué que los niños son inteligentes y se relacionan más con sus mentes, por eso son tan buenos construyendo puentes, carreteras, manejando camiones y dirigiendo aviones. Luego añadí que las niñas son más sabias y están más conectadas con sus corazones, por lo que son nuestros líderes naturales en todas las facetas de la sociedad, especialmente durante las épocas difíciles. En este sentido, los niños tienen que aprender a prestarles más atención a las niñas y a comenzar a seguirlas al frente.

Jamás olvidaré lo que ocurrió en seguida. Una niñita levantó su mano, llamándome la atención vigorosamente. Había unos doscientos niñitos preciosos en el jardín infantil, sentados en el piso frente a mí.

—Sí —le respondí.

—¡Quiero decir algo! —dijo con una voz clara y sonora.

—¡Claro que sí, adelante! —le dije, suponiendo que tenía algo que decirme, pero no fue así. Se levantó, me dio la espalda, se puso la mano izquierda en su cadera y con su mano derecha, empezó a señalar los niños.

—¿LO ESCUCHARON? —gritó—. ¡Él es inteligente! ¡Escribe libros! Y dice que las niñas somos sabias y que somos las líderes naturales de la sociedad, así es que ustedes, niños, más les vale que comiencen a prestarnos atención a nosotras, las niñas, cuando hablamos, porque estamos más cerca de nuestros corazones, y nosotras, ¡SABEMOS DE LO QUE ESTAMOS HABLANDO! ¿ME ESCUCHAN? —dijo moviendo el dedo índice de su mano derecha señalándolos. Siguió y siguió, y luego otra niñita se levantó, sin preguntarme si podía hacerlo, y comenzó también a gritarles a los niños. ¡Fue maravilloso! ¡Ni siquiera en mis SUEÑOS MÁS DESQUICIADOS hubiera llegado a pensar que la visión de los Gansos Blancos podría apasionar a niñitos tan pequeños!

Así es que ya llevo dieciocho años dando charlas alrededor del mundo, he viajado a México, Perú, Alemania y China, aprendiendo cada vez más, y conmemorando la celebración de los Gansos Blancos en nuestro rancho en Oceanside. Michael Goldman, que reside ahora en Ashland, Oregon, me ayudó a preparar unas cuantas de las primeras celebraciones de Gansos Blancos globales, así como Chef Jeff y Bonnie Marsh (a quien, si recuerdan, conocí en mi vuelo a Nueva York cuando fui a comprar de vuelta los derechos de *Lluvia de Oro*). Bárbara también me ayudó con algunas; luego mi hermana Linda, durante años, me ayudó a preparar algunas más, hasta que su esposo, Joe Columbo, tuvo un ataque al corazón, se cayó sobre un sembrado de lirios detrás de la casa principal y murió. Después, Jackie, mi mano derecha por más años de los que pudo recordar, también me ayudó con algunas celebraciones. El año pasado, Jackie estaba en Arizona, Linda no se sentía con las fuerzas para hacerlo, y Michael se había ido, así es que Gary Gernandt, maestro, administrador y rector retirado, tomó el control y organizó el evento...: fue el más grande hasta ahora. Vinieron tres mil personas. No podían dejar de sonreír ante la felicidad y la alegría de conocer a perfectos extraños, ¡abrazarlos y compartir con ellos un día de GRACIAS Y GRATITUD!

¡La paz y la armonía mundial son un hecho! ¡No hay nada que podamos hacer para evitarlo! Es parte de nuestro ADN, de nuestra memoria celular, ¡DE LA SABIDURÍA TRIBAL QUE POSEÍAMOS CUANDO ÉRAMOS TODOS INDÍGENAS, SOÑANDO JUNTOS A LO LARGO Y ANCHO DE NUESTRA PRECIOSA MADRE TIERRA!

El Mundo Espiritual no dejó de hablarnos con la llegada de Jesús hace dos mil años, ni conmigo en España. De hecho, nuestra conversación santa, sagrada y eterna con Jesús Dios-Diosar se ha acelerado; ¡y esto es exactamente de lo que trata el año 2013! Francamente, ¡ni siquiera somos la especie que creemos que somos! ¡No somos seres humanos teniendo una pequeña experiencia espiritual temporal! ¡NO, SOMOS SERES ESPIRITUALES MÁS ALLÁ DE TODA MEDIDA, teniendo una pequeña experiencia humana temporal!

Y, el primer paso para comprender todo esto es darnos cuenta de que, muy en lo profundo de nosotros, no tenemos sólo cinco sentidos. Tenemos trece, ¡y estos trece sentidos son Nuestras Herramientas Naturales para Geniar! ¡Para Jesusar! ¡Para tener acceso a nuestra Conciencia del Sueño! ¡Y todos los tenemos! Simplemente, no hemos estado activando los trece, a un nivel consciente, durante los últimos miles de años.

Cuatro sentidos son específicos y están localizados en la cabeza: vista, oído, gusto y olfato. Cada uno de ellos nos ofrece información específica y separada.

Tres sentidos están en el corazón, y no son específicos: tacto, equilibrio e intuición. No sentimos sólo con nuestras manos y dedos. No, sentimos con todo nuestro cuerpo, más allá de ocho metros de nuestro cuerpo y con mucha intensidad. ¿Alguna vez han entrado a una habitación y han sentido de inmediato que algo no estaba bien? Por supuesto que sí. A todos nos ha ocurrido. ¿Alguna vez han entrado en una habitación y han sentido que todo está maravilloso? ¿Cómo lo supieron? No fue "pensando", lo cual es demasiado lento y trabaja con la computadora de la mente. No, lo supieron con su intuición, con una sensación que proviene de sus entrañas. Con su instinto, el cual es, por supuesto, diez mil veces más rápido que la mente, la cual opera con palabras, mientras que la computadora del corazón trabaja con nuestros sentimientos. Y los sentimientos surgen de todo nuestro cuerpo, mientras que los pensamientos provienen de nuestra cabeza, con información específica de puntos específicos: ojos, oídos, nariz y boca, y, por lo tanto, nos mantienen cautelosos y en un estado de separación infinita.

El sexto sentido es el equilibrio, y éste también se logra con todo nuestro cuerpo en relación con todo lo demás que nos rodea; el equilibrio es la clave para la unidad, la integración, y para todos Nuestros Trece Sentidos Naturales.

No podemos quedarnos de pie, derechos, sin el sentido del equilibrio. No podemos estar felices o en paz sin el sentido del equilibrio, que nos brinda unidad. No podemos correr ni caminar sin el sentido del equilibrio. Y una vez que comenzamos a confiar y a reconocer nuestros sentimientos y nuestro equilibrio como sentidos, nuestro subconsciente, nuestro arte de geniar, Jesusar o Espiritar, se relaja y nuestro mundo aislado de opiniones se disuelve ocupando su lugar una comprensión integrada. El cerebro "pensante" deja de sentir que debe tener el control; mientras que entra en acción la intuición, el séptimo sentido, y nos sentimos entonces bien, cálidos y centrados. ¡Ya no nos sentimos perdidos, temerosos ni separados!

Ay, tengo que decirles que al regresar de España, al APRENDER A CONFIAR EN MI INTUICIÓN, comencé a darme cuenta, muy claramente, que no era especial, que no tenía poderes especiales ni nada por el estilo. No, sencillamente, me había ESCAPADO, COMO ALMA QUE LLEVA EL DIABLO, DE LA PRISIÓN DE LOS CINCO SENTIDOS ¡y de la necesidad de estar en control y pensar todo el tiempo!

¡Pero fue difícil! ¡MUY, MUY DIFÍCIL!

Porque nuestro lavado de cerebro es tan intenso, que me tomó de tres a cuatro años, finalmente, pasar de mi cabeza a la computadora de mi corazón, y en dos años más, a la computadora de mi alma, la cual tiene seis sentidos. Aunque esto no significa que a USTEDES les tiene que tomar ese tiempo, ni que yo no estaba usando mis trece sentidos, por naturaleza, toda mi vida. No, muchos de ustedes van a entrar de inmediato en este nuevo Centro de Vivir, Soñar y Ver que ¡TODO ESTÁ INTERCONECTADO Y VIVO EN CADA ALIENTO PALPITANTE DE LA CREACIÓN CREANDO!

Por ejemplo, nadie podía lograr batir el récord de correr una milla en menos de cuatro minutos. Al final, se optó por creer que estaba más allá de las capacidades del ser humano. Así fue que un hombre blanco —se me olvida su nombre—, un corredor de clase mundial, se fue a Australia y vivió con los aborígenes, corrió con ellos, comió con ellos, SOÑÓ CON ELLOS; y, antes de un año, logró batir la marca de menos de cuatro minutos en una milla. El mundo del atletismo escuchó hablar sobre eso y, antes de un año, otros cuatro corredores lo lograron, además de un chico de preparatoria.

Entiendan, en realidad, no soy tan especial. Solamente fui criado fuera de las normas, y no aprendí a leer, sino hasta que tuve veinte años, por eso tuve el poder de no saber, de la ignorancia de antaño, cuando todos éramos Indígenas soñando juntos a lo largo del mundo. En pocas palabras, no tuve que ir a Australia a vivir con los aborígenes. Ellos eran mi familia.

Así es que tenemos cuatro sentidos conectados con la computadora de la cabeza pensante, cautelosa y lineal; tres sentidos con la computadora del corazón salvaje y confiado; y seis sentidos con la computadora del alma enorme, infinita, soñadora y voladora. La música es el octavo sentido. Dios creó el *"universo"*, es decir: un verso, una canción, una sinfonía unida; y nosotros somos "una nota" en esa canción, en el marco de nuestro propio tiempo y espacio. De hecho, el tiempo y el espacio son el noveno y el décimo sentido. Y nuestra Conciencia Colectiva es el undécimo sentido; la habilidad psíquica es nuestro duodécimo sentido; y la habilidad psíquica es para la computadora del alma, como la intuición es para la computadora del corazón y pensar es para la computadora de la mente. Luego, SER es nuestro treceavo sentido; y es cuando nosotros, seres humanos como pájaros Wee Wee, estamos total, totalmente siendo Uno con el Ser Supremo, y SOMOS verbos verbando. ¡SERES HUMANOS SUPREMOS SIENDO LA CREACIÓN CREANDO!

En el 2000, mi madre se fue al Más Allá, y me invitaron a hablar ante un grupo de monjas y sacerdotes retirados en un lugar que quedaba sobre una hermosa loma llena de árboles, a lado de uno de los Grandes Lagos, cerca de la frontera con Canadá. Unas ocas blancas comenzaron a volar en formación de V y yo estaba muy nervioso. Nunca me habían invitado a hablar ante monjas y sacerdotes. Yo ya no era católico con C mayúscula, pero ellos habían leído la trilogía de *Wild Steps of Heaven, Lluvia de Oro* y *Trece sentidos,* y me habían pedido que fuera su orador principal.

Le pedí ayuda a mi madre en el Más Allá. Me dijo que me olvidara que eran monjas y curas y que les hablara como seres humanos. Le agradecí, cerré mis ojos, escuché a las ocas, y llevé a mi audiencia al mundo de mis abuelas indias, que habían mezclado su cristianismo católico con su espiritualidad nativa. Les expliqué cómo ni siquiera había comprendido mis propios escritos, hasta que Harry Walters y Jack Hombrosgrandes, me habían llevado al mundo donde no había sustantivos y todo era verbo.

Poco después, los llevé al mundo de los genios, dándoles primero la definición del diccionario Webster antes de 1987, y les hice repetir que ellos eran genios, que eran fantásticos, que estaban llenos de maravillas, es decir, *maravillosos*.

—Y ahora —dije—, que ustedes son genios, les voy a formular una pregunta muy importante. Pero, por favor, no me den la respuesta cuando la vean con los ojos de su mente. Más bien, sólo levanten la mano. Está bien, ¿listos?

Asintieron.

—Muy bien, entonces... ¿Cuándo... cuándo ocurrió la Creación, si... si todo es un verbo? Respiren profundo, muy profundo y entren en su Reino de Dios, en su intuición, en la voz de sus sueños, de su *geniar*. ¿Cuándo ocurrió la Creación, si... si todo es un verbo?

De inmediato, una monjita viejita y linda, con el cabello ondulado, vestida secularmente, que estaba sentada en la primera fila, levantó su mano con alegría y con gusto, sonriendo orgullosamente.

—Está bien —dije, mostrando una gran sonrisa—, si una persona lo entiende, esto hace que la energía comience a fluir. Sólo respiren muy, muy hondo, relájense, relájense, relájense. Esto no es una prueba mental. Es una experiencia sobre lo que sienten, lo que sienten muy profundo en su Conciencia del Sueño. ¿Cuándo ocurrió la Creación si... si todo es un verbo?

Otras dos monjas de edad con el cabello canoso levantaron sus manos. Los hombres, los curas, sólo se miraban entre sí. Les estaba costando mucho soltarse e ir a su interior.

—Bien —dije—. Tenemos tres mujeres hasta ahora. Hombres, relájense. Siempre es un poco más difícil para ustedes, los hombres, salirse de la mente. —Mi corazón latía muy fuerte. Quizá estaba yendo demasiado lejos con este grupo. Llevaba ya más de ocho años dando charlas así, pero nunca ante monjas y curas retirados. Pero mi madre estaba ahora en el Más Allá, junto con mi padre, y me estaba ayudando a mantenerme centrado y calmado.

—Está bien, ahora cierren sus ojos —dije—, comprendan que algunos de nuestros más grandes compositores eran ciegos, porque los ojos pueden ser tan dominantes que nos enceguecen ante lo que está justo frente a nosotros —respiré hondo—. Entonces... ¿cuándo ocurrió... la Creación, si todo es un verbo?

Cinco personas más levantaron sus manos. Dos hombres estaban ahora con nuestro flujo. Pregunté de nuevo y de nuevo, y ahora varias manos comenzaron a levantarse aquí y allá, en grupos de cinco y seis. Nuestra Conciencia de Sueño Colectivo estaba comenzando a entrar en acción y a vibrar. Podía sentirlo en todo el salón. Pregunté dos veces más, y ya habíamos logrado la masa crítica de más del 50% de la audiencia.

—¡MUY BIEN! —grité entonces—. ¡COMIENCEN A DECIRLO! ¡Comiencen a poner en palabras ese sentimiento que tienen en su interior! ¿Cuándo ocurrió la Creación, si todo es un verbo?

—¡Ahorita mismo! —exclamó la monjita con el pelo ondulado que había levantado su mano casi de inmediato.

—¡Sigue ocurriendo! —exclamó otra monja vieja con la misma alegría.

—¡No hay comienzos ni finales! —gritó un cura—. ¡La Creación siempre ha estado ocurriendo Aquí mismo! ¡Ahorita mismo!

—Por lo tanto, ¿qué ocurre con nuestro antiguo concepto de la muerte? —pregunté—. Hubo un silencio. Todos parecían de repente confusos y atemorizados, entonces dije: —¡RESPIREN! ¡Respiren! Vayan a sus entrañas y confíen en su corazón para expresar las palabras por ustedes. ¡NO PIENSEN! —exclamé—. ¡Sólo sientan!

—No existe —dijo un viejo cura.

—Desaparece —dijo una vieja monja.

—Nunca, nunca existió —dijo otro cura.

—¡Ahh, Dios mío! —dijo otra monja muy vieja y comenzó a llorar.

—Está bien —dije—, ¿entonces, qué piensan ahora?

La energía cambió por completo. Desapareció. En ese momento, comprendí lo que había hecho mal.

—Excúsenme —dije—. Acabo de cometer un error. Olviden lo

que piensan. Vayan de nuevo a sus corazones y ¡díganme LO QUE SIENTEN! —grité con voz poderosa.

La preciosa monjita vieja con el cabello ondulado dio un salto: —¡ACABO DE CONOCER A DIOS POR PRIMERA VEZ EN MI VIDA! —exclamó.

—¿Y usted? —le pregunté a la monja sentada al lado de la monjita del cabello ondulado.

Se levantó: —Me siento libre por primera vez en toda mi vida —dijo calmadamente, mientras las lágrimas caían por su rostro.

Le pregunté a la siguiente monja, no se puso de pie: —No puedo hablar —dijo, simplemente—. No puedo ponerlo en palabras. Es demasiado sagrado. Demasiado hermoso. Ahh, Dios mío, si sólo hubiera sabido esto cuando era joven. Quiere decir que Dios... realmente nos ama. ¡Ahh, Dios mío!

¡TENEMOS QUE DECÍRSELO AL PAPA! —gritó uno de los curas altos y viejos—. ¡Esto va a revolucionar toda la Iglesia! O sea, no es lo que creemos lo que importa, ¡sino lo que hacemos! ¡Y todas las religiones del mundo pueden unirse! ¡Existe la luz al final del túnel! ¡Éste es un día totalmente nuevo!

—¡EL PAPA ES UN HOMBRE! —gritó una de las monjas—. ¿No lo escucharon? Somos las mujeres y los niños quienes estamos más cerca del corazón, los que los moveremos a esta nueva conciencia.

—De todas maneras, deberíamos decírselo —dijo el cura—. No tenemos nada que perder.

Me senté. Ya no me necesitaban. ¡Estaban Diosando! ¡Estaban geniando! ¡Estaban Jesusando! Habían tenido acceso a su Reino de Dios y estaban encaminados, SOÑANDO EN CONEXIÓN TOTAL CON LA CREACIÓN CREANDO, justo como me había ocurrido en Portland, en aquella sala llena de gente enviándome a sus abuelas.

¡Todos somos ESTRELLAS ANDANDO!

¡Todos somos Gansos Blancos volando en formación V y surcando los CIELOS!

¡Todos somos Nuestros Propios Ángeles! ¡Mil lugares para el año 2013! ¡Cien mil lugares para el 2026! Un millón para el 2052. Para que nuestra Sagrada Abuela Tierra pueda sentir nuestra Masa Crítica de ENERGÍA, SUEÑO Y AMOR DEL CORAZÓN, ¡Y

REGOCIJARSE, SANÁNDOSE RÁPIDAMENTE CON SONRISAS Y RISAS DE ALEGRÍA PARA TODOS!

¡Tenemos el mundo entero en nuestras manos!

¡TENEMOS EL MUNDO ENTERO EN NUESTRAS MANOS!

¡TENEMOS A NUESTRO PADRE CIELO Y A NUESTRA MADRE TIERRA EN NUESTRAS MANOS!

¡Gracias!

Víctor E. Villaseñor

INVITACIÓN
DEL AUTOR

A propósito, ese joven que conocí con Mary González y Greg, el ex cura de Chicago, aquel a quien le dije que iba a ser presidente de los Estados Unidos, resultó ser Barack Obama; y les puedo decir a ustedes, como se lo dije a él hace unos veinte años: ¡ES UN HECHO! ¡UN HECHO CONSUMADO! ¡ESCRITO EN LAS ESTRELLAS! ¡Sus logros más fantásticos los conseguirá una vez que salga de la Casa Blanca y se vuelva global!

Ahora, a mis setenta años, no joven, sino viejo y fuerte, sintiéndome de maravilla, puedo ver claramente ¡que mi mamagrande Yaqui tenía toda la razón! ¡Somos estrellas andando! ¡Todos nosotros! Realmente, realmente lo somos, y ¡ATRAVESAMOS EL UNIVERSO, REUNIENDO POLVO DE ESTRELLAS PARA PLANTARLO EN EL JARDÍN ETERNO DEL TODOPODEROSO AQUÍ, EN LA ABUELA TIERRA! Ésa es la razón por la que los seres espirituales tomamos forma humana durante un pequeño tiempo para ayudar al Santo Creador, Santa Creadora, con su Creación eterna y, por consiguiente, es obvio que todos podemos ver el futuro, una vez que nos movemos hacia Nuestros Trece Sentidos Naturales, los cuales son nuestra ventana al Mundo Espiritual. Por eso el tiempo se vuelve circular, y el futuro ¡YA ESTÁ AQUÍ! ¡AHORITA MISMO! ¡POR SIEMPRE! Recuerden, no hay "ahí". ¡Todo está Aquí en el Sagrado Momento Presente!

¿Pueden ahora comprender que no es algo tan espectacular que yo, ustedes, nosotros, hubiéramos podido ver el futuro de ese joven? De hecho, desde el punto de vista de nuestras estrellas más lejanas, ya somos un recuerdo olvidado desde hace mucho tiempo; y claro que sí, nosotros, como pájaros Wee Wee, ya logramos unirnos en paz y armonía global.

A mediados de los noventa, Bárbara, los chicos y yo, fuimos a la península de Yucatán. David y yo íbamos caminando delante de Bárbara y de Joseph por una senda a través de la jungla, cuando un viejo y enorme árbol comenzó a burlarse de mí.

—Así que volviste ¿eh? —dijo el árbol, riéndose de mí—. Así que volviste ¿eh? La última vez no fue suficiente para ti, ¿eh?

—¿De qué estás hablando? —le pregunté al árbol.

—¡Estoy hablando de TI! —dijo el árbol, riéndose a carcajadas—. ¡Regresaste! La última vez no fue suficiente para ti, ¿eh?

—¡Basta ya! —le dije al árbol—. No sé de qué estás hablando.

—¡Oh, sí lo sabes! —dijo el árbol, burlándose de mí con voz cantarina—. ¡Regresaste! Regresaste, ¿eh? ¡La última vez no fue suficiente!

Así que me enojé tanto, que comencé a gritarle al enorme árbol.

—Papá —preguntó David—, ¿a quién le gritas?

—¡A ÉSE ÁRBOL! —grité—. ¿No oyes que se está burlando de mí?

—No, no lo oigo, papá —dijo.

Pues bien, el enorme árbol y yo discutimos durante unos cuantos minutos; hasta que dejó de burlarse de mí y me dijo, en un tono de voz calmado y respetuoso, que recordara que mi abuela me había dicho que todas las mujeres necesitaban su propio Árbol de Llanto.

—Sí, recuerdo —dije.

—Pues bien —dijo el árbol—, tuve el honor de ser el Árbol de Llanto para tu tatara-tatara-tatara-tatara-tatara-tatara-tatara-tatara-tía Madre de Hijo no Específico.

¡ME QUEDÉ SIN ALIENTO!

¡ESTO ERA DEMASIADO INCREÍBLE!

Quiero decir, ¿cuáles son las posibilidades de que fuera caminando a través de la jungla y me encontrara con el árbol sagrado, que había sido el propio Árbol de Llanto de mi tía? Ella había vivido en el siglo XVIII. ¡COMENCÉ A DEVANARME LOS SESOS! Es decir, ¿significaba esto que nada, nada, nada se pierde nunca? ¿Todos estamos interconectados y viviendo en un Presente Eterno?

Respiré.

Respiré una y otra vez.

Acto seguido, el enorme árbol que había sido el Árbol de Llanto de mi tía, Madre de Hijo no Específico, comenzó a hablarme y yo lo escuché, y me dijo que fuera más arriba del camino, tomara hacia el lado derecho en la bifurcación, y pasara de la primera pirámide hacia la segunda, que todavía no había sido restaurada.

—Sube hasta la cima y rodea hacia el lado este de la pirámide —el viejo Madre Árbol me dijo—, y una bandada muy grande de loros vendrá hacia ti, como la última vez, y te explicará de nuevo la historia sagrada de la humanidad. Los loros, estoy seguro que recuerdas, eran los guardianes del conocimiento la última vez. Ésa es la razón por la cual, nosotros, la gente, solíamos llevarlos en nuestros viajes, que duraban veinte años, hacia los confines de nuestros continentes, de norte a sur.

Me di cuenta que el árbol había dicho "nosotros, la gente". Por lo cual, ¿significaba esto que el gran Madre Árbol se consideraba también un ser humano? Muy interesante. De repente, recordé que los loros también se han considerado ellos mismos como seres humanos, que cada loro tiene la capacidad de conservar en su interior tanto conocimiento, como cientos de enciclopedias.

Obedecí, seguí el camino con David... y por mi amado DIOS-DIOSAR, ¡que era HERMOSO! Y, recientemente, quiero decir, unos veinte años después, le pregunté a nuestro hijo mayor si recordaba mi discusión con un árbol en la península de Yucatán.

—Papá —dijo—, ¿por qué crees que estudié medicina, y decidí convertirme en psiquiatra?

—¿Para ayudarme? —dije.

Se rió. —No, papá. Para ayudar*me* —dijo.

Así es que ahora pueden comprender que desde el paso de mi papá al Más Allá, ha sido como un paseo por una montaña rusa salvaje y loca para mi familia y para mí. Yo creí que después de la Visión del Sueño que recibí en Portland y de nuestro Viaje Soñado a España, con la visita de Jesucristo, todo terminaría y más o menos lograría relajarme. Pero, oh no, ¡en esta NUEVA ERA DEL 2013, CADA VEZ QUE LLEGAMOS A UNA CIMA ESPIRITUAL, nos lleva a otra y otra CIMA AÚN MÁS ESPIRITUAL!

Fue como si tan pronto pude escuchar al viejo árbol "lenguajar", hubiera entrado en el ¡"lenguajar" de TODA LA CREACIÓN! Por doquiera que iba, los árboles me hablaban, luego también comenzaron a hablarme las rocas, ¡las más antiguas y sagradas guardianas del conocimiento! Después, en Colorado, entré en contacto con las Siete Ciudades de Oro que Coronado, el descubridor español, había estado buscando pero jamás había logrado encontrar.

En verdad, he llegado a comprender que la realidad que conocemos, a través de nuestros cinco sentidos, es más minúscula que la uña de nuestro dedo meñique. Y la realidad que está disponible para todos nosotros, a través de la totalidad de nuestros trece sentidos, es ¡MÁS GRANDE QUE LOS OCÉANOS DEL MUNDO JUNTOS!

Únanse a mí en **facebook.com/rainofgold** y escríbanme a **victor@victorvillasenor.com**, para organizar su propia celebración del Día de Acción de Gracias Global de Gansos Blancos; o vengan a mi casa en Oceanside el domingo, antes del Día de Acción de Gracias, a la una de la tarde, con un plato para doce elaborado con manos amorosas, para que, una vez más, soñemos juntos como los indígenas acostumbraban a SOÑAR, ¡COMO UN ALMA UNIDA A LO LARGO Y ANCHO DE NUESTRO HERMOSO PLANETA!

HABLANDO DE
MILAGROS

NÚMERO UNO: A comienzos de la década de los noventa, un atardecer llegó un hombre grande y barbudo a mi casa en Oceanside, en un viejo Lincoln Continental, con una Biblia que se veía a través de la ventana trasera del carro. Yo estaba sacando una media docena de botes de basura de la casa y llevándolos hasta la reja de la entrada principal.

—Vi que le echaste un vistazo a mi Biblia, amigo —me dijo con una gran sonrisa mientras bajaba de su carro—, y sé lo que estás pensando. Estás diciendo: "Ahí viene otro de esos pinches cristianos pregonando a Jesucristo", como si no tuvieras ya el Espíritu de Jesús en tu interior. Bueno, quiero que sepas —siguió diciendo, acercándose con gran encanto y confianza—, que no soy uno de esos cristianos que te quieren imponer la Biblia porque, para mí, la Biblia ¡no es dónde están las cosas! Donde están es Aquí, ahorita mismo, y no en el pasado. En esta ocasión, me identifico con el nombre de Roger La'Chance. —Extendió su mano enorme y carnosa.

Respiré profundamente. Parecía una versión joven de Santa Claus, con un resplandor de travesura en su mirada. Le extendí también mi mano, pero me sentí... bastante receloso. Mi instinto me decía que este tipo podía ser agobiante, si yo no era cauteloso.

—Víctor Villaseñor —dije.

—Encantado de conocerte, Vic. Leí tu libro.

—¿*Lluvia de Oro*?

—No, de ése no he oído hablar. Leí *Snow Goose Global Thanksgiving*.

Mis oídos se reanimaron. Nadie había leído nunca *Global Thanksgiving*. Yo había tenido que publicar por mí mismo ese librito. Ninguna editorial había querido ni siquiera echarle un vistazo.

—¿Cómo llegó a tus manos *Snow Goose?* —pregunté.

—Por intercambio. Soy psicólogo —dijo, con otra enorme sonrisa. Supongo que era evidente que había llamado mi atención—. Sólo que no trabajo con gente de dinero. Yo también voy por las noches a la calle, brindándole luz y alivio a los indigentes, a las prostitutas, a los padrotes, a todas las almas perdidas que puedo encontrar, y uso un método de liberación que me llegó a los pies del Monte Shasta mientras manejaba hacia Portland, donde tú recibiste tu visión de armonía y paz mundial.

Mis antenas se levantaron. —Oye, espera —dije—. ¿Quién eres? Nadie conoce mi libro *Snow Goose* ni la visión que recibí en Portland. ¿Cómo es que sabes tanto sobre mí?

—¿No pusiste un anuncio de una página sobre tu visión en tu periódico local, invitando a todo el mundo a ir a España contigo y así celebrar tu primer Día de Acción de Gracias Global de Gansos Blancos en ese país?

—Sí, pues sí —dije.

—Bueno, pues también es posible que alguien llegue a conocerte, aunque no haya leído tus otros libros.

Asentí. —Ajá, supongo que sí.

—Pues, encontré ese anuncio de una página en las manos de un drogadicto medio loco en Nueva Orleans. Lo leía una y otra vez y decía que quería ir contigo. El tipo había caído muy bajo, y ese anuncio del periódico invitando a medio mundo a ir a España, era la última cosa decente y valiosa que le quedaba por hacer en este mundo.

—¡Órale! —respiré profundo, contuve la respiración, y luego expulsé el aire—. Dios mío —dije.

—Así es, Nuestro Señor trabaja en formas misteriosas a través de todos nosotros. Ese viejo perdido no hacía más que decirle a todos que lo habían invitado a España a conocer al rey.

Respiré y respiré. —¿Y esto ocurrió en Nueva Orleans, verdad? O sea, ¿mucho más allá de Tejas y cerca del Golfo de México?

—Exactamente —dijo—. Y luego me encontré ese librito azul de *Snow Goose* en una venta de cochera en El Paso, así que después de esos dos eventos, me dije: "Tengo que conocer al hombre que escribió esas ideas tan futuristas que poseen la habilidad de conmover almas perdidas". Y, por supuesto, comprendí que el relato no lo habías escrito tú. Si no que habías permitido que la Santa Voz de Dios transmitiera esas cosas a través tuyo. Llevo dos días manejando sin parar desde El Paso, leyendo tu librito azul y con muchas ganas de conocerte. —Dejó relucir otra enorme sonrisa, la cual, pronto comprendí, era el sello distintivo de Roger La'Chance.

Me ayudó a sacar el resto de los botes de basura hasta la puerta principal, y lo invité a nuestra casa. Lo presenté a mi familia; Bárbara y yo ya nos habíamos divorciado, pero todavía hacíamos mucha vida familiar. A la hora de la cena, Roger les explicó a David y a Joseph que para ganarse la vida, anduvo en una motocicleta en una jaula, acelerando tanto y tanto, hasta que con la fuerza centrífuga, terminaba conduciéndola de cabeza; y que si a ellos les interesaba, podía enseñarles cómo hacerlo.

—Es la forma más segura de manejar en todo el mundo —dijo—, pero solamente puedo enseñarles con el permiso de sus padres. Nunca manejaría una motocicleta en las calles y en las autopistas. Ahí afuera, ¡me gusta andar detrás de las ruedas más grandes, baratas y pesadas que pueda encontrar! Por eso es que siempre compro Lincolns y Cadillacs usados y grandes. En una jaula, lo único que tienes es la gravedad; y la gravedad es buena amiga y confiable, la mayoría de la gente la da por sentada, así como dan por sentado el Mundo Espiritual del cual su papá escribe de forma tan apropiada.

Así es que Roger se quedó por dos semanas, y se lo presenté a todos mis conocidos en el área, más que todo en Encinitas y Leucadia; incluyendo a Jeff y Bonnie, mis salvadores en el vuelo a Nueva York cuando fui a comprar de vuelta los derechos de *Lluvia de Oro*. Luego lo llevé a Los Ángeles y se lo presenté a Moctesuma, donde también Roger practicó su milagroso método de liberación en cientos de personas en sólo dos días, hasta a una pareja de nombre Anita y Toby.

—Me sentía perdido y desesperanzado mientras venía de Seattle y Portland —le dijo Roger a una audiencia de unas tres docenas de personas que Mocte y yo habíamos reunido para él—, porque, usando las herramientas de la psicología y el psicoanálisis, me tomaba días, semanas, sino años, ayudando a las personas, y yo quería ayudar a miles de personas en mi vida. No sólo a un par de cientos.

—Era de noche, y yo iba manejando con mi Biblia en la mano pidiéndole ayuda a Dios; justo cuando divisé el Monte Shasta, que se fue agrandando cada vez más bajo la luz de la luna llena: una luz muy brillante apareció de repente en el cielo a mi lado izquierdo y me golpeó con tal poder que cuando estuve de nuevo consciente, no entendí cómo mi Lincoln se había salido de la autopista y de repente estaba estacionado en una gran pradera.

—Me bajé del carro, y no pude dejar de sonreír, ¡como no he podido dejar de hacerlo desde entonces! PORQUE AHORA SÉ que el espíritu de ese fabuloso volcán latente que es el monte Shasta, con toda su magnífica belleza, que llega hasta el cielo lleno de estrellas, fue la luz brillante que me había llegado; ¡Y AHORA SABÍA EXACTAMENTE LO QUE TENÍA QUE HACER! Manejé sin parar día y noche hasta Nueva Orleans, uno de los peores y mejores lugares de nuestro país, ¡y comencé a regenerar almas! ¡No a salvarlas! Sino a retirar los bloqueos que impiden que un individuo avance hacia su propio Reino de Dios, que está aquí, ¡en el interior de cada uno de nosotros!

Así es que Roger utilizó su Método de Liberación La'Chance, desbloqueando a docenas de nosotros, y algunos aprendimos con él, convirtiéndonos en practicantes de Roger La'Chance.

NÚMERO DOS: Algo hacía falta. Ya habíamos recibido el apoyo de Plymouth, Massachusetts, habíamos celebrado tres o cuatro de los eventos de los Gansos Blancos en el rancho, y cada año llegaba más y más gente. Sin embargo, algo hacía falta.

Sucedió que me torcí la rodilla izquierda, bajando un barranco en la playa de Carlsbad, donde iba a correr. Estaba teniendo mucha dificultad en sanarme, así que me apliqué terapia de acupuntura china en mi rodilla. A la mañana siguiente, cuando me desperté y mi rodilla se había sanado, supe exactamente lo que había estado haciendo falta. No era suficiente que miles de nosotros nos reuniéramos en diferentes lugares a dar gracias el domingo antes del Día de Acción de Gracias y luego en la privacidad de nuestras casas el jueves. ¡No, también teníamos que hacerle acupuntura a nuestra Madre Tierra!

Ése fin de semana, fui a una fiesta en Encinitas. Estaban presentes Bonnie, Jeff, Steve y su madre, y muchísimos otros amigos.

—Excúsenme —le dije a todos—. Este año, tenemos que añadir acupuntura china a nuestras celebraciones del Día de Acción de Gracias Global de los Gansos Blancos y no sé cómo hacerlo. ¿Alguna sugerencia?

Sin un momento de duda, Robin, la anfitriona de la fiesta, me señaló a un tipo en el patio. —Víctor, creo que eso es lo que él hace —dijo.

Salí y me encontré a un hombre delgado con una sonrisa hermosa hablando con entusiasmo a un grupo de jovencitas. Me acerqué y escuché. Estaba explicando un diseño que dos años antes él y un grupo de sus estudiantes habían estado llevando cabo en el fondo de un lago seco y alcalino. El fondo del lago había estado completamente desprovisto de vida durante miles de años y, sin embargo, después que él y su grupo hicieron un diseño con rocas naturales y otros ingredientes, que no pude entender muy bien, empezaron a llegar los pájaros, los coyotes y los conejos. Los zorros y los conejos se pararon unos al lado de los otros, en sus patas traseras, observando este diseño sin temor mutuo. Al cabo de un año, comenzaron a crecer algas en el fondo muerto del lago.

Me presenté. Su nombre era Bill Witherspoon. Le hablé sobre mi Visión del Sueño de hacerle acupuntura a miles de lugares en la Madre Tierra y sobre la idea de que las tierras secas se convirtieran de nuevo en junglas exuberantes. También compartí con él la visión que recibí en Portland y la historia del Viaje Soñado que tomamos a España. Se emocionó mucho y hablamos sin parar casi toda la noche.

Dijo que se apuntaba. Regresó a su casa en Iowa, empacó sus maletas, y luego él y su amiga se mudaron con nosotros. Ellos dos organizaron nuestra primera sesión de acupuntura con intención, propósito y amor. Encontramos un árbol caído en Palomar Mountain, lo arrastramos a caballo, lo cargamos en una camioneta y lo trajimos a casa. Durante un mes, le arrancaron la corteza y lo pulieron a mano, después labraron grietas en forma de cruz en su tronco y rellenaron las grietas con oro de 22 quilates.

El día que plantamos el tronco de casi ocho metros y lo rodeamos de mica, llegaron por docenas las aves cantoras. Los halcones comenzaron a surcar por encima de nosotros. Una nube en forma de rosca se formó por encima de nuestro rancho. Docenas de carros se salieron de la autopista, para venir a ver la extraña nube. Nadie podía dejar de reírse, de sonreír y reírse como tontos. Nos quitamos los zapatos, y todos pudimos sentir a la Madre Tierra ronronear bajo nuestros pies. Para media tarde, miles de personas habían llegado a nuestra celebración del Día de Acción de Gracias Global de los Gansos Blancos.

Busquen en Google a Bill Witherspoon. Él, al igual que Roger La'Chance, están impregnados de sabiduría antigua, ¡saliendo a borbotones de su CORAZÓN Y SU ALMA!

NÚMERO TRES: En 2006, hace cuatro años, estuve en Durango, Colorado, dando una serie de charlas a maestros locales. Primero les hablé a los maestros durante dos días, después a los estudiantes, y luego la última noche a los padres y al público en general. Estaba firmando libros, después de una de mis primeras charlas, cuando un joven grande y moreno de apariencia indígena, me dijo que su abuela había nacido en el cañón de Lluvia de Oro, y que había sido compañera de juegos de mi madre cuando niñas.

¡ERA COMPLETAMENTE FABULOSO!

El cañón de Lluvia de Oro es solamente una parte minúscula de un enorme laberinto de ocho cañones que constituyen el Cañón del Cobre al norte de México, el cual es 10 veces más grande en tamaño que el Gran Cañón.

—Me gustaría invitarte a cenar a mi casa —dijo—, para que conozcas a mi padre.

—¿Por qué a tu padre?

—Porque es un tipo blanco de Santa Cruz, California, fue el ministro cristiano ordenado más joven por la Universidad de Stanford, allá en los sesenta. Trabajó en el distrito Haight-Ashbury en San Francisco, tratando de convencer a todos de que no usaran drogas ni tuvieran relaciones sexuales antes del matrimonio, lo cual, supongo, era bastante ridículo en esa época. Luego fue a México, y se enfrentó a los capos del narcotráfico quienes varias veces le pusieron precio a su cabeza, pero no lograron acabar con él por mucho que lo intentaron. Eventualmente, logró que le regresaran más de cuatrocientos mil hectáreas al pueblo indígena de mi abuela, quien fue compañera de juegos de tu madre.

Las lágrimas rodaban por su rostro. —Todos hemos leído *Lluvia de Oro* —dijo—. Es un libro fantástico. Inspirado por Dios, dice mi padre, así es que yo pienso que la historia de mi papá es la secuela natural a la versión original de *Lluvia de Oro;* y demuestra cómo los blancos estadounidenses deben dejar de quejarse y de criticar a México y, más bien, cruzar la frontera, como lo hizo mi papá, para ayudarnos desde abajo.

No paraba de llorar. —¡DIOS MÍO, QUÉ HISTORIA! Coloqué una mano sobre su hombro. Tendría una veintena de años—. ¿Cómo te llamas? —pregunté.

—Aaron —respondió, secándose las lágrimas de sus ojos.

—Mira —dije—, me acabas de contar una historia fantástica, y probablemente se convertiría en un libro y también en una película. Pero, estoy hasta la coronilla de buenas historias que la gente quiere que yo escriba para ellos. Tú debes escribir la historia de tu abuela y de tu padre.

Me miró a los ojos en un silencio total. Había una larga fila de personas detrás de él esperando que les firmara sus libros, y todos tenían también sus propias historias. Sin embargo, pude darme cuenta que nadie se mostraba ansioso ni molesto con este joven mexicano de aspecto indígena, por mucho que los estuviera haciendo esperar. No, ellos también lo escuchaban.

—Mi papá, Jan Milburn —dijo entonces Aaron—, dijo que te dijera que él también hizo un pacto con Dios, como tú allá en los bosques de Wyoming. Pero su pacto fue en las montañas de Santa Cruz, mientras miraba a los ojos al puma más grande que había visto en su vida. Se suponía que estuviera muerto de miedo pero, no fue así, porque, de alguna manera, sabía que ese puma había sido enviado por Dios para llevarlo a casa. Tenía once años de edad.

Un escalofrío recorrió mi espinazo. —De veras —dije—, ¿tu papá hizo eso a los once años?

—Sí.

Asentí con la cabeza y recordé a mi hermana Linda. Cuando era una niñita de unos tres años, tenía de mascota a una serpiente cascabel detrás del chiquero de puercos, que le hablaba con su cascabel y era su mejor amiga. Le contó a nuestra madre sobre la serpiente y ella se puso blanca del miedo y envió a mi papá y a los ayudantes del rancho a que mataran la serpiente, a la que, por supuesto, jamás encontraron, porque mi hermanita había corrido a advertirle.

—Entonces —dijo Aaron—, la cena es a las ocho. Tenemos una camioneta grande, podemos venir y recogerte a ti y a tu gente. Además, mi papá dice que todos los días el llamado de Dios está llegando a gente más y más joven.

Yo no había caído en cuenta de eso, pero tenía mucho sentido. No había ninguna duda que el padre de este joven estaba en el flujo de la Creación de Dios-Diosar.

—Está bien, iré —dije.

¡La gente APLAUDIÓ! Los observé y vi que toda la fila de gente estaba muy feliz con el resultado. Supongo que todos habían estado escuchando realmente con mucha atención.

—¿Cómo llamará a su nuevo libro? —gritó una persona de la parte de atrás de la fila—. Me reí. Todos nos reímos. —¡Me suena bien! —grité a la vez.

Así es que fui a cenar a su casa, justo al sur de Durango, y luego me pasé los siguientes dos años entrevistando a Jan Milburn y a Mireya, su esposa india, y fui a México a ver dónde había sido que este hombre había recibido milagro tras milagro, y cómo fue que, eventualmente, logró que le devolvieran más de cuatrocientas mil hectáreas a los indios del área, las cuales habían sido expropiadas por las compañías madereras y los capos de las drogas.

NÚMERO CUATRO: Conocí a Anita y a Toby cuando presenté a Roger en Los Ángeles. Ya hacía mucho tiempo que ellos eran sanadores y amigos muy cercanos de Moctesuma Esparza, pero, por alguna razón, nunca habíamos hablado. Entonces, en 2010, participé en un temazcal, en el lugar donde se estaban quedando en ese momento, en el viejo rancho de Jane Fonda arriba de Santa Bárbara. Comenzamos a hablar, y quién lo iba a decir, les conté sobre la Visión del Sueño que recibí en Portland, luego el Viaje Soñado que hicimos a España para que el rey Juan Carlos se arrodillara y pudiéramos perdonarlo y perdonar las agresiones de su país. Entonces Anita dijo: —¡Nosotros ya hicimos eso! Pero, por supuesto, no en el mismo grado del que tú hablas, Víctor —añadió, tomando la mano de su esposo Toby—, ¡ciertamente vamos por la misma senda!

—¿Qué me estás diciendo? —pregunté—. ¿Que ustedes también fueron a España a perdonar al rey y a su país?

Toby, un hombre blanco, alto y guapo, se rió. —¡Ay, no, para nada! ¡Deja que Anita te explique lo que ella y sus amigas han hecho! —dijo con emoción infantil. Me encantaba su energía. Era un hombre transparente. No andaba con misterios, ni agendas secretas, especialmente, no para su propio interés egoísta.

—Gracias, Toby —dijo Anita, una anciana hermosa, extremadamente elegante, con aspecto de india norteamericana—. Hace unos veinte años, en 1989, comencé a formar un círculo de mujeres en Los Ángeles, y cada año, nuestro círculo llevaba, y sigue llevando, grupos de mujeres a México a un peregrinaje espiritual. Principalmente, vamos al Zócalo en el centro de la ciudad de México y a las pirámides. Les conté a estas mujeres sobre el nacimiento de Regina, nuestra avatar (guía), en 1948, y cómo, cuando era niña, esta alma bendita como el propio Cristo, fue a Tíbet para ser criada y educada por el Dalai Lama y muchos otros, igual que hizo Jesús. Luego, a los dieciocho años, sus Grandes Maestros le dijeron que regresara a México para preparar el camino para una Ventana Espiritual que aparecería en la humanidad en 1968.

—Ella regresó a México y preparó a cuatrocientas personas para que estuvieran presentes con la ofrenda del sacrificio de sus propios cuerpos en la masacre de Tlatelolco, justo días antes de la inauguración de los Juegos Olímpicos de 1968. Pero antes de que se prestaran para eso, Regina les hizo entender muy claramente a cada uno de ellos que tenían que perdonar a sus asesinos antes de que el evento ocurriera. Ella, por supuesto, fue el ejemplo, al igual que Jesús fue un ejemplo en su propia época y dentro de su propia cultura.

—Yo fui una de las trece a quienes nos dijeron que no podíamos ser voluntarios, pues teníamos que vivir para contar lo ocurrido. A mediados de los noventa, uno de los miembros de los trece originales, invitó a una veintena de mujeres de España que habían leído el libro *Regina,* el cual había sido escrito por un hombre de nuestro grupo, y es, hasta donde yo sé, el libro de mayor venta en todo el mundo hispanoparlante. Llevamos a estas mujeres a nuestras casas y a conocer las pirámides en las afueras de la ciudad de México, y luego al Zócalo en el centro la ciudad. Y en el museo, para nuestra total sorpresa, las veinte y tantas españolas se arrodillaron, usando vestidos que habían hecho a mano en España para esta ceremonia antes de venir, porque todas habían leído *Regina,* como dije, y nos pidieron que las perdonáramos en el nombre de España por toda la destrucción que su nación nos había causado.

—Te puedo decir —dijo, sonriendo—, que me quedo corta al decirte que todos quedamos atónitos, pero, por supuesto, aceptamos su ofrenda. Así es que sí, lo que tú estás proponiendo ya comenzó, Víctor, y se está fortaleciendo en amor y en bienestar ¡a lo largo del mundo! ¡No sólo es una cuestión entre México y España! Y somos los círculos de mujeres los que estamos haciendo que esto se haga realidad, con los hombres "siguiéndonos al frente", así como te lo dijo tu visión en Portland.

—¿Entonces tú realmente puedes llegar a concebir que esto ocurra, que el rey España nos reciba y nos pida perdón en el 2012?

—Sí, por supuesto —dijo Anita—. Porque ya está escrito en las estrellas, de donde todos venimos, y mientras vivimos aquí en el Santo Presente, somos una memoria distante en el huso horario del tiempo eterno del universo. Pero debo decirte que serán la madre del rey y su esposa quienes darán el ejemplo, y después él las seguirá al frente.

—Tu idea de los Gansos Blancos —añadió, con una sonrisa grande y maravillosa—, ¡es fantástica! Porque le habla a TODAS LAS MUJERES DEL MUNDO ¡con la forma más básica y sencilla de comprensión, las mujeres y los niños siendo líderes con cantos y alegría! ¡Es PERFECTO!, y además va completamente de acuerdo con el viejo dicho mexicano *Canta y no llores*.

—Pues no fui yo solo quien recibió todo esto —dije—. Fueron .esos dos indios grandes allá en Portland, quienes iniciaron todo esto con su ira y con la pasión de sus corazones.

—¿Seguiste en contacto con ellos? —preguntó.

—No, no he podido, y me gustaría, pero no sé cómo.

—Tenemos un amigo cercano, Jim Quis Quis, allá por tu rumbo en Escondido —dijo Toby, quien había estado escuchando atentamente todo el tiempo—. Es un anciano muy respetado de una tribu. Estoy seguro de que te puede aconsejar cómo contactarlos.

—¡FANTÁSTICO! ¡FANTÁSTICO! ¡SÚPER FANTÁSTICO! —dije—. ¿Saben?, Siento que, por fin, ¡todo está comenzando a encajar en su lugar! ¡DIOS MÍO, DIOS MÍO, DIOS-DIOSAR! ¡REALMENTE, TODO ESTÁ FINALMENTE OCURRIENDO!

—Por supuesto —dijo Anita—. Así tiene que ser. Es parte de nuestra estructura celular.

—¡SÍ! ¡EXACTAMENTE! —grité.

¡Órale! Gente que sabía lo que yo sabía, y mucho más, estaban finalmente ENCAJANDO, ¡ASÍ COMO TODO HABÍA ENCAJADO EN SEDONA EN LA JOYERÍA, EN MENOS DE QUINCE MINUTOS!

En otras palabras, después de todo, estamos yendo más allá de la intimidación del miedo. Como Marianne Williamson lo describe de forma tan maravillosa en su libro *Volver al amor:*

"... nuestro miedo más profundo no es que somos incompetentes. Nuestro miedo más profundo es que somos poderosos más allá de toda medida. Lo que más nos causa temor no es nuestra oscuridad, sino nuestra luz... Nos preguntamos, ¿quién soy yo para ser brillante, maravilloso, talentoso y fabuloso? En realidad, ¿quién eres para *no* serlo? Eres un hijo de Dios. Menospreciarte no le presta ningún servicio al mundo. No es de ninguna utilidad empequeñecerse para que otras personas no se sientan inseguras a tu alrededor. Al igual que los niños, nuestro propósito es brillar. Nacimos para manifestar la gloria de Dios que está en nuestro interior. Eso no es parte solamente de algunos de nosotros; sino de todos. Y cuando permitimos que brille nuestra propia luz, inconscientemente les damos permiso a los demás de que hagan lo mismo. Cuando nos liberamos de nuestros propios miedos, nuestra presencia automáticamente libera a los demás".

¡HÍJOLE! ¡AY, HÍJOLE!

Además, por cierto como una nota al margen, aquella mujer rubia y alta de Santa Fe, Nuevo México a quien le dije que no viniera a España con nosotros, ha asistido a un par de las reuniones de Gansos Blancos en el rancho, y ya no usa mucho maquillaje ni joyas supuestamente indias. De hecho, solamente usa un par de piezas muy sencillas y conservadoras fabricadas por indios verdaderos, y ahora exhibe en su tienda joyas nativas.

En verdad, ¡tenemos el MUNDO ENTERO EN NUESTRAS MANOS!

¡Tenemos a TODO EL PADRE CIELO Y LA MADRE TIERRA EN NUESTRAS MANOS!

¡VEN! ¡ÚNETE A NOSOTROS!

¡PONTE EN CONTACTO CON LA CELEBRACIÓN DEL DÍA DE ACCIÓN DE GRACIAS GLOBAL DE LOS GANSOS BLANCOS! ¡AHORITA MISMO! ¡AQUÍ MISMO! ¡YA ESTAMOS EN EL CAMINO! ¡VOLANDO EN FORMA DE V A TODO LO LARGO Y ANCHO DE LA MADRE TIERRA!

NÚMERO CINCO: Un joven director de cine llamado Rami, quien está actualmente filmando su primera película en Perú, acaba de leer *Lion Eyes* y quiere que sea su siguiente película.

—Mira —dijo—, hace unos años tuve un sueño en que unos de esos chamanes de antes estaban inculcando sabiduría a las generaciones futuras. Enviaban chispas de sus fogatas hacia los cielos para interceptar almas futuras, y creo que esto fue lo que le ocurrió al joven Jan Milburn cuando se encontró cara a cara con ese puma en Santa Cruz. No tenía miedo, como hubiera sido normal, porque la antigua sabiduría sagrada había sido inculcada en él durante su nacimiento.

—Sabes que sí, ¡esto tiene TODO EL SENTIDO DEL MUNDO! —le dije a Rami—. Porque Jan me dijo que aunque él sólo tenía once años de edad, sabía que el puma le había sido enviado a él por Dios y lo guiaría a través de la tormenta de nieve hacia su casa. Por cierto, en Santa Cruz, casi no nieva. Ese año fue algo muy raro. Todas las montañas de Santa Cruz se cubrieron de nieve, por lo que él no hubiera podido reconocer los caminos, y su familia vivía en una hacienda a unos cinco kilómetros del camino pavimentado.

—Me alegro muchísimo de que entiendas lo que te dije —me dijo Rami—, porque cuando menciono esto, la mayoría de la gente piensa que es sólo un sueño, y cuando me desperté, yo sabía...

—¡Sabías con toda seguridad que no era un sueño, sino una posibilidad! ¡Una realidad posible! Y que lo habías recibido porque habías sido enviado aquí a la Tierra para ayudar a que este tipo de posibilidades se hicieran realidad.

—¡EXACTAMENTE! —gritó.

—Muy bien, porque, verás, todos tenemos que hacer un trabajo aquí en la Tierra. Es parte del polvo de estrellas que traemos con nosotros cuando atravesamos el universo, reuniendo polvo de estrellas para traer aquí a la Madre Tierra, ¡para plantar en el Paraíso Sagrado y eterno de Dios!

—¡Eso es! ¡Lo entendiste! ¡REALMENTE ENTENDISTE! Toda mi vida me he sentido así.

Lloramos juntos, luego nos reímos, y recordé a todas las personas que habían estado a mi lado mientras iba manejando en Los

Ángeles a casi doscientos kilómetros por hora, durante la hora del tráfico pesado, defensa contra defensa. Al final, después de tanto tiempo, ¡NOS ESTÁBAMOS ENCONTRANDO Y REUNIENDO!

—Sí, claro que lo entiendo —le dije—. De hecho, ya escribí el primer libro de una serie de cinco libros que trata sobre este tema. El primer libro se llama *Más allá de la Lluvia de Oro*. Richard y Michelle Cohn son las dos almas benditas que me animaron a que escribiera el libro. Ya había renunciado a siquiera encontrar una editorial que pudiera comprender lo que llevo escribiendo desde que comencé hace cincuenta años. Luego llegó Richard, fundador de la editorial Beyond Words en Portland, Oregon; y él y su nueva esposa, Michelle, me entendieron. Incluso me dijo que mi libro *Burro Genius* lo había salvado y le había cambiado su vida. Claro, por supuesto, que entiendo perfectamente lo que es que, por fin, alguien te entienda.

—Entonces —dijo emocionado—¿quieres que hagamos una película de *Lion Eyes?*

—Claro, por supuesto —dije.

—¡ENTONCES, MANOS A LA OBRA! —gritó. Nos dimos un apretón de manos y quedamos de acuerdo. ¡ERA UN HECHO! ¡CONSUMADO! ¡ESCRITO EN LAS ESTRELLAS!

NÚMERO SEIS: Estaba a punto de perder la casa familiar. Iba a ser subastada el 22 noviembre de 2009. Estaba atrasado en seis cuotas de mi primera hipoteca y nueve de la segunda. Iba a quedar en la calle y todavía estaría debiendo medio millón de dólares. Fui a ver a la doctora Leeder, mi nutricionista, quiropráctica y quinesióloga, y ella me ayudó a centrarme, más allá de mi casa, más allá de todas las posesiones materiales. En conclusión, me sentía bien si perdía mi casa y me sentía bien si lograba conservarla. Una vez más, pude respirar. Sobreviviría. Estaría bien. Le entregué todo al Espíritu.

Logré dormir como un ángel, y esa noche mi papá se me

apareció cantando desde el Más Allá. Cantaba y se reía a carcajadas junto a un montón de sus familiares en el Más Allá; y la risa era contagiosa, así que yo también comencé a reírme. Mi papá había sufrido muchísimo más y se reía. Su madre había sufrido mucho, mucho muchísimo más y también se reía. Mi madre y su familia habían pasado por cosas muchísimo peores y todos se reían también. Entonces, ¿quién era yo para andar de chillón?

En la mañana, me desperté sintiéndome muy bien. Mi amiga Ultima me llamó y me dijo que ella y su amiga, que admiraba muchísimo mi libro original *Lluvia de Oro,* habían conseguido hacerme un préstamo personal para que yo pudiera ponerme al día con las cuotas de la primera hipoteca y suspender la subasta. ¡AHH DIOS MÍO! ¡Sí! ¡Sí! ¡Sí! Me entregué por completo, me calmé, encontré mi centro, reactivé el Reino de Dios que está en el interior de todos nosotros —así como en toda nuestra estirpe— ¡y el universo vino a mi ayuda con todo su esplendor! Y así es que funciona. Los milagros ocurren cuando vamos más allá de las preocupaciones y las angustias materiales, confiando completamente en Dios.

NÚMERO SIETE: Todavía lleno de felicidad, unas semanas después recibí una llamada de Moctesuma diciéndome que HBO había llamado diciéndole que se rendían. Es decir, que le pidiera a la gente que dejaran de escribir y agradecer al canal por su decisión de realizar las miniseries de *Lluvia de Oro,* pues nuestras cartas y correos electrónicos eran tantos que estaban inundando su buzón.

—Y, además —dijo Moctesuma—, HBO dijo que definitivamente van a producir *Lluvia de Oro.* No en una serie de 10 horas, como esperaban hacerlo originalmente, sino en series de siete horas, lo que significa una hora cada noche de la semana.

—¡¿De veras?! ¡¿Eso dijeron?!

—Sí, y me dijeron que lo anunciarían durante las próximas dos semanas en todas las publicaciones comerciales.

—¡Ahh, Mocte, esto es maravilloso! Desde que terminé de escribir *Lluvia de Oro* en 1988, la gente lo ha estado leyendo, les ha encantado, siempre querían realizar una miniserie, ¡pero nunca se llegó a dar!

—En esa época, no era el momento perfecto —dijo Mocte con voz calmada y con ese aire de sabiduría, ¡que a veces me irritaba tanto! Y ahora, es el momento perfecto. Te mantendré informado.

Colgué el teléfono, ¡sintiéndome como un gigante! ¡AHH, MI DIOS-DIOSAR, FINALMENTE IBA A OCURRIR! ¡LA HISTORIA DE MIS PADRES ESTARÍA EN LAS PANTALLAS!

¡De hecho, YA ESTABA REALIZADO!

¡CONSUMADO!

¡ESCRITO EN LAS ESTRELLAS!

Así que tú, querido lector, tú y yo, como pajaritos Wee Wee, todos nosotros, debemos entregarnos por completo, relajarnos, reactivar nuestro Reino Ancestral de Dios, que está en el interior de todos nosotros, individual y colectivamente, y comprender que ya es un hecho, consumado, escrito en las estrellas; ¡y que vivimos en un LUGAR SAGRADO DONDE LOS MILAGROS SON NUESTRO PAN DE CADA DÍA!

¡AQUÍ, EN ESTE LUGAR SAGRADO, no hay accidentes! ¡Porque TÚ, YO, NOSOTROS, COMO PÁJAROS WEE WEE, SOMOS NUESTROS PROPIOS ÁNGELES GANSOS BLANCOS trayendo el CIELO A LA MADRE TIERRA... con nuestra Intención Enfocada y Concentrada de amor y abundancia para todos!

¡ASÍ ES QUE RELÁJATE!

¡ENTRÉGATE POR COMPLETO!

¡Y CONFÍA TOTALMENTE EN LA CREACIÓN DE DIOS-DIOSAR CREANDO, Y LOS MILAGROS SEGUIRÁN OCURRIENDO!

¡ALELUYA!

¡ALELUYA!

¡NOSOTROS, COLECTIVAMENTE, COMO PÁJAROS WEE WEE, HEMOS REGRESADO AL FUTURO, DONDE TODOS ÉRAMOS INDÍGENAS A LO LARGO Y ANCHO DEL MUNDO, TENÍAMOS EL CORAZÓN ABIERTO Y EL ALMA VIVA!

¡EXTIENDE TUS ALAS DE ÁNGEL GANSO BLANCO. PORQUE,

NOSOTROS, COMO PÁJAROS WEE WEE, VOLAMOS AHORA TODOS JUNTOS COMO UNA SOLA RAZA, UNA SOLA FAMILIA, CON AMOR Y ABUNDANCIA PARA TODOS EN UN MUNDO DE MILAGROS!

¡Gracias!
Víctor E. Villaseñor
Febrero 2011

ACERCA DE LA CUBIERTA

En el año 2010, acababa de registrarme en la habitación de mi hotel en el Best Western de la calle 24, en Phoenix, Arizona. En la mañana, iba a dar una charla en una escuela de secundaria y preparatoria a un grupo de niños y al profesorado. Hacía mucho calor y fui a buscar hielo.

Al pasar por la puerta posterior del vestíbulo, de repente me detuve. A mi izquierda, colgando de la pared, había un cuadro muy grande, como de metro y medio por metro veinte... ¡Y ERA YO EN EL CUADRO! ¡EN SERIO! Era MI RETRATO, con un pájaro posando en mi mano izquierda y una batuta en mi mano derecha, mientras dirigía una sinfonía del desierto entero y ¡LAS FLORES SILVESTRES Y LOS CACTUS COBRABAN VIDA!

Yo estaba de frente al desierto, por lo que me veía de espaldas, ¡pero estaba seguro de que se trataba de mí! ¡Ésa era mi chamarra vieja de pana! ¡Mi cabello cuando estaba todavía negro! ¡Mis Levi's! ¡Era mi cuerpo: compacto, ancho y fuerte! Lo único que no era realmente cierto era que en esa época, yo todavía no estaba en verdad dirigiendo la Sinfonía de la Creación Creando. Creo que, más bien, ahí fue cuando comencé a ¡reconocer la existencia de la Sinfonía eterna de Nuestro Santo Creador!

Se me olvidó por completo el hielo. Salí corriendo a preguntarle a la recepcionista quién era el pintor de ese cuadro, porque quería que fuera la cubierta del libro que acababa de terminar unos días antes. Mi nuevo agente, Bill "Happyrock" Gladstone, estaba en el proceso de cerrar un trato de nuestro libro con Beyond Words, la editorial de Richard Cohn, en Portland, la cual tenía ya establecido arreglos para su distribución con Simon & Schuster, en Nueva York. No sabía que el contrato había sido cancelado. Lo único que sabía es que, desde que había comenzado a trabajar en mi último libro llamado *Mas Allá de la Lluvia de Oro,* todo me ocurría como por arte de magia. No importaba lo mucho que las cosas se complicaran y se retorcieran, ¡al final, todo salía de MARAVILLA!

—¿No está el nombre del artista en el cuadro? —preguntó la recepcionista.

—No puedo encontrarlo —dije.

—Quizá está en la parte de atrás.

Atravesamos el vestíbulo y, con mucha dificultad, logramos bajar el enorme cuadro de la pared. Buscamos en la parte de atrás y de adelante y no pudimos encontrar el nombre del artista. Entonces llegó otro recepcionista y dijo que esa pintura pertenecía a la dueña del hotel. Les pedí que llamaran a la dueña. Dijeron que no estaban autorizados a hacerlo.

—¡Oigan! —dije—. ¡Es importante! Acabo de terminar un libro maravilloso y quiero que ésa sea la cubierta.

—¿Está diciendo que es escritor?

—¡Sí!

—¿Ha publicado alguno de sus libros?

—¡Ay Dios mío! Creen que soy un loco, que lo soy, pero ése no es el punto. Oigan...

—¿Qué ha publicado?

—¡Bueno, para empezar, *Lluvia de Oro*!

—¿Usted escribió *Lluvia de Oro?* —gritó alguien que acababa de entrar—. ¡He leído ese libro cinco veces! ¡Es mi libro favorito del mundo! ¡A mi mamá también le encanta! ¡Señor Villaseñor, es un honor para nosotros que se aloje en nuestro hotel! —añadió ella.

—Estoy feliz de estar aquí —dije—. Ven, otro milagro acaba de ocurrir.

—Soy la administradora. ¿De qué está hablando? —preguntó.

Se lo dijimos. Llamó de inmediato a la dueña. La señorita Ching dijo que se había ganado el cuadro en una rifa de recaudación de fondos para niños y que el artista lo había donado, pero que no sabía quién era el artista. Que contactaría a las personas de la rifa.

Así que ya estando todo en curso, me tomaron una foto con el cuadro; una semana más tarde, la administradora llamó a mi oficina y nos dijo que el artista era Steven Yazzie, un indio nativo americano, y que teníamos permiso de usar el cuadro para la cubierta. El artista dijo que el cuadro le había llegado en una visión, y que lo había llamado "Orquestando un desierto en flor". El próximo mes lo conoceré en persona. ¡Híjole! ¡Qué emoción! Los milagros siguen ocurriendo y nos llegan cuando estamos ¡EN EL FLUJO DE LA SINFONÍA DE LA CREACIÓN CREANDO!

Agradecimientos

Un escritor escribe y eso es fantástico. Pero llegar a ser publicado requiere de mucha ayuda de parte de muchas personas. Así es que primero me gustaría agradecer a Richard y Michele Cohn, porque sin su apoyo y estímulo, este libro nunca habría sido escrito. Enseguida, me gustaría agradecer a mi agente William "Happyrock" Gladstone, por tener la confianza y la visión de no darse por vencido cuando las cosas se pusieron difíciles. Además, me gustaría agradecer verdaderamente a Marc Jaffe, mi editor de la versión original de *Lluvia de Oro,* escrito a finales de los años setenta, ¡y que a sus noventa años de juventud, sigue siendo mi editor hoy en día! ¡Qué afortunado soy! Y, por último, pero de igual importancia, me gustaría agradecerle a Hay House por llegar a mi vida de forma tan precisa y decisiva.

También me gustaría agradecer a mi equipo de apoyo: Jackie Cobb, Kim Lockhart, Linda Villaseñor, Alejandra Torres, Monica Ultima, Gary Gernandt, Toby y Anita, Linda Arechiga, Frank Curtis, Bárbara Villaseñor, la doctora Leeder, Sita Paloma, Frank Gaik y Gloria y Kim.

ACERCA DEL AUTOR

Víctor Villaseñor es el autor de los libros de mayor éxito en el país: *Lluvia de Oro, Trece sentidos, Burro Genius* y *Crazy Loco Love,* de los cuales, los dos últimos han sido nominados para el premio Pulitzer; así como otros libros muy elogiados por los críticos literarios, como *Wild Steps of Heaven* y *Macho!,* el cual fue comparado con lo mejor de John Steinbeck por *Los Ángeles Times.* También es autor de cinco libros bilingües para niños en la rúbrica de herencia ancestral, ha escrito varios guiones para cine, incluyendo el galardonado *La balada de Gregorio Cortez.*

Villaseñor, un consumado conferencista dotado de gracia, sigue viviendo en su rancho, en el condado del norte de San Diego, donde creció, y actualmente, está escribiendo una saga de varios libros que comienza con *Más allá de la Lluvia de Oro.* La trilogía original de *Lluvia de Oro* está actualmente siendo convertida en una miniserie de siete partes para HBO.

Para mayor información, por favor visite:
www.victorvillasenor.com.

NOTAS

NOTAS

NOTAS

NOTAS

NOTAS

NOTAS